hänssler

THEOLOGIE

Die Zeugen Jehovas

Geschichte
Lehre
Beurteilung

Lothar Gassmann

2. Auflage 2000, Hänssler Verlag, D-71087 Holzgerlingen
hänssler-Theologie
Bestell-Nr. 392.461
ISBN 3-7751-2461-6

© Copyright dieser Ausgabe 1996 by Hänssler-Verlag,
Neuhausen-Stuttgart
Umschlaggestaltung: Dialog-Werbeagentur, Waldbronn
Satz: AbSatz, Ewert-Mohr, Klein Nordende
Druck und Bindung: Ebner Ulm
Printed in Germany

Inhalt

Bibel

Gott

Mensch

Heil

Gemeinde

Letzte Dinge

Mission

Wachtturm-Lehre und christlicher Glaube.
Eine Gegenüberstellung

Literaturverzeichnis

Einleitung

Die Zeugen Jehovas erlebten in den letzten Jahrzehnten – trotz einiger Rückschläge – weltweit ein *starkes Wachstum*. Zählten sie 1945 141.606 aktive Verkündiger, so waren es 1975 ca. 2 Millionen, 1985 ca. 3 Millionen, 1995 mehr als 4½ Millionen und 1999 bereits 5, 9 Millionen. Ihre Zeitschrift »Wachtturm« wurde 1995 in 120 Sprachen gedruckt und in ca. 16 Millionen Exemplaren in vielen Ländern der Erde verteilt. Anfang 1996 betrug die Auflage 18, 9 Millionen Exemplare, Anfang 2000 bereits 22, 4 Millionen in 132 Sprachen – und die Tendenz ist steigend. Der »Wachtturm« dürfte damit die auflagenstärkste religiöse Zeitschrift der Welt sein. In Deutschland gibt es zur Zeit über 164.000 aktive Verkündiger bei den Zeugen Jehovas. Die Zahl der Sympathisanten und Interessenten liegt jedoch mindestens doppelt so hoch. Nach der Öffnung des »Eisernen Vorhangs« betreiben die Zeugen Jehovas vor allem in den osteuropäischen und asiatischen Staaten eine rege »Mission«. Sie bemühen sich, von ihrem »Sektenimage« wegzukommen und z. B. in Deutschland die Anerkennung als »Körperschaft des öffentlichen Rechts« zu erlangen, was ihnen die Tür zu Funk und Fernsehen, Kirchensteuern und Religionsunterricht an staatlichen Schulen öffnet.

In dieser Situation und angesichts dessen, daß fast jeder schon einmal mit Zeugen Jehovas zu tun gehabt hat, ist eine Darstellung und Beurteilung ihrer Geschichte und Lehre eine dringende Notwendigkeit. *Wie ist die Wachtturm-Gesellschaft entstanden? Wie ist ihre Entwicklung verlaufen? Welche grundlegenden Lehren vertritt sie? Stehen diese in Einklang mit der Bibel? Wie missionieren die Zeugen Jehovas – und wie können überzeugte Christen ihnen missionarisch begegnen?* Auf solche Fragen möchte dieses Buch antworten.

Das Thema »Zeugen Jehovas« ist sehr umfassend – nicht nur wegen der fast uferlosen Literatur, welche die Wachtturm-Gesellschaft seit ihrer Gründung im Jahre 1881 herausgebracht hat, sondern auch wegen der Vielzahl der Themen, die in diesen Veröffentlichungen angesprochen werden. Ich mußte mich auf die wichtigsten Schwerpunkte beschränken. Themen wie z. B. »*Festtage*« (Weihnachten, Ostern, Geburtstage etc.), »*Evolution*«, »*Wachtturm-Gesellschaft und Finanzen*«, »*Zeugen Jehovas unter totalitären Systemen*«, »*Zeugen Jehovas in psychologischer und soziologischer Sicht*« konnten aus Platzgründen leider keine oder nur geringe Berücksichtigung finden.

Angesichts der Vielfalt der dennoch verbleibenden Aspekte bin ich folgenden Persönlichkeiten zum *Dank* verpflichtet, die das Manuskript ganz oder teilweise gelesen und wertvolle Hinweise zu Einzelaspekten gegeben haben, wobei die Verantwortung für die Endfassung allein bei mir liegt: dem Wiener Kirchengeschichtler Dr. *Franz Graf-Stuhlhofer;* dem Vorsitzenden der »Christliche Dienste e.V. – Verein für Aufklärung und Information über Zeugen Jehovas«, Herrn Dipl.-Theol. *Klaus-Dieter Pape;* dem Leiter des »Bruderdienstes«, Pfarrer *Hans-Jürgen Twisselmann;* sowie meinen ehemaligen Kollegen an der *Freien Theologischen Akademie Gießen,* vor allem dem Neutestamentler Dr. *Armin Daniel Baum.* Herr stud. theol. *Thorsten Brenscheidt* hat sich beim Korrekturlesen und der Erstellung des Registers verdient gemacht. Vor allem aber danke ich *Gott,* der mir Weisheit und Kraft für die Vollendung des Werkes verlieh.

Das vorliegende Buch möchte interessierte Leserinnen und Leser über Geschichte und Lehre der Zeugen Jehovas informieren. Es möchte aber auch Zeugen Jehovas selber zum Gespräch einladen. Gerne bin ich bereit, auf sachlich begründete Gegenargumente zu meiner Darstellung einzugehen und diese in etwaigen weiteren Auflagen zu berücksichtigen. Die Grundlage meiner Beurteilung ist die Heilige Schrift in ihrem unverfälschten Wortsinn und Gesamtzusammenhang – das einzigartige Wort Gottes.

»Denn das Wort Gottes ist lebendig und kräftig und schärfer als jedes zweischneidige Schwert, und dringt durch, bis es scheidet Seele und Geist, auch Mark und Bein, und ist ein Richter der Gedanken und Sinne des Herzens. Und kein Geschöpf ist vor ihm verborgen, sondern es ist alles bloß und aufgedeckt vor den Augen Gottes, dem wir Rechenschaft geben müssen« (Hebr 4, 12 f.).

Einige *technische Hinweise* sollen diese Einleitung beschließen: Am Ende des Buches findet sich ein Bibelstellenregister. Da sich das Gespräch mit Zeugen Jehovas hauptsächlich auf den (unterschiedlichen) Gebrauch von Bibelstellen stützt, kann dies für das Nachschlagen eine Hilfe sein. Auf ein Namens- und Sachregister hingegen wurde verzichtet. Ich denke, daß dieser Mangel durch das ausführliche Inhaltsverzeichnis aufgewogen wird. Ferner finden sich keine Anmerkungen oder Fußnoten. Alle Quellenangaben sind in den fortlaufenden Text eingeflossen. Die deutschen Bibelzitate sind, soweit nichts anderes vermerkt ist, der revidierten Lutherbibel von 1984 entnommen.

Namen

»Zeugen Jehovas« ist nicht der ursprüngliche Name der Gruppierung. Ursprünglich trug sie gar keine Bezeichnung. Die ersten Anhänger Charles Taze Russells (s. u.) nannten sich einfach »Christen«, »Urchristen« und ähnliches. Bald schon kam die Selbsttitulierung *»Millennial Dawnists«* (»Anhänger der Morgenröte des Tausendjährigen Reiches«) auf. Der Volksmund machte daraus »Millenniumtagesanbruchleute«. Seit 1913 gab sich die Gruppierung den Namen *»International Bible Students Association«* (»Internationale Vereinigung Ernster Bibelforscher«). 1931 schließlich erfolgte die Umbenennung in *»Jehovah's Witnesses«* (»Zeugen Jehovas«). In späteren Jahren wurden Bezeichnungen wie *»New World Society«* (»Neue-Welt-Gesellschaft«) oder *»Theokratische Gesellschaft«* immer mehr gebräuchlich. Namen wie »Russelliten« oder »Rutherfordianer« bezogen sich auf die ersten beiden Hauptrepräsentanten oder Präsidenten dieser Vereinigung und werden heute nicht mehr von deren Anhängern verwendet.

Geschichte

Quellen

Abgesehen von vielen Einzeldaten in verstreuten Quellen (z. B. in alten Ausgaben des »Wachtturms«) existieren nur wenige zusammenhängende Darstellungen einer Geschichte der Zeugen Jehovas und ihrer Vorgänger-Gruppierungen. Als Standardwerk von »Wachtturm«-Seite darf heute das 749 Seiten umfassende und reich illustrierte Buch »*Jehovas Zeugen – Verkündiger des Königreiches Gottes*« aus dem Jahre 1993 gelten (im folgenden abgekürzt zitiert als »JZ«). Es erwähnt in erstaunlicher Offenheit auch dunkle Seiten der Wachtturm-Geschichte, z. B. das Nichteintreffen der Voraussagen Russells (S. 62 f.) und die harten Machtkämpfe zwischen Rutherford und seinen Gegnern (S. 66 ff.), doch nur, um diese Geschehnisse dann herunterzuspielen. Frühere Darstellungen aus der Feder von Zeugen Jehovas (z. B. Qualified to Be Ministers, 1955, S. 297-360; Macmillan 1957; Jehovah's Witnesses in the Divine Purpose, 1959) oder diesen nahestehenden Autoren (z. B. Cole 1956; White 1967) können dadurch weitgehend als überholt betrachtet werden.

Die meines Wissens ausführlichste deutsche, aber leider nur in wenigen maschinenschriftlich verfaßten und kopierten Exemplaren über wissenschaftliche Bibliotheken erhältliche Arbeit aus kritisch-theologischer Sicht ist die Dissertation von *Dietrich Hellmund* »*Geschichte der Zeugen Jehovas (in der Zeit von 1870 bis 1920)*« (abgekürzt: Hellmund 1971). Leider behandelt Hellmund nur die Frühzeit der Wachtturm-Gesellschaft ausführlicher und hat – welch großes formales Manko! – seine Dissertation ohne Seitenzahlen abgeliefert, die folglich auch in meinen Zitaten daraus leider fehlen müssen.

Viele neue Erkenntnisse über die Geschichte und Struktur der Wachtturm-Bewegung vermittelt das Buch »*Der Gewissenskonflikt*« (amerik. 1983, deutsch 1988) von *Raymond Franz*. Als ein Mann, der alle Ebenen der Wachtturm-Hierarchie durchlaufen hat und die letzten neun Jahre vor seinem Ausschluß Mitglied ihres Führungsgremiums, der »Leitenden Körperschaft«, war, hat er Zugang zu Insider-Informationen, die bisher nur wenigen bekannt gewesen sind.

In seiner 1994 veröffentlichten Biographie »*Charles T. Russell – der unbelehrbare Prophet*« beschäftigt sich *Franz Graf-Stuhlhofer* ausführlich mit der Frühzeit der heutigen Zeugen Jehovas, nämlich mit der Person ihres Gründers. Als Historiker interessiert er sich darüber hinaus aber auch für die Voraussagen der Wachtturm-Gesellschaft über Russells Zeit hinaus – bis 1975 und danach – und unterzieht sie einer kritischen Prüfung.

1995 erschien das Werk »*Der Wachtturm-Konzern der Zeugen Jehovas – Anspruch und Wirklichkeit*« von *Hans-Jürgen Twisselmann*. Hier wird das Schwergewicht auf die Entstehung, die Entwicklung und das Geschäftsverhalten der Wachtturm-Gesellschaft gelegt. In diesem Rahmen findet sich eine Reihe aufschlußreicher Enthüllungen über die Wachtturm-Präsidenten C. T. Russell, J. F. Rutherford, N. H. Knorr, F. W. Franz und M. G. Henschel.

Kürzere geschichtliche Darstellungen enthalten zahlreiche Schriften von Wachtturm- und gegnerischer Seite. Als neuere kritische Darstellungen von Originalität und Gewicht seien noch erwähnt: Hutten 1982, S. 80 - 135; Martin 1985, S. 38 - 51; Obst o. J., S. 262 - 298; Stevenson 1968 u. a. (siehe Literatur-Verzeichnis). – Viele der folgenden Daten sind – neben Originalquellen – den genannten Werken entnommen.

1870-1916: Die Ära von Charles Taze Russell

Die Anfänge

Am Anfang der Bewegung steht *Charles Taze Russell*. Er wurde am 16. Februar 1852 in Allegheny/Pennsylvanien geboren. Seine Eltern Joseph L. und Anna Eliza Russell, geb. Birney, gehörten der Presbyterianischen Kirche an. Als Charles neun Jahre alt war, starb seine Mutter. Er wurde zunächst von Privatlehrern unterrichtet, dann besuchte er eine öffentliche Schule am Ort.

Für die spätere Gründung der Wachtturm-Gesellschaft ist es von Bedeutung, daß Charles Taze Russell bereits als Elfjähriger Teilhaber der väterlichen Firma, eines immer mehr expandierenden Textilunternehmens, wurde (so die meisten Quellen; andere, z. B. Hoekema 1972, S. 9, sagen: als Fünfzehnjähriger). Große Kapitalmengen für die religiöse Wirksamkeit waren vorhanden.

Die *Presbyterianische Kirche,* der Charles zunächst angehörte, zeichnete sich durch ihre calvinistische Prägung, insbesondere im Blick auf die doppelte Vorherbestimmung (Prädestination) von erwählten und verworfenen Menschen sowie die Leitung durch Älteste aus. Dem jungen Charles gefiel beides nicht – und so trat er 1866 mit 14 Jahren der *Kongregationalistischen Kirche* bei. In dieser begegnete ihm ein demokratisches Gemeindeverständnis und das Kollegialitätsprinzip von der einzelnen Gemeinde bis hinauf zur Synode. Allerdings fand sich auch hier die Lehre von buchstäblich aufgefaßten ewigen Höllenstrafen. Zugleich war damals die Bibelkritik in diese Kreise eingedrungen, was den jungen Charles in seinem Glaubensleben tief verunsicherte. So wandte er sich mit 17 Jahren auch von der Kongregationalistischen Kirche ab.

Seine Suche brachte ihn 1870 mit einer Splittergruppe aus der adventistischen Bewegung, den »*Second Adventists*« (»Zweite Adventisten«), in Berührung, welche die ewigen Höllenstrafen nicht lehrte und sich der Bibelkritik gegenüber ablehnend verhielt. Durch diesen Kreis um den freien Prediger *Jonas Wendell* wurde Russells Denken in apokalyptische (endzeitliche) Bahnen gelenkt. Der Begründer der Adventisten, *William Miller,* hatte die Wiederkunft Jesu Christi auf das Jahr 1844 festgelegt. Als diese Erwartung sich nicht erfüllt hatte, gab es zahlreiche Abspaltungen im adventistischen Lager mit unterschiedlichen Deutungsversuchen. Eine dieser Gruppen war der Kreis um Jonas Wendell.

Eine weitere Etappe war die Bekanntschaft Russells mit dem Herausgeber der adventistischen Zeitschrift »The Herald of the Morning« dt. Übersetzung »Der Herold des Morgens«, *Nelson H. Barbour,* im Jahre 1876. Barbour behauptete, daß Christus seit 1874 unsichtbar auf der Erde anwesend sei. Weiter meinte er, die wahren Adventgläubigen würden gesammelt und 1878 entrückt werden.

Russell schloß sich Barbour an und nannte sich ab 1876 »Pastor«. Diesen Titel trug er ohne jegliche theologische Ausbildung und Ordination. Im folgenden betrachten wir die drei maßgeblichen Gruppen der Anfangszeit etwas näher.

Die »Second Adventists« hießen auch »*Age-to-Come-Adventists*« (»Adventisten des kommenden Zeitalters«). Jonas Wendell, der Prediger dieser nur wenige Dutzend Leute umfassenden Gruppe, hatte die Jahreswende 1872/73 (später 1874) als den Zeitpunkt bezeichnet, an dem die Welt verbrennen sollte. Nach seiner Berechnung würden dann sechstausend Jahre seit Adam enden. Solche Berechnungen, die für Russell prägend werden sollten (siehe hierzu den Teil »Letzte Dinge«), gehen von den sieben Wochentagen aus, welche jeweils mit tausend Jahren gleichgesetzt werden. Nach sechs Tagen im Sinne von sechstausend Jahren tritt der siebte Tag, das siebte Jahrtausend (Millennium) ein, in welchem Christus regiert. Dieses Millennium oder Tausendjährige Reich sollte nach Wendells Berechnungen 1873 oder 1874 beginnen.

Die zweite zu betrachtende Gruppierung ist der Kreis um *Charles Taze Russell* selber. Dieser Kreis traf sich in Pittsburgh und Allegheny seit etwa 1870. Bis 1873 konnte dieser Kreis als ein Ableger der Wendellschen Gemeinde gelten. Später nahm Russell eine eigene Entwicklung.

Die dritte Gruppe war der Kreis um *N. H. Barbour*. Zwischen Barbour und den Second Adventists bestand ein wesentlicher Lehrunterschied. Dieser betraf nicht den *Zeitpunkt* der Wiederkunft Jesu Christi, sondern die *Art* seines Kommens. Im Unterschied zu Wendell erwartete Barbour die Wiederkunft Christi nicht sichtbar nach dem Weltenbrand 1873/74, sondern als eine *unsichtbare Gegenwart*. Hier berührte sich Barbour übrigens mit der Ansicht der »Prophetin« der »Siebenten-Tags-Adventisten«, *Ellen G. White*. Auch diese behauptete (erstmals fast 30 Jahre *vor* Barbour und Russell!), Christus sei unsichtbar wiedergekommen – allerdings schon 1844, im von W. Miller berechneten Jahr – und habe mit der »Reinigung des Heiligtums im Himmel« begonnen. White schreibt in ihrem Buch »Der große Konflikt«:

»Wie die Sünden des Volkes vor alters durch den Glauben auf das Sündopfer gelegt und bildlich durch dessen Blut auf das irdische Heiligtum übertragen wurden, so werden im neuen Bund die Sünden der Bußfertigen durch den Glauben auf Christum gelegt und tatsächlich auf das himmlische Heiligtum übertragen. Und wie die vorbildliche Reinigung des irdischen durch das Wegschaffen der Sünden, durch die es befleckt worden war, vollbracht wurde, so soll in der Tat die Reinigung des himmlischen durch das Wegschaffen oder Austilgen der daselbst aufgezeichneten Sünden bewerkstelligt werden ... Auf diese Weise erkannten die, welche dem Licht des prophetischen Wortes folgten, daß Christus, anstatt am Ende der 2.300 Tage im Jahre 1844 auf die Erde zu kommen, damals in das Allerheiligste des himmlischen Heiligtums einging, um das Schlußwerk der Versöhnung, die Vorbereitung auf sein Kommen, zu vollziehen« (White 1888, S. 395 f.).

Barbour und Russell vertraten die Lehre von der unsichtbaren Wiederkunft Christi (öffentlich) erst nach 1874. Im Jahre 1877 erschien ihr gemeinsames Werk »*Three Worlds, and the Harvest of This World*« (anderer Titel: »*Three Worlds or Plan of Redemption*«), in dem sie ihre Ansicht niederlegten. Sie schrieben, daß die Ankunft Christi *1874* angefangen habe und nun die Erntezeit, die Sammlung der Heilsgemeinde, eingeleitet sei, die 1914 zu ihrem Ende gelange. Die Erntezeit betrage also 40 Jahre. 1914 werde das Weltende erreicht sein. Außerdem fanden sich in diesem frühen Werk bereits die Lehren vom »Ganztod« des Menschen, von Jesus als dem »Erzengel Michael« und vom »Loskaufopfer«. Die Realität der Hölle als »Strafort der Verdammten« wurde geleugnet.

Nach einiger Zeit kam es zu *Streitigkeiten* zwischen Russell und Barbour, und zwar vor allem in zwei Punkten. Zum ersten: Barbour erwartete, daß die lebenden Gläubigen oder Heiligen *1878 leiblich entrückt* würden. Nachdem diese Erwartung nicht eingetroffen war und sich unter den Anhängern Russells Enttäuschung breitmachte, stellte dieser die Lehre auf, diejenigen, die nach 1878 noch lebten, würden in ihrer Todesstunde sofort verwandelt und müßten nicht bewußtlos im Grab liegen. Gegenüber späteren Lehren der Zeugen Jehovas finden sich in der Frühzeit Russells noch mancherlei Unterschiede, so auch in diesem Punkt.

Der zweite Unterschied und Grund für die Trennung war die Lehre vom »*Loskaufopfer*«. Damit war der Kreuzestod Jesu Christi gemeint. Barbour achtete diesen sehr gering. Russell hingegen sah in ihm ein zentrales Ereignis, obwohl er die Lehre von der Dreieinigkeit (Trinität) Gottes ablehnte. In der »Herald«-Ausgabe vom August 1878 hatte Barbour geschrieben, daß »unseres Herrn Tod nicht mehr nützen könnte zur Bezahlung der Strafe für die Sünden der Menschen als das Durchstechen einer Fliege mit einer Nadel«. Dies war eine bibelkritisch geprägte »Linksabweichung« von Russell, der dem Kreuzesopfer Jesu immerhin eine Wirkung zugestand, nämlich den Ausgleich der von Adams Versagen her ausgehenden Sünden. Wegen dieser Lehrdifferenzen kam es schließlich zur Trennung zwischen Barbour und Russell.

Endzeit-Berechnungen

Nun werfen wir einen Blick auf die *Berechnung von Jahreszahlen* hinsichtlich der Wiederkunft Jesu Christi. Bereits jüdische *Rabbiner* im ersten Jahrhundert nach Christus wandten – etwa unter Hinweis auf Zahlen im biblischen Buch Daniel – die Regel an: ein Tag für ein Jahr. Sie versuchten, dadurch das Kommen des Messias zu berechnen. Auch *Joachim von Fiore* hat im Mittelalter Berechnungen angestellt. So zählte er zum Beispiel die 1260 Tage in Offenbarung 11, 3 und 12, 6 zum Geburtsjahr Jesu Christi hinzu und gelangte dadurch zum Jahr 1260, in welchem das Zeitalter des Geistes beginnen sollte. Manches weitere Beispiel aus der (Kirchen-)Geschichte für Terminberechnungen könnte genannt werden (etwa der württembergische Prälat *Johann Albrecht Bengel*, der die Wiederkunft Christi auf das Jahr 1836 datierte).

Von welchem *Grunddatum* gehen solche Berechnungen aus? Mindestens drei Möglichkeiten sollen Erwähnung finden. Das erste Ausgangsdatum ist die *Erschaffung der Welt* oder auch des ersten Menschenpaares. Die Datierung dieser Ereignisse ist natürlich sehr ungewiß. Ein zweites wesentliches Datum ist das *Geburtsjahr Jesu Christi*, das sich allerdings infolge der Veränderung des Kalenders und aus anderen Gründen auch nicht genau bestimmen läßt. Ein dritter häufig verwendeter Termin ist die *Zerstörung Jerusalems* durch den babylonischen Herrscher Nebukadnezar, welche nach Aussage der archäologischen und theologischen Forschung auf das Jahr *587 v. Chr.* fällt. Neben diesen Datierungen finden sich zahlreiche weitere, die unterschiedliche Berechnungen bedingen. Im Kapitel über die »Letzten Dinge« (Eschatologie) werde ich ausführlicher auf solche Fragen eingehen.

Wie schon erwähnt, erregte im 19. Jahrhundert vor allem die Voraussage der Wiederkunft Jesu Christi für das Jahr *1844 durch William Miller* großes Aufsehen. Vor Miller, der diese »Entdeckung« lange Zeit für sich behielt und erst 1831 damit an die Öffentlichkeit ging, hatte allerdings der Engländer *John Aquila Brown* diese Jahreszahl öffentlich vertreten, und zwar in einer bereits 1823 publizierten Schrift (vgl. Franz 1991, S. 140 f.). Brown (und nicht Miller, auch nicht Russell) dürfte nach den Forschungen von Franz (ebd.) als der wahre Urheber der Deutung der sieben Zeiten in Daniel 4 auf 2520 Jahre gelten. Die 2300 Tage aus Daniel 12 sollten laut Brown 1844 enden, die 2520 Jahre oder sieben Zeiten aus Daniel 4 im Jahre 1917 (ausgehend von der fälschlich auf das Jahr 604 v. Chr. datierten Zerstörung Jerusalems). Barbour verschob diesen Termin (ebenso unzutreffend) auf 606 v. Chr. und gelangte dadurch auf (ungefähr) 1914. Diese Berechnung hat schließlich Russell übernommen. Heute geht die Wachtturm-Gesellschaft vom Jahr 607 v. Chr. aus, weil Russell fälschlich ein Jahr 0 gezählt hatte.

Wegen des großen Einflusses von *Barbour* auf Russell sei nachfolgend die Version Russells von deren *Begegnung* wiedergegeben. Dabei liegt Russell viel daran, seine Eigenständigkeit zu betonen. Ich zitiere ausführlich aus dem »Wachtturm« vom April 1907:

»Im Januar 1876 wurde meine Aufmerksamkeit in besonderer Weise auf den Gegenstand der prophetischen Zeit gelenkt, und wie sehr sie mit diesen Lehren und Hoffnungen verknüpft ist. Es kam dies so: Ich erhielt ein Blatt genannt ›Der Herold des Morgens‹, von seinem Verfasser, Mr. N. H. Barbour, zugesandt. Sofort beim Öffnen sah ich am Titelbilde, daß es von adventistischer Seite kam, und ich prüfte den Inhalt mit etwas Neugierde, um zu sehen, was nun die von ihnen für das Verbrennen der Welt bestimmte Zeit sein würde. Aber welch eine Überraschung und Befriedigung für mich, aus dem Inhalte zu sehen, daß des Verfassers Augen anfingen aufgetan zu werden hinsichtlich derselben Gegenstände, die unsre Herzen in Allegheny seit einigen Jahren so hoch erfreut hatten – daß der Zweck der Wiederkunft des Herrn nicht Zerstörung ist, sondern die Segnung aller Geschlechter auf Erden, und daß Sein Kommen gleich dem Diebe sein würde, nicht im Fleische, sondern als ein Geistwesen, den Menschen unsichtbar: und daß das Versammeltwerden Seiner Kirche und die Trennung des ›Weizens‹ von der ›Spreu‹ am Ende dieses Zeitalters stattfinden würde, ohne daß die Welt es gewahr werden würde.

Ich war erfreut, zu sehen, daß andere, gleich uns, Fortschritte gemacht hatten, staunte aber, die in sehr vorsichtiger Form gehaltene Behauptung zu finden, daß der Verfasser annahm, der Herr sei den Prophezeiungen nach schon in der Welt *gegenwärtig* (ungesehen und unsichtbar), und daß das Erntewerk des Einsammelns des Weizens schon an der Zeit sei –, und daß diese Ansicht durch die Zeit-Prophezeiungen bestätigt werde, die er erst vor wenigen Monaten als nicht zugetroffen angesehen hatte.

Hier war ein neuer Gedanke: Konnte es sein, daß die Zeit-Prophezeiungen, die ich wegen ihres Mißbrauchs durch die Adventisten so lange verachtet hatte, wirklich gegeben waren, um anzuzeigen, *wann* der Herr *unsichtbar gegenwärtig* sein würde, um sein Reich aufzurichten...?«

Und Russell fährt fort:

»Ich erinnerte mich gewisser Beweisführungen, deren sich mein Freund Jonas Wendell und andere Adventisten bedient hatten, um darzutun, daß das Jahr 1873 der Zeitpunkt des Verbrennens der Welt usw. sein würde – indem die Chronologie der Welt zeigte, daß die sechstausend Jahre seit Adam mit Anfang des Jahres 1873 endeten – sowie anderer Beweisführungen, die der Schrift entnommen waren und das gleiche bestätigen sollten. Konnte es sein, daß diese Beweisführungen in bezug auf die *Zeit*, die ich als der Beachtung nicht wert übergangen hatte, wirklich eine wichtige Wahrheit enthielten, die sie falsch angewendet hatten?

Begierig zu lernen, von woher es auch sei, was irgend Gott zu lehren haben würde, schrieb ich sofort an Mr. Barbour, teilte ihm meine Harmonie über andere Punkte mit und wünschte besonders zu wissen, warum, und auf Grund welcher Schriftbeweise er glaubte, daß Christi *Gegenwart* und die Erntezeit des Evangeliumszeitalters im Herbst 1874 seinen Anfang genommen habe. Die Antwort zeigte, daß meine Vermutung richtig gewesen war, daß nämlich die *Beweisgründe für die Zeit,* die Chronologie usw. die gleichen waren, die die Adventisten im Jahre 1873 gebraucht hatten, und daß Mr. Barbour und Mr. J. H. Paton zu Michigan, sein Mitarbeiter, bis dahin voll und ganz Adventisten gewesen waren; als jedoch das Jahr 1874 vorüberging, ohne daß die Welt im Brande vernichtet wurde, und ohne daß sie Christum im Fleische sahen, waren sie für eine Zeitlang wie verstummt.«

Russell berichtet dann, wie das Verstummtsein endete und er selber den entscheidenden Impuls für das Jahr 1874 empfing:

»Es scheint, daß nicht lange nach ihrer Enttäuschung im Jahre 1874 ein Leser des ›Herold des Morgens‹, der die Diaglott-Übersetzung besaß, darin etwas bemerkte, das ihm merkwürdig vorkam –, daß in Matthäus 24, 27.37 und 39 das in der gewöhnlichen Übersetzung mit ›Kommen‹ wiedergegebene Wort mit ›Gegenwart‹ übersetzt worden war. Das war der Leitfaden; und indem sie ihm gefolgt waren, wurden sie durch die prophetische *Zeit* zu richtigen Ansichten hinsichtlich des Zweckes und der Art und Weise der Wiederkunft des Herrn geleitet. Ich, im Gegenteil, wurde zuerst zu richtigen Ansichten über den Zweck und die Art und Weise der Wiederkunft des Herrn geleitet, und danach zu der Prüfung der Zeit für diese Dinge, nach den Anhaltspunkten, die Gottes Wort dafür bot. So führt Gott seine Kinder oft von verschiedenen Ausgangspunkten zur Wahrheit.«

Ob diese Prophezeiungen wirklich der Wahrheit entsprechen sollten – mit dieser Frage werden wir uns später (im Teil »Letzte Dinge«) beschäftigen. Aber schon an dieser Stelle soll gesagt werden, daß man gegen eine unsichtbare Gegenwart schwer argumentieren, geschweige denn sie widerlegen kann. Freilich läßt sie sich auch nicht schlüssig beweisen.

Aufgrund der ihm bei Barbour und anderen begegnenden Berechnungen entwickelte Russell seine Ansicht von den Jahren 1874 und 1914. *1874 sei Christus unsichtbar wiedergekommen, um die Erntezeit einzuleiten und seine Gemeinde zu sammeln – und 1914 gehe diese*

Erntezeit zu Ende. Diese frühe Sicht bei dem Gründer der sich später »Zeugen Jehovas« nennenden Gruppierung unterscheidet sich wesentlich von den späteren Berechnungen nach Russells Tod. Doch betrachten wir zunächst, welche *Ereignisse* Russell für das Jahr *1914* voraussagte. Ich zitiere aus seinem erstmals 1889 veröffentlichten Buch »*The Time Is At Hand*« (»*Die Zeit ist herbeigekommen*«), deutsche Ausgabe von 1913, S. 73 f.:

»In diesem Kapitel liefern wir den biblischen Nachweis, daß das völlige Ende der Zeiten der Heiden (Nationen), d.i. das volle Ende ihrer Herrschaft, mit dem Jahre 1914 erreicht sein wird, und daß dieses Datum die äußerste Grenze der Herrschaft unvollkommener Menschen sein wird...

Erstens, daß dann das Königreich Gottes, für welches unser Herr uns beten lehrte: ›Dein Reich komme‹, volle und universelle, weltenweite, Herrschaft erreicht haben und ›aufgerichtet‹, oder auf Erden festgegründet, sein wird.

Zweitens beweist es, daß er, dem das Recht, diese Herrschaft an sich zu nehmen, gebührt, dann als der neue Herrscher der Erde gegenwärtig sein wird, und nicht nur dies, sondern auch, daß er einen beträchtlichen Zeitraum vor jenem Datum gegenwärtig sein wird, weil der Umsturz dieser nationalen Obrigkeiten direkt darauf zurückzuführen ist, daß er ›wie Töpfergeschirr sie zerschmettern‹ (Ps 2,7; Offb 2,27), und an ihrer Statt sein eigenes, gerechtes Regiment aufrichten wird.

Drittens beweist es, daß etliche Zeit vor dem Ablauf von 1914 n. Chr. das letzte Glied der göttlich anerkannten Kirche (Herauswahl) Christi, das ›königliche Priestertum‹, ›der Leib Christi‹, mit dem Haupte verherrlicht sein wird... «

Weitere Ereignisse, die nach Russells Ansicht 1914 eintreffen sollten, sind die Sammlung und geistliche Erneuerung Israels sowie der Höhepunkt der großen »Zeit der Drangsal«, die allerdings »an jenem Zeitpunkt enden wird, und dann werden die Menschen gelernt haben, stille zu sein und zu erkennen, daß Jehova Gott ist, und daß er auf Erden hoch erhöht werden wird«.

Was ist davon im Jahre 1914 eingetroffen? Nichts – außer einer »Drangsal« in Gestalt des Ersten Weltkrieges, die aber erst vier Jahre später endete und auch nicht mit der »großen Drangsal« oder »Trübsal« nach Matthäus 24, 21 gleichgesetzt werden kann, denn nach dem Ersten Weltkrieg lief die Weltgeschichte wie gewohnt weiter. Die Sammlung der Juden hat Russell zwar vorausgeahnt (es gab ja seit längerem eine zionistische Bewegung, die darauf hinarbeitete und der Russell nahestand), aber sie traf keineswegs 1914 ein, sondern in den Jahren und Jahrzehnten darauf. Die geistliche Erneuerung Israels, seine Annahme Jesu als Messias, steht zum größten Teil auch heute noch aus. Was sich aber auf keinen Fall verwirklicht hat und doch von Russell und seinen Anhängern so glühend erwartet worden war, ist die Beendigung der Herrschaft der irdischen Nationen und die Aufrichtung des Reiches Jehovas auf Erden an deren Stelle. Von Russells Nachfolgern wurde diese Erwartung deshalb auf die Zeit *nach* 1914 verschoben, und das Jahr 1914 gilt nun nicht als *Ende* (wie bei Russell), sondern als *Anfang* der Erntezeit.

Auffällig ist, daß mit dem Näherrücken des Jahres 1914 Russell selber mit seinen Voraussagen immer *vorsichtiger* wurde. So beteuerte er im Wachtturm vom 1. Oktober 1907:

»Wir sagen darauf, wie schon so viele Male vorher in den Schriftstudien und im Wachtturm und mündlich und brieflich, daß wir für unsere Berechnungen nie unfehlbare Genauigkeit beansprucht haben; wir haben niemals den Anspruch erhoben, es handle sich dabei um *Wissen*, oder es sei auf unbestreitbare Beweise, Tatsachen, Erkenntnisse gegründet. Unsere These lautete stets, daß sie auf *Glauben* gegründet sind.«

Aber dann heißt es im gleichen Artikel, »daß aus dem *Glauben* an die Chronologie dadurch beinahe ein *Wissen* um ihre Richtigkeit wird. Verändert man nur eine einzige Jahreszahl, so kommt damit das ganze System der wunderschönen Parallelen aus dem Tritt«.

Was geschah, nachdem das Jahr 1914 ohne Erfüllung der vorausgesagten Ereignisse vorbeigegangen war? In einem 1916 verfaßten Vorwort zu seinem Buch »The Time Is At Hand« gestand Russell seinen *Irrtum* ein, versuchte ihn aber gleichzeitig zu beschönigen:

»Der Autor gibt zu, daß er in diesem Buch den Gedanken nahelegt, daß des Herrn Heilige erwarten dürfen, am Ende der Zeiten der Nationen bei ihm zu sein in Herrlichkeit. Dies war ein Fehler, den zu machen sehr natürlich war, doch der Herr überwaltete ihn zum Segen seines Volkes. Der Gedanke, daß die Kirche vor Oktober 1914 in Herrlichkeit vereint sein würde, übte zweifellos einen anspornenden und heiligenden Einfluß auf Tausende aus, von denen demgemäß alle den Herrn preisen können, selbst um des Fehlers willen« (deutsche Ausgabe von 1926, S. 7).

Hier versuchte Russell, aus der Not eine Tugend zu machen und seine Falschprophezeiungen als »Segen« hinzustellen. Doch handelte es sich überhaupt um Falsch-*Prophezeiungen* oder nur um unverbindliche *Meinungsäußerungen* Russells? Franz Stuhlhofer (1994, S. 83 ff.) nennt drei Kriterien für einen *prophetischen Anspruch:* 1. die Berufung auf Gott (und nicht auf die eigene Meinung) als Quelle der Voraussagen; 2. die Behauptung, etwas Sicheres oder doch zumindest sehr Wahrscheinliches voraussagen zu können; 3. die öffentliche Bekanntmachung der Voraussagen. Wie Stuhlhofer durch eine detaillierte Quellenanalyse nachgewiesen hat, treffen alle drei Kriterien auf Russell (und seine Nachfolger) zu, auch wenn – meist im Nachhinein, d. h. nach dem Nichteintreffen der Voraussagen – die Wachtturm-Gesellschaft auf unterschiedliche Weise versucht hat, den prophetischen Anspruch abzumildern.

So wird nach einer langen Reihe enttäuschter Erwartungen in den 1985 herausgegebenen »Unterredungen anhand der Schriften« gesagt: »Jehovas Zeugen behaupten nicht, inspirierte Propheten zu sein. Sie haben Fehler gemacht.« Doch dann wird dieses Zugeständnis gleich wieder eingeschränkt: »Änderungen des Standpunktes in bezug auf bestimmte Angelegenheiten sind verhältnismäßig geringfügig gewesen, gemessen an den wichtigen biblischen Wahrheiten, die Jehovas Zeugen erkannt und veröffentlicht haben« (S. 149).

Die Bibel nennt einen eindeutigen Maßstab, um einen *falschen Propheten* zu erkennen: »Wenn der Prophet redet in dem Namen des Herrn und es wird nichts daraus und es tritt nicht ein, dann ist das ein Wort, das der Herr nicht geredet hat« (5. Mose 18, 22). Bei Russells Voraussagen handelt es sich ganz offensichtlich um Falschprophetie – und dennoch hielten nach 1914 viele an seinen Lehren fest oder deuteten einzelne Punkte um. So wird von den heutigen Zeugen Jehovas die Ansicht vertreten, Christus habe 1914 den Satan aus dem Himmel geworfen und dadurch auf Erden den Ersten Weltkrieg ausgelöst. Aus einer Prophezeiung des Heils, nämlich der Aufrichtung des Reiches Jehovas auf Erden, wurde eine Prophezeiung größten Unheils gemacht und diese damit in ihr Gegenteil verkehrt.

Die Aussage, welche in einer späteren Schrift der Zeugen Jehovas über falsche Propheten getroffen wurde, findet letztlich in Russell – und nicht nur in diesem – ihre frappierendste Erfüllung. In dem Buch *»Das Paradies für die Menschheit durch die Theokratie wiederhergestellt«* lesen wir auf Seite 355:

»Jehova, der Gott der wahren Propheten, wird alle falschen Propheten in Schande geraten lassen, entweder dadurch, daß er die falsche Voraussage solcher Propheten, die sich dieses Amt selbst anmaßen, nicht erfüllen läßt oder indem er seine eigenen Prophezeiungen auf eine Weise verwirklicht, die zu derjenigen der falschen Propheten im Gegensatz steht. Falsche Propheten werden den Grund für ihre Schande zu verbergen suchen, indem sie verleugnen, wer sie wirklich sind.«

Die Wachtturm-Gesellschaft

Doch wir sind weit vorausgeeilt. Kehren wir in das Jahr *1879* zurück, so finden wir dort drei bedeutende Ereignisse im Leben Russells: den Rückzug von N. H. Barbour, die Hochzeit mit Maria Frances Ackley und die Herausgabe der ersten Nummer der Zeitschrift »Zions Watch Tower and Herald of Christ's Presence« (»Zions Wachtturm und Verkünder der Gegenwart Christi«).

Die Gründe für die *Trennung von Barbour* wurden bereits genannt. Russell zog sich mit seinem beträchtlichen Vermögen von Barbour zurück, der den »Herald« bis 1903 – drei Jahre vor seinem Tod – weiter editierte. Der Titel der von Russell kurz darauf selbst herausgegebenen Zeitschrift *»Zions Wachtturm«* (die erste Ausgabe erschien am 1. Juli 1879) weist auf die glühende Begeisterung für die zionistische Bewegung hin, die von seinem Nachfolger Rutherford nicht mehr geteilt wurde und heute ganz aus dem Blickfeld der Zeugen Jehovas verschwunden ist. Die Bezeichnung »Wachtturm« ist Habakuk 2, 1 nachempfunden, wo es heißt: »Hier stehe ich auf meiner Warte und stelle mich auf meinen Turm und schaue und sehe zu, was er mir sagen und antworten werde auf das, was ich ihm vorgehalten habe.«

Die zunächst monatlich, seit 1892 vierzehntägig erscheinende Zeitschrift wurde am Anfang in einer Auflage von sechstausend Exemplaren gedruckt. Heute (1996) liegt die Auflage, wie schon erwähnt, bei ca. 19 Millionen. Der Name hat mehrmals gewechselt: Zunächst hieß das Blatt »Zions Wachtturm und Verkünder der Gegenwart Christi«, ab 1909 nur noch »Der Wachtturm und Verkünder der Gegenwart Christi«. Im Jahr 1939 »hob man die Tatsache, daß Christus bereits als König im Himmel regierte, stärker hervor« (JZ, S. 724). Ab dem 1. Januar dieses Jahres nannte man die Zeitschrift daher »Der Wachtturm und Verkündiger des Königreiches Christi«. Am 1. März 1939 schließlich erhielt sie den noch heute gültigen Titel »Der Wachtturm verkündigt Gottes Königreich«.

Im Zusammenhang mit der Herausgabe dieser Zeitschrift ab 1879 entstanden die ersten *Gemeinden*. Es waren Zusammenschlüsse von Wachtturm-Lesern an den einzelnen Orten, die nach kongregationalistischem Vorbild lose miteinander verbunden waren. Eine straffe zentralistische Leitung wie bei der heutigen Wachtturm-Gesellschaft bestand in der Anfangszeit noch nicht. Russell freilich galt als der geistliche Leiter und verehrte Prophet der aufkeimenden neuen Bewegung. Die ersten Gruppen nannten sich zunächst »Klassen« oder »Ekklesias« (griech. »Gemeinden«), später dann »Versammlungen«.

1881 nun wurde in Pittsburgh die *»Zions Watch Tower Bible and Tract Society of Pennsylvania«* (»Zions Wachtturm Bibel- und Traktat-Gesellschaft von Pennsylvanien«) gegründet. Im Dezember 1884 wurde sie behördlich registriert. Dieses Datum wird von verschiedenen Autoren (z. B. Hoekema 1972, S. 11) als offizieller Beginn der Bewegung der (späteren) Zeugen Jehovas gewertet. Die Wachtturm-Gesellschaft war eine Aktiengesellschaft, eine Geschäftsfirma, in der jeder Mitglied werden konnte, der sich Anteilscheine im Wert von je 10 Dollar erwarb. Russell war ihr Präsident auf Lebenszeit, seine Frau Sekretärin und Schatzmeisterin. Neben und unter ihnen fungierten ferner sieben leitende Direktoren. Diese Gesellschaft druckte eine

Fülle von Traktaten, Flugschriften und Büchern, die überwiegend von der Hand Russells stammten. Beiträge für den »Wachtturm« schrieben außerdem in der Anfangszeit A. D. Jones, J. H. Paton, H. B. Rice, W. I. Mann, Russells Frau und andere. Ganz im Stil eines Geschäftsunternehmens wurden Kolporteure angestellt, welche die Schriften unter der Bevölkerung vertrieben. Der Haus-zu-Haus-Dienst der einzelnen Anhänger, wie wir ihn heute kennen, war damals jedoch noch nicht in seiner als geradezu heilsnotwendig angesehenen und verpflichtenden Form vorhanden.

Der Charakter einer *Geschäftsfirma* wurde von Russell offiziell zugegeben. So stellte er in seinen »Schriftstudien« jeweils im Anhang seine Gesellschaft mit folgenden Worten vor: » *Wachtturm-Bibel-und-Traktat-Gesellschaft.* Das ist der Name einer Geschäftsfirma, die sich mit der Herausgabe von wichtigen religiösen Büchern und Zeitschriften und anderen nützlichen Hilfsmitteln zum Bibelstudium befaßt« (vgl. Twisselmann 1995, S. 16).

Es sollte bis zum Jahr 1944 dauern, daß das Aktienwesen abgeschafft und als unvereinbar mit der »theokratischen Ordnung« bezeichnet wurde (vgl. ebd., S. 21 f.). Dennoch erwirtschaftet die Wachtturm-Gesellschaft weiterhin hohe Gewinne, die freilich – soweit erkennbar – alle dem weiteren Aufbau der Organisation zugute kommen. Über die heutige finanzielle Struktur des »Wirtschaftsunternehmens Wachtturm-Bibel-und-Traktat-Gesellschaft« (WTG) schreibt Klaus-Dieter Pape:

»Die Einkünfte kommen aus Spenden, aber in viel größerem Umfang aus den Subskriptionsrechten, die die WTG-Inc. von den einzelnen Länderorganisationen verlangt. Die Beträge für diese Rechte sind aber in Wirklichkeit der Gewinn, den die einzelnen Länder aus den Buchverkäufen erzielen und dann an das Hauptbüro in New York überweisen … Bei den Länderorganisationen ist zu unterscheiden, ob sie eine Corporation nach amerikanischem Recht sind, wie der Länderzweig in der Schweiz, oder ein gemeinnütziger Verein, wie in Deutschland … Selbst ein gemeinnütziger Verein kann z. B. über Spenden oder wirtschaftliche Aktivitäten, wie Buch- oder Zeitschriftenverkauf Gewinn machen. Das ist erlaubt. Sie müssen nur dem Zweck der Satzung entsprechen und demgemäß verwendet werden« (Informationen Nr. 2 der »Christlichen Dienste«, ACV, Mai 1994, S. 2 f.).

Doch zurück zu Russell. Sein Hauptwerk waren die unter der Bezeichnung »*Schriftstudien*« (bis 1904: »Millennial Dawn« – »Millennium-Tagesanbruch«) bekanntgewordenen sechs Bücher mit den programmatischen Titeln: »Der (göttliche) Plan der Zeitalter« (1886), »Die Zeit ist herbeigekommen« (1889), »Dein Königreich komme!« (1890), »Der Tag der Rache« (später: »Der Krieg von Harmagedon«) (1897), »Die Versöhnung von Gott und dem Menschen« (1899), »Die neue Schöpfung« (1904). Der siebte Band »Das vollendete Geheimnis«, der 1917 posthum erschien, stammt in seiner vorliegenden Form zum großen Teil nicht von Russell (dazu unten mehr). Die sechs ersten Bände erreichten allein bis zum Todesjahr Russells, 1916, eine Auflage von zusammen ungefähr 16 Millionen Exemplaren, zumindest nach den Angaben der Wachtturm-Gesellschaft.

Um die Jahrhundertwende war die Zahl der *Anhänger* Russells bei etwa 2.500 angekommen. Heute (1996) gibt es weltweit über 4½ Millionen Zeugen Jehovas. In Deutschland faßten Russells Anhänger seit 1903 Fuß, als der erste »Pilgrim«, Otto Koetitz, von Wuppertal-Elberfeld aus mit seiner Missionstätigkeit begann. Die Zahl der in Deutschland lebenden Zeugen Jehovas beträgt heute über 160.000. Russells Botschaft hat also, wenn auch in manchen Punkten wesentlich verändert, eine enorme Ausbreitung erfahren.

Streitigkeiten und Skandale

Diesem äußeren Erfolg stehen die Schattenseiten in seinem Leben gegenüber. Wir wenden uns nun den *Streitigkeiten* mit ehemaligen Anhängern, mit seiner Frau und seinen Gegnern zu.

Bereits in den Jahren nach 1892 gab es Auseinandersetzungen mit vier führenden Mitgliedern der Wachtturm-Gesellschaft *(E. Bryan, S. D. Rogers, J. B. Adamson und O. v. Zech)*, die an Lehrpunkten Russells Kritik übten und ihm vorwarfen, er habe zuviel Einfluß. Dieser antwortete mit der heftigen Broschüre »*Aufdeckung einer Verschwörung*« (1894).

1911 wandten sich der Vizepräsident der Wachtturm-Gesellschaft, *J. H. Giesey,* sein Privatsekretär *A. E. Williamson* und der Zweigstellenleiter *E. C. Hennings* aus ähnlichen Gründen gegen ihn. Sie kritisierten seinen dogmatisch-autoritären Führungsstil und behaupteten, er habe »Schwestern gestreichelt«. Russell reagierte maßlos, indem er ihre Abspaltung von ihm mit der Abspaltung von Christus gleichsetzte:

»Nebeneinander, in denselben Gemeinschaften mit den demütigen, gläubigen, geweihten Heiligen – in denselben kleinen Versammlungen zusammen mit denen, welche aus der Knechtschaft Babylons entflohen sind, in denselben Haushaltungen und oft an demselben Tisch des Herrn ist eine Klasse von Personen entwickelt worden, welche eigenliebig (selbstsüchtig) sind, habsüchtig (nach Ehre und Ansehen und Ruhm bei Menschen), prahlerisch... hochmütig... Da sie sich nicht dem Haupt des Leibes, Christo Jesu, unterwerfen, streben sie danach, selbst das Haupt neuer Parteien zu werden« (»Wachtturm« 1911, S. 42 ff.).

Hinzu kamen die peinlichen Auseinandersetzungen mit seiner eigenen Ehefrau Mitte der 90er Jahre, sowie mit seinen kirchlichen Gegnern. *Maria Frances Russell, geb. Ackley,* fühlte sich – wie ihr Mann – als eine prophetische Persönlichkeit und ihm ebenbürtig. Sie verlangte breites Mitspracherecht und Mitautorschaft bei der Gestaltung des Wachtturms. 1896 entzog Charles Taze Russell ihr die Mitherausgeberschaft. Daraufhin verließ sie ihn im Jahre 1897. Sechs Jahre lebten sie getrennt, bis Maria 1903 die Scheidungsklage einreichte und es 1906 nach langwierigen Verhandlungen und großem Aufsehen in der Öffentlichkeit zur Scheidung kam (laut Hellmund und Hutten 1982, S. 82). Nach den Angaben der Wachtturm-Gesellschaft hingegen lautete das 1908 verkündete Urteil »nicht auf Ehescheidung«, sondern »auf Trennung von Tisch und Bett sowie auf Zahlung von Unterhalt« (JZ, S. 645). Russells Ehe war jedenfalls total gescheitert. Seine Frau äußerte über ihn unter anderem, er sei nicht nur der »gute Knecht« nach Matthäus 24, 45 - 51, als der er von seinen Anhängern bezeichnet wurde, sondern auch der unnütze Knecht – und sie müsse deshalb seine Stelle einnehmen. Sie warf ihm »Egoismus, Herrschsucht und ein unsauberes Verhalten im Umgang mit anderen Frauen« vor (vgl. Stroup 1945, S. 9 ff.; Metzger 1953, S. 65 f.; Hutten 1982, S. 82).

Auch mit der »Geistlichkeit« oder den »Religionisten«, wie Russell die Vertreter der Kirchen abfällig nannte, führte er viele Auseinandersetzungen. Nachdem er sich anfangs mit seiner Kirchenkritik noch zurückgehalten hatte und daher sogar in manchen Kirchen predigen durfte, änderte sich dies zunehmend in den achtziger Jahren, als er einen schärferen Ton anschlug. 1881 verkündete er, daß die nominelle Kirche von dem unsichtbar gegenwärtigen Christus 1878 verworfen worden sei. Nun fühlte er sich berufen, die wahren Anhänger Jehovas aus den Kirchen herauszuführen. Diese Angriffe blieben nicht ohne Antwort. Insbesondere sein selbstangemaßter Status als »Pastor« wurde kritisch hinterfragt, so etwa von dem Baptistenpastor *J. J. Ross.*

1912 hatte Ross eine Schrift mit dem herausfordernden Titel *»Einige Tatsachen über den selbsternannten ›Pastor‹ Charles T. Russell«* veröffentlicht, die zu einem Gerichtsprozeß Anlaß gab. Ross kennzeichnet darin Russells System als »unvernünftig, unwissenschaftlich, unbiblisch, antichristlich und eine bedauernswerte Verkehrung des Evangeliums von Gottes geliebtem Sohn« (S. 7). Ferner warf er Russell im Blick auf seine selbstangemaßte Position vor: »Er hat niemals eine höhere Schule besucht, weiß vergleichsweise nichts über Philosophie, systematische oder historische Theologie und ist ein totaler Ignorant hinsichtlich der alten Sprachen« (S. 3 f.).

1913 fand in Ontario der Prozeß zwischen Ross und Russell statt, den Russell verlor. Nach diesem Prozeß schrieb Ross noch eine Schrift mit dem Titel: *»Einige Tatsachen und noch mehr Tatsachen über den selbsternannten ›Pastor‹ Charles T. Russell«.* Darin berichtet Ross über Einzelheiten dieses Prozesses, die ein denkbar schlechtes Licht auf Russells Charakter werfen. So hat Russell nachweislich Falschaussagen hinsichtlich seiner Ordination und Sprachkenntnisse gemacht.

Beispielsweise fragte ihn Rechtsanwalt Staunton: »Kennen Sie das griechische Alphabet?« Russell antwortete: »Oh ja.« Als Staunton ihn jedoch aufforderte, einige griechische Buchstaben vorzulesen, mußte er zugeben, mit der griechischen Sprache doch nicht vertraut zu sein. Ähnlich lief ein Kreuzverhör in bezug auf Russells angebliche Ordination ab. Nachdem er zunächst unter Eid versucht hatte, seine Ordination zu behaupten, mußte er schließlich zugeben, »niemals von einem Bischof, Geistlichen, Presbyterium, Konzil oder einer entsprechenden Körperschaft ordiniert« worden zu sein.

Russells Selbstverständnis und Werk

Obwohl Russells Skandale in der Öffentlichkeit nicht mehr zu verbergen waren, nahm seine Anhängerschaft ständig zu, angefeuert von dem immer näher rückenden magischen Termin 1914. So konnte man 1909 die Zentrale der Wachtturm-Gesellschaft vergrößern und nach *Brooklyn/New York* verlegen, wo sie sich noch heute befindet. Russell hat in den Jahren vor 1914 seine *Vortrags- und Reisetätigkeit* ständig gesteigert. Es wird behauptet, er sei in seinem Leben mehr als 1,6 Millionen Kilometer gereist, habe ca. 30.000 Predigten gehalten und viele davon Woche für Woche an ungefähr 3.000 Zeitungen in Amerika, Kanada und Europa geschickt, wo sie – allerdings oft als Annonce – dann zum Teil auch veröffentlicht wurden (vgl. Jehovah's Witnesses in the Divine Purpose, 1959, S. 50). An anderer Stelle heißt es, er habe »Bücher geschrieben, die insgesamt über 50.000 Seiten ausmachten« und »oft 1.000 Briefe im Monat diktiert« (Jahrbuch 1977, S. 77).

Daß Russell ein sehr engagierter und zu seiner Zeit weithin bekannter Mann war, sei unbestritten, doch dürften derartige Zahlenangaben eher legendarischen Wert besitzen. Franz Stuhlhofer (1994, S. 46 ff.) hat beispielsweise die Seitenzahlen sämtlicher von Russell verfaßten Bücher und Artikel addiert und ist zum Ergebnis gelangt, »daß die Behauptung von Russells 50.000 Buchseiten um ein Vielfaches übertreibt« (ebd., S. 51; vgl. auch die Kritik bei Martin/Klann 1985, S. 15 ff.).

Einen großen Bekanntheitsgrad sicherte der Bewegung das große »*Photodrama der Schöpfung*«, das 1912 konzipiert und im Januar 1914 in New York uraufgeführt wurde. Neueste technische Möglichkeiten, eine Kombination von Filmen und Lichtbildern, die man mit Musik- und Sprechplatten synchronisierte, kamen in zahlreichen

Städten der USA zum Einsatz. Bis Ende 1914 sollen über 9 Millionen Menschen dieses »Photodrama der Schöpfung« gesehen haben. In ihm wurde der gesamte biblische Heilsplan, wie Russell ihn verstand und erklärte, in einer insgesamt achtstündigen Vorführung dargeboten. Es wurden Lichtbilder vorgeführt vom Urnebel bis zur Schlacht von Harmagedon und dem Ende des Tausendjährigen Reiches.

Russell äußerte über sein Hauptwerk, die sechsbändigen *»Schriftstudien«*, sie seien unerläßlich zum Verständnis der Heiligen Schrift. Wenn jemand die »Schriftstudien«, nachdem er sie zehn Jahre lang gelesen hat und mit ihnen vertraut geworden ist, weglegt und ignoriert und nur zur Bibel greift, »so wird er – das zeigt unsere Erfahrung –, auch wenn er die Bibel zehn Jahre lang verstanden hätte, binnen zwei Jahren in die Finsternis gehen. Wenn er andererseits nur die Schriftstudien mit ihren Bibelzitaten gelesen hat und keine Seite der Bibel als solche, so würde er am Ende von zwei Jahren noch im Lichte sein, da er das Licht der Schrift besäße« (»Wachtturm« vom Dezember 1910, S. 218 f.). Russell hat sein Werk also der Heiligen Schrift übergeordnet. Wie zeitbedingt allerdings sein Werk war und wie sehr er sich auch in diesem Punkt geirrt hatte, zeigt die Tatsache, daß die Zeugen Jehovas schon sehr bald (etwa ab Mitte der 20er Jahre) die Schriftstudien nicht mehr druckten – aus leicht verständlichen Gründen (nicht eingetroffene Terminberechnungen und ähnliches).

Worum ging es in den Schriftstudien? In Band 1 (»Der göttliche Plan der Zeitalter«) gibt Russell einen grundlegenden Überblick über sein System. Er behandelt die Frage nach Gott, dem Verständnis der Bibel, dem Lösegeld und Wesen Christi sowie – anhand einer Zeitalter-Karte – dem Ablauf der Heilszeitordnungen. Er möchte im Leser den Glauben an Gott, sowie an die Bibel als göttlich inspirierte Offenbarung festigen, um darauf aufbauend den Heilsplan zu entfalten. In Band 2 (»Die Zeit ist herbeigekommen«) geht es ausführlich um »Zeit und Zeitpunkte«, eine »vollständige Bibelchronologie«. Band 3 (»Dein Königreich komme!«) untersucht daran anknüpfend die prophetischen Zeitabschnitte im Buch Daniel und in der Offenbarung des Johannes, ferner die Frage nach dem Schicksal Israels und die Zeitberechnung anhand der Maße der Cheops-Pyramide. Band 4

(»Der Tag der Rache«) handelt von der »Auflösung der gegenwärtigen Ordnung der Dinge«. Band 5 (»Die Versöhnung des Menschen mit Gott«) entfaltet ausführlich Russells Auffassung vom Loskaufopfer Jesu Christi, verstanden als engelhaftes Geistwesen, nicht als zweite Person der göttlichen Dreieinigkeit. Band 6 (»Die neue Schöpfung«) schließlich beschreibt die Schöpfungswoche nach 1. Mose 1 f., die »Herauswahl« der Gemeinde, sowie deren Organisation, Gebräuche, Zeremonien, Pflichten und Hoffnungen.

Zu Russells *Lebensstil* existieren sehr unterschiedliche Äußerungen. Die einen sagen, er hätte einfach und bescheiden im New Yorker »Bethel« gelebt und viele Jahre nur ein Taschengeld bezogen. Die anderen behaupten, er hätte sämtliche Aktien-Anteile der Wachtturm-Gesellschaft besessen. Was ist wahr?

Tatsache ist, daß er das gesamte Vermögen seines väterlichen Betriebs für die Wachtturm-Bibel-und-Traktat-Gesellschaft, sowie für Firmen, die mit dieser kooperierten (z. B. die »Tower Publishing Company«, welche der Wachtturm-Gesellschaft Papier lieferte), eingesetzt hat. Er verkaufte das blühende Textilunternehmen für eine Viertelmillion Dollar und investierte dieses Geld in die Wachtturm-Tätigkeit (vgl. Twisselmann 1995, S. 47.59). Im Ehescheidungs-Prozeß bezeichnete er sich als arm und wollte nichts bezahlen, aber das Gericht stellte fest, daß er Geld besaß und bestrafte ihn wegen Hinterziehung. Damals wurde festgestellt, daß Russell die Kontrolle über eine Gesellschaft, eben die Wachtturm-Gesellschaft, in Händen hielt, von welcher der er den größten Teil des Kapitals besaß (vgl. Martin 1985, S. 39 f.).

Was soll man daraus folgern? Russell war keineswegs arm, aber es ist durchaus möglich, daß er selber im Alltag bescheiden lebte. Daß er über große Kapitalmengen verfügen konnte, geht deutlich aus seinem Testament hervor, mit dem wir uns weiter unten beschäftigen.

Um Russell wurde schon zu Lebzeiten von vielen seiner Anhänger ein *Personenkult* betrieben. Ein ausgeprägtes endzeitliches Sendungsbewußtsein war ihm zu eigen. Er nahm an, daß sich am Ende der Tage das Licht der Wahrheit immer mehr erhellt und ein vollerer Zugang zu den göttlichen Geheimnissen möglich ist. Er selber, Russell, sei der Empfänger dieses Lichtes. Er verglich sich mit dem

»klugen und treuen Knecht« in Matthäus 24, 45-51 und Lukas 12, 41-46. Von seinen Anhängern wurde er als »der Sendbote der Gemeinde von Laodizäa« nach Offenbarung 3, 14-22 bezeichnet, so etwa in dem posthum herausgegebenen Band 7 der Schriftstudien (siehe unten). Russell wurde dort in eine Linie mit Paulus, Johannes, Arius, Waldus, Wiclif und Luther gestellt, welche die anderen Gemeinden in Offenbarung 2f. repräsentieren sollten. Auffallend ist, daß in dieser Liste neben Aposteln und großen Männern der Kirchengeschichte auch der als Ketzer verurteilte Arius erscheint. Warum dies so ist, werden wir bei der Untersuchung der Gotteslehre und Christologie der Zeugen Jehovas betrachten.

Russell starb bei einer seiner zahlreichen Reisen, und zwar am 31. Oktober 1916 in einem Eisenbahnwagen in der Nähe von Pampa/ Texas. Eine Autokolonne von über hundert Wagen, ein Meer von Blumen sowie 17 Grabreden prägten seine Bestattung in New York.

Beziehungen zur Freimaurerei

Einige Fragen im Zusammenhang mit der Biographie Russells sind noch ausführlicher zu betrachten. Die erste Frage lautet: War Russell *Freimaurer* oder zumindest für freimaurerisches Denken offen? Besonders der ehemalige Zeuge Jehovas *Erich Brüning* hat sich der Untersuchung dieser Frage gewidmet. In seinem Buch *»3 Systeme. Was verbindet Freimaurer, New Age und Jehovas Zeugen?«* (1994 b) zitiert er ausführlich aus einer Rede, die Russell 1913 vor Freimaurern, Ernsten Bibelforschern und Zuhörern verschiedener Denominationen gehalten hat. Diese *»Tempelansprache«* ist erschienen im »International Biblestudents Souvenir, Convention Report 1913«, S. 359 ff. Daraus einige Auszüge. Russell sagte:

»Ich freue mich, die besondere Gelegenheit zu haben, einiges über Dinge zu sagen, in denen wir mit unseren freimaurerischen Freunden übereinstimmen, denn wir befinden uns hier in einem Gebäude, das der Freimaurerei geweiht ist. Und auch wir sind Freimaurer. Ich bin ein freier Freimaurer. Ich bin ein freier und anerkannter Freimaurer, wenn ich das in voller Länge ausführen darf ... Ich glaube, wir alle sind es. Aber nicht gerade im Stil unserer freimaureri-

36

schen Brüder ... Tatsächlich sind einige meiner besten Freunde Freimaurer, und ich schätze es, daß es einige wertvolle Wahrheiten gibt, die unsere freimaurerischen Freunde besitzen.«

Im folgenden führt Russell aus, daß Jesus Christus »der große Meister unseres Hohen Ordens der Freien und anerkannten Freimaurerei« und Begründer des Tempels sei. Punkt für Punkt vergleicht Russell die Gemeinde mit einem freimaurerischen Tempel. Schließlich meint er:

»Ihr wißt, daß man in Freimaurerorden von Stufe zu Stufe fortschreitet und dabei mehr und mehr lernt. So gibt es denn Freimaurer im 32. Grad, die viel mehr wissen als die im 14. und 16. Grad ... So ist es auch im geistlichen Tempel. Der Apostel drängt uns, höher zu steigen. Er sagt, wir sollen in der Gnade und in der Erkenntnis wachsen und dem Herrn charakterlich ähnlicher werden, ihm, dem großen Hauptbefehlshaber, dem großartigen Hohenpriester unserer Berufung, dem größten aller Tempelritter« (zit. nach Brüning, 1994 b, S. 62 ff.).

Solche Äußerungen dürften heutigen Zeugen Jehovas weitgehend unbekannt sein. Dennoch deutet vieles darauf hin, daß Russell entweder selber Freimaurer war oder deren Gedankengut zumindest nicht ablehnte. Eine wichtige Gemeinsamkeit lag sicherlich darin, daß sowohl Freimaurer als auch Russell die göttliche Wesensart Jesu Christi im Sinne der Trinität bestritten. Ferner versuchte Russell, abseits von den Dogmen der Kirchen eine neue Religion zu gründen. Freimaurerisches Gedankengut kommt nicht nur in der zitierten Tempelansprache Russells zum Ausdruck, sondern auch in der von ihm häufig gewählten Symbolik der *Pyramide,* welche ein wichtiges Symbol der Freimaurerei darstellt. Man denke etwa an den dritten Band der Schriftstudien, wo ein ganzes Kapitel der Pyramide von Gizeh gewidmet ist. Später haben die Zeugen Jehovas Russells Pyramidenlehre fallengelassen, wie sie auch offiziell nichts mit Russells freimaurerischen Ambitionen zu tun haben wollen. Dennoch stellt dieser Einfluß eine bedeutende Größe der Anfangszeit dar, welche sich nicht leugnen läßt.

Ob Russell Mitglied einer Freimaurer-Loge war – darüber gehen die Ansichten auseinander. Brüning selber äußert sich widersprüchlich. Einerseits schreibt er:

»Über Russells Zugehörigkeit zu einer Loge weist das Drei-Punkt-Symbol vor seinem Namen in dem Freimaurerverzeichnis in ›Lady Queenborough‹ hin« (ebd., S. 68).

Andererseits meint er:

»Es muß hier nicht polemisiert werden, ob Russell initiierter Freimaurer war oder nicht. Seine Weltanschauung, die Verehrung freimaurerischer Embleme, die Anwendung freimaurerischen Vokabulars und Umdeutung biblischen Gedankenguts in freimaurerische ›Theologie‹ dürften zur Beurteilung der Grundhaltung Russells genügen. Man spricht hier auch von ›Maurer ohne Schurz‹« (ebd.).

In Einklang mit Brünings letzter Aussage teilte mir Hans-Jürgen Twisselmann in einem Brief vom 6. 2. 1996 folgendes mit:

»Russell war, wie ich über eine deutsche Freimaurer-Loge in Erfahrung bringen konnte, *nie* Freimaurer. Daß er aber beste Kontakte zu Einzelpersonen und Freimaurer-Einrichtungen unterhielt, dürfte unbestritten sein.«

Adventistische Einflüsse

Ein weiterer interessanter Aspekt sind Gemeinsamkeiten und Unterschiede zwischen Russells Lehre und dem frühen *Adventismus,* aus dem er ja hervorgegangen ist. Übernommen wurde zumindest prinzipiell die *Schrifthaltung,* der Glaube an die göttliche Inspiration der Bibel, wenn auch auf eine eigenwillige Art (dazu später mehr), ferner die Vorstellung von einer inhaltlichen Gleichwertigkeit von Altem und Neuem Testament. Die biblischen Aussagen werden – trotz vordergründig geschichtlichem Denken – nicht in ihrem heilsgeschichtlichen Fortschreiten betrachtet und ernstgenommen, sondern geradezu steinbruchmäßig aus dem Textzusammenhang herausgebrochen und nach eigenen Vorstellungen miteinander kombiniert. Auf die sogenannte Rösselsprung-Methode bei den Zeugen Jehovas werde ich noch ausführlicher eingehen. Die Gleichordnung des Alten Testamentes mit dem Neuen führt zum Beispiel bei den Adventisten zur Sabbat-Heiligung, bei den Zeugen Jehovas zu einem sehr gesetzlichen Denken insgesamt, besonders auffallend etwa in Gestalt des Blut-Verbots.

Ein weiteres gemeinsames Kennzeichen ist der Versuch, den *Termin* der Wiederkunft Christi zu berechnen. Nach dem Nichteintreffen der sichtbaren Wiederkunft verlegten sich sowohl adventistische Kreise als auch Russell auf eine unsichtbare Wiederkunft oder Gegenwart Christi.

Gemeinsam ist ferner die Vorstellung, daß der Mensch nicht eine Seele *hat,* sondern eine Seele *ist.* Damit hängt die Ablehnung jeder Behauptung einer Unsterblichkeit der Seele zusammen. Da der Mensch als Ganzer eine Seele sei, könne er den leiblichen Tod nicht überdauern, sondern sterbe ganz. Nach dem Tod gebe es keine Weiterexistenz. Auferstehung bedeute Neuschaffung. Diese *Ganztod-Theorie* findet sich heute sowohl bei den Siebenten-Tags-Adventisten als auch bei den Zeugen Jehovas. Eng damit zusammen hängt die Verwerfung der Lehre von der Ewigkeit der Höllenstrafen. Die Hölle sei nur das Grab, ein Ort der Ruhe und der Hoffnung, wo weder Bewußtsein noch Empfindung vorhanden sei.

Worin sich Russell von den Adventisten unterscheidet, ist vor allem seine Ablehnung der Lehre von der Dreieinigkeit, aber auch der Sabbat-Heiligung, darüber hinaus manche eigenen Terminberechnungen, nicht zuletzt die Einbeziehung der Cheops-Pyramide in seine Zeitalter-Lehre. Aber die Gemeinsamkeiten mit Ansichten in der adventistischen Bewegung des 19. Jahrhunderts sind doch auffallend. Von Russells Neuerungen hat nur Weniges seinen Tod überlebt. Seine Terminberechnungen wurden von seinen Nachfolgern umgedeutet oder »aktualisiert«, die Berücksichtigung der Cheops-Pyramide wurde fallengelassen. Dietrich Hellmund bemerkt in seiner Dissertation »Geschichte der Zeugen Jehovas« zu Recht:

»Nun gibt es freilich einige Glaubenslehren, die unverändert oder doch nur mit ganz geringen Korrekturen den Tod des Gründers überdauern und bis heute bei den Zeugen Jehovas vertreten werden: die Seelenlehre, die Höllenlehre, die Ablehnung der Trinitätslehre, die praktische Bevorzugung des Alten Testaments. Im weiteren Sinn wären dazu auch das chronologische Zeitschema (Adams Erschaffung um 4.000 vor Christus), das endzeitliche Bibelverständnis, die Lehre vom Läuterungscharakter des Millenniums, auch das Schriftprinzip zu rechnen. Mit alleiniger Ausnahme der Gotteslehre sind alle diese Anschauungen adventistischen Ursprungs oder durch Adventisten vermittelt.«

Im 1993 veröffentlichten Geschichtsbuch »Jehovas Zeugen – Verkündiger des Königreiches Gottes« werden die Einflüsse anderer Personen und Gruppierungen, insbesondere der Adventisten, auf Russell offen zugegeben:

»C. T. Russell erkannte dankbar die Hilfe an, die ihm George W. Stetson aus Edinburgh (Pennsylvanien) beim Studium der Heiligen Schrift geleistet hatte ... George W. Stetson war ... Pfarrer der Adventistisch-Christlichen Kirche ... C. T. Russell fühlte sich George Storrs, der etwa 56 Jahre älter war als er, sehr zu Dank verpflichtet. Russell hatte von ihm viel über die Sterblichkeit der Seele gelernt« (S. 45 f.).

In diesem Zusammenhang wird folgende Selbstaussage Russells zitiert:

»Ich bekenne ... daß ich sowohl den Adventisten als auch anderen Denominationen Dank schulde ... obgleich mir der Adventismus keine bestimmte Wahrheit erschloß, so war er mir doch behilflich, Irrtümer zu verlernen und mich so für die Wahrheit vorzubereiten« (ebd., S. 44).

Russells Testament

Wie es nach Russells Tod weitergehen sollte, hatte er 1908 in einem *Testament* festgelegt, welches nach seinem Tod im Wachtturm vom Februar 1917 erschien. Vorausgeschickt sei die Bemerkung, daß dieses Testament so viele Lücken enthielt, daß es von seinem (nicht von ihm bestimmten oder eingesetzten!) Nachfolger Rutherford bequem umfunktioniert werden konnte. Russell hatte folgendes als seinen letzten Willen bestimmt:

»Ich treffe die Anordnung, daß das ganze Werk der Herausgabe des Wachtturms sich in Händen eines Komitees von fünf Brüdern befinden soll, die ich zu großer Sorgfalt und zur Treue gegen die Wahrheit ermahne ... Die unten als Mitglieder des Herausgeber-Komitees genannten Brüder (ihre Annahme vorausgesetzt) sind, wie ich annehme, den Lehren der Heiligen Schrift völlig treu, besonders der Lehre vom Lösegeld, der Lehre, daß es keine Annahme bei Gott und keine Errettung zum ewigen Leben gibt, außer durch den Glauben an Christum und Gehorsam gegen sein Wort und den Geist desselben. Wenn einige von den Bestimmten zu irgendeiner Zeit sich nicht mehr in Harmonie mit dieser Vorkehrung befinden sollten, so würden sie ihr Gewissen verletzen und darum Sünde begehen, wenn sie trotzdem noch Mitglieder des Herausgeber-Komitees bleiben würden...

Die Namen des Herausgeber-Komitees sind folgende: William E. Page, William E. Van Amburgh, Henry Clay Rockwell, E. W. Brenneisen, F. H. Robison. Die Namen der fünf Brüder, von denen ich annehme, daß sie am besten dazu passen, um freigewordene Stellen beim Herausgeber-Komitee wieder auszufüllen, sind: A. E. Burgeß, Robert Hirsh, Isaak Hoskins, Geo H. Fisher (Scranton), J. F. Rutherford, Dr. John Edgar...

Ich habe schon die Wachtturm-Bibel-und Traktat-Gesellschaft mit allen meinen Stimmanteilen begabt, und ich lege diese nun in die Hände von fünf Bevollmächtigten. Es sind folgende: Schwester E. Louise Hamilton, Schwester Almeta M. Nation Robison, Schwester J. G. Herr, Schwester C. Tomlins, Schwester Alice G. James. Diese Bevollmächtigten sollen für Lebenszeit dienen. Im Falle ihres Todes oder von Verzichtleistung sollen Nachfolger gewählt werden von den Direktoren der Wachtturm-Bibel-und-Traktat-Gesellschaft, dem Herausgeber-Komitee und dem Rest der Bevollmächtigten, nachdem sie um göttliche Leitung gebetet haben.«

1916-1942: Die Ära von Joseph Franklin Rutherford

Der Weg zur Macht

Joseph Franklin Rutherford wurde der zweite Präsident der Ernsten Bibelforscher. Der Weg dorthin war allerdings nicht einfach. Wie es dazu kam und welche Neuerungen Rutherford einführte, wollen wir in diesem Kapitel betrachten. Wie ging es nach dem Tod von Charles Taze Russell weiter?

In Russells Testament waren verschiedene Gruppierungen erwähnt worden, welche die Nachfolge Russells gemeinsam antreten sollten. Die Machtfülle, die vorher im wesentlichen in seiner Person vereinigt war, sollte sich auf *drei Gremien* aufteilen. Leider waren die Kompetenzen dieser drei Gremien nicht deutlich genug voneinander abgegrenzt. Um welche Gremien handelte es sich?

Da war zunächst das *siebenköpfige Direktorium der Wachtturm-Bibel- und Traktat-Gesellschaft*. Aber in Konkurrenz zu diesem Direktorium setzte Russell in seinem Testament ein *fünfköpfiges Herausgeber-Komitee für die Zeitschrift »Zions Wachtturm«* ein. Mindestens drei der fünf Herausgeber mußten den Artikeln zustimmen, damit sie in »Zions Wachtturm« erscheinen konnten. Dieses Komitee stand zunächst unabhängig neben dem Direktorium. Hinzu kam als drittes das *Gremium der fünf Aktien-Bevollmächtigten*, allesamt Damen, die Russell als Verwalterinnen seines Vermögens eingesetzt hatte. Auffallend ist, daß Russell nicht *einen* Nachfolger eingesetzt hat, sondern immer *Gruppen* von Nachfolgern, um die Macht und Finanzen möglichst demokratisch zu verteilen. Es sollte also keiner die Alleinherrschaft besitzen.

Das Testament war allerdings – und hier sitzt das Problem – so nicht durchführbar. Die erwähnten fünf Damen hatten das Aktienpaket von 25.000 Stimmen unter insgesamt zirka 150.000 Stimmrechten erhalten. Der Rest verteilte sich auf etwa sechshundert Aktionäre. Nach Russells Tod nun wurde behauptet, mit seinem Heimgang seien auch seine Aktienanteile erloschen. Die Damen ließen sich einschüchtern und verzichteten auf ihre Stimmen, die nun unmittelbar der Wachtturm-Gesellschaft bzw. ihrer Leitung zugute kamen. Dietrich Hellmund vermutet, daß hinter diesem »Meisterstück« einer *Entmachtung* wahrscheinlich »der Juristenverstand Rutherfords« steckte.

Das nächste »Meisterstück« betraf das Herausgeber-Komitee. Um Mitglied im Herausgeber-Komitee zu werden, mußte man in die Bethel-Familie eintreten (das ist die Mitarbeiter-Gemeinschaft in der Brooklyner Wachtturm-Zentrale) und dort für ein Taschengeld arbeiten. Anderweitige berufliche Bindungen waren aufzugeben. Dazu aber war nicht jeder bereit, auch nicht alle von Russell vorgeschlagenen Komitee-Mitglieder. Zwei Kandidaten, William A. Page und E. W. Brenneisen, schieden deshalb von vornherein aus – »Page, weil er seinen Wohnsitz nicht nach Brooklyn verlegen konnte, und Brenneisen... weil er eine weltliche Arbeit annehmen mußte, um seine Familie zu ernähren« (JZ, S. 65). An deren Stelle rückten dann Robert Hirsh und J. F. Rutherford nach. Sie wurden vom Direktorium ausgewählt, das somit eine Vorrangstellung vor dem Herausgeber-Komitee erhielt.

Nachdem Rutherford dem siebenköpfigen Direktorium und dessen dreiköpfigem Ausschuß bereits angehört hatte, gelangte er nun auch noch beim Herausgeber-Komitee in die erste Reihe der Macht. Bereits seit Jahren hatte er die juristische Arbeit für die Wachtturm-Gesellschaft vorgenommen und dadurch tiefen Einblick in deren Strukturen erlangt. Dies half ihm beim weiteren Aufstieg. Auf Betreiben Rutherfords kam es immer mehr zu einer *Zentralisierung* der Leitung, und zwar in seiner Person. So war es kein Wunder, daß er bei der Jahresversammlung am 6. Januar 1917 auf Anraten des Direktoriums-Mitglieds A. N. Pierson zum Nachfolger Russells und *Präsidenten* der Wachtturm-Gesellschaft gewählt wurde. Diese Wahl wurde aber nicht von allen widerspruchslos hingenommen. Doch bevor wir uns mit den Auseinandersetzungen beschäftigen, werfen wir zuerst einen Blick auf Rutherfords Persönlichkeit.

Joseph Franklin Rutherford wurde am 8. November 1869 auf einer Farm in Morgan County/Missouri geboren. Seine Eltern waren Baptisten. Mit 16 Jahren besuchte er ein College, um Rechtswissenschaften zu studieren. Mit 20 Jahren fungierte er bereits als Protokollführer für die Gerichte des 14. Gerichtsbezirks in Missouri. 1892 wurde er als Rechtsanwalt in Missouri zugelassen. Er eröffnete eine Praxis in Boonville und wurde Prozeßanwalt der Firma Draffen und Wright. Später war er als Staatsanwalt und vertretungsweise auch als Sonderrichter am Gericht des achten Gerichtsbezirks von Missouri tätig. Von dieser Tätigkeit als Sonderrichter her wandte er den Titel »Richter« auf sich an. Von seinen Anhängern wurde er – nicht ganz korrekt – als »Richter Rutherford« bezeichnet, ähnlich wie Russell den Titel »Pastor« für sich in Anspruch nahm. Als Jurist war Rutherford so erfolgreich, daß er ermächtigt wurde, Rechtsfälle vor dem Obersten Gerichtshof der USA in Washington D. C. zu führen. Von 1909 bis zu seinem Tod fungierte er als Staatsanwalt in New York, zum Teil noch neben seiner Präsidentschaft der Wachtturm-Gesellschaft.

1894 hatte Rutherford von zwei Anhängerinnen Russells an der Haustür drei Bände der »Schriftstudien« (damals noch »Millennial Dawn«) erhalten, was sein Interesse an dieser Bewegung weckte, doch sollte es bis zu seiner »Taufe« noch bis zum Jahre 1906 dauern. Seit 1907 schließlich war er als Rechtsberater der Wachtturm-Gesellschaft tätig, wobei er den zunehmend kränklicher werdenden Russell auch »theologisch« bei Auftritten und Disputen vertrat. Als Rechtswahrer aller Angelegenheiten der Wachtturm-Gesellschaft besaß er die höchste juristische Gewalt und war schon längst de facto Vertreter Russells, auch wenn er nachher unter den Komitee-Mitgliedern nur in zweiter Reihe genannt wurde.

Ein Beispiel, wie *skrupellos* und gerissen Rutherford vorgehen konnte, macht ein Vorfall aus dem Jahre 1915 deutlich, den Hellmund erwähnt. *J. H. Troy* war ein baptistischer Prediger aus Südkalifornien. Er forderte Russell zu einer öffentlichen Diskussion heraus. Russell führte öfter Diskussionen mit Vertretern der Kirchen. Diesmal aber war er gesundheitlich verhindert. Rutherford nahm stellvertretend die Herausforderung an. Nun war 1915 ein ziemlich schwieriges Jahr für die Ernsten Bibelforscher. Die Voraussagen für das Jahr 1914 waren nicht eingetroffen. Troy hatte also alle Trümpfe in seiner Hand.

Aber Rutherford gab sich nicht verloren. Er einigte sich mit Troy schriftlich darauf, daß jeder tausend Dollar als Garantie dafür hinterlegen solle, daß man nicht über persönliche Dinge diskutiere. Man durfte Russell nicht mit Schmutz bewerfen, was etwa wegen seiner Ehe häufig in der Öffentlichkeit geschah. Troy ging darauf ein in der Meinung, man könne dann wirklich sachlich diskutieren.

Nun aber bestellte Rutherford Troy drei Minuten vor Beginn der Diskussion in den Nebenraum des Saales und erinnerte ihn daran, »daß wir uns kraft einer Garantie von 1.000 Dollar verpflichtet haben, davon Abstand zu nehmen, Personen anzugreifen«. Darauf fragte Troy: »Ja, darf ich Russell nicht einmal erwähnen?«, worauf Rutherford antwortete: »Nein, sonst sind Sie Ihre 1.000 Dollar los.« Troy war nun völlig verunsichert und wirkte in der Diskussion farblos und blaß. Die gescheiterten Terminberechnungen Russells konnten nicht mehr ins Feld geführt werden.

Der Umgang mit der »1914-Krise«

Als Rutherford Präsident der Wachtturm-Gesellschaft geworden war, hatte er *drei Aufgaben* zu erfüllen: Erstens mußte er Reformen organisatorischer Art durchführen, vor allem die Werbearbeit neu beleben. Die Ernsten Bibelforscher hatten ja durch die Enttäuschung von 1914 und die Skandale um Russell schwere Rückschläge erlitten. Zweitens – und das hängt eng mit dem ersten Punkt zusammen – mußte er die Vergangenheit bewältigen, vor allem die unglaubwürdig gewordenen Zeitprophezeiungen »korrigieren« und auch den Personenkult, der sich um Russell gebildet hatte, modifizieren – das heißt: ihn von Russell wegnehmen und auf die Wachtturm-Gesellschaft übertragen, die mehr und mehr von Rutherford repräsentiert wurde. Drittens mußte er mit menschlichen Problemen, vor allem mit Mitarbeitern und Konkurrenten fertig werden. Es existierten Mitkonkurrenten um das höchste Amt der Gesellschaft, und Rutherfords Präsidentschaft war anfangs keineswegs unangefochten. Diese Kämpfe dauerten ungefähr ein Jahr lang sehr vehement an.

Das erste war die *organisatorische Reform und Belebung der Werbearbeit.* Rutherford erhöhte die Zahl der sogenannten »Pilgerbrüder«, Kolporteure und Pioniere, die als Missionare oder Zeitschriftenverteiler dienten, sehr stark. Die bisher nur lose miteinander verbundenen Versammlungen oder »Ekklesias« wurden zentralisiert und mit Dienstanweisungen aus der Brooklyner Zentrale versehen. Große Kongresse wurden veranstaltet. Die gesamte Organisation wurde gestrafft. Dies führte zu einem riesigen Anwachsen der »Bibelforscher«-Bewegung unter Rutherford und seinen Nachfolgern.

Das zweite war die *Vergangenheitsbewältigung.* Das Schrifttum Russells mußte umgedeutet werden. Die nicht erfüllten Prophezeiungen waren auszutilgen oder zu aktualisieren. Wenn man von den Originalfassungen Russells ausgeht, muß man hier von *Fälschungen* sprechen. Beispiele hierfür werden wir noch kennenlernen. Ein weiterer Kunstgriff Rutherfords war die Herausgabe von Band 7 der

Schriftstudien. Aufzeichnungen, die Russell hinterlassen hatte, wurden von Rutherfords Mitarbeitern George H. Fisher und Clayton J. Woodworth zusammengestellt, aktualisiert und erweitert. Vieles wurde vermutlich völlig neu geschrieben. Der Titel dieses Bandes lautete »*Das vollendete Geheimnis. Die Kelter des Zornes Gottes und der Fall Babylons*« (1917).

In den Bänden 1 bis 6 der Schriftstudien wurden beispielsweise die Jahreszahlen teilweise verändert. Einige Beispiele möchte ich hier zitieren. Ich nenne Unterschiede zwischen der Auflage von 1914 und der Neuauflage von 1926 des Bandes »*Dein Königreich komme*«. In diesem Band setzt Russell die biblische Chronologie parallel zu den Maßen der Cheops-Pyramide und führt im Jahr *1914* aus:

»Diese Berechnung zeigt das Jahr 1874 n. Chr. an, als den Anfang der Periode der Trübsal markierend; denn 1542 v. Chr. plus 1874 n. Chr. macht 3416 Jahre. So bezeugt die Pyramide, daß der Schluß des Jahres 1874 der chronologische Anfang der Zeit der Trübsal war« (S. 327).

In der Neuausgabe von *1926* heißt es hingegen:

»Diese Berechnung zeigt das Jahr 1915 n. Chr., als den Anfang der Zeit der Drangsal bezeichnend, an; denn 1542 v. Chr. und 1915 n. Chr. geben 3457 Jahre. So bezeugt die Pyramide, daß der Schluß des Jahres 1914 der chronologische Anfang der Zeit der Drangsal war« (S. 316 f.).

Während in der Ausgabe von 1914 die zugrunde gelegten Maße der Cheops-Pyramide 3416 Zoll betragen haben sollen, haben sie in der Neuauflage 3457 Zoll erreicht. Die Pyramide müßte also in dieser Zeit um 41 Zoll gewachsen sein – ein absurder Gedanke, der dazu herhalten muß, die nicht eingetroffenen Voraussagen Russells zu verbergen.

Ein weiteres Beispiel finden wir auf Seite 296 desselben Buches. In der Ausgabe von *1914* schrieb Russell:

»... Die prophetischen Marksteine ... haben uns gezeigt, daß wir seit 1873 im siebenten Jahrtausend leben; daß das Lehen der Herrschaft der Heiden, ›die Zeiten der Nationen‹, mit dem Jahre 1874 ausläuft ... «

1926 hörte sich die gleiche Stelle so an:

»... Die prophetischen Marksteine... haben uns gezeigt, daß wir seit 1873 im siebten Jahrtausend leben; daß das Lehen der Herrschaft der Heiden, ›die Zeiten der Nationen‹, mit dem Jahre 1914 ausläuft...«

An anderen Stellen ließ Rutherford die Jahreszahlen nicht ändern, sondern ließ sie einfach weg, indem er sie durch eine unbestimmte Zeitangabe ersetzte. Hieß es beispielsweise in der Ausgabe von *1914* noch, »daß die Befreiung der Heiligen etwas vor 1914 stattfinden wird«, so wurde dies *1926* dahingehend geändert, »daß die Befreiung der Heiligen sehr bald nach Schluß der Ernte stattfinden wird« (S. 214).

Ab Mitte der zwanziger Jahre ging man dann einfach dazu über, Russells Schriften nicht mehr zu drucken. Zu groß war die Zahl der falschen Voraussagen und veränderten Lehren. Die Parallelsetzung von biblischer Chronologie und Cheops-Pyramide ließ man ebenso fallen wie Russells Chronologie überhaupt und sein Gemeindeverständnis. Manche Umdeutung kam durchaus einer Neuprägung von Lehren gleich.

Rutherford contra Johnson

Als drittes betrachten wir etwas näher den *Kampf um die Vormachtstellung* in der Wachtturm-Gesellschaft nach Russells Tod. Rutherford galt als kontaktarmer und argwöhnischer Vorgesetzter, der undurchschaubar war und sehr brutal mit Gegnern umgehen konnte. Er nahm das Recht für sich in Anspruch, Glaubenswahrheiten in letzter Instanz zu formulieren. Wurde Pastor Russell von seinen Anhängern geliebt, so wurde Richter Rutherford von ihnen gefürchtet. Die Wachtturm-Gesellschaft spricht heute offen davon. So hat sie in ihrem Geschichtswerk »Jehovas Zeugen – Verkündiger des Königreiches Gottes« Auszüge aus einem Brief eines »Dieners Jehovas« aus Kanada abgedruckt, der deutlich die *Unterschiede zwischen Russell und Rutherford* zum Ausdruck bringt. In diesem Brief an Rutherford heißt es:

»Lieber Bruder, verstehe das, was ich Dir schreibe, jetzt nicht falsch. Deine Art unterscheidet sich von der Art unseres lieben Bruders Russell wie Tag und Nacht. Viele, ach, unsagbar viele mochten Bruder Russell wegen seiner Persönlichkeit, seiner Art und vieler anderer Dinge; kaum einer lehnte sich gegen ihn auf. So mancher nahm die Wahrheit nur an, weil Bruder Russell es sagte... Aber deine Art, Bruder Rutherford, läßt sich mit der von Bruder Russell nicht vergleichen. Selbst dein Aussehen ist anders. Dafür kannst du nichts... Es wurde Dir in die Wiege gelegt, und du hattest keine andere Wahl... Seitdem du über die Angelegenheiten der Gesellschaft gesetzt bist, wurdest Du von den Brüdern ungerechtfertigterweise kritisiert und aufs böswilligste verleumdet... Früher neigten wir alle dazu, eher das Geschöpf als den Schöpfer zu verehren. Das blieb dem Herrn nicht verborgen. Deshalb setzte er jemand an die Spitze, das heißt, er übertrug jemand die Verantwortung für das Erntewerk, der eine ganz andere Art hatte« (S. 625 f.).

Welche Konflikte waren es nun, die auf dem Weg zu Rutherfords Machtergreifung auszufechten waren? An der Spitze der Opposition stand *Paul S. L. Johnson.* Dieser, ein früherer lutherischer Pastor, war seit 1903 Mitglied der »Ernsten Bibelforscher«. Als hervorragender Redner und Mann mit einem ausgeprägten Sendungsbewußtsein, war er für Rutherford ein ebenbürtiger Gegner. Kurz vor seinem Tod hatte Russell Johnson dazu bestimmt, nach England zu gehen, um die überseeischen Verbindungen zu bewahren und zu festigen. Im November 1916 entsandte ihn die Wachtturm-Gesellschaft – mit zahlreichen Vollmachten ausgestattet – nach Großbritannien. Dort handelte er sehr selbständig, setzte zwei leitende Bibelforscher (H. J. Shearn und W. Craeford) ab und versuchte, das englische Einflußgebiet von Rutherford und der Brooklyner Führung unabhängig zu machen, etwa indem er das Londoner Bankkonto der Wachtturm-Gesellschaft sperren ließ. Johnson betrachtete sich als Nachfolger Russells. Er behauptete, der Mantel Pastor Russells sei auf ihn gefallen wie zur Zeit des Propheten Elia.

In dieser schwierigen Lage sah Rutherford – nach dem mißlungenen Versuch, Johnson abzusetzen – keinen anderen Ausweg, als diesen nach New York zurückzurufen, um ihn besser unter Kontrolle zu haben. Freilich holte er sich damit die Opposition ins eigene Haus. Ein von der Wachtturm-Gesellschaft einberufener Untersuchungsausschuß kam zum Ergebnis, daß Johnsons Verhalten in England berechtigt war. Innerhalb kurzer Zeit zog er vier der sieben leitenden Direktoren der Wachtturm-Gesellschaft auf seine Seite. Die Macht lag ja seit der Entmachtung der anderen Gremien in der Hand des Direktoriums, zu welchem Rutherford selber gehörte. Somit standen vom führenden Gremium nur zwei Männer auf Rutherfords Seite, nämlich sein Vizepräsident A. N. Pierson und sein Sekretär-Kassierer W. E. Van Amburgh. Die anderen hielten zu Johnson.

Rutherford war nicht mehr in der Lage, bei Abstimmungen seinen Willen durchzusetzen. Andererseits war er Präsident und konnte nicht abgesetzt werden, weil das Präsidentenamt auf Lebenszeit vermittelt worden war. Somit war eine gewisse Pattsituation eingetreten. Jede Partei versuchte, die andere aus dem »Bethel« zu drängen oder sie zumindest zu entmachten. Die auf Johnsons Seite stehenden Direktoren verfolgten den Gedanken, die Stellung des Präsidenten dem Direktionsausschuß unterzuordnen. Er sollte nur noch die Befugnisse eines Beraters besitzen. Daraufhin ging Rutherford in die Offensive.

Er brachte *Band 7 der Schriftstudien* heraus. Am 17. Juli 1917 wurde im Brooklyner Bethel der Band mit dem Titel *»The Finished Mystery« (»Das vollendete Geheimnis«)* freigegeben. Die Freigabe dieses Buches führte zu einer fünfstündigen heftigen Debatte zwischen den verfeindeten Parteien, deren Konflikt nun offen zutage trat, und schließlich zum Bruch. Johnson und seine Anhänger warfen Rutherford Umdeutungen der Lehre Russells, neue Jahresberechnungen (etwa auf 1918) sowie seinen übergroßen Machtanspruch vor.

Aus der Sicht der heutigen Zeugen Jehovas stellt sich die Person Johnsons folgendermaßen dar:

»Da er sich als eine wichtige Persönlichkeit betrachtete, behauptete er in Ansprachen und Briefen, seine Tätigkeit sei in der Bibel von Esra, Nehemia und Mordechai vorgeschattet worden. Er beanspruchte, der in Jesu Gleichnis aus Matthäus 20, 8 erwähnte Verwalter (oder Beauftragte) zu sein. Er versuchte, die Verfügungsgewalt über das Geld der Gesellschaft zu bekommen, und strengte deshalb vor dem Hohen Gerichtshof in London einen Prozeß an.

Als dieser Versuch vereitelt wurde, ging er zurück nach New York. Dort buhlte er um die Unterstützung bestimmter Personen, die im

Vorstand der Gesellschaft waren. Diejenigen, die er auf seine Seite ziehen konnte, versuchten, durch eine Resolution durchzusetzen, daß die Geschäftsordnung der Gesellschaft, die den Präsidenten ermächtigte, alle Angelegenheiten zu regeln, außer Kraft gesetzt würde. Sie wollten, daß alle Entscheidungsgewalt bei ihnen liege. Bruder Rutherford unternahm rechtliche Schritte, um die Interessen der Gesellschaft zu schützen, und alle, die deren Tätigkeit behindern wollten, wurden aufgefordert, das Bethelheim zu verlassen« (JZ, S. 627). Welche »rechtlichen Schritte« es waren, die Rutherford vornahm, werden wir weiter unten betrachten.

»Das vollendete Geheimnis«

Hier bewegt uns zunächst die Frage, worum es in dem umstrittenen Band 7 der Schriftstudien mit dem Titel »Das vollendete Geheimnis« ging. Als erstes springt der *Personenkult um Charles Taze Russell* ins Auge. Der Band ist als Kommentar zu den biblischen Büchern Hoheslied, Hesekiel und Offenbarung konzipiert. Es handelt sich allerdings nicht um einen Kommentar im üblichen Sinne, sondern um eine Bibeldeutung aus der Sicht der »Ernsten Bibelforscher«. So wird Russell mit dem Propheten Hesekiel verglichen, der Russell vorbildlich dargestellt habe. Weissagungen Hesekiels werden so ausgelegt, daß sie Hinweise auf die spätere Tätigkeit Russells seien, so etwa die Tempel-Prophezeiungen. Russell hatte zwar ein großes Selbstbewußtsein besessen, aber wenn er dieses selber geschrieben hätte, wie es die fingierte Autorschaft dieses Bandes nahelegt, hätte er größenwahnsinnig sein müssen.

Zweitens enthält der Band 7 eine grundsätzliche scharfe *Polemik gegen das traditionelle Christentum* und seine Geistlichen, die sogenannten Religionisten, insbesondere gegen die römisch-katholische Kirche und das Papsttum. Trotz der besonderen Aversion der »Ernsten Bibelforscher« gegen Rom wird aber das Christentum generell, nicht nur der römische Katholizismus, als »Babylon« bezeichnet. Alle außer den »Ernsten Bibelforschern« gelten den Autoren von Band 7 als »Babylon«, als vom Glauben abgefallene Hure.

Ein typisches Beispiel für die maßlose Polemik liefert die Auslegung von Offenbarung 9, 18, wo von apokalyptischen Rossen die Rede ist, »aus deren Mäulern Feuer und Rauch und Schwefel ging«. Die Autoren von Band 7 kommentieren diese Stelle (allegorisch) so:
»Eine genaue Prüfung des Vorstehenden führt zu dem Schluß, daß die verschiedenen Kirchensysteme von Kahlköpfen gegründet sein müssen, und daß, da der Rauch keinen Ausweg durch die Kopfhaut finden konnte, er natürlicher Weise aus ihrem Munde (›aus ihren Mäulern‹, wie es in Vers 17 heißt) hervorkommen mußte!« (S. 215).

Als weiteres Beispiel zitiere ich die Auslegung von Offenbarung 18, 4:
»Und ich hörte eine andere Stimme aus dem Himmel: Eine andere himmlische Botschaft durch die Wachtturm-Bibel-und-Traktat-Gesellschaft, die Organisation, welche Pastor Russell persönlich gründete, um das Erntewerk durchzuführen« (S. 370).

Im Unterschied zu den traditionellen Kirchen wird die Wachtturm-Gesellschaft in den positivsten Farben völlig unkritisch ausgemalt.

Das dritte, was auffällt, ist die Einführung neuer Jahreszahlen in Band 7, insbesondere das Datum *1918*. Die »vierzigjährige Erntezeit« bis zum Beginn der »Trübsal« war von Russell aufgrund sogenannter »Parallelen der Heilszeitordnungen« zwischen urchristlicher Zeit (ca. 30 - 70 n. Chr.) und Endzeit (1874 - 1914) behauptet worden. Nun fügten Rutherford und seine Mitarbeiter im 1917 veröffentlichten Band dreieinhalb Jahre zu diesen 40 Jahren hinzu und gelangten so zum Frühjahr 1918 als neuem, unmittelbar bevorstehendem Termin für das Eintreten der Bedrängnis und des »Falles Babylons«, also der Christenheit außerhalb der »Ernsten Bibelforscher«. Begründet wird dies damit, daß zwar 70 n. Chr. Jerusalem von den Römern zerstört worden sei, aber erst 73 n. Chr. der jüdische Aufstand niedergeschlagen wurde – also mit der parallelen Heilszeitordnung.

So wird in der Auslegung von Offenbarung 3, 14 ausgeführt, die »Laodizäa-Epoche« reiche »vom Herbst 1874 bis zum Frühling 1918, dreieinhalb Jahre der Vorbereitung und 40 Jahre Erntezeit«. Alles deute darauf hin, »daß der Frühling 1918 ein noch größeres Maß von

Bedrängnis über die Christenheit bringen wird, als dies im Herbst des Jahres 1914 der Fall war« (S. 65 und 69). Das Jahr 1918 brachte allerdings nicht »ein noch größeres Maß von Bedrängnis«, sondern das Ende des Ersten Weltkriegs und – zumindest für einige Jahre – Frieden. Auch hier war eine angemaßte Prophetie in das Gegenteil umgeschlagen.

Ebenfalls wegen der nicht eingetroffenen Prophezeiungen wurden in einer späteren deutschen Ausgabe von »Das vollendete Geheimnis« manche Passagen aus dem amerikanischen Original *falsch übersetzt. Eckhard von Süsskind* hat in seiner sehr gründlichen Quellen-Untersuchung »Zeugen Jehovas. *Anspruch und Wirklichkeit der Wachtturm-Gesellschaft*« die Änderung oder Relativierung der Jahresangaben nachgewiesen, welche in der deutschen Ausgabe von »The Finished Mystery« im Jahre 1925 vorgenommen wurde. An einigen Stellen wurde das Jahr 1918 einfach ausgelassen. E. v. Süsskind resümiert:

»Die Passagen, die falsch übersetzt wurden, betreffen ausnahmslos Prophezeiungen, die sich auf das für 1918 erwartete Ende der Christenheit durch Aktionen der Arbeiter und Sozialisten, auf das für 1920 angekündigte Ende der Republiken und der Arbeiterschaft, sowie auf die in dieser Zeit angeblich zunehmende Anarchie beziehen« (S. 73).

Spaltungen

Wie kam es nun zur *Entmachtung* der für Rutherford unangenehmen Direktoren und anderen Oppositionellen? Hier war für Rutherford seine juristische Erfahrung hilfreich. Er fand formaljuristische Begründungen für deren Amtsenthebung. In einem Gespräch zwischen Rutherford und den vier widerspenstigen Direktoren wird seine Vorgehensweise deutlich. Rutherford sagte:

»Es ist euch entgangen, Brüder, ... daß ihr alle vier Mitglieder der pennsylvanischen Körperschaft seid. Die Satzungen dieser Körperschaft besagen, daß ihr im Staate Pennsylvania gewählt werden müßt. Seid ihr dort gewählt worden?

Nein, antworteten sie.

Ihr wurdet im Staate New York gewählt. Wollt ihr nun streng sachlich werden, dann sage ich euch streng sachlich, daß ihr vor allem keine legalen Mitglieder der Körperschaft seid« (zitiert nach Gebhard 1970, S. 105).

Hinzu kam, daß Rutherford ein Gesetz *rückwirkend* anwandte, das die jährliche Wiederwahl der Direktoren forderte. Da aber eine solche jährliche Wiederwahl nicht erfolgt war, sondern Russell die Direktoren auf Lebenszeit eingesetzt hatte, seien sie – so behauptete Rutherford – keine rechtmäßigen Mitglieder des Direktoriums. Johnson seinerseits bestritt, daß ein solches Gesetz rückwirkend angewandt werden könne, und fragte, ob dann nicht auch Rutherford zu Unrecht zum Präsidenten gewählt worden sei.

Nichtsdestotrotz konnte Rutherford aufgrund solcher formaler Versäumnisse die vier Direktoren entmachten. Nach ihrer Entlassung nahmen vier Männer seines Vertrauens ihre Stelle ein. Bei dieser Säuberungsaktion schlossen sich mehrere Dutzend leitende Mitarbeiter der Wachtturm-Gesellschaft den Oppositionellen an und mußten ebenfalls gehen. Auch in vielen Gemeinden kam es zu Unruhen und vielerorts auch zu Spaltungen.

Über Rutherfords Vorgehensweise bei der »Säuberungsaktion« berichtet Johnson aus seiner Sicht folgendes:

»Er (Rutherford) befahl mir, das Bethel am gleichen Tag zu verlassen; die vier Direktoren sollten am folgenden Montag gehen. Meine respektvolle, oft wiederholte Bitte, vor der Familie eine Erklärung abgeben zu dürfen, wurde nicht erfüllt... Bruder Hirsh bat darum, einen Brief von Bruder Pierson vorlesen zu dürfen, in dem dieser schrieb, daß er Rutherfords Ausschluß der vier Brüder vom Direktorium nicht billigte und daß er treu zu dem alten Direktionsausschuß hielte. J. F. R. schrie förmlich, daß Bruder Johnsons ›Falschheit‹ daran schuld wäre, daß dieser Brief geschrieben wurde... Noch zorniger befahl er mir unter Androhung von gerichtlichen Schritten, das Bethel zu verlassen. Ich antwortete, daß ich den Direktionsausschuß wegen dieser Entscheidung angerufen hätte, und da ich den Ausschuß als amtierend betrachtete, wobei dieser das Recht habe, bei der Berufung Entscheidungen zu treffen, wartete ich nun auf diese Entscheidung; wenn mir der Ausschuß befehlen sollte, das Bethel zu verlassen, würde ich dies sofort tun. Auf diese Erwiderung hin verlor Rutherford alle Selbstbeherrschung. Um seinen Befehl durchzusetzen, stürzte er sich auf mich und schrie: ›Du verläßt dieses Haus‹. Er packte mich am Arm, so daß ich fast hingefallen wäre« (zitiert nach Rogerson 1969, S. 49).

Daraufhin verließ Johnson die Zentrale der Wachtturm-Gesellschaft. Doch die Oppositionellen gaben sich noch nicht geschlagen. Rutherford hatte den entlassenen Direktoren ehrenvolle, aber einflußlose Posten als »Pilgerbrüder« angeboten, um sein Gesicht zu wahren. Dieses Angebot wurde von diesen selbstverständlich abgelehnt. Sie schürten weithin Unruhe. Im Sommer 1917 waren die meisten Versammlungen weltweit gespalten. In dieser Zeit des Machtkampfes erfolgte die entscheidende Umstrukturierung der Wachtturm-Gesellschaft, die vorher und nachher nicht in diesem Maße vorgenommen worden war.

Noch zweimal versuchten die Gegner Rutherfords, das Ruder an sich zu reißen, doch ohne Erfolg. Bei der Hauptversammlung im August 1917 in Boston übernahm Rutherford die Diskussionsleitung und überging einfach die Wortmeldungen seiner Opponenten. Bei der Körperschaftsversammlung der Pennsylvania-Gesellschaft im Januar 1918 hatte Rutherford schon längst die Kontrolle über die Medien seiner Organisation übernommen und die meisten Mitglieder für sich gewonnen. Kein Opponent wurde in den Direktionsausschuß gewählt. Die Sache war entschieden.

Der *Zerfall* war nun nicht mehr aufzuhalten. Die Opposition organisierte sich neu, berief ein »Siebener-Komitee«, gab ein eigenes Mitteilungsblatt »The Herald of Christ's Kingdom« (»Der Herald des Königreiches Christi«) heraus und führte am 26. 3. 1918 ein eigenes Gedächtnismahl durch, welches die Spaltung endgültig besiegelte. Die Oppositionellen betrachteten sich als die Bewahrer der reinen Lehre Russells und nannten sich zunächst *»Dawn Bible Students Association«* (»Tagesanbruch Bibelstudien-Vereinigung«). Rutherford und die Seinen galten als Abgefallene, die sich das materielle Erbe Russells angeeignet hatten. 1918/19 zählten die »Ernsten Bibelforscher« ca. 18.000 Anhänger. Zu den Oppositionellen dürften sich damals schätzungsweise rund 4.000 Menschen gerechnet haben.

Doch die Einheit der Oppositionellen war von kurzer Dauer. Dietrich Hellmund berichtet über ihr weiteres Schicksal:

»Das Ende der oppositionellen Einheitsfront kam bald. Anläßlich ihrer Hauptversammlung 1918 kam es zu allerlei Mißhelligkeiten. Johnson überwarf sich mit den vier Ex-Direktoren und machte ein eigenes Hauptbüro in Philadelphia auf. Das ist der Anfang der *Laymen's Home Bible Student's Movement.* Ihr stand er bis zum Tode als ›der Erde großer Hoherpriester‹ vor. Der verbliebene Rest konnte seinerseits auch keinen Frieden untereinander halten und zerfiel bald in eine Unzahl kleiner und kleinster Sekten … Das endgültige Schicksal der Opposition ist Selbstzerfleischung.«

Gefangenschaft

Bald trat für die »Ernsten Bibelforscher« ein weiteres dramatisches Ereignis ein. Ab dem 6. April 1917 befanden sich die Vereinigten Staaten von Amerika im *Kriegszustand.* Gemäß ihrer Weltanschauung galten Rutherford und seine Freunde als radikale Pazifisten – oder richtiger: als »Neutralisten« ohne Parteinahme für eine bestimmte Kriegspartei. Ihre Lehre war in ihren Auswirkungen jedoch höchst politisch, weil die Wachtturm-Gesellschaft beanspruchte, das wahre Königreich Gottes auf Erden zu verkörpern. Alle anderen politischen und kirchlichen Systeme wurden faktisch abgelehnt. Diese Ansicht wurde später zwar abgemildert, aber in der Zeit des Ersten Weltkriegs wurde sie noch mit voller Vehemenz vertreten – bis in die sechziger Jahre des 20. Jahrhunderts hinein. Deshalb mußten die Zeugen Jehovas in verschiedenen Ländern schwere Verfolgungen erleiden, etwa während der nationalsozialistischen Gewaltherrschaft in Deutschland oder in kommunistischen Diktaturen. Aber auch in demokratischen Staaten wie den USA galt ihre Position gegenüber dem Staat als unerwünscht – vor allem in Krisensituationen wie dem Ersten Weltkrieg, wo es darum ging, möglichst jeden Mann für den Kampf zu mobilisieren.

Eine maßlose Polemik gegen Staat und Kirchen fand sich nun in dem gerade 1917 veröffentlichten Band 7 der Schriftstudien. Dort wurde beispielsweise immer wieder betont, sämtliche irdischen Reiche würden 1917 oder 1918 ihr Ende finden. Am 28. Februar 1918 sagte Rutherford in einem öffentlichen Vortrag in Los Angeles:

»Als Klasse sind die Geistlichen gemäß der Schrift von allen Menschen auf der Erde die verwerflichsten wegen des großen Krieges, der die Menschheit jetzt plagt. 1.500 Jahre lang haben sie dem Volk die satanische Lehre des Gottesgnadentums der Könige beigebracht. Sie haben Politik und Religion, Kirche und Staat vermischt, haben sich als illoyal gegenüber ihrem von Gott verliehenen Vorrecht erwiesen, die Botschaft vom messianischen Königreich zu verkündigen, und haben sich dazu hergegeben, die Herrscher in ihrem Glauben zu bestärken, daß der König von Gottes Gnaden regiert und daher alles, was er tut, richtig ist.« Unter Rutherfords Leitung war die Wachtturm-Gesellschaft bestrebt, »der ganzen Welt die Unrechtmäßigkeit der religiösen Systeme und ihre unheilige Verbindung mit den verderbten Regierungen der gegenwärtigen bösen Ordnung der Dinge zu zeigen« (JZ, S. 648).

Die Antwort ließ nicht lange auf sich warten. Sowohl die amerikanische Regierung als auch die Vertreter der Kirchen waren über diese *kirchen- und staatsfeindliche Antikriegspropaganda* äußerst aufgebracht. Man ließ die Ernsten Bibelforscher genau beobachten. John Lord O'Brian, Sonderbeauftragter des Justizministers in Kriegsangelegenheiten, übernahm persönlich das Sammeln von Beweismaterial gegen sie. Am 7. Mai 1918 schließlich wurde der *Haftbefehl* gegen Joseph Franklin Rutherford und sieben seiner engsten Mitarbeiter erlassen. Die Anklage lautete auf Verschwörung als Verletzung des Spionagegesetzes, Anstiftung zum Ungehorsam und zur Verweigerung der Dienstpflicht in den Streitkräften der USA.

Im Sommer 1918 wurden J. F. Rutherford, W. E. Van Amburgh, A. H. Macmillan, R. J. Martin, F. H. Robison, C. J. Woodworth und G. H. Fisher zu je viermal 20 Jahren und G. DeCecca zu viermal 10 Jahren Haft verurteilt und im Gefängnis von Atlanta/Georgia eingesperrt. Die heutigen Zeugen Jehovas weisen darauf hin, daß damit diese Männer »zu härteren Strafen verurteilt« wurden »als der Mörder, dessen Schüsse den Ersten Weltkrieg auslösten« (JZ, S. 653). Warum diese Härte der Strafe? Richter Harland B. Howe sagte vor der Urteilsverkündung:

»Nach Meinung des Gerichts stellt die religiöse Propaganda, für die diese Angeklagten energisch eingetreten sind und die sie im ganzen Land sowie unter unseren Verbündeten betrieben haben, eine größere Gefahr dar als eine ganze deutsche Division... Sie haben nicht nur die Rechtsvertreter der Regierung und den Nachrichtendienst der USA in Frage gestellt, sondern auch alle Diener der Kirchen angegriffen. Die Bestrafung sollte daher sehr streng sein« (zitiert nach Macmillan 1957, S. 99).

Es war ein großes Glück für die Eingekerkerten, daß der Erste Weltkrieg bald zu Ende ging. Mit dem Ende des Krieges ließ auch das Kriegsfieber nach. Man dachte nun milder über die Verurteilten und ließ sie bereits am 25. März 1919 gegen eine Kaution *frei,* noch bevor eine Petition mit 700.000 Unterschriften der Regierung überreicht werden konnte, welche ihre Anhänger gesammelt hatten.

Während der Gefangenschaft Rutherfords hatte am 4. Januar 1919 eine Körperschaftsversammlung der Wachtturm-Gesellschaft in Pittsburgh/Pennsylvania stattgefunden. Dort war Rutherford mit überwältigender Mehrheit in seinem Amt als Präsident *bestätigt* worden. Offensichtlich hatte seine Abwesenheit, Gefangenschaft und Opferbereitschaft seine Popularität weiter erhöht. Die Chance, welche seine Gegner gewittert hatten, ihn in seiner Abwesenheit zu entmachten, zerschellte nun vollends an der ständig gewachsenen Zahl seiner Anhänger.

Von den »Ernsten Bibelforschern« zu den »Zeugen Jehovas«

Als Rutherford aus der Gefangenschaft zurückgekehrt war, begann er sofort mit der *Neustrukturierung* der Wachtturm-Bewegung. Ein entscheidender Markstein hierfür war der Kongreß im September 1919 in Cedar Point/Ohio. Die Bibelforscher sollten ermutigt und zu Taten angespornt werden. Eine neue Zeitschrift, die bei diesem Kongreß vorgestellt wurde, trug den programmatischen Titel *»The Golden Age«* (»Das Goldene Zeitalter«, ab 1937 »Trost«, seit 1946 »Erwachet!«).

1920 veröffentlichte Rutherford eine Schrift mit dem aufsehenerregenden Titel *»Millionen jetzt lebender Menschen werden niemals* *sterben«.* In dieser Schrift sagte er für *1925* die »Vollendung aller Dinge« voraus, insbesondere »die Rückkehr der Erzväter Abraham, Isaak und Jakob sowie der glaubenstreuen Propheten des Alten Bundes« auf die Erde (S. 80). Rutherford schrieb:

»Auf das zuvor dargelegte Argument gestützt, daß also die alte Ordnung der Dinge, die alte Welt, zu Ende geht und daher verschwindet, und daß die neue Ordnung hereinbricht, und daß das Jahr 1925 die Auferweckung der treuen Überwinder des alten Bundes und den Beginn der Wiederherstellung markiert, ist es vernünftig zu schließen, daß Millionen jetzt auf Erden lebender Menschen im Jahre 1925 noch auf Erden sein werden. Sodann auf die Verheißungen, die in dem Worte Gottes niedergelegt sind, gestützt, müssen wir zu dem positiven und unbestreitbaren Schluß kommen, daß Millionen jetzt Lebender nie sterben werden« (S. 88).

Als auch diese Prophezeiung auf das Jahr 1925 nicht eintraf, sagte Rutherford: »Ich habe mich lächerlich gemacht« (engl. Originaltext: »I know I made an ass of myself«) (»Wachtturm« vom 25. 12. 1984, S. 26; zitiert nach: Franz 1991, S. 136). 1925 wird in »Wachtturm-Kreisen« ähnlich wie 1914 als »Jahr der Prüfung« bezeichnet – aus leicht erkennbaren Gründen. Rutherford selber verzichtete von da an auf ähnliche Festlegungen – was nicht ausschloß, daß seine Nachfolger später seinen Fehler wiederholten.

Unter den zahlreichen *Neuerungen,* die Rutherford einführte, war die grundlegende Verpflichtung jedes Bibelforschers zum Haus-zu-Haus-Dienst, die Errichtung eigener Rundfunkstationen, die Abschaffung vieler als »heidnisch« geltender Bräuche und Feste (Kreuzsymbol, Weihnachten, Ostern, Geburtstag u. a.) und vor allem die Propagierung der immer mehr sektiererische Züge annehmenden Bibelforscher als das neue Heilsvolk der »Zeugen Jehovas«, das nun an die Stelle des alttestamentlichen Gottesvolkes Israel, aber auch der christlichen Kirchen treten sollte. Unter Rutherford erlangten die Zeugen Jehovas im wesentlichen ihr heutiges Gepräge.

1931 fand der entscheidende Kongreß in Columbus/Ohio statt, der die neue Richtung bestimmen sollte. Auf diesem Kongreß wurde die Wachtturm-Gesellschaft von Rutherford zur endzeitlichen Heilsgemeinde erhoben. Hier nahm sie den Namen *»Jehovas Zeugen«* an, und zwar in Anlehnung an Jesaja 43, 10-12, wo es heißt: Ihr seid meine Zeugen, spricht der Herr, und mein Knecht, den ich erwählt habe, damit ihr wißt und mir glaubt und erkennt, daß ich's bin. Vor mir ist kein Gott gemacht, so wird auch nach mir keiner sein. Ich, ich bin der Herr, und außer mir ist kein Heiland. Ich habe es verkündigt und habe euch geholfen und hab's euch sagen lassen; und es war kein fremder Gott unter euch. Ihr seid meine Zeugen, spricht der Herr, und ich bin Gott.«

Auf die Einladung zu diesem Kongreß hatte Rutherford ohne weitere Erklärung zwei geheimnisvolle Großbuchstaben drucken lassen: »JW«. Erst auf dem Kongreß wurde das Geheimnis gelüftet. In seinem von Zehntausenden mit donnerndem Applaus aufgenommenen Vortrag verkündete er den neuen Namen »Jehovah's Witnesses« (»Jehovas Zeugen«). Nachdem in einer Resolution alle anderen Namen (»Ernste Bibelforscher«, »Russelliten« etc.) als ungenügend bezeichnet worden waren, hieß es weiter:

»... daß wir, erkauft durch das teure Blut unsres Herrn und Erlösers, gerechtfertigt und gezeugt durch Jehova Gott und berufen zu seinem Königreiche, ohne Zaudern erklären, daß wir Jehova Gott und seinem Königreiche untertan und ergeben sind, daß wir Knechte Jehovas sind, beauftragt, in seinem Namen und seinem Gebot gehorchend, ein Werk zu tun, das Zeugnis Jesu Christi zu überbringen und den Menschen bekanntzumachen, daß Jehova der wahre und allmächtige Gott ist, weshalb wir mit Freuden den Namen, den der Mund des Herrn genannt hat, annehmen und wünschen, unter folgendem Namen bekannt zu sein und also genannt zu werden: Jehovas Zeugen (Jesaja 43, 10-12...)« (JZ, S. 156).

Und dann wurde mit aller Bestimmtheit ausgeführt:

»Als Jehovas Zeugen ist unser einziger und ausschließlicher Wunsch, seinen Geboten völlig gehorsam zu sein, bekanntzumachen, daß er der allein wahre und allmächtige Gott ist, daß sein Wort wahr und daß sein Name aller Lehre und allen Ruhmes würdig ist, daß Christus Gottes König ist, den er auf seinen Thron der Vollmacht gesetzt hat, daß sein Königreich nun gekommen ist und wir im Gehorsam gegen die Gebote des Herrn diese gute Kunde als Bekenntnis oder Zeugnis den Nationen bekanntmachen müssen und die Herrscher und das Volk über Satans grausame und bedrückende Organisation, besonders unter Hinweis auf die ›Christenheit‹, den greulichsten Teil seiner sichtbaren Organisation, aufklären und ihnen Gottes Vorhaben, die satanische Organisation binnen kurzem zu zermalmen, ankündigen müssen, nach welchem großen Zerstörungswerk Christus, der König, den gehorsamen Menschen der Erde rasch Frieden, Wohlfahrt, Freiheit und Gesundheit, Glück und ewiges Leben bringen wird, daß Gottes Königreich die Hoffnung der Welt ist, außer der es keine andere Hoffnung gibt, und daß diese Botschaft durch die überbracht werden muß, die als Jehovas Zeugen kenntlich gemacht worden sind« (JZ, S. 157).

Mit dem Kongreß von Columbus im Jahre 1931 war die *Selbstverabsolutierung* der Gruppe um Rutherford zu ihrem Höhepunkt gelangt. Der *Sektencharakter,* der sich vor allem in der Exklusiv-Setzung der eigenen Gruppe oder Position zeigt, trat spätestens von da an in kaum zu überbietender Deutlichkeit hervor. So gelten die »Zeugen Jehovas« bis heute als Paradebeispiel einer Sekte. Der Sektenexperte *Kurt Hutten* schreibt in seinem Standardwerk *»Seher, Grübler, Enthusiasten«*:

»Die darin ausgesprochene Selbstverabsolutierung war mit einer *schroffen Verwerfung aller anderen christlichen Gemeinschaften* verbunden. Zu Russells Zeiten war die Bezeichnung ›Bibelforscher‹ eingeführt worden als Ausweis dafür, daß man eine überdenominationelle Bewegung sein wolle. Es wurde betont, ›daß wir nicht sektiererisch sind – daß wir alle als Brüder und Glieder der Kirche, der Kirche Christi, der Kirche Gottes anerkennen, welche die volle Weihung zur Selbstaufopferung beweisen und in den Fußstapfen unseres Erlösers nachfolgen‹. Rutherford machte Schluß mit solchen gesamtkirchlichen Gefühlen. Er zerriß das Band. So bekam die Organisation die typischen Züge der Sekte« (Hutten 1982, S. 87 f.).

Der Umgang mit totalitären Systemen

In Rutherfords Präsidentenzeit fielen harte Auseinandersetzungen mit dem Nationalsozialismus und anderen totalitären Systemen. Allein in *Deutschland* gingen während der Hitler-Diktatur ca. 6.000

Wachtturm-Anhänger für ihre Überzeugung in die Gefängnisse und Konzentrationslager. Etwa 1.000 von ihnen fanden dort den Tod (vgl. »Wachtturm« vom 1.7.1979, S. 8). Trotz dieser bewundernswert konsequenten Haltung der einzelnen Zeugen Jehovas darf nicht übersehen werden, daß das Verhalten der Wachtturm-Gesellschaft anfangs ambivalent war. In einem Schreiben der deutschen Wachtturm-Zentrale an den »sehr verehrten« Reichskanzler Adolf Hitler vom Juni 1933, der 1994 im deutschen und amerikanischen »Jahrbuch« der Wachtturm-Gesellschaft abgedruckt wurde und somit offiziellen Charakter besaß (vgl. ACV 4/94, S. 16), hatte es u. a. geheißen:

»Das Brooklyner Präsidium der Watch Tower-Gesellschaft ist und war seit jeher in hervorragendem Maße deutschfreundlich. Aus diesem Grunde wurden im Jahre 1918 der Präsident der Gesellschaft und die sieben Glieder des Direktoriums in Amerika zu 80 Jahren Zuchthaus verurteilt, weil der Präsident sich weigerte, zwei von ihm in Amerika geleitete Zeitschriften zur Kriegspropaganda gegen Deutschland zu gebrauchen. Diese zwei Zeitschriften ›The Watch Tower‹ und ›Bible Student‹ waren die beiden einzigen Zeitschriften Amerikas, die eine Kriegspropaganda gegen Deutschland verweigerten und darum während des Krieges in Amerika auch verboten und unterdrückt wurden. In gleicher Weise hat sich das Präsidium unserer Gesellschaft in den letzten Monaten nicht nur geweigert, an der Greuelpropaganda gegen Deutschland teilzunehmen, sondern hat sogar dagegen Stellung genommen, wie dies auch in der beigefügten Erklärung unterstrichen wird durch den Hinweis, daß die Kreise, welche diese Greuelpropaganda in Amerika leiteten (Geschäftsjuden und Katholiken), dort auch die rigorosesten Verfolger der Arbeit unserer Gesellschaft und ihres Präsidiums sind. Durch diese und andere in der Erklärung enthaltenen Feststellungen soll die Zurückweisung der Verleumdung, Bibelforscher würden durch die Juden unterstützt, erfolgen...

Weiter wurde auf dieser Konferenz der fünftausend Delegierten – wie in der Erklärung ausgedrückt – festgestellt, daß die Bibelforscher Deutschlands für dieselben hohen ethischen Ziele und Ideale kämpfen, welche die nationale Regierung des Deutschen

Reiches bezüglich des Verhältnisses des Menschen zu Gott proklamierte, nämlich: Ehrlichkeit des Geschöpfes gegenüber dem Schöpfer! Auf der Konferenz wurde festgestellt, daß in dem Verhältnis der Bibelforscher Deutschlands zur nationalen Regierung des Deutschen Reiches keinerlei Gegensätze vorliegen, sondern daß im Gegenteil – bezüglich der rein religiösen, unpolitischen Ziele und Bestrebungen der Bibelforscher – zu sagen ist, daß diese in völliger Übereinstimmung mit den gleichlaufenden Zielen der nationalen Regierung des Deutschen Reiches sind« (zitiert nach dem bei Twisselmann 1995, S. 276 ff., abgedruckten Faksimile des Original-Briefes).

Die Abgrenzung gegen »die Juden« fällt zeitlich auffallenderweise mit deren Substitution durch die Zeugen Jehovas als dem »neuen Heilsvolk« in den Jahren ab 1931 zusammen. Erst nachdem der Versuch, sich mit der nationalsozialistischen Regierung einvernehmlich zu arrangieren, fehlgeschlagen war und die Schikanen und Verfolgungen der Zeugen Jehovas nicht aufhörten, schlug die Brooklyner Zentrale härtere Töne an. So stellte Rutherford der deutschen Reichsregierung 1934 ein Ultimatum:

»Falls bis zum 24. März 1934 auf dieses ernstliche Begehren keine Antwort erfolgt und von seiten Ihrer Regierung nichts getan wird, um den oben erwähnten Zeugen Jehovas in Deutschland Erleichterung zu gewähren, dann wird Gottes Volk in anderen Ländern, unter allen Nationen der Erde, mit der Veröffentlichung der Tatsachen über Deutschlands ungerechte Behandlung von Christen beginnen« (ebd., S. 148).

Ein halbes Jahr später schloß sich eine noch härtere Drohung, an Hitlers Adresse gerichtet, an:

»Sie und Ihre Regierung haben sich der schlimmsten Verfolgungen an Gottes geweihtem Volk in Deutschland schuldig gemacht und werden deshalb, bei verharrendem pharaonischen Trotzen, das Gericht des Allmächtigen über sich bringen« (zit. nach Garbe 1993, S. 122).

Das Verhalten der Wachtturm-Gesellschaft in der Anfangszeit der Hitler-Diktatur kommentiert Klaus-Dieter Pape wie folgt:

»Die WTG … hat in einer Konfliktsituation mit einem totalitären Regime versucht, durch Anpassung an dieses Regime das Funktionieren der Organisation zu ermöglichen. Allein diese Tatsache ist aus heutiger Sicht nicht unbedingt zu kritisieren. Dies ist menschlich verständlich. Auf jeden Fall muß aber kritisiert werden, daß die WTG, um dieses Ziel zu erreichen, andere Menschen übel diffamiert hat. Die ›Erklärung‹ und der Brief an Hitler zeigen dies ausführlich. Hinzu kommt noch der Umstand, daß die WTG heute so tut, als ob sie so etwas nie getan hätte und sie die am meisten Verfolgten unter Hitler waren. Daß die ZJ unter dem Regime zu leiden hatten und auch ZJ in Konzentrationslagern gestorben sind – darunter mein Großvater – darf nicht geleugnet werden. Jedoch muß der Umgang mit der Geschichte ehrlich sein, wenn man sich moralisch auf ein so hohes Roß setzt, wie es die WTG tut. Vor allem ist es allerhöchste Zeit, sich bei den jüdischen Opfern des Hitler-Regimes wegen der üblen Verleumdungen von 1933… zu entschuldigen« (ACV 4/94, S. 17).

An dieser Stelle sei darauf hingewiesen, daß die Zeugen Jehovas auch in zahlreichen anderen totalitären Staaten Verfolgungen erleiden mußten, nach dem Zweiten Weltkrieg besonders in der damaligen Sowjetunion und anderen Ostblock-Staaten (z. B. in der »DDR«), sowie in dem afrikanischen Staat Malawi. In mehreren Ländern dauern die Verfolgungen heute noch an. Aber auch unter demokratischen Regierungen stehen die Wachtturm-Anhänger – etwa wegen ihrer Verweigerung des Wehr- und Zivildienstes (letzterer wird neuerdings erlaubt), des Fahnengrußes und von Bluttransfusionen – in mancherlei Konflikten (vgl. JZ, S. 678 ff.; Hutten 1982, S. 121 ff.).

Resümee eines Lebens

1938 gilt als das Jahr, in dem Rutherford seine »Reformen« abgeschlossen hat: »Das kongregationalistische Prinzip war endgültig überwunden, der Einfluß der Ältesten beseitigt, die Organisation war straff ›theokratisch‹ durchgebildet. Es wurde offiziell der Grundsatz angenommen, ›daß die Gesellschaft der sichtbare Vertreter des Herrn auf Erden ist‹. Der Zentralismus war nun perfekt« (Obst o. J., S. 276). »Die Theokratische Organisation gleicht einer *riesigen Propagandamaschine,* die so konstruiert ist, daß alle Energien einheitlich und rationell auf die ›Verkündigung‹ konzentriert sind. Ein Rad greift ins andere, und alle Räder sind durch Transmissionen mit der Spitze verbunden, so daß sie sich drehen, wie die Spitze es will« (Hutten 1982, S. 114).

Doch allzulange konnte sich Rutherford über seinen Erfolg nicht freuen. Am 8. Januar 1942 starb er im Alter von 72 Jahren an Dickdarmkrebs, und zwar in seinem Haus »Beth Sharim« (»Haus der Fürsten«) in San Diego/Kalifornien, das er für die erwarteten Erzväter Abraham, Isaak und Jakob erworben hatte. Einige Jahre nach Rutherfords Tod hat die Wachtturm-Gesellschaft »Beth Sharim« verkauft. Was Rutherfords *Familienverhältnisse* betrifft, so schweigen die Quellen zumeist. Der Grund könnte darin liegen, was der ehemalige führende Zeuge Jehovas Raymond Franz mit folgenden dürren Worten erwähnt:

»Seit vielen Jahren war er (Rutherford) von seiner Frau (Mary) getrennt gewesen, die ebenfalls bei den Zeugen war und krank und gebrechlich in Kalifornien lebte. Sein einziger Sohn (Malcolm) zeigte kein Interesse an der Religion des Vaters, als er erwachsen war« (Franz 1991, S. 22).

Auch Leonard und Marjorie Chretien weisen auf diesen Tatbestand hin:

»Wie seinen Vorgänger, C. T. Russell, verließ auch Richter Rutherford seine Frau. Mary und ihr Sohn Malcolm zogen nach Los Angeles/Kalifornien um ... Faktoren für ihre Entfremdung waren ihre schwache Gesundheit, sein cholerisches und selbstgerechtes Temperament und ganz offensichtlich die Tatsache, daß er ein ernster Fall eines Alkoholikers war« (Chretien 1988, S. 48; Übersetzung: L. G.).

Rutherford hat 18 Bücher und 32 Broschüren geschrieben und dadurch die überholten Schriften Russells »ersetzt« (vgl. Hutten 1982, S. 89). Die heutige Wachtturm-»Theologie« hat er wesentlich geprägt. Dennoch erging es ihm schließlich wie seinem Vorgänger: Seine Bücher werden heute von der Wachtturm-Gesellschaft kaum noch gedruckt. Alle Veröffentlichungen, die freilich auf Rutherfords (und zum Teil auch Russells) Gedankengut aufbauen, erscheinen anonym. Verantwortlich für diesen neuen Stil ist Rutherfords Nachfolger: Nathan Homer Knorr.

1942-1977: Die Ära von Nathan Homer Knorr

»Mr. Money-Maker«

Nathan Homer Knorr wurde am 23. April 1905 in Bethlehem/Pennsylvanien geboren. Mit 16 Jahren, noch während seiner Schulzeit in Allentown, kam er mit den »Ernsten Bibelforschern« in Berührung und schloß sich deren dortiger Versammlung an. 1923 beendete er seine Schulausbildung. Am 4. Juli desselben Jahres empfing er die »Taufe« der Bibelforscher und trat am 6. September in die Brooklyner Bethelfamilie, die Zentrale der Wachtturm-Gesellschaft, ein. Damit war sein Lebensweg vorgezeichnet. Stufe um Stufe arbeitete er sich bis zur Präsidentschaft empor.

Zunächst wirkte er neun Jahre lang in der Versand-Abteilung und Druckerei. Dort entdeckte man sein großes Organisationstalent. 1932 wurde der erst 27jährige Knorr zum Generaldirektor der Druckerei und des Verlags ernannt. 1935 wurde er zum Vizepräsidenten der Watchtower Bible and Tract Society of New York, 1940 zudem zum Vizepräsidenten der Watchtower Bible and Tract Society of Pennsylvania berufen. Nach Rutherfords Tod wählte ihn das Direktorium im Januar 1942 einstimmig zum Präsidenten beider amerikanischer Körperschaften sowie zum Präsidenten der International Bible Students Association in England.

Aus der Präsidentenzeit Knorrs gibt es weniger Spektakuläres zu berichten als aus der Zeit seiner beiden Vorgänger. Galt Russell als Pastor und Rutherford als Richter, so galt Knorr als Geschäftsmann und *Organisator* der Wachtturm-Bibel-und-Traktat-Gesellschaft. Er war es, der nach den erfochtenen Siegen Rutherfords sich nun in aller Ruhe dem Ausbau und der Breitenwirkung der Sekte widmen konnte. 35 Jahre lang stand er an ihrer Spitze. Knorr leitete den Wachtturm-Konzern nach den Prinzipien moderner Wirtschaftsunternehmen. Er bemühte sich um neue Absatzmärkte (z. B. Länderorganisationen) und eine Steigerung der Buch- und Zeitschriftenproduktion nach Qualität und Quantität. Hans-Jürgen Twisselmann (1995, S. 167) erzählt eine typische Episode aus dem Leben Knorrs:

»Als er mit dem früheren Leiter des Wiener Zweigbüros, Walter Voigt, über die Frage der Herausgabe eines eigenen Jahrbuches der Zeugen Jehovas für den deutschen Raum verhandelt, zieht er gelassen sein Notizbuch hervor, stellt seinem Gesprächspartner die Frage, wie viele deutschsprachige Zeugen Jehovas insgesamt als Leser in Frage kommen, und nach einem Augenblick des Rechnens und Nachdenkens gibt er seine Zustimmung zu dem Projekt mit den Worten kund: ›Well, we can make much money...‹ (›Gut, wir können viel Geld machen...‹). Seither wird Knorr dort liebevoll-ironisch ›Mr. Money-Maker‹ (›Herr Geldmacher‹) genannt. Auch der damalige Zweigaufseher für Belgien und Luxemburg, Maurice Fleury, schildert Knorr als einen in Geldangelegenheiten – auch vor seiner Präsidentschaft – äußerst versierten Fachmann. Fleury über Knorr: ›Er trägt das Dollarzeichen schon in seiner Brille‹.«

Nur wenige Marksteine aus Knorrs Präsidentenzeit möchte ich erwähnen. 1943 eröffnete Knorr die *Gileadschule* in South Lansing/New York. Dort sollten Missionare für die weltweite Ausdehnung der Zeugen Jehovas ausgebildet werden. Um die globale Verbreitung der Sekte zu fördern, setzte sich Knorr auch mit seiner eigenen Person ein. So unternahm er beispielsweise in den Jahren 1947 und 1948 eine *Weltreise*, die ihn nach Wachtturm-Angaben 76.916 Kilometer um die Erde führte. Dabei besuchte er sämtliche Stationen der Zeugen Jehovas und hielt oftmals Vorträge vor einer großen Zuhörerschaft. Mitte der 50er Jahre war die Sekte so gewachsen, daß die Erde in zehn Zonen eingeteilt werden mußte, die jeweils eine Anzahl von Zweigbüros umschlossen. Allein von 1947 bis 1952 war die Zahl der »Königreichsverkündiger« von 207.552 auf 456.265 angestiegen.

1950 wurde auf dem Kongreß »Mehrung der Theokratie« in New York die *»Neue-Welt-Übersetzung der Christlichen Griechischen Schriften«* (die Wachtturm-Bezeichnung für das Neue Testament) in englischer Sprache fertiggestellt und freigegeben. Die auffallendste Besonderheit war, daß an 237 Stellen (meist für das griech. *»kyrios«*) der »Gottesname Jehova« eingesetzt wurde (dazu unten mehr). 1960 lag dann die komplette Bibel als »Neue-Welt-Übersetzung« auf Englisch vor. Die deutsche Ausgabe erschien im Jahre 1963.

Ein besonderes Datum war das Jahr 1966. Damals wurde das Buch
»*Ewiges Leben – in der Freiheit der Söhne Gottes*« veröffentlicht. In diesem Buch tauchte zum ersten Mal die Jahreszahl »*1975*« auf – als
Zeitpunkt, an welchem die Tausendjahrherrschaft Christi anbrechen
sollte. Allerdings war man nach den vorausgegangenen Enttäuschungen vorsichtiger und sprach häufiger von einem Eintreffen dieses
Ereignisses »etwa um die Mitte der siebziger Jahre«. Wichtigster Ver-
fechter dieser Datierung war der damalige Vizepräsident der Wachtturm-Gesellschaft, *Frederick W. Franz* (Vizepräsident seit Oktober
1945 – und ab 1977 Knorrs Nachfolger; siehe unten). Typisch für
die vorsichtigere, aber dennoch spekulative Haltung ist folgendes
Ereignis:
    »Auf dem Kongreß in Baltimore (Maryland) hielt F. W. Franz die
Schlußansprache. Er begann mit den Worten: ›Kurz bevor ich das
Podium betrat, kam ein junger Mann zu mir und meinte: ›Sag' mal,
was hat es eigentlich mit 1975 auf sich?‹‹ Dann sprach Bruder Franz
die Fragen an, die aufgekommen waren, nämlich, ob der Inhalt des
neuen Buches darauf hinausliefe, daß 1975 Harmagedon vorbei wäre
und Satan gebunden werde. Er erklärte in etwa: ›Es könnte sein.
Aber wir sagen nichts. Bei Gott ist alles möglich. Aber wir sagen
nichts. Und keiner von euch sollte etwas Definitives darüber sagen,
was zwischen der Gegenwart und 1975 geschehen wird. Doch der
wichtige Gedanke bei alldem, liebe Brüder, ist der: Die Zeit ist kurz.
Die Zeit läuft ab, darüber besteht kein Zweifel‹« (JZ, S. 104).
    Dennoch haben sich in dieser Zeit viele Zeugen Jehovas definitiv
auf dieses Datum festgelegt. So heißt es an der zitierten Stelle weiter:
»Viele Zeugen Jehovas handelten in den Jahren nach 1966 mit dem
Geist, der in diesem Rat zum Ausdruck kam. Allerdings wurden
noch andere Erklärungen über dieses Thema veröffentlicht, und einige waren wahrscheinlich etwas zu definitiv. Das wurde im Wachtturm vom 15. Juni 1980 (S. 17) zugegeben. Aber Jehovas Zeugen wurden auch ermahnt, sich hauptsächlich darauf zu konzentrieren, den
Willen Jehovas zu tun, und sich nicht übermäßig Gedanken über ein
Datum oder eine frühzeitige Errettung zu machen« (JZ, S. 104).

67

Es fällt auf, daß der *Irrtum* erst mehrere Jahre nach der wieder einmal nicht eingetroffenen Voraussage zugegeben wurde. Der Mann, der den oben erwähnten Wachtturm-Artikel schrieb, war der Neffe von Frederick W. Franz, *Raymond Franz*, Mitglied der »Leitenden Körperschaft« der Zeugen Jehovas, der einige Monate später die Sekte verließ. In seinem Buch *»Der Gewissenskonflikt«* berichtet er über die Blamage von 1975:

»Das Jahr 1975 ging vorüber, genau wie 1881, 1914, 1918, 1920, 1925 und die vierziger Jahre.« Jahrelang schwieg die »Leitende Körperschaft« der Wachtturm-Gesellschaft unter ihrem Präsidenten Knorr und dessen Nachfolger F. W. Franz darüber, doch als die Mitgliederzahlen nach dem rasanten Anstieg vor 1975 nun – nach 1975 – immer mehr zurückgingen, sah sie sich 1979 endlich gezwungen, eine Stellungnahme herauszugeben. »Mit 15 gegen 3 Stimmen wurde beschlossen, eine Stellungnahme zu veröffentlichen, in der wenigstens andeutungsweise eingeräumt wird, daß die Organisation für den Irrtum mitverantwortlich ist. Sie erschien im Wachtturm vom 15. Juni 1980. Fast vier Jahre hatte die Organisation gebraucht, um durch ihre ausführenden Organe einzugestehen, daß sie falsch gehandelt und ein volles Jahrzehnt hindurch falsche Erwartungen geweckt hatte. So offen allerdings konnte das in der Verlautbarung nicht gesagt werden, auch wenn es die Wahrheit war. Jeder Entwurf mußte für die Körperschaft als Ganzes akzeptabel sein, damit er gedruckt werden konnte. Ich weiß das, denn mir wurde aufgetragen, die Stellungnahme abzufassen« (Franz 1991, S. 201 ff.).

Doch wir sind weit vorausgeeilt. 1968 wurde das Buch herausgebracht, das in der »missionarischen« Tätigkeit der Zeugen Jehovas die weiteste Verbreitung erleben sollte: *»Die Wahrheit, die zu ewigem Leben führt«*. Schon bis 1974 waren 63 Millionen Exemplare in 81 Sprachen gedruckt. Von der Wachtturm-Gesellschaft wurde es als das am weitesten verbreitete Buch nach der Bibel gepriesen. Das »Wahrheits«-Buch war für neu interessierte Personen gedacht und wurde daher besonders gern an den Haustüren verteilt. Die wesentlichen Lehren der Zeugen Jehovas sind hier in leicht verständlicher Form dargestellt. Wie andere Bücher seit der Präsidentschaft Knorrs ist auch dieses Bändchen anonym erschienen. Das war zu Zeiten Russells und Rutherfords noch nicht der Fall.

Stärkung der »Leitenden Körperschaft«

Im letzten Stadium der Präsidentschaft Knorrs wurden 1972 und 1975/76 bedeutende *organisatorische Reformen* durchgeführt – interessanterweise auf Anregung des später ausgeschlossenen Mitglieds der »Leitenden Körperschaft«, Raymond Franz. Knorr hatte Raymond Franz 1965 mit der Konzipierung eines biblischen Nachschlagewerks, einer Art Bibellexikon der Zeugen Jehovas mit dem Titel »Hilfe zum Verständnis der Bibel« (HVB) beauftragt. Während der mehrjährigen Arbeit an diesem Werk entdeckte Raymond Franz mehr und mehr Abweichungen zwischen Bibel und Wachtturm-Gesellschaft, zunächst organisatorischer Art. Raymond Franz berichtet rückblickend darüber:

»Als ich den Auftrag für die Stichwörter ›älterer Mann‹ und ›Aufseher‹ zugeteilt bekam, ergaben die Nachforschungen in der Bibel schon bald ganz klar, daß unser Aufsichtssystem in den Versammlungen nicht dem des 1. Jahrhunderts entsprach. (Bei uns gab es keine Ältestenschaften in den Versammlungen; jede Versammlung hatte nur einen einzigen ›Aufseher‹.) Das beunruhigte mich etwas, und ich trug die Erkenntnisse meinem Onkel vor« (Franz 1991, S. 29).

Über seinen Onkel, den Vizepräsidenten Frederick Franz, gelangte Raymonds Entdeckung zu Nathan Homer Knorr, der sich diese nach anfänglichem Zögern zu Eigen machte und die entsprechenden Reformen veranlaßte. Das Geschichtswerk der Zeugen Jehovas berichtet darüber:

»Vom 1. Oktober 1972 an sollten weltweit Änderungen in der Aufsicht über die Versammlungen in Kraft treten. Es würde nicht mehr nur einen Versammlungsdiener oder Aufseher geben. Vielmehr sollten in den Monaten vor dem 1. Oktober 1972 verantwortungsbewußte, reife Männer in jeder Versammlung der Gesellschaft Männer zur Ernennung empfehlen, die als Körperschaft von Ältesten dienen würden... Ein Ältester würde zum Vorsitzenden bestimmt werden, aber alle Ältesten hätten die gleiche Autorität und die gemeinsame Verantwortung, Entscheidungen zu treffen...

Am 4. Dezember 1975 hatte die leitende Körperschaft einstimmig eine der bedeutendsten organisatorischen Änderungen in der neuzeitlichen Geschichte der Zeugen Jehovas gutgeheißen. Ab 1. Januar 1976 war die gesamte Tätigkeit der Watch Tower Society und der Versammlungen der Zeugen Jehovas auf der ganzen Erde der Aufsicht von sechs Komitees der leitenden Körperschaft unterstellt, die sich verschiedener Aufgabenbereiche annahmen. Damit war am 1. Februar 1976 weltweit in allen Zweigbüros der Gesellschaft eine Änderung in Kraft gesetzt worden. Jetzt wurde nicht mehr jedes Zweigbüro von einem einzigen Zweigaufseher beaufsichtigt, sondern es dienten drei oder mehr reife Männer als Zweigkomitee, von denen einer ständiger Koordinator war« (JZ, S. 106 und 109).

Man könnte sagen, daß das *monarchische* Führungsprinzip, das noch aus der Zeit Rutherfords übernommen worden war, einem mehr *demokratischen* Leitungsstil angenähert wurde. Die Macht war nun, auch in der »Leitenden Körperschaft«, auf mehrere Personen verteilt, unter denen der Präsident natürlich nach wie vor großes Gewicht besaß und besitzt. Er leitet die Wachtturm-Gesellschaft nun aber nicht mehr so sehr kraft seines Amtes, sondern stärker durch seine prägende Persönlichkeit.

Nathan Homer Knorr starb am 8. Juni 1977 an einem inoperablen Hirntumor im Alter von 72 Jahren. Zu seinem Nachfolger wurde zwei Wochen später der langjährige Vizepräsident, der 83 Jahre alte Frederick W. Franz gewählt.

1977-1992: Die Ära von Frederick William Franz

Der Ausgestalter der Wachtturm-Lehre

Frederick William Franz leitete die Wachtturm-Gesellschaft von seinem 83. bis 99. Lebensjahr. Doch seine Bedeutung geht weit über diese Epoche hinaus. Bereits zu Knorrs Zeiten galt er als der Denker im Hintergrund, als der *Ausgestalter der Wachtturm-»Theologie«*. Viele Artikel im Wachtturm und anderen Schriften stammten aus seiner Feder. Werke wie die »Neue-Welt-Übersetzung« der Bibel und das Bibellexikon der Zeugen Jehovas gehen maßgeblich auf seine Initiative und Arbeit zurück. Im Gegensatz zu vielen anderen in der

70

Wachtturm-Zentrale, etwa zu Knorr, hatte er das biblische Griechisch an der Universität studiert. Sein Neffe Raymond Franz schrieb über ihn während seiner Präsidentenzeit:

»Fred Franz, der gegenwärtige Präsident, ist wie auch die früheren Präsidenten eine Führerpersönlichkeit, und sein persönlicher Einfluß ist sehr groß, auch wenn das Präsidentenamt durch die Dezentralisierung der Macht in den Jahren 1975-76 buchstäblich aller seiner Befugnisse beraubt wurde... Das gesamte Lehrgebäude, das nach dem Tode Richter Rutherfords im Jahre 1942 aufgebaut wurde, ist praktisch sein Werk... Keines der... Mitglieder der leitenden Körperschaft könnte neue Bibelauslegungen so markant in Worte fassen und durch verzwickte Argumentationsketten untermauern, wie Fred Franz es getan hat« (Franz 1991, S. 328).

Frederick William Franz war am 12. September 1893 in Covington/ Kentucky geboren worden. Als er sechs Jahre alt war, zogen seine Eltern, die zur presbyterianischen Kirche gehörten, nach Cincinnati um. Dort beendete er 1911 die High-School und studierte anschließend an der Universität Cincinnati Geisteswissenschaften, unter anderem Bibelgriechisch, weil er presbyterianischer Prediger werden wollte. Seine Leistungen waren so gut, daß er für ein Rhodes-Stipendium ausgewählt wurde, das ihm den Weg an die berühmte englische Universität Oxford ermöglichte. Aber Franz beschritt diesen Weg nicht...

Während des Studiums – im Jahre 1913 – hatte ihm sein Bruder Albert nämlich eine Broschüre des »Ernsten Bibelforschers« *John Edgar* mit dem Titel »*Wo sind die Toten?*« zu lesen gegeben, die ihn begeisterte. Danach beschäftigte er sich mit Russells »Schriftstudien«. Diese Lektüre sollte seinen Weg total verändern. Franz trat aus der Presbyterianischen Kirche aus und schloß sich den »Ernsten Bibelforschern« an. Am 30.11.1913 empfing er deren »Taufe«. Im Mai 1914 verließ er die Universität und wurde Kolporteur der Wachtturm-Organisation. Dieser Organisation ist er 80 Jahre lang (!) auf sämtlichen Stufen der Macht treu geblieben. 1920 kam er in die Zentrale der Macht nach Brooklyn und arbeitete lange Zeit in deren Hauptbüro mit. 1945 wurde er zum Vizepräsidenten, 1977 dann zum Präsidenten der Wachtturm-Gesellschaft gewählt.

Aus der Präsidentenzeit Franz' gibt es wenig Außergewöhnliches zu berichten. Die Organisation wuchs weiter. Zwischen 1977 und 1992 wurden über 29.000 neue Versammlungen weltweit gegründet. Die Mitgliederzahl erhöhte sich in diesem Zeitraum auf ca. 4,5 Millionen »Königreichsverkündiger«. Ein Rückschlag erfolgte lediglich um 1980, als sich – unter Leitung ausgerechnet seines schon mehrmals erwähnten Neffen *Raymond Franz* – eine *Oppositionsgruppe* im New Yorker Bethel und darüber hinaus bildete, die viele verunsicherte. Etwa 350 Mitarbeiter der Wachtturm-Gesellschaft aus den unterschiedlichen Ebenen der Macht wurden damals aus dem Bethel entfernt oder erklärten freiwillig ihr Ausscheiden. An vielen Orten kam es zu Unruhen und Spaltungen. In mehreren Wachtturm-Artikeln mußte damals beruhigend und besänftigend auf die »Königreichsverkündiger« eingewirkt werden. Im Geschichtswerk der Zeugen Jehovas kann diese Bedrohung nicht verschwiegen werden:

»In den Jahren bis 1980 versuchten einige, die sich über Jahre an der Tätigkeit der Zeugen Jehovas beteiligt und zum Teil in führenden Stellungen in der Organisation gedient hatten, auf verschiedene Weise, Spaltungen zu verursachen und dem Werk der Zeugen Jehovas Widerstand zu leisten. Damit das Volk Jehovas gegen den Einfluß Abtrünniger gewappnet wäre, brachte *Der Wachtturm* Artikel wie ›Bleibe fest im Glauben‹ (1. November 1980), ›Das unauffällige Einführen verderblicher Sekten‹ (15. Dezember 1983) und ›Widerstehe der Abtrünnigkeit, halte an der Wahrheit fest!‹ (1. Juli 1983)« (JZ, S. 111).

Dabei hatten die »Abtrünnigen« nichts anderes entdeckt, als daß die Lehre und Organisation der Wachtturm-Gesellschaft in wesentlichen Punkten nicht mit der biblischen Botschaft übereinstimmt. Eine Diskussion über solche Erkenntnisse war aber nicht möglich, sondern man bestrafte die Abtrünnigen mit dem »*Gemeinschaftsentzug*«. Raymond Franz hat in seinem Buch »Der Gewissenskonflikt« ausführlich über die Auseinandersetzungen in den siebziger und achtziger Jahren berichtet. Er resümiert:

»Ende 1979 war ich am Scheideweg angelangt. Fast 40 Jahre lang hatte ich hauptberuflich im Dienst der Organisation gestanden, sie von ganz unten bis ganz oben durchlaufen. Die letzten 15 Jahre war ich in der Weltzentrale tätig gewesen, darunter neun Jahre als Mitglied der leitenden Körperschaft der Zeugen Jehovas weltweit. Diese letzten neun Jahre waren die entscheidenden. In dieser Zeit holte die Realität meine Illusionen ein... Langsam wurde mir klar, daß ich mein Leben großenteils auf nichts anderes gegründet hatte als genau dies, einen Mythos... Alle Veränderung in mir erwuchs aus der Einsicht, daß ich die Bibel aus einer total sektiererischen Sicht heraus gesehen hatte« (Franz 1991, S. 215).

Welches waren die *»falschen Lehren«,* die die »Leitende Körperschaft« unter Führung seines Onkels Frederick Franz ihm zur Last legte? Es handelt sich um folgende Punkte:

»1. Jehova hat heute keine Organisation auf Erden, und die leitende Körperschaft wird nicht von Jehova geleitet.

2. Jeder, der seit den Tagen Christi (33 u. Z.) getauft wurde und bis zum Ende noch getauft werden wird, soll auch himmlische Hoffnung haben...

3. Die Vorkehrung der Klasse eines ›treuen und verständigen Sklaven‹, bestehend aus den Gesalbten und der leitenden Körperschaft aus ihren Reihen, zur Leitung von Jehovas Volk hat keine biblische Grundlage...

4. Es gibt heute keine zwei Klassen, eine himmlische und eine irdische...

5. Die in Offb 7, 14 und 14, 1 genannte Zahl von 144.000 ist symbolisch zu verstehen und darf nicht buchstäblich genommen werden...

6. Wir leben heute nicht in einer besonderen Zeit der ›letzten Tage‹, sondern die ›letzten Tage‹ begannen vor 1.900 Jahren im Jahre 33 u. Z. ...

7. Bei 1914 handelt es sich nicht um ein gesichertes Datum. Jesus Christus wurde damals nicht inthronisiert, sondern herrscht seit 33 u. Z. in seinem Königreich. Die Gegenwart Christi (parousia) hat noch nicht begonnen, sondern liegt in der Zukunft...« (Franz 1991, S. 254).

Auf viele der hier angesprochenen Lehren werde ich im weiteren Verlauf der Darstellung ausführlicher eingehen.

Am 22. Dezember 1992 starb Frederick William Franz hochbetagt im Alter von 99 Jahren. Er hatte sich von seinem Neffen nicht korrigieren lassen. Im Geschichtswerk der Zeugen Jehovas heißt es über ihn:

»Sein Ruf als bedeutender Bibelgelehrter und seine unermüdliche Arbeit zur Förderung der Königreichsinteressen haben ihm das Vertrauen und die loyale Unterstützung der Zeugen Jehovas überall eingetragen« (JZ, S. 109).

Seit 1992: Die Ära von Milton G. Henschel

Zum neuen Präsidenten wurde nach Franz' Tod Milton G. Henschel gewählt. Henschel gehörte vorher schon mehrere Jahrzehnte lang zum Vorstand der Wachtturm-Gesellschaft und hatte bereits Knorr als dessen Sekretär auf Dienstreisen begleitet, sich jedoch zeitweise mit ihm überworfen. Mit Henschel wurde erstmals ein Mann zum Präsidenten berufen, der (zwangsläufig) *nach* 1914 geboren ist.

Milton G. Henschel kam am 9. August 1920 in Pomona/New Jersey zur Welt. Seine Eltern und Großeltern gehörten den »Ernsten Bibelforschern« an, so daß er in deren Tradition »hineingeboren« wurde. 1934 wurde er »getauft« und trat bald darauf in das Brooklyner Bethel ein. Dort übernahm er – außer der zeitweiligen Tätigkeit als Knorrs Sekretär – Aufgaben in der Verwaltung sowie im Dienst- und Veröffentlichungs-Komitee. Bevor er 1992 zum Präsidenten gewählt wurde, hatte er die Oberaufsicht über die zahlreichen Druckereien der Wachtturm-Gesellschaft inne.

In die Präsidentschaft Henschels fällt die Notwendigkeit gravierender Veränderungen, insbesondere im Blick auf das Datum 1914 und das Aussterben der damals lebenden Generation. Diese Änderung, die im Jahre 1995 erfolgte (vgl. den Teil »Letzte Dinge«), dürfte Henschel, der bei Abstimmungen in der »Leitenden Körperschaft« immer als Bewahrer des Status quo galt (vgl. Franz 1991, S. 105), nicht leichtgefallen sein, aber sie war unausweichlich. Die »Basis« vor Ort wird dies vermutlich nicht einhellig hinnehmen. Nach Meinung verschiedener Beobachter (z. B. Twisselmann 1995, S. 254) steht deshalb für die Wachtturm-Gesellschaft »der Höhepunkt der 1914 zementierten Krise erst noch bevor«.

Abspaltungen

In der Geschichte der von Charles Taze Russell herkommenden Bewegung gibt es eine Vielzahl von Abspaltungen und Splittergruppen. Ich habe schon erwähnt, daß die heutigen Zeugen Jehovas eher als materielle denn als geistige Erben Russells zu betrachten sind. Die völlige Umstrukturierung der Bewegung durch Rutherford hat ihr ein weitgehend neues, noch stärker sektiererisches Gepräge gegeben. Gerade zu Rutherfords Zeiten, infolge der Machtkämpfe seiner ersten Amtsjahre und der daraus hervorgehenden zunehmenden Zentralisierung, erfolgte eine Fülle von Protesten und Austritten. Aber auch andere Gründe gab es, welche zu Absplitterungen führten. Dietrich Hellmund zählt in seiner Dissertation »Geschichte der Zeugen Jehovas« allein *20 Gruppen* auf, die einmal mit der Lehre Russells in Verbindung standen und behaupten, diese zu bewahren oder eigenständig weiterzuentwickeln, unter ihnen auch die heutigen Zeugen Jehovas. Hellmund betont:

»Die alte IVEB (›Internationale Vereinigung Ernster Bibelforscher‹) ist – vom Standpunkt der Dogmengeschichte und Lehrentwicklung her gesehen – tot. Trotz der Beibehaltung des alten Namens für einige Zeit können auch die Zeugen Jehovas nur bedingt als Fortsetzung der alten IVEB verstanden werden. Nachfolger der IVEB sind sie nur im soziologischen Sinn. Als direkte Folge der Machtkämpfe von 1917-1919 sind viele Glaubensgemeinschaften neu konstituiert worden, die es so vor 1917 noch nicht gab. Damals ist ein Spaltungsmechanismus in Gang gesetzt worden, der heute noch nicht zur Ruhe gekommen ist... Über die Gesamtzahl dieser Splittergruppen gibt es nur Vermutungen.«

Im folgenden seien nur die drei bedeutendsten Gruppen kurz skizziert: die Freie Bibelgemeinde, die Tagesanbruch Bibelstudien-Vereinigung und die Kirche des Reiches Gottes.

»Freie Bibelgemeinde«

»Freie Bibelgemeinde« ist ein umfassender Begriff für unterschiedliche russellitische Splittergruppen, die ab 1916 entstanden, weil sie Rutherford und seinen Kurs nicht anerkennen wollten. Wesentliche Lehrpunkte Russells wurden beibehalten, etwa der Ganztod des Menschen, die Ablehnung einer ewigen Höllenqual und die Heilserwartung in einem irdischen Tausendjährigen Reich. Hingegen wurde die Vorstellung von einer »Theokratischen Gesellschaft« als Heilsmittlerin und Kanal der Gnade abgelehnt, wie Rutherford sie propagierte. Nicht einmal ein Kirchenaustritt wurde von den Mitgliedern der meisten Gruppen erwartet. Man wollte nicht eine »heilsnotwendige Organisation« stiften, sondern eine lose Verbindung der Versammlungen untereinander nach kongregationalistischem Vorbild, wie Russell es vertreten hatte.

»Tagesanbruch Bibelstudien-Vereinigung«

Ebenfalls als Hüterin der Lehren Russells betrachtet sich die »Tagesanbruch Bibelstudien-Vereinigung«. Sie entstand ursprünglich 1917 in der oben beschriebenen Auseinandersetzung zwischen Rutherford und Johnson sowie den mit diesem verbundenen Direktoren. 1929 trennte sich in Pittsburgh, dem frühen Wirkungsort Russells, eine Gruppe von »Ernsten Bibelforschern« von der Wachtturm-Gesellschaft ab, traf sich in der alten »Bibelhaus-Kapelle« Russells und propagierte die Rückkehr zu dessen Lehren, die sie bei den »Rutherfordianern« zum Großteil preisgegeben sahen. Manche enttäuschten Bibelforscher schlossen sich ihnen an und gründeten Versammlungen an vielen Orten und in verschiedenen Ländern. Durch Zeitschriften, Traktate und eigene Rundfunk- und Fernseh-Sendungen besitzt diese Gruppe vor allem in den USA einen gewissen Einfluß. Kennzeichnend ist, daß nicht die heutige (von Russell gegründete!) »Wachtturm-Gesellschaft«, sondern die »Tagesanbruch Bibelstudien-Vereinigung« die »Schriftstudien« Russells (wenn auch mit Änderungen, etwa im Blick auf die Zeitberechnungen) bis heute verlegt.

»Kirche des Reiches Gottes«

Eine weitgehend selbständige Richtung stellt die »Kirche des Reiches Gottes« oder »Menschenfreundliche Versammlung« dar. Deren Gründer, *F. L. Alexandre Freytag* (1870 - 1947), hatte sich 1898 den »Ernsten Bibelforschern« angeschlossen und später mehrere Jahre – bis zu seiner Amtsenthebung 1920 – deren Zweigbüro in Genf geleitet. Seine wachsende Kritik an den Bibelforschern (fragwürdige Terminberechnungen, Inanspruchnahme weltlicher Gerichte, inkonsequentes Leben u. a.), die er 1920 in seiner Schrift »Botschaft an Laodizäa« veröffentlichte, ging mit der Ausbildung eigener sektiererischer Lehren (Weltallgesetz des Altruismus, Lebensfluidum, Streben nach irdischer Unsterblichkeit durch geänderte Lebensweise u. a.) einher. Dies führte unausweichlich zur Ausbildung einer eigenen Sekte, die unter den genannten die meisten Anhänger (einige zehntausend Menschen) gewann. Nach Freytags Tod kam es jedoch bald zur Stagnation und neuen Absplitterungen (z. B. *»Amis de l' Homme«* von *J. B. Sayerce*, gewissermaßen eine »Enkelsekte« zu den »Ernsten Bibelforschern«).

Man erkennt an diesen Entwicklungen mit ihren immer weiteren Aufsplitterungen, daß ein sektiererischer Geist immer wieder neue Sekten gebiert. Die Grundlage hierfür wurde allerdings schon bei *Russell* selber gelegt. Er hatte sich in Ideen verrannt, von denen er nicht mehr umkehren konnte und wollte. Das war seine *Tragik*. Die Tragik, welche er vielleicht als noch schlimmer empfunden hätte als seine Irrtümer zu Lebzeiten, ist das Schicksal, das ihm nach seinem Tod zuteil wurde. Der Sektenexperte *Friedrich-Wilhelm Haack* faßt diese Tragik in folgenden Sätzen zusammen:

»Würde der Gründer Charles Taze Russell (1852 - 1916) heute bei Jehovas Zeugen Mitglied werden wollen, so dürfte er fast nichts mehr von dem glauben und lehren, was er in seinen Büchern und Traktaten geschrieben hat. Täte er das dennoch, dann bekäme er von der Versammlung oder vom Präsidium ›Gemeinschaftsentzug‹, ein Wort und gleichzeitig ein Druckmittel, das ihm völlig unbekannt war. Russell verwendete in seinen Schriften beispielsweise das Kreuz, das von Jehovas Zeugen heute abgelehnt wird; er hatte in seinen Anhängerkreisen eine Art demokratischer Verfassung, während man heute auf die ›theokratische Leitung‹ pocht, und er berechnete die Endzeit vollkommen anders, als dies heute von der Sekte getan wird« (Haack 1993, S. 13).

Bibel

Entstehung und Auslegung

Inspiration und Irrtumslosigkeit

Gott wird von den Zeugen Jehovas (im folgenden wird generell dieser Name verwendet) als Urheber und Verfasser der Heiligen Schrift betrachtet. Menschliche Mitwirkung beim Entstehen der Bibel wird dabei nicht ausgeschlossen. Gott hat sich durchaus einzelner Menschen bedient, und der Heilige Geist gilt nicht als Person, sondern als Gottes »wirksame Kraft«, die diese Menschen geleitet hat. Im Bibellexikon der Zeugen Jehovas mit dem Titel *»Hilfe zum Verständnis der Bibel«* (HVB) wird unter dem Stichwort *»Inspiration«* ausgeführt:
»Das Mittel oder Werkzeug, durch das die Inspiration der ›ganzen Schrift‹ bewirkt wurde, war Gottes heiliger (man achte auf die Kleinschreibung! L. G.) Geist oder seine wirksame Kraft. ... Dieser heilige Geist wirkte auf Männer ein, um sie zu veranlassen, Gottes Botschaft niederzuschreiben... Die Bibelschreiber befanden sich somit unter der ›Hand‹ oder der lenkenden und leitenden Kraft Jehovas« (HVB, S. 708 f.).
Das Bibellexikon übrigens, aus dem dieses Zitat stammt und an dem der später ausgeschlossene Raymond Franz mitarbeitete, unterscheidet sich in seinem Bemühen um Sachlichkeit und biblische Begründung der Aussagen zum Teil vorteilhaft von anderen Wachtturm-Schriften. Ich werde deshalb in der Beurteilung der Wachtturm-Lehren häufig darauf Bezug nehmen, um mit den Zeugen Jehovas eine möglichst faire Diskussion auf angemessenem Niveau zu führen. In diesem Bibellexikon wird weiter durchaus richtig betont, »daß die Männer, durch die Gott die Bibel schreiben ließ, keine Roboter waren, die lediglich das aufzeichneten, was ihnen diktiert wurde«. Der Autor des Lexikon-Artikels weist darauf hin, daß

die Verfasser der Bibel Nachforschungen anstellten (vgl. z. B. Lk 1, 1 - 4) und ihre natürlichen Fähigkeiten erhalten blieben, was etwa den unterschiedlichen Stil erklärt. Das schließt jedoch nicht aus, daß die biblischen Schriften *irrtumslos* sind:

»Mit ›Inspiration‹ ist nicht lediglich die plötzliche Eingebung einer Idee, ein spontanes Entstehen von Gefühlen, die einen hohen Grad von Kreativität und Empfindsamkeit auslösen, gemeint (wie es oft von weltlichen Künstlern oder Dichtern gesagt wird), sondern die Abfassung irrtumsloser Schriften, die so maßgebend sind, als wären sie von Gott selber geschrieben... Dem geschriebenen Wort Gottes ist also absolute Irrtumslosigkeit zuzuschreiben, jedenfalls den Originaltexten« (HVB, S. 710 f.). »Die Männer, durch die Jehova die Bibel schreiben ließ, wirkten... mit seinem heiligen Geist zusammen« (HVB, S. 709).

Gleichwertigkeit und »Rösselsprung«

Neben dieser teilweise durchaus »orthodoxen« Sicht findet sich nun aber eine Reihe problematischer Lehren. Die Veränderung beginnt fast unmerklich, indem behauptet wird:

»Ganz gleich, wie die einzelnen Botschaften übermittelt wurden, sind doch alle Teile der Bibel gleich wertvoll, sie sind alle inspiriert oder ›von Gott eingehaucht‹... Alle Teile sind gleich maßgebend, da sie alle inspiriert und frei von Irrtümern sind« (HVB, S. 709 und 711).

Die völlig richtige Feststellung, daß die Heilige Schrift als Ganze von Gott inspiriert ist (vgl. 2. Tim 3, 16), wird mit der falschen Folgerung verkoppelt, daß deshalb auch alle Teile »*gleich wertvoll*«, von gleichem Gewicht seien. Die Folge dieser Ansicht ist die Vernachlässigung der Heilsgeschichte sowie ein Abweichen von Christus als Mitte der Schrift hin zu – vor allem eschatologischen – Nebenschauplätzen. Wie aus einem Steinbruch werden Aussagen der Bibel aus den unterschiedlichsten Stellen herausgenommen und – meist ohne Rücksicht auf Textzusammenhang und historische Entstehungssituation – frei miteinander kombiniert. Zwischen Altem und Neuem Testament, zwischen Verheißung und Erfüllung wird kaum unterschieden, ja die Bezeichnungen »Altes« und »Neues Testament« werden abgelehnt und durch die Termini »Hebräische Schriften« und »Christliche Griechische Schriften« ersetzt (s. u.). Der Sekten-Experte Kurt Hutten spricht von der Methode des *»Rösselsprungs«* (man »hüpft« wie ein Pferd von einer Stelle zur anderen ohne Rücksicht auf den heilsgeschichtlichen Zusammenhang) und führt aus:

»Die Zeugen kennen dieses Schriftverständnis, das an Christus orientiert ist, nicht. Allerdings, auch sie haben ein Zentrum, auf das sie alles beziehen. Es ist bei ihnen der auf das Tausendjährige Reich zuführende Geschichtsplan ... Weil sie die gesamte Offenbarung eingeebnet haben, können die Zeugen die Schrift ohne Beschwernis in ihre Einzelbestandteile auflösen, wie Kinder ihre aus dem Baukasten errichteten Bauten wieder zerlegen können ... So können die Zeugen Jehovas die Bibel als ein Feld für Rösselsprungrätsel betrachten; sie können ihre Linien kreuz und quer durch die ganze Schriftmasse der Bibel ziehen, fröhlich im Zickzack kombinieren und die abenteuerlichsten Beziehungen herstellen« (Hutten 1982, S. 128 f.).

Da die Zeugen Jehovas zwischen Altem und Neuem Bund, Verheißung und Erfüllung, Gesetz und Evangelium kaum (höchstens peripher) unterscheiden, gelangen sie zu Lehren wie: Verehrung des »Jehova-Namens«, Gesetzlichkeit (z. B. völliges Blutverbot), Ganztod und ähnlichem (dazu in späteren Kapiteln mehr). Der ehemalige Zeuge Jehovas Hans-Jürgen Twisselmann stellt fest, daß die Wachtturm-Gesellschaft »neutestamentliche Texte so ›gesetzlich‹ anwendet, als lebten wir noch in der Zeit des jüdischen Gesetzes« und fragt sich, »ob nicht auch die Verehrung des Jehova-Namens zum Rückfall in vorchristliches Denken gehört«. Jede Lehre aber ist »zurückzuweisen, die wieder hinter Christus zurückfällt, etwa in das jüdische ›Gesetz‹« (Twisselmann 1992, S. 13 f.).

Vorschattung und Parallelisierung

Ein weiteres charakteristisches Element der Bibelauslegung bei den Zeugen Jehovas ist die *»Vorschattung«*. Das bedeutet, daß man Personen oder Ereignisse in der Bibel als Vorbilder oder »Typoi« für spätere Gestalten oder Ereignisse betrachtet. So ist es etwa ein auch in der traditionellen Theologie verbreitetes Vorgehen, Menschen oder Geschehnisse im Alten Testament als Hinweise auf Christus und sein Werk zu sehen. Dieses Verfahren kann freilich nur in Vorsicht und Disziplin angewandt werden. Zu leicht wird sonst die Deutung allgemein und willkürlich, z. B. in der Form (wie es bei manchen Kirchenvätern vorkam), daß man jedes Holz im Alten Testament für eine Vorschattung des Kreuzes Christi hielt (vgl. hierzu Goppelt 1973).

Die Zeugen Jehovas nun gehen mit ihrer Methode der Vorschattung über jedes gebotene Maß hinaus. Die Personen und Ereignisse der Bibel werden so gedeutet, wie es am besten zu ihrer Anschauung paßt. So sei z. B. die Sintflut Vorschattung auf die Vernichtung der Kirchen bei der Schlacht von Harmagedon – und die Arche Noah bilde die Theokratische Gesellschaft ab, die den einzigen Schutz vor der Vernichtung in den endzeitlichen Katastrophen gewährt (»Wachtturm vom 15. 1. 1952 u. ö.; vgl. Hutten 1982, S. 129 f.).

Eng mit der Vorschattung hängt die Methode der »Parallelisierung« zusammen, die bei den Zeugen Jehovas nach einem einfachen Schwarz-Weiß-Schema verläuft: Die positiven Gestalten in der Bibel werden mit der Wachtturm-Gesellschaft gleichgesetzt, die bösen mit deren Gegnern. Als klassisches Beispiel hierfür kann die Auslegung der Erzählung vom reichen Mann und armen Lazarus (Lk 16, 19 - 31) gelten, die aus noch näher zu beschreibenden Gründen von den Zeugen Jehovas umgedeutet werden muß. In dem Buch »Gott bleibt wahrhaftig« von 1946 stellt der (negative) Reiche »die gar selbstsüchtige Klasse der Geistlichkeit der ›Christenheit‹«, der (positive) arme Lazarus hingegen den Überrest des »Leibes Christi« dar, »der sich in der Wachtturm-Gesellschaft verkörpert« (S. 84 ff.).

Eine weitere bei den Zeugen Jehovas gebräuchliche Form der Parallelisierung ist die Übertragung von Zeitabständen der biblischen Chronologie auf die nähere Vergangenheit, Gegenwart oder Zukunft *(»parallele Heilszeitordnungen«)*. Beispielsweise seien die 40 Jahre zwischen dem öffentlichen Auftreten Jesu und der Zerstörung des Jerusalemer Tempels (30 - 70 n. Chr.) eine Parallele zur 40jährigen Zeit der Ernte am Ende der Tage (bei Russell: unsichtbare Wiederkunft Christi 1874, Ausreifen des Gerichts und Aufrichtung des Tausendjährigen Reiches 1914 n. Chr.; ähnliche Schemata bei seinen

Nachfolgern; vgl. den Teil »Letzte Dinge«). Daß solche Parallel-
setzungen sehr willkürlich sind, hat die Nichterfüllung sämtlicher
bisheriger Berechnungen gezeigt (s. o.).

Neuoffenbarung und Allegorese

Die Zeugen Jehovas beanspruchen zwar, ihre Lehren allein auf die
Bibel zu stützen, aber in Wirklichkeit gehen sie weit über das hinaus,
was die Bibel sagt. Viele ihrer Auslegungen sind in Wirklichkeit *Ein-
legungen* fremder, weltanschaulich vorgegebener Inhalte in die Heilige Schrift. Nur so lassen sich die wilden Spekulationen mit Jahreszahlen erklären, nur so auch die Ablehnung oder Verfälschung der
wirklichen biblischen Lehren, wie ich noch darstellen werde. Begründet wird diese Vorgehensweise mit Stellen wie Daniel 12, 4, wo
es heißt: »Und du, Daniel, verbirg diese Worte, und versiegle dies
Buch bis auf die letzte Zeit. Viele werden es dann erforschen und
große Erkenntnis finden.« Mit solchen Stellen wird die Anschauung
untermauert, daß sich am Ende der Tage »die Erkenntnis mehre«
und daß die Zeugen Jehovas die Empfänger dieser Erkenntnis seien.
»Mehr Licht« führe zur Erkenntnis einer »fortschreitenden Wahrheit« (vgl. JZ, S. 121. 133). Insofern zählen die Zeugen Jehovas zu den
»Neuoffenbarungsbewegungen«.

Nun ist es sicherlich so, daß sich vor allem aus dem Buch Daniel
und der Johannesoffenbarung Aufschlüsse über die endgeschichtlichen Entwicklungen ergeben. Aber gerade die lange Liste der *nicht
eingetroffenen Spekulationen* in den vergangenen Jahrhunderten
(nicht nur bei den Zeugen Jehovas!) hat gezeigt, wie vorsichtig man
mit Deutungen sein sollte. Und was die Terminberechnungen
angeht, so gelten hierfür die grundlegenden Aussagen Jesu, daß niemand Zeit und Stunde des Endes weiß (Mt 24, 36; Apg 1, 7; siehe
den Teil »Letzte Dinge«).

Jede Neuoffenbarung muß sich darüber hinaus daran messen lassen, wie sie sich zur *»Grundtradition«* der im biblischen Kanon
zusammengefaßten Schriften verhält. Sobald ein Widerspruch zu
den Aussagen der eindeutigen Stellen der Bibel auftritt, ist der Bibel
recht zu geben und nicht der Neuoffenbarung bzw. deren Vertretern

(vgl. hierzu ausführlicher: Gassmann 1993, S. 144-151). Diese Prüfung von Aussagen der Zeugen Jehovas anhand der klaren Lehren der Heiligen Schrift, die sich aus ihrem Wortsinn und Textzusammenhang ergeben, wird die weitere Vorgehensweise dieser Untersuchung kennzeichnen.

Da die Empfänger der »Neuoffenbarung« ihre Erkenntnisse, Eingebungen oder Schauungen gerne durch biblische Stellen untermauern möchten, greifen sie häufig zur *Allegorese,* d. h. den biblischen Aussagen wird eine andere Bedeutung untergeschoben, als sich aus dem Wortsinn und Textzusammenhang ergibt. Auch die Zeugen Jehovas wenden diese »Einlegungsmethode« (so möchte ich es nennen) häufig an. Ich bringe einige Beispiele aus dem berühmten *Band 7 der Schriftstudien* mit dem Titel *»Das vollendete Geheimnis«* (1917), in dem die Allegorese fast durchgehend benutzt wird.

Dort wird der Engel aus Offb 14, 17 mit Charles Taze Russell gleichgesetzt (S. 301), die sieben Bände der Schriftstudien seien »das dritte und letzte Wehe [nach Offb 15, 1; L. G.], das über das Papsttum ausgegossen wird« (S. 308) – und über Offb 22, 18 (»wenn jemand etwas zu den Worten der Weissagung dieses Buches hinzusetzt«) wird – nicht ganz unzutreffend – gesagt:

»So wird Gott ihm die Plagen hinzufügen, die in diesem Buche geschrieben sind: Seine Strafe wird die sein, daß er, wenn er in den Zeiten der Wiederherstellung aus dem Grabe hervorkommt, die sieben Bände der *Schriftstudien* zu lesen haben wird, die ihm dann das Fehlerhafte seines Tuns zeigen werden« (S. 451).

Im gleichen Band finden sich weitere Passagen, die den unvoreingenommenen Leser zum Schmunzeln veranlassen können, weil in ihnen die Allegorese auf die Spitze getrieben wird. So schildern die biblischen Bücher Nahum (2, 4 f.) und Hiob nach Ansicht der Verfasser in prophetischer Fernsicht die Erfindung der Dampfmaschine! In der »Auslegung« zu Hiob 40, 15-41, 25 (Behemoth und Leviathan) heißt es:

»Hiob schildert ... in prophetischen Worten die Errungenschaften heutiger Zeiten, die Dampfmaschine – feststehend und sich bewegend –, auf Eisenbahnzügen und zur See. ... Sieh doch einen mit großer Hitze (der feststehenden Dampfmaschine), den ich mit dir gemacht habe; er wird Futter verzehren (Torf, Holz, Kohle) wie das Vieh. Siehe doch, seine Kraft ist in seinen Lenden (Kesselplatten), und seine Stärke innerhalb der in einem Kreis gebogenen Teile (Kesselwände) seines Bauches. Sein Schwanz (Schornstein – gegenüber dem Futterende, Brennmaterial) wird aufrecht stehen wie eine Ceder...

Du wirst den Leviathan (die Lokomotive) mit dem Angelhaken (automatische Kuppelung) ausdehnen, verlängern, oder mit einer Schlinge (Kuppelbolzen), mit der du seine Zunge (Kuppelverbindung) sich senken lassen wirst. Willst du nicht einen Ring (Kolben) in seine Nase (Zylinder) legen oder seine Kinnbacken (Zylinderenden) mit einem Stabe (Zylinderstange) durchbohren? Wird er viel Flehens an dich richten (entgleisen)? Oder wird er dir sanfte Worte geben (wenn er einen schrillen Ton mit der Dampfpfeife von sich gibt)? Wird er einen Bund mit dir machen, daß du ihn zum ewigen Knechte nehmest (ohne Reparaturen)?...« (S. 106 ff.).

Neben solchen eher grotesken Beispielen (zu diesen rechne ich z.B. auch die – später fallengelassene – Deutung der Maße der Cheops-Pyramide auf die biblische Chronologie bei Russell) gibt es aber auch eine allegorische oder symbolische Uminterpretation in zentralen biblischen Bereichen, etwa in der Lehre von »Hölle« und »ewiger Verdammnis«. Da Russell und seine Nachfolger eine ewige Verdammnis leugnen, deuten sie die entsprechenden biblischen Passagen (»Feuersee«, »Ort der Qual«, »Heulen und Zähneklappern« und viele andere Aussagen) um und bezeichnen sie als Symbole für eine ewige Vernichtung (nicht Qual). Darauf und auf die aktuellen Allegoresen im Zusammenhang mit Endzeit-Spekulationen werde ich ausführlich zurückkommen (siehe die Teile »Mensch« und »Letzte Dinge«).

Ein klassisches Beispiel für die Uminterpretation der Heiligen Schrift ist die »Neue-Welt-Übersetzung«.

»Neue-Welt-Übersetzung«

Verfasser und Quellen

Die »Neue-Welt-Übersetzung« (NWÜ) ist seit den sechziger Jahren des 20. Jahrhunderts die Bibel der Zeugen Jehovas. Vorher hatten sie im deutschen Sprachraum die Elberfelder Bibel bevorzugt, unter anderem deshalb, weil in deren älterer Fassung noch der Name »Jehova« Verwendung gefunden hatte.

In der NWÜ selber findet sich kein Hinweis auf deren Bearbeiter. Sie wird lediglich bezeichnet als das anonyme Werk eines »*Neue-Welt-Bibelübersetzungs-Komitees*« (S. 5 f.). »Ist die Übersetzung wirklich ein gelehrtes Werk?« wird in den »Unterredungen anhand der Schriften« gefragt. Die Antwort lautet: »Da die Übersetzer ungenannt bleiben wollen, kann über ihre Ausbildung nichts Näheres gesagt werden. Die Übersetzung muß aufgrund ihrer Vorzüge bewertet werden« (S. 312).

Raymond Franz jedoch berichtet, daß die NWÜ hauptsächlich der Feder von Frederick William Franz, seinem Onkel, entstammt. »... einzig Fred Franz beherrschte die Sprachen der Bibel genügend, um sich an eine solche Übersetzung heranzuwagen. Er hatte zwei Jahre Griechisch an der Universität von Cincinnati gelernt, sich aber Hebräisch nur selbst beigebracht.« Außer Frederick Franz gehörten dem Komitee Nathan Homer Knorr, Albert Schroeder und George Cangas von der Leitung der Wachtturm-Gesellschaft an (Franz 1991, S. 55).

Edmund C. Gruss zählt außerdem noch Milton G. Henschel, den Nachfolger von Frederick Franz, zum Übersetzungs-Komitee hinzu (Gruss 1974, S. 74). Er weist (wie Raymond Franz) auf die mangelhaften Hebräisch-Kenntnisse von Frederick Franz hin, die etwa bei einem Verhör vor dem Schottischen Gerichtshof im November 1954 (also während der Arbeit an der NWÜ) dokumentiert wurden. Nachfolgend gebe ich das Kreuzverhör von Frederick Franz durch den gegnerischen Anwalt in deutscher Übersetzung wieder:

»Frage: Sie haben sich also mit Hebräisch vertraut gemacht?
Antwort: Ja...

Frage: So daß Sie einen wirklichen linguistischen Apparat zu Ihrer Verfügung haben?

Antwort: Ja, für den Gebrauch in meiner Arbeit an der Bibel.

Frage: Ich denke, Sie sind in der Lage, die Bibel in Hebräisch, Griechisch, Latein, Spanisch, Portugiesisch, Deutsch und Englisch zu lesen und ihrem Gedankengang zu folgen?

Antwort: Ja ...

Frage: Sie selber lesen und sprechen Hebräisch, nicht wahr?

Antwort: Ich spreche nicht Hebräisch.

Frage: Nein?

Antwort: Nein.

Frage: Können Sie dies ins Hebräische übersetzen?

Antwort: Was?

Frage: Diesen vierten Vers aus dem zweiten Kapitel des Buches Genesis?

Antwort: Sie meinen diesen hier?

Frage: Ja?

Antwort: Nein. Ich möchte nicht versuchen, das zu tun« (zitiert bei: Gruss 1974, S. 75; Übersetzung: L. G.).

Gruss kommentiert:

»Was Franz ›nicht versuchen wollte‹, ins Hebräische zu übersetzen, war eine einfache Übung, mit welcher ein durchschnittlicher Hebräisch-Student im Seminar im ersten oder zweiten Jahr keine Schwierigkeit gehabt hätte. Diese Folgerung wurde von einem qualifizierten Lehrer des Hebräischen gezogen. Wegen der Unangemessenheit der Übersetzer waren die Übersetzungen, die daraus resultierten, in vielen Fällen nicht genaue Wiedergaben aus den Originalsprachen, sondern sie drückten eher das aus, was die Zeugen Jehovas glaubten« (ebd.).

Die Neue-Welt-Übersetzung wurde ursprünglich in sechs Bänden während der Jahre 1950 bis 1960 veröffentlicht. 1961 erschien dann eine einbändige revidierte Ausgabe, 1970 die zweite revidierte Fassung – zunächst alles in englischer Sprache. 1971 folgte die dritte Revision mit Fußnoten. 1969 war bereits eine »Kingdom Interlinear Translation of the Greek Scriptures« herausgegeben worden. Allerdings beruhen diese Übersetzungen ins Englische auf dem von Westcott und Hort revidierten griechischen Text aus dem Jahre 1881, der in der heutigen theologischen Forschung als überholt gilt. Neuere textkritische Ausgaben wie Nestle, Bover, Merk, UBS und Nestle-Aland wurden lediglich »berücksichtigt« (NWÜ, S. 7).

Die weltweite Gesamtauflage bis zum Jahre 1993 betrug 72.035.000 Exemplare. Zu diesem Zeitpunkt existierten Übersetzungen der gesamten Heiligen Schrift durch die Wachtturm-Gesellschaft in Dänisch, Deutsch, Englisch, Französisch, Italienisch, Japanisch, Niederländisch, Portugiesisch, Schwedisch, Slowakisch, Spanisch und Tschechisch sowie Teilübersetzungen in andere Sprachen (NWÜ dt. 1993, S. 4). Die deutsche Ausgabe der »Christlichen Griechischen Schriften« (CGS) erschien 1963, die komplette Bibel 1971. Mir liegt die revidierte deutsche Ausgabe von 1986 (Neuauflage 1993) vor, welche auf der englischen Revision von 1984 basiert.

In der Einführung zur NWÜ wird zunächst begründet, warum man nicht von Altem und Neuem Testament redet:

»Von vielen wird die Bibel in ›Das Alte Testament‹ und ›Das Neue Testament‹ unterteilt; dagegen möchten wir die ersten 39 Bücher als die ›Hebräischen Schriften‹ und die übrigen 27 Bücher als die ›Christlichen Griechischen Schriften‹ bezeichnen. Diese Entscheidung basiert auf einer rein sprachlichen und nicht auf einer geforderten ›Testament‹-; bzw. ›Bund‹-Einteilung« (NWÜ, S. 7).

Die »sprachliche« Einteilung wird – wie schon dargestellt – deshalb bevorzugt, weil alles in der Bibel als »gleichwertig« betrachtet wird und die heilsgeschichtliche Sicht (Alter und Neuer Bund etc.) aus dem Blickfeld gerät. Die Bibel wird eingeebnet zu einer »Zitatfläche« mit der Möglichkeit, durch den »Rösselsprung« Lehren zu bilden und beliebig zu kombinieren.

Den »Hebräischen Schriften« der NWÜ liegt der Codex Leningradensis B 19 A zugrunde, wie er für Rudolf Kittels Biblia Hebraica in den Auflagen von 1951-55 Verwendung gefunden hat. Die für die heutige Textforschung relevante Biblia Hebraica Stuttgartensia von 1977 wurde auch für die revidierte NWÜ von 1984/86 lediglich »zur Erstellung des Fußnotenapparates« herangezogen (NWÜ, S. 7). Die »Christlichen Griechischen Schriften« in der Ausgabe der Wachtturm-

Gesellschaft gehen – wie schon erwähnt – auf »The New Testament in the Original Greek« von Westcott-Hort (1881) zurück (ebd.).

Einfügung des »Jehova-Namens«

Zur Methode wird gesagt, daß man den Namen Gottes, *»Jehova«*, wieder einführt – und zwar an allen Stellen, wo er nach Ansicht der Zeugen Jehovas in anderen Bibelausgaben herausgenommen worden ist:

»Da die Bibel den heiligen Willen des Souveränen Herrn des Universums bekanntgibt, ist es eine große Schmach, ja eine Beleidigung seiner Majestät und Autorität, seinen einzigartigen Gottesnamen auszulassen oder zu verheimlichen, der in Wirklichkeit nahezu 7.000mal als . . . *JHWH* im hebräischen Text belegt ist. Das herausragendste Merkmal der vorliegenden Übersetzung besteht demnach darin, daß der göttliche Name wieder an seinem rechtmäßigen Platz im deutschen Text eingesetzt worden ist. Das wurde durch den Gebrauch der deutschen Form ›Jehova‹ erreicht, die 6.973 mal in den Hebräischen Schriften und 237 mal in den Christlichen Griechischen Schriften erscheint« (NWÜ, S. 7).

Nun ist auch der Wachtturm-Gesellschaft bekannt, daß die Aussprache des Gottesnamens heute nicht mehr eindeutig rekonstruierbar ist. Das nur aus Konsonanten bestehende hebräische Tetragramm (JHWH) findet sich in biblischen Handschriften, seine Aussprache aber ist unsicher. Das hängt vermutlich mit der Scheu der Juden zusammen, den heiligen Namen Gottes in den Mund zu nehmen. In der heutigen Theologie wird die Aussprache *»Jahwe«* bevorzugt, die sich aus der Verbindung des Tetragramms mit dem hebräischen Wort für »Herr«, »adonai«, am wahrscheinlichsten ergibt. Die Zeugen Jehovas (die kirchliche Traditionen sonst gar nicht mögen) wollen trotzdem an der Aussprache *»Jehova«* festhalten, da diese »die seit Jahrhunderten bekannte Form« sei (NWÜ, S. 1.624). Allerdings haben schon Martin Luther und andere Bibelübersetzer der letzten Jahrhunderte im Alten Testament für das Tetragramm die Umschreibung *»HERR«* (oft großgeschrieben) gebraucht, und bereits in der griechischen Übersetzung des Alten Testaments, der Septuaginta

(LXX), wurde das Tetragramm in fast allen vorliegenden Handschriften durch »*kýrios*« (»Herr«) wiedergegeben.

Die Wachtturm-Gesellschaft verwendet nun viel Scharfsinn darauf, nachzuweisen, daß das *Tetragramm* in den ältesten Ausgaben der Septuaginta enthalten gewesen und erst später (beginnend im 1. Jahrhundert nach Christus im Zusammenhang mit der Tempelzerstörung) »aus abergläubischer Furcht« von den Juden getilgt worden sei. In den »Christlichen Griechischen Schriften«, die Zitate aus der Septuaginta enthalten, sei es daher auch zuerst erhalten gewesen und erst später (»irgendwann während des zweiten oder dritten Jahrhunderts u. Z.«) entfernt worden. Wir betrachten die wesentlichen Argumente hierzu etwas näher. In dem Wachtturm-Lexikon »Hilfe zum Verständnis der Bibel« wird unter dem Stichwort »Jehova« ausgeführt:

»In vielen Nachschlagewerken wird die Vermutung geäußert, daß der Name um 300 v. u. Z. außer Gebrauch gekommen sei. Einen Anhaltspunkt für diese Zeitangabe sah man in dem vermeintlichen Fehlen des Tetragrammatons (oder einer transkribierten Form) in der *Septuaginta,* einer griechischen Übersetzung der Hebräischen Schriften, mit der um das Jahr 280 v. u. Z. begonnen wurde. Es stimmt zwar, daß die vollständigsten handschriftlichen Abschriften der *Septuaginta,* die man heute kennt, durchweg dem Brauch folgen, das Tetragrammaton durch die griechischen Wörter *Kýrios* (Herr) oder *Theós* (Gott) zu ersetzen. Diese umfangreicheren Handschriften gehen allerdings nur bis ins 4. oder 5. Jahrhundert u. Z. zurück. Vor nicht allzu langer Zeit hat man hingegen ältere Abschriften, wenn auch in Form von Fragmenten entdeckt, die beweisen, daß die *frühesten* Abschriften der *Septuaginta* den göttlichen Namen doch enthielten.

Die Fragmente einer Papyrusrolle [mit dem griechischen Text der Septuaginta; L. G.] – sie werden unter der Listennummer 266 der Fouad-Papyri geführt und enthalten die zweite Hälfte des 5. Buches Mose – zeigen das Tetragrammaton an allen Stellen, an denen es in der hebräischen Textvorlage erscheint, in hebräischen Schriftzeichen. Gelehrte datieren diesen Papyrus in das 2. oder 1. Jahrhundert v. u. Z.; er ist also vier oder fünf Jahrhunderte älter als die zuvor erwähnten Handschriften. Es gibt somit keine vernünftigen Argumente für die Annahme, daß der Gottesname – zumindest in geschriebener Form – schon vor der Zeitenwende nicht mehr bekannt gewesen oder außer Gebrauch gekommen wäre. Die ersten Anzeichen einer abergläubischen Haltung dem Namen gegenüber treten im 1. Jahrhundert u. Z. auf ... einige Zeit vor der Zerstörung des Jerusalemer Tempels im Jahre 70 u. Z.« (HVB, S. 744).

Die Fortsetzung dieser Argumentation entnehme ich dem Anhang zur NWÜ. Dort erfolgt nun der Sprung von der Septuaginta zum Neuen Testament, und es wird behauptet: »Wenn demnach Jesus und seine Jünger die heiligen Schriften entweder in Hebräisch oder in Griechisch gelesen haben, sind sie unweigerlich auf den göttlichen Namen gestoßen.« Man beruft sich auf den Kirchenvater Hieronymus (de vir. inl. III, ed. E. C. Richardson, 1896, S. 8 f.), der äußerte, Matthäus habe sein Evangelium »zuerst ... in der hebräischen Sprache und in (hebräischen) Schriftzeichen« verfaßt, und zieht aus dieser von der Wachtturm-Gesellschaft (NWÜ, S. 1.627) so übersetzten lateinischen Angabe weitreichende Folgerungen:

»Matthäus zitierte in seiner Niederschrift mehr als hundertmal aus den inspirierten Hebräischen Schriften. An den Stellen, an denen diese Zitate den göttlichen Namen enthielten, war er verpflichtet, getreu das Tetragrammaton in sein hebräisches Evangelium aufzunehmen. Als dann das Matthäusevangelium ins Griechische übersetzt wurde, blieb das Tetragrammaton gemäß dem Brauch der Zeit unübersetzt inmitten des griechischen Textes stehen ... Irgendwann während des zweiten oder dritten Jahrhunderts u. Z. entfernten die Abschreiber das Tetragrammaton sowohl aus der *Septuaginta* als auch aus den Christlichen Griechischen Schriften und ersetzten es durch *Kýrios*, ›Herr‹, oder *Theós*, ›Gott‹.«

Wozu diese lange Argumentationskette eigentlich dient, wird aus dem abschließenden Zitat deutlich. Hier schließen sich die Zeugen Jehovas einer Theorie von *George Howard* von der Georgia-Universität (USA) an, die dieser im *»Journal of Biblical Literature«*, Band 96, 1977, vertrat. Howard hatte auf S. 63 ausgeführt:

»Auf den folgenden Seiten werden wir eine Theorie unterbreiten, daß nämlich der göttliche Name JHWH (und mögliche Abkürzungen desselben) ursprünglich in NT-Zitaten aus dem A(lten)

T(estament) und in Hinweisen auf das AT geschrieben stand und dann im Laufe der Zeit hauptsächlich durch das Surrogat KS (Abkürzung von *Kýrios,* ›Herr‹) ersetzt worden ist. Die Entfernung des Tetragramms führte unserer Ansicht nach zu einer Verwirrung im Verständnis der frühen Heidenchristen über das Verhältnis zwischen ›Gott, dem Herrn‹ und ›Christus, dem Herrn‹, wie sich dies in der Hs. [Handschriften]-Tradition des NT-Textes widerspiegelt.«

Und die Wachtturm-Gesellschaft folgert:

»Wir stimmen mit folgender Ausnahme mit der obigen Erklärung überein: Wir betrachten diese Ansicht nicht als eine ›Theorie‹, sondern als eine Darstellung von historischen Tatsachen in Verbindung mit der Übermittlung der Bibelhandschriften« (NWÜ, S. 1.627 f.).

Warum wird hier die »Theorie« (Vermutung) plötzlich als Tatsache genommen? Aus offensichtlichen weltanschaulichen Gründen, auf die wir im nächsten Kapitel ausführlich eingehen werden: *Die Zeugen Jehovas bestreiten vehement die göttliche Dreieinigkeit – und das heißt: die Wesenseinheit Jesu Christi und des Heiligen Geistes mit Gott dem Vater.* Die Unterschlagung des Tetragramms und die Einführung des austauschbaren Kyrios-Titels hätten dazu geführt, Jesus Christus mit »Jehova« zu verwechseln – und das sei falsch.

Meine *Antwort* auf den Argumentationsgang der Wachtturm-Gesellschaft erfolgt in sechs Punkten.

1. Es muß gar nicht bestritten werden, daß sich das Tetragramm in alten Ausgaben der *Septuaginta* finden kann und (etwa in den erwähnten Fouad-Papyri) auch findet – handelt es sich dabei doch um eine Übersetzung der Hebräischen Bibel, welche selbstverständlich das Tetragramm enthält (vgl. TBLNT I/1977, S. 660).

2. Im Unterschied zur Septuaginta existiert für das griechische *Neue Testament* unter Tausenden von Papyri *nicht ein einziger* Handschriften-Fund, in dem das Tetragramm erscheinen würde. Anderslautende Behauptungen sind reine Spekulation.

3. Ein hebräischer oder aramäischer *»Urmatthäus«* wurde zwar (auch schon bei Kirchenvätern) immer wieder erwähnt, ist aber als Vorstufe zum griechischen Matthäus-Evangelium nie gefunden worden, auch wenn sich seine frühere Existenz nicht mit Sicherheit aus-

schließen läßt. Die frühe Notiz bei *Papias* (zitiert bei: Euseb, hist. eccl. III, 39, 16), daß Matthäus sein Evangelium in »*hebraici dialekto*« zusammenstellte (diese Notiz hat viele nachfolgende frühchristliche Autoren, etwa Hieronymus, beeinflußt), kann unterschiedlich gedeutet werden: »in hebräischer (oder eher: aramäischer) Sprache«, möglicherweise aber auch: »in hebräisch-semitischem Stil« (so Kürzinger 1983; vgl. die Diskussion bei Carson/Moo/Morris 1992, S. 68 ff.). In der theologischen Forschung herrscht heute die Meinung vor, daß das Matthäus-Evangelium von Haus aus *griechisch* geschrieben sei. Der Neutestamentler Werner Georg Kümmel resümiert: »Aram(äische) Vorstufen unserer Ev(angelien) sind ... nur für die mündliche Tradition mit Sicherheit anzunehmen (Kümmel 1983, S. 30). Angesichts der schwierigen Forschungslage müssen wir diese Frage offenlassen. Eines freilich steht fest: Selbst *falls* es einen hebräischen oder aramäischen »Urmatthäus« gegeben haben sollte, ist damit nicht erwiesen, daß das darin möglicherweise enthaltene Tetragramm sich ursprünglich in der griechischen Ausgabe fand und später durch »*kýrios*« ersetzt worden sei. Solche Behauptungen sind reine Spekulation, welche die Grenze des Verifizierbaren überschreiten.

4. Verschiedene Forscher gehen davon aus, daß es sich bei dem von *Hieronymus* erwähnten Evangelium um das apokryphe *Nazaräer-Evangelium* handelt, aus welchem sich bei verschiedenen Kirchenvätern Fragmente finden. Nach Ansicht von Hennecke/Schneemelcher (I/1987, S. 133) etwa erweist sich das aramäisch verfaßte Nazaräer-Evangelium (NE) »durch seinen literarischen Charakter dem kanonischen Mt gegenüber als sekundär; es stellt auch unter form- und traditionsgeschichtlichem wie unter sprachlichem Gesichtspunkt keinen Urmatthäus, sondern eine Weiterbildung des griechischen Matthäus-Evangeliums dar ... Terminus a quo ist demnach die Abfassung des Mt, terminus ad quem Hegesippus (180), der als erster die Existenz des NE bezeugt. Es wird in der ersten Hälfte des zweiten Jahrhunderts entstanden sein«. Falls die These von Hennecke/Schneemelcher stimmt, stellt also das Nazaräer-Evangelium eine Rückübersetzung des griechischen Mt ins Aramäische dar und besitzt im Hinblick auf die ursprüngliche Gestalt des Mt keinerlei Beweiskraft. Freilich ist auch hier die Forschungslage unsicher, und

es läßt sich weder in·die eine noch in die andere Richtung mit letzter Sicherheit argumentieren.

5. Keinerlei Beweiskraft hinsichtlich der ursprünglichen Gestalt der neutestamentlichen Schriften besitzen die 28 (weiteren) *Rückübersetzungen* aus dem Griechischen ins Hebräische oder Aramäische, welche die Wachtturm-Gesellschaft in der »Einführung« ihrer NWÜ (S. 11 f.) anführt. Die älteste stammt aus dem Jahre 1385, die jüngste aus dem Jahre 1986. Wenn hier gelegentlich das Tetragramm in das Neue Testament eingesetzt wird, so handelt es sich lediglich um eine *nachträgliche* Deutung des den entsprechenden Stellen zugrundeliegenden »*theós*«- oder »*kýrios*«-Begriffs durch den jeweiligen Autor. Ähnliches gilt für die »rätsel-, ja sogar sagenhaften, umstrittenen jüdisch-judenchristlichen Rezensenten bzw. Übersetzer Theodotion, Aquila und Symmachus«, die »Textrevisionen« als Gegenreaktion auf die Usurpation der Septuaginta durch das frühe Christentum vornahmen (vgl. M. Hengel, in: Hengel/Schwemer 1994, S. 205 ff.).

6. Freilich kannten auch die Verfasser des Neuen Testaments aus dem Alten Testament und der jüdischen Tradition den Gottesnamen, aber sie verwendeten nicht das Tetragramm, sondern den Würdetitel »*kýrios*«, den sie der ihr vorliegenden Septuaginta entnahmen (vgl. R. Hanhart, in: Hengel/Schwemer 1994, S. 8 f.) und den sie bewußt auf Gott den Vater *und* auf Jesus Christus bezogen, um die Einheit des Sohnes mit dem Vater zu verdeutlichen. Jesus *ist* Gott, er *ist* JHWH in seiner Offenbarungsform des Neuen Bundes. Das ist die einhellige Aussage des Neuen Testaments. »Wohl aus der vorpaulinischen hell[enistischen] Gemeinde stammt der gottesdienstliche Bekenntnisruf *kýrios Iesous* . . . = Herr ist Jesus. Dieses Bekenntnis ist eines der ältesten, wenn nicht das älteste christl. Glaubensbekenntnis überhaupt. Mit diesem Ruf unterstellt sich die nt. Gemeinde ihrem Herrn; sie bekennt ihn damit aber auch als Weltherrscher (Kosmokrator; vgl. Röm 10, 9 a; 1. Kor 12, 3; Phil 2, 11): Gott hat Jesus von den Toten auferweckt und zum universalen *kýrios* . . . erhöht . . . Das wird dahin entfaltet, daß Christus der Herrscher über alle Könige der Erde, Herr der Herren und König der Könige genannt wird (Offb 1, 5; 17, 14; 19, 15 f.) Auf diese Weise erhält Jesus Christus

dieselben Würdeprädikate wie Gott selbst (1. Tim 6,15; vgl. Dan 2,47)« (TBLNT I/1977, S. 662).

Auf die Diskussion über die Dreieinigkeit werde ich im nächsten Kapitel ausführlich eingehen. Hier sollen zunächst noch einige allgemeine Charakteristika der NWÜ dargestellt werden.

Weitere Kennzeichen

Dem kritischen Beobachter springen die folgenden Kennzeichen der NWÜ ins Auge: sehr freie Übersetzungen – bis hin zur Falschübersetzung; Einfügungen von Wörtern, die sich im hebräischen und griechischen Text nicht finden und dessen Sinn verändern; irreführende Fußnoten und Apparate, die dazu dienen, die Wachtturm-Lehre zu untermauern; willkürliche Groß- oder Kleinschreibung von Buchstaben, etwa im Blick auf die (geleugneten) Personen der göttlichen Trinität (z. B. die Kleinschreibung von »heiliger Geist« in der deutschen Ausgabe). Einige Beispiele seien nachfolgend genannt.

Hinsichtlich der *Einfügung von Wörtern* schreibt die Wachtturm-Gesellschaft in der Einführung zur NWÜ:

»Einzelne eckige Klammern [ ] schließen Worte ein, die eingefügt worden sind, um den Sinn im deutschen Text vollständiger wiederzugeben; doppelte eckige Klammern [[ ]] ... deuten auf etwas in den Originaltext Eingeschobenes (Interpolation) hin« (NWÜ, S. 9).

Eines der auffallendsten Beispiele findet sich in Kolosser 1, wo sich die Wachtturm-Gesellschaft bemüht, Jesus als ein Geschöpf neben »anderen« Geschöpfen zu interpretieren, und das nicht im Griechischen stehende Wort *»andere«* hinzufügt:

»Er ist das Bild des unsichtbaren Gottes, der Erstgeborene aller Schöpfung; denn durch ihn sind alle [anderen] Dinge in den Himmeln und auf der Erde, die sichtbaren und die unsichtbaren, erschaffen worden, es seien Throne oder Herrschaften oder Regierungen oder Gewalten. Alle [anderen] Dinge sind durch ihn und für ihn erschaffen worden. Auch ist er vor allen [anderen] Dingen, und durch ihn sind alle [anderen] Dinge gemacht worden, um zu bestehen« (Kol 1, 15 - 17; NWÜ).

Zum Gebrauch der *Fußnoten* in der NWÜ wird ausgeführt:

»Darüber hinaus zeigen die Fußnoten die Grundlage für die deutsche Übersetzung an, wenn der deutsche Text sich von dem in den Ursprachen abgefaßten Text unterscheidet, indem die Handschriften und Übersetzungen angegeben werden, die die abweichende Lesart stützen. Ebenso bieten wir alternative deutsche Übersetzungsmöglichkeiten des hebräischen und griechischen Textes, zusammen mit den unterschiedlichen Lesarten anderer Handschriften und Übersetzungen« (NWÜ, S. 9).

Man zitiert also durchaus auch seltene und unwahrscheinliche Lesarten, nur um die spezielle Deutung der Wachtturm-Gesellschaft zu stützen. Zudem wird die abweichende und für den unvoreingenommenen Leser ungewöhnliche Übersetzung in Fußnoten oder auch dem eigens hinzugefügten ausführlicheren Anhang begründet. Ein Beispiel hierfür liefert 1. Mose 1, 2. Die Übersetzung dieses Verses in der NWÜ hört sich wie folgt an:

»Die Erde nun erwies sich als formlos und öde, und Finsternis war auf der Oberfläche der Wassertiefe; und Gottes wirksame Kraft bewegte sich hin und her über der Oberfläche der Wasser.«

Wegen ihrer Bestreitung der Trinität vermeiden die Zeugen Jehovas den personalen Begriff »Geist« und setzen statt dessen die unpersönliche Umschreibung »wirksame Kraft« ein. Der Fußnoten-Kommentar der NWÜ hierzu lautet:

»Das Wort *rúach* wird nicht nur mit ›Geist‹ übersetzt, sondern auch mit ›Wind‹ sowie mit anderen Ausdrücken, die eine unsichtbare wirksame Kraft bezeichnen« (NWÜ, S. 17).

Im *Anhang* (S. 1.624 ff.) werden ungewöhnliche Übersetzungen, Deutungen und Änderungen des Textes ausführlicher kommentiert. Wesentliche Stichworte sind: »Seele«, »Scheol«, »Hades«, »Gehenna«, »Tartarus«, »Parusie«, »Marterpfahl« (statt »Kreuz«) sowie »Jehova« (oft anstelle von *»kýrios«*). Auf die damit verbundenen Veränderungen der biblischen Lehre gehe ich in den folgenden Kapiteln ein.

Der ehemalige Zeuge Jehovas *Erich Brüning* hat in seinem Buch *»Sind Zeugen Jehovas Christen?«* übrigens darauf aufmerksam gemacht, daß die NWÜ manche Ähnlichkeiten mit der »Übersetzung« des Neuen Testaments aus dem Jahre 1936 des Spiritisten

Johannes Greber aufweist. Obwohl sich die Wachtturm-Anhänger heute vom Spiritismus und auch von Greber abzugrenzen versuchen (z. B. im »Wachtturm« vom 1. 7. 1983, S. 31; früher hatten sie sich bei ihren Übersetzungen hingegen sogar auf Greber berufen, wie Brüning belegt), sind die Parallelen insbesondere in der Bestreitung der Trinitätslehre und den sich daraus ergebenden »Übersetzungen« unübersehbar. Jesus wird nicht mehr als Gott in seiner zweiten Person der Dreieinigkeit anerkannt, sondern als »ein Gott«, »ein Geist«, »ein Mächtiger«, »ein Wortführer« und ähnliches, also lediglich ein Wesen aus der geschaffenen geistigen (»Engel«-)Welt betrachtet (vgl. Brüning 1994, S. 45 ff. und 88ff.).

Aus der Fülle der bei Brüning zitierten Parallelen mögen hier zwei Beispiele genügen. Greber »übersetzt« Joh 1, 1: » . . . und ein Gott war das Wort«; die NWÜ formuliert: » . . . und das Wort war ein Gott«. Kol 1, 17 »übersetzt« Greber: »Er ist vor allen anderen Geschöpfen ins Dasein getreten«; die Fassung der NWÜ (»auch ist er vor allen [anderen] Dingen«) haben wir oben schon kennengelernt.

Die *sehr freien Übersetzungen* der Wachtturm-Gesellschaft dienen dazu, ihre Lehren in die Bibel hineinzutragen und entgegenstehende Lehren, etwa über die Trinität, auszutilgen. Als Beispiele für solche freien und m.E. *falschen* Übersetzungen seien genannt:

– 1. Tim 4, 1: *»to pneuma legei«* bedeutet: »Der Geist sagt«. In der NWÜ heißt es: »Die inspirierte Äußerung sagt.« *»Ruach«* und *»pneuma«* werden auch an anderen Stellen immer wieder mit »wirksame Kraft« oder »inspirierte Äußerung« umschrieben, um jeden Gedanken an die Personalität des Heiligen Geistes auszuschalten (siehe den Teil »Gott«).

– Röm 10, 10: *»kardia pisteuetai«* bedeutet: »Mit dem Herzen glaubt man«. In der NWÜ heißt es: »Mit dem Herzen übt man Glauben.« Hier wird der »Glaube« zu einem Werk innerhalb des mehrstufigen »Heilsweges« der Zeugen Jehovas reduziert (siehe den Teil »Heil«).

– Röm 10, 13: »Jeder, der den Namen des Herrn *(to onoma kyríou)* anrufen wird, soll gerettet werden.« In der NWÜ heißt es: »Jeder, der den Namen Jehovas anruft, wird gerettet werden« (siehe den Teil »Gott«).

- Röm 11, 25: »Verstockung *(pórosis)* ist einem Teil Israels widerfahren.« In der NWÜ heißt es: »Eine Abstumpfung des Empfindungsvermögens (ist) Israel zum Teil widerfahren.«
- 1. Kor 1, 18: »Das Wort vom Kreuz *(ho lógos tou staurou)* ist eine Torheit.« In der NWÜ heißt es: »Das Wort über den Marterpfahl ist eine Torheit« (siehe den Teil »Heil«).
- 2. Petr 3, 4: »Wo bleibt die Verheißung seines Kommens *(he epangelía tes parousias autou)*?« In der NWÜ heißt es: »Wo ist diese seine verheißene Gegenwart?«
- 2. Petr 3, 12: »... die ihr das Kommen des Tages Gottes *(ten parousian tes tou theou heméras)* erwartet und erstrebt.« In der NWÜ heißt es völlig widersprüchlich: »... indem ihr die Gegenwart des Tages Jehovas erwartet und fest im Sinn behaltet« (vgl. den Teil »Letzte Dinge«).

Nach allem Gesagten – und die weitere Darstellung wird zusätzliche Beispiele für Verdrehungen biblischer Aussagen liefern – schließe ich mich dem Urteil der *» Evangelischen Zentralstelle für Weltanschauungsfragen«* an, welche die Neue-Welt-Übersetzung der Wachtturm-Gesellschaft als »eine der gravierendsten Bibelfälschungen in der Geschichte der Christenheit« kennzeichnet (vgl. »Idea-Spektrum« vom 1. 2. 1986).

Gott

In diesem Kapitel geht es um die Fragen: *Wer ist Gott? Wer ist Jesus Christus? Wer ist der Heilige Geist?* Im Zusammenhang mit der Gotteslehre werden also Christologie (Lehre von Christus) und Pneumatologie (Lehre vom Heiligen Geist) mit behandelt, weil ein zentrales Thema bei der Diskussion mit den Zeugen Jehovas die Lehre von der Dreieinigkeit (Trinität) darstellt. Auf die Christologie werde ich allerdings gesondert noch einmal im Zusammenhang mit der Soteriologie (Lehre vom Heil und der Erlösung) Bezug nehmen.

Der Name »Jehova«

Am Anfang unserer Untersuchung der Gotteslehre steht die schon im letzten Kapitel angeklungene Frage nach dem *Namen Gottes*. Der Name spielt für die Zeugen Jehovas, wie schon ihre Selbstbezeichnung zeigt, eine große Rolle. Sie übersetzen das Tetragramm (JHWH) mit *»Jehova«*, obwohl sie zugeben: »Heute weiß niemand genau, wie Gottes Name ursprünglich ausgesprochen wurde« (»Der göttliche Name, der für immer bleiben wird«, S. 7). Und weiter heißt es: »Viele Übersetzer bevorzugen zwar die Aussprache Jahwe, doch die *Neue-Welt-Übersetzung* und eine Reihe anderer Übersetzungen verwenden weiterhin die Form Jehova[h], weil die Menschen damit schon seit Jahrhunderten vertraut sind ... Ist es daher verkehrt, eine Form wie Jahwe zu verwenden? Keineswegs. Nur wird der Leser mit der Form Jehova eher etwas anfangen können, weil sie sich in den meisten Sprachen ›eingebürgert‹ hat. Wichtig ist, daß wir den Namen gebrauchen und ihn anderen verkündigen« (ebd., S. 10f.).

In derselben Broschüre (»Der göttliche Name ... «) wird noch einmal die Frage erörtert, weshalb die Juden aufhörten, Gottes Namen auszusprechen. Die Antwort, die gegeben wird, lautet: Deshalb, weil sie das dritte Gebot des Dekalogs (»Du sollst den Namen JHWHs, deines Gottes, nicht mißbrauchen«) »unvernünftig extrem« auslegten und sagten, »man dürfe ihn nicht einmal aussprechen«. Möglicherweise waren sie dabei von der neuplatonischen Philosophie des 1. Jahrhunderts n. Chr., etwa Philos Überwelt-Vorstellung, beeinflußt. »Philo lehrte, Gott sei unbestimmbar und könne keinen Namen haben« (ebd., S. 14).

Nun fordert uns aber die Bibel auf, den Namen *anzurufen.* »Wer den Namen des Herrn (griech. *kýrios*) anrufen wird, soll gerettet werden«, heißt es in Röm 10, 13. Die Zeugen Jehovas zitieren diese Stelle und fragen dann, ob »wir da zu dem Schluß kommen« sollten, daß hier Paulus von Jesus spricht, was der gesamtbiblische Zusammenhang nahelegt. Und sie antworten darauf:

»Nein. Das sollten wir nicht. Die *Luther*-Bibel verweist nämlich am Ende von Römer 10, 13 auf Joel 3, 5 in den Hebräischen Schriften. Wenn du dort nachliest, wirst du feststellen, daß Paulus in seinem Römerbrief in Wirklichkeit die Worte Joels zitierte, und gemäß dem hebräischen Urtext sagte Joel: ›Ein jeder, der den Namen Jehovas anruft, [wird] sicher davonkommen‹ (Joel 2, 32 nach der Kapitel- und Verseinteilung der *Neuen-Welt-Übersetzung* [hebräische Bibel: Joel 3, 5]). Ja, Paulus meinte hier, daß wir den Namen *Jehovas* anrufen sollten. Somit müssen wir zwar an Jesus glauben, doch unsere Rettung hängt mit der richtigen Wertschätzung für den Namen Gottes zusammen. Dieses Beispiel zeigt, daß die Ausmerzung des Namens Gottes aus den Griechischen Schriften dazu beigetragen hat, daß Jesus und Jehova von vielen verwechselt werden. Zweifellos trug dies sehr zur Entwicklung der Dreieinigkeitslehre bei« (ebd., S. 26).

Hier wird dreierlei behauptet: Erstens, daß sich die Anrufung des rettenden Namens nicht auf Jesus Christus bezieht. Zweitens, daß Jesus und Jehova streng auseinandergehalten werden müssen. Und drittens, daß unsere Rettung von der Verwendung des Jehova-Namens abhängt. Alle drei Behauptungen sind falsch.

Der Kontext von Römer 10 weist nämlich deutlich darauf hin, daß es hier zentral um die Rettung durch Jesus Christus geht. Zwar wird in Vers 13 tatsächlich Joel 3, 5 zitiert, aber die Gottesprädikate werden in Römer 10 und im ganzen Neuen Testament bewußt auf

Jesus Christus bezogen. So taucht gerade in Römer 10 das schon im letzten Kapitel erwähnte Urbekenntnis der Christenheit auf: »*kýrios Iesous*« (»Herr ist Jesus«): »Denn wenn du mit deinem Munde bekennst, daß *Jesus der Herr ist*, und in deinem Herzen glaubst, daß ihn Gott von den Toten auferweckt hat, so wirst du gerettet« (Röm 10, 9).

Wenn die Wachtturm-Gesellschaft »*kýrios*« in Röm 10, 9 mit »Herr«, in Röm 10, 13 aber mit »Jehova« wiedergibt, so waltet hier die interpretatorische Willkür, die ich im letzten Kapitel aufgezeigt habe. Im griechischen Neuen Testament steht hier beide Male »*kýrios*« – und es existiert keine Handschrift, in der dies anders wäre. Wenn die Wachtturm-Gesellschaft von Joel 3, 5 her aber unbedingt das Tetragramm in Röm 10, 13 einsetzen möchte, dann läßt sich hieraus gerade das folgern, was die Zeugen Jehovas vermeiden wollen: nämlich daß in Röm 10 die *Identität zwischen JHWH und Jesus* festgestellt wird!

Diesen Schluß kann und will die Wachtturm-Gesellschaft aber nicht ziehen, weil sie die Gottheit Jesu bestreitet (s. u.). Weil Jesus für sie nicht Gott (im biblisch-traditionellen Sinn) ist, kann er auch keine wirkliche Erlösung schaffen. Somit ist und bleibt für die Zeugen Jehovas die Anrufung des »Jehova-Namens« *heilsnotwendig*. In dem Buch »Die Wahrheit, die zu ewigem Leben führt« wird deshalb gefordert:

»Es ist ... nicht ausschlaggebend, wie du den Gottesnamen aussprichst, ob ›Jahwe‹, ›Jehova‹ oder anders, solange du ihn so aussprichst, wie es in deiner Sprache üblich ist. Verkehrt ist es indessen, den Namen *nicht* zu gebrauchen. Warum? Weil die Personen, die diesen Namen nicht gebrauchen, niemals das Volk sein könnten, das Gott aus den Nationen herausnimmt als ein › Volk *für seinen Namen*‹ « (S. 18).

Im Bibellexikon der Wachtturm-Gesellschaft wird unter dem Stichwort »Jehova« von einer »*Heiligung und Rechtfertigung des Namens*« gesprochen und ausgeführt: »Von der Heiligung des Namens Jehovas hängen der Friede und die Eintracht, ja das Wohlergehen des ganzen Universums und seiner Bewohner ab« (HVB, S. 752).

Nun ist es sicherlich richtig, daß der Name Gottes angerufen und in Ehren gehalten werden soll. »Es gehört zu den grundlegenden und unaufgebbaren Merkmalen der bibl. Offenbarung, daß Gott nicht namenlos ist, sondern daß er einen Eigennamen hat, mit dem er angerufen werden kann und soll« (TBLNT II/1977, S. 959). Aber bei dieser Anrufung des Namens drohen *zwei Gefahren:* Erstens die *Verdinglichung* (Verobjektivierung) des Namens, der gleichsam wie ein Besitz gehortet wird und in der Gefahr steht, als geradezu magischer Automatismus und Garant der Heilssicherheit mißbraucht zu werden (hier geht Jahwes Souveränität und Freiheit verloren); und zweitens die Nichtbeachtung des *heilsgeschichtlichen Fortschreitens* der Namensoffenbarung (von JHWH zu Jesus Christus). Beiden Gefahren sind die Zeugen Jehovas erlegen.

Sie betrachten sich als »Volk für Jehovas Namen«, als neues »Heilsvolk«, das den Jehova-Namen trägt und benutzt. Wer zu diesem Volk gehört und ihm zugehörig bleibt, gilt als gerettet. Der Gebrauch des Jehova-Namens sichert ihm seine Exklusivität und damit auch das Heil (zumindest seit dem Kongreß von Columbus 1931; s. o.). Diese *Einengung* des göttlichen Namens auf den Bereich der Sekte ist aber nichts anderes als ein schlimmer Mißbrauch. An die Stelle der – zum Teil wirklich überspitzten – magischen Furcht bei den Juden, den Namen Gottes im Mund zu führen, ist bei den Zeugen Jehovas die gegenteilige magische Furcht getreten, ihn *nicht* zu verwenden. Gott läßt sich aber nicht auf den Bereich einer Sekte einengen, die seinen vermeintlichen Namen »Jehova« als Heilsautomatismus benutzt. Im »Theologischen Begriffslexikon zum Neuen Testament« wird treffend festgestellt:

»... der Name Jahwes ist Geschenk der Offenbarung, über das der Mensch nicht verfügen kann... Der Name bleibt wie Jahwe selbst souverän.« Wo dies nicht beachtet wird, »kann der Name Jahwes zu einem... *selbständigen Machtwesen* werden, durch dessen Walten der Fromme Schutz und Hilfe erfährt... Der Name Jahwes wird (fast) zu einer Hypostase Jahwes... Er nimmt den Platz ein, an dem in anderen Religionen das Kultbild stand« (TBLNT II/1977, S. 959).

Nicht der allmächtige Gott und Vater muß durch die Anrufung seines Namens »*gerechtfertigt*« werden, sondern er rechtfertigt den Sünder, der zu ihm umkehrt, kraft der stellvertretenden Hingabe seines Sohnes am Kreuz: »Wie nun durch die Sünde des Einen [= Adam; L. G.] die Verdammnis über alle Menschen gekommen ist, so ist auch durch die Gerechtigkeit des Einen [= Jesus Christus; L. G.] für alle Menschen die Rechtfertigung gekommen, die zum Leben führt« (Röm 5, 18; vgl. den Teil »Heil«).

Die zweite Gefahr, die Vernachlässigung der heilsgeschichtlichen Entfaltung des Namens, zeigt sich im krampfhaften Versuch der Wachtturm-Gesellschaft, auf jeden Fall eine Identifikation von Jahwe (»Jehova«) und Jesus zu vermeiden. Gott hat sich aber im Neuen Bund gerade in Jesus offenbart und durch dessen Werk das Heil begründet. *»Jesus«* bedeutet etymologisch: *»Jahwe ist Retter/Helfer/ Hilfe«.* Deshalb dürfen und sollen wir als Christen den Namen Jesu im Gebet anrufen – und durch ihn als Gott-Sohn Gott den Vater preisen.

»Die Fülle von Jesu Leben und Werk zeigt sich in seinem Namen (Mt 1, 21). Er trägt den erhabenen Sohnesnamen (Hebr 1, 4 f.), sein Name ist ›das Wort Gottes‹ (Offb 19, 13; vgl. Joh 1, 1). Der Herrenname Gottes wird auch zu seinem Namen (Phil 2, 9 f.; Offb 19, 16) . . . Im Namen Jesu ist der ganze Gehalt der in Jesus geoffenbarten Heilswahrheit beschlossen (Apg 4, 12; 1. Kor 6, 11). Es ist Gottes Gebot, an den Namen seines Sohnes zu glauben (1. Joh 3, 23; 5, 13), was bedeutet, an Jesu messianische Sendung zu glauben (Joh 3, 18). Wer an seinen Namen glaubt, empfängt Vergebung der Sünden (Apg 10, 43; 1. Joh 2, 12), hat das ewige Leben (Joh 20, 21; 1. Joh 5, 13), entgeht dem Gericht (Joh 3, 18) . . . Wer den Namen des Herrn anruft, gehört zur Gemeinde (Apg 9, 14; 1. Kor 1, 2) und wird gerettet (Apg 2, 17 - 21; Röm 10, 13). Von diesem Namen haben die Christen ihren Namen bekommen. Er ist der ›schöne Name‹, der über den Christen genannt ist (Jak 2, 7). Zu den Gaben der Vollendung gehört es, daß die Sieger den Namen des Lammes tragen werden (Offb 3, 12; 14, 1; 22, 4)« (TBLNT II/1977, S. 962).

Betrachtet man die Fülle des Heils und der Verheißungen, die in Jesus und seinem Namen liegen, so muß es als ärmlicher Schritt gewertet werden, hinter die Offenbarung des Neuen Bundes zurückzufallen, wie es bei den Wachtturm-Anhängern geschieht. »Jemanden mit seinem Eigennamen anreden zu dürfen, ist etwas Großes.

Das stiftet Gemeinschaft. Aber ›*Vater*‹ sagen zu dürfen, ist mehr. Es bedeutet *Sohnschaft*. Daß Gott uns durch Jesus Christus sagen läßt, er will unser Vater sein, das öffnet uns den Weg zum *Herzen* Gottes« (Twisselmann 1992, S. 25).

Dreieinigkeit – ja oder nein?

Nun gehen wir weiter zur Frage der Dreieinigkeit. Ist Gott *einer* oder ist er *drei*? So könnte man diese Frage ganz einfach formulieren. Die Zeugen Jehovas antworten darauf durchaus richtig, daß Gott *einer* ist. Nur – wie sieht diese Einheit aus?

»Elohim«

Im Bibellexikon der Wachtturm-Gesellschaft wird unter dem Stichwort »Elohim« zunächst festgestellt, daß das hebräische Wort *»Elohim«* rein grammatikalisch eine *Pluralform* ist. Wörtlich bedeutet es »Götter«. Aber die Zeugen Jehovas weisen auch korrekt darauf hin, daß »Elohim« da, wo es sich auf Gott den Schöpfer, den Gott Israels bezieht, Attribute im Singular erhält (»Elohim schuf«, »Elohim sprach« etc.). Von dieser Beobachtung her kann Elohim in diesen Fällen kein numerischer Plural sein (anders da, wo »Elohim« auf Engelwesen, menschliche Richter u. a. angewandt wird). Aber was für ein Plural ist es dann? Einen »Trinitätsplural« (Vater, Sohn und Heiliger Geist offenbaren sich als Elohim) schließen die Zeugen Jehovas von ihrem Vorverständnis her wie selbstverständlich aus. Statt dessen vermuten sie einen »Plural der Majestät, der Hoheit oder der Erhabenheit«: »Wenn auf Jehova angewandt, wird das Wort ›Elohim‹ im Sinne von Majestät, Hoheit oder Erhabenheit gebraucht« (HVB, S. 354 f.).

Hierzu ist zu bemerken, daß diese Interpretation keineswegs eindeutig ist. Zwar läßt sich ein »Majestätsplural« im Blick auf Gott den Schöpfer nicht ausschließen. Aber andere Deutungen (pluralis deliberationis, pluralis amplitudinis oder pluralis trinitatis) besitzen vergleichbare Wahrscheinlichkeit. Immerhin ist zu beachten, daß der

Trinitätsplural – etwa im Blick auf Stellen wie 1. Mose 1, 26 – seit der Zeit der Alten Kirche bis hinein ins 20. Jahrhundert (Karl Barth) die klassische Deutung von »Elohim« darstellte. Der Alttestamentler Claus Westermann freilich plädiert für einen »pluralis deliberationis« als »Stilform der Selbstberatung« und schreibt im Blick auf den (von den Zeugen Jehovas favorisierten) Majestätsplural: »Die früher gegebene Erklärung, es sei ein pluralis majestatis gemeint, ist heute allgemein aufgegeben, weil es ihn bei dem Verb im Hebräischen nicht gibt« (Westermann 1976, S. 200).

»Unvernünftig«

Nun betrachten wir die weitere Argumentation der Wachtturm-Gesellschaft. Die wesentlichsten Argumente gegen die Dreieinigkeitslehre haben sie in einer Broschüre zusammengefaßt, die den Titel trägt: »Sollte man an die Dreieinigkeit glauben?« (im folgenden zitiert als: »Dreieinigkeit«). In dieser Schrift wird zunächst betont: »Gott ist *einer,* nicht drei.« Bibelstellen wie das erste Gebot (»Du sollst keine anderen Götter haben als mich«) aus 2. Mose 20, 2 und das Sh'ma Israel (»Höre, oh Israel: der Herr, unser Gott, ist *ein* Gott«) aus 5. Mose 6, 4 werden – durchaus treffend – für den *Monotheismus* (Ein-Gott-Glaube) ins Feld geführt.

Nun wird aber aus dem Monotheismus gefolgert, daß es keine Dreieinigkeit geben könne. Denn Dreieinigkeit würde bedeuten, daß es *drei* Götter gäbe – und das würde nicht nur der biblischen Offenbarung, sondern auch der menschlichen Vernunft widersprechen. Die Zeugen Jehovas schreiben, daß die Lehre von der Trinität »für Menschen unbegreiflich« ist. »Selbst viele, die an die Dreieinigkeit glauben, können sie nicht begreifen« (ebd., S. 4).

Interessanterweise befinden sich die Zeugen Jehovas mit diesem *»Vernunft«*-Argument in seltsamer Gesellschaft: auf der einen Seite mit Vertretern einer *rationalistisch* geprägten Philosophie und Theologie, auf der einen Seite mit dem *Islam,* der die Trinität ebenfalls vehement bestreitet und bekämpft. Erkennt man dies, dann kommt das Zitat des – ausgerechnet katholischen (!) und für die Ökumene (!) der Religionen eintretenden – Theologen *Hans Küng* in einer Schrift der – sonst antikatholischen und antiökumenischen! – Wachtturm-Gesellschaft nicht mehr ganz so überraschend. Auf S. 4 der »Drei-einigkeits«-Schrift wird aus Küngs Buch »Christentum und Weltreligionen« ohne genauere Quellenangabe folgende Passage zustimmend zitiert:

»Gerade informierten Muslimen leuchtet einfach schlechterdings nicht ein, was bislang auch den Juden nie eingeleuchtet hat: warum der... Ein-Gott-Glaube nicht aufgegeben wird, wenn mit der einen Gottheit... zugleich drei Personen in Gott angenommen werden... Es ist offenkundig, daß die für die christliche Trinitätslehre gebrauchten *Distinktionen* zwischen eins und drei einen Muslim nicht befriedigen...«

Immer wieder begegnen uns rationalistische Gedanken in der Argumentation der Wachtturm-Gesellschaft, so auch hier. Was ist zum Vorwurf der »Unbegreiflichkeit« – und damit letztlich »Unvernünftigkeit« – der Trinitätslehre zu sagen?

Ich halte die Dreieinigkeitslehre nicht für unvernünftig, sondern für *»übervernünftig«*: die Grenzen der natürlichen Vernunft des Menschen überschreitend. Gott hat uns nie sein innerstes Wesen so geoffenbart, daß wir jedes Geheimnis bis ins Tiefste erkennen könnten. Was wir mit unserem geschöpflichen Verstand nicht bis ins letzte ausloten können, kann aber deshalb dennoch existent sein. Die Unbegreiflichkeit Gottes wird in der Bibel immer wieder betont (Hiob 38 f.; Jes 40,13; Röm 11,33-36; 1. Kor 2 u. a.). Aber dennoch hat uns Gott alles geoffenbart, was für unsere Rettung notwendig ist (vgl. Joh 20,30 f.). Gerade das Kreuz Christi als Punkt äußerster Erniedrigung ist zugleich der Punkt tiefster Verborgenheit des sich offenbarenden Gottes (»Mein Gott, mein Gott, warum hast du mich verlassen?«; Mt 27,46; vgl. 1. Kor 1,18 ff.) und Quellort des Heils.

Gott hat uns nie aufgefordert, seine Gottheit an sich zu erforschen oder in seine Gedanken hineinzuschauen, aber gerade die Zeugen Jehovas appellieren immer wieder an die menschliche Vernunft, um herauszufinden, was Gott denkt, was er plant, was sein innerstes Wesen ist. Ein unerforschliches göttliches Geheimnis, das man »nur glauben muß«, gibt es für sie nicht.

So unterscheiden die Zeugen Jehovas im englischen »Wachtturm« vom 1.1.1973 zwischen *»secret«* und *»mystery«:* »A secret is merely that which has not been made known, but a mystery is that which cannot be understood... the Bible contains no divine mysteries. It contains ›sacred secrets‹.«

Hier taucht zunächst das etymologische Problem auf, daß »secret« und »mystery« das gleiche bedeuten, nämlich »Geheimnis«. Die beiden Begriffe können im englischen Wörterbuch daher auch austauschbar definiert werden (vgl. Martin 1985, S. 64). »Secret« entstammt der lateinischen *(»secretum«),* »mystery« der griechischen Sprache *(»mysterion«)* – und beides bedeutet »Geheimnis«. Es ist daher sprachlich unmöglich, zwischen »secret« und »mystery« einen Sinnunterschied zu konstruieren.

Vollends unhaltbar ist aber die Behauptung, die Bibel enthalte keine (unerforschlichen) göttlichen Geheimnisse. Das steht zu den oben angegebenen Bibelstellen in direktem Widerspruch. »O welch eine Tiefe des Reichtums, beides, der Weisheit und der Erkenntnis Gottes! Wie unbegreiflich sind seine Gerichte und unerforschlich seine Wege!« (Röm 11, 33)

Nun läßt sich zwar die göttliche Dreieinigkeit nicht mit der Vernunft bis ins letzte begreifen, aber *Erklärungsversuche* hierfür gibt es durchaus, etwa durch den Vergleich mit alltäglichen Erfahrungen und Gegenständen. Als klassisches Beispiel zur Veranschaulichung der Dreieinigkeit kann das *Dreieck* herangezogen werden. Ein Dreieck hat drei Ecken, ist aber eines. Gott offenbart sich in drei Personen, ist aber einer. Die drei Personen (Vater, Sohn und Heiliger Geist) gehören in ihrem Wesen untrennbar zusammen, auch wenn sie sich nach außen unterschiedlich offenbaren. Der Kirchenvater Tertullian prägte hierfür die – wegen des »Substanz«-Begriffs leider mißverständliche – Formel: *»una substantia, tres personae«* (»eine Substanz, drei Personen«) (siehe hierzu ausführlicher das Kapitel »Arianische Parallelen«).

Wenn die Zeugen Jehovas mit rationalistischen Argumenten die Dreieinigkeitslehre bekämpfen, dann handeln sie *inkonsequent,* denn sie schließen (etwa im Gegensatz zu Anhängern einer radikalen Kritik und »Entmythologisierung« der Bibel) Wunder und Übernatürliches nicht prinzipiell aus. So heißt es in der 1995 veröffentlichten Wachtturm-Schrift »Erkenntnis, die zu ewigem Leben führt« im Blick auf Jesus:

»Als Gottes heiliger Geist ihn befähigte, Wunder zu wirken, heilte er aus Mitleid die Kranken, Lahmen, Verkrüppelten, Blinden, Tauben und Aussätzigen (Matthäus 8, 2 - 4; 15, 30). Jesus speiste Tausende von hungrigen Menschen (Matthäus 15, 35 - 38). Er beruhigte einen Sturm, der die Sicherheit seiner Freunde gefährdete (Markus 4, 37 - 39). Und er auferweckte sogar Tote (Johannes 11, 43, 44). Diese Wunder sind gut belegte historische Tatsachen« (S. 40).

Die Anhänger der Wachtturm-Gesellschaft sind zu fragen: Wenn sie Gott zutrauen, daß er *solche* Wunder wirkt oder ermöglicht, warum trauen sie ihm dann nicht auch das Wunder seiner *dreieinigen Existenz* zu?

Die Zeugen Jehovas spüren selber, daß das Rationalismus-Argument nicht ausreicht. Deshalb behaupten sie außerdem, die Trinitätslehre sei unbiblisch.

»Unbiblisch«

Welche *»biblischen« Argumente* werden nun von den Zeugen Jehovas – neben dem »Rationalismus-Argument« – gegen die göttliche Dreieinigkeit vorgebracht? Ich zitiere ausführlich die Zusammenstellung der wesentlichen Aussagen in der Schrift »Die Wahrheit, die zum ewigen Leben führt« (S. 22 - 24):

»Im Athanasianischen Glaubensbekenntnis, das etwa aus dem 8. Jahrhundert unserer Zeitrechnung stammt, heißt es, daß alle drei Personen miteinander gleich ewig (daher ohne Anfang) und alle drei allmächtig seien. Auch heißt es darin: ›Unter diesen drei Personen ist keine die erste, keine die letzte, keine die größte, keine die kleinste.‹ Ist diese Lehre vernünftig? Und was noch wichtiger ist: Ist sie in Übereinstimmung mit der Bibel?

Diese Lehre war den hebräischen Propheten und den christlichen Aposteln unbekannt... Die ersten Christen, die direkt von Jesus Christus belehrt wurden, glaubten nicht, Gott sei ein ›dreieiniger Gott‹.

Als Jesus auf Erden wirkte, war er ganz bestimmt *nicht* gleich groß wie sein Vater, denn er sagte, daß es Dinge gebe, die weder er noch irgendein Engel, sondern nur Gott wisse (Markus 13, 32). Er betete auch zu seinem Vater um Hilfe, wenn er sich in einer Prüfung befand (Lukas 22, 41.42). Auch sagte er selbst: ›Der Vater ist größer als ich‹ (Johannes 14, 28). Deshalb bezeichnete Jesus seinen Vater auch als ›meinen Gott‹ und als den ›allein wahren Gott‹ (Johannes 20, 17; 17, 3).

Nachdem Jesus gestorben war, auferweckte Gott ihn wieder und verlieh ihm größere Herrlichkeit, als er zuvor hatte. Dennoch war er immer noch nicht gleich groß wie sein Vater. Woher wissen wir das? Weil Gott danach in der Heiligen Schrift als ›Haupt des Christus‹ bezeichnet wird (1. Korinther 11, 3). Die Bibel sagt auch, daß Jesus als der von Gott eingesetzte König herrschen müsse, bis Gott alle Feinde unter seine Füße gelegt habe, und daß dann ›auch der Sohn selbst untertan sein [werde] dem, der ihm alles untergetan hat, auf daß Gott sei alles in allem‹ (1. Korinther 15, 28, *Lu*). Das zeigt ganz deutlich, daß Jesus Christus auch nach seiner Auferstehung nicht gleich groß war wie sein Vater.

Sagte aber Jesus nicht einmal: ›Ich und der Vater sind eins.‹ (Johannes 10, 30)? Ja, das sagte er. Diese Worte deuten aber nicht im geringsten eine ›Dreieinigkeit‹ an, denn Jesus sprach nur davon, daß zwei, nicht drei eins seien . . . Später machte Jesus selbst den Sinn dieser Worte verständlich, als er darum betete, daß seine Nachfolger ›eins seien‹, so wie er und sein Vater ›eins sind‹ (Johannes 17, 22). Jesus und sein Vater sind insofern ›eins‹, als Jesus in vollkommener Übereinstimmung mit seinem Vater ist . . .

Der ›heilige Geist‹, die sogenannte ›dritte Person der Dreieinigkeit‹, ist . . . keine Person, sondern Gottes wirksame Kraft . . .

Was zeigen somit die Tatsachen über die ›Dreieinigkeit‹ oder die ›Trinität‹? In Gottes Wort, der Bibel, ist weder das Wort ›Trinität‹ oder ›Dreieinigkeit‹ noch die geringste Spur der Dreieinigkeitslehre zu finden. Diese Lehre stammt nicht von Gott. Es wird dich jedoch interessieren, zu erfahren, daß die heidnische Bevölkerung Babyloniens . . . an eine solche Lehre glaubte, ja sie verehrte sogar mehr als eine Göttertriade.«

Soweit das Zitat aus dem Buch »Die Wahrheit, die zum ewigen Leben führt«. Ich fasse die wesentlichen Ansichten der Zeugen Jehovas über die Dreieinigkeit noch einmal zusammen und skizziere deren eigene Vorstellung bezüglich Jesus Christus und dem »heiligen Geist« (klein geschrieben!), wie sie sich aus verschiedenen Veröffentlichungen ergibt.

Die Zeugen Jehovas gehen davon aus, daß in der Lehre von der Dreieinigkeit *drei Götter* verehrt würden: Vater, Sohn und Heiliger Geist. Das sei falsch, ja Götzendienst. Daher sei *Satan* der Urheber der Trinitätslehre, die er in die Welt gebracht habe, um Jehova zu schänden. *Jesus sei ein menschgewordener Erzengel (»Michael«)* und in diesem Sinne »*ein* Gott«, »*ein* Sohn Gottes« oder »ein mächtiger Gott«, aber nicht »der allmächtige Gott Jehova« selbst. Er sei das erste und unmittelbare *Geschöpf* Gottes (»geschaffen, nicht gezeugt«), hatte somit einen Anfang und ist – nur in dieser Form – Schöpfungsmittler für alle »anderen« Geschöpfe. Der »*heilige Geist*« sei nichts anderes als Gottes unsichtbare aktive *Kraft,* die er benutze, um seinen Willen durchzuführen, aber kcinesfalls eine mit Gott identische Person.

»Heidnisch«

Zunächst gehe ich auf das Argument ein, daß die Trinitätslehre heidnische Wurzeln oder Parallelen habe. In der Tat finden sich *Göttertriaden* (aber auch andere numerische Zusammenstellungen, z. B. Zweierpaare oder Kombinationen von 9, 11, 12 oder 33 Göttern; vgl. RGG II/1958, Sp. 1.703 f.) in verschiedenen Religionen: Die Inder verehrten Brahma als Erschaffer, Vishnu als Bewahrer und Shiva als Zerstörer des Universums (wobei die drei sowie unzählige weitere Gottheiten in Brahma ihre Einheit finden). Die Ägypter beteten – ebenfalls neben vielen weiteren Göttern – die Göttin Isis, ihre Schwester Nephthys und Osiris (Sohn der Nephthys und Gatte der Isis) als eine Triade an. Eine weitere Triade in Ägypten bildeten Horos, Osiris und Isis. In Babylonien und Assyrien existierten in noch früherer Zeit mehrere Triaden. Eine bestand aus Anu, dem Herrn der Höhe und des Himmels, Ellil, dem Herrn der Luft und der Erde, und Ea, dem

Herrn des Wassers und der Tiefe. Die Triade der astralen Gottheiten setzte sich aus dem Sonnengott Schamasch, dem Mondgott Sin und der Göttin des Morgen- und Abendsterns Ischtar zusammen. Ferner gab es eine Triade aus Kusch, dem Vater, Semiramis, der Mutter, und Nimrod, dem ersten Herrscher Babylons (vgl. Hoekema 1972, S. 45 f.).

Hier stellt sich die Frage: Ist dieses Auftreten von Triaden bei heidnischen Kulten und Religionen (und es könnten noch mehr Beispiele genannt werden) ein Beweis gegen die Existenz des wirklichen dreieinigen Gottes? Könnte es nicht auch umgekehrt ein Beweis *für* seine Existenz sein, nämlich ein Ahnen dieses Gottes, das durch mancherlei Verfälschungen und Verzerrungen im Heidentum entstellt ist (vgl. Röm 1, 19 - 23)? Auch die Erinnerung an die in der Bibel (1. Mose 6 - 9) geschilderte Sintflut hat sich ja in manchen Sagen und Legenden verschiedener Religionen und Stämme erhalten. Am bekanntesten ist in diesem Zusammenhang das babylonische Gilgamesch-Epos, das ebenfalls von einer riesigen Überschwemmung berichtet, dabei aber den für den biblischen Bericht grundlegenden Monotheismus durch polytheistische Auffassungen verfälscht (vgl. Thompson 1930).

Die Wachtturm-Gesellschaft beruft sich – etwa in ihrer 1963 auf amerikanisch und 1965 auf deutsch veröffentlichten Schrift »Babylon die Große ist gefallen« – immer wieder auf das erstmals 1853 herausgegebene Buch »*The Two Babylons*« von *Alexander Hislop*. Hislop versuchte in seinem extrem romfeindlichen und theologisch keineswegs unumstrittenen Werk, die römisch-katholische Kirche als Wiederbelebung der babylonischen Mysterienreligion zu »entlarven«. Er äußerte in diesem Zusammenhang auch Kritik an den Trinitäts-Vorstellungen, wie sie im Heidentum und in manchen abergläubischen Formen (z.B. Bilderkult) auch im Katholizismus auftreten. Was die Wachtturm-Gesellschaft allerdings verschweigt, ist die Tatsache, daß ihr »Kronzeuge« Hislop die Trinitätslehre deshalb keineswegs pauschal ablehnt, sondern nur deren Entstellung und Mißbrauch. So finden sich in Hislops Werk folgende Passagen:

»In Indien wird die oberste Gottheit... mit drei Köpfen auf einem Körper dargestellt unter dem Namen ›Eko Deva Trimurtti‹, ›Ein Gott, drei Gestalten‹. In Japan verehren die Buddhisten ihre große Gottheit Buddha mit drei Köpfen in sehr ähnlicher Form unter dem Namen ›San Pao Fuh‹. Alle diese existierten seit alten Zeiten. Obwohl sie mit Götzendienst überschüttet wurde, war die Erkenntnis einer Trinität universal in all den antiken Nationen der Welt, was beweist, wie tief verwurzelt in der menschlichen Rasse die uranfängliche Lehre über diesen Gegenstand war, der so deutlich aus dem Buch Genesis hervorgeht« (Hislop 1959, S. 18).

Hislop leitet die Trinität also vom Buch Genesis (z. B. vom Trinitätsplural in Gen 1, 26 u. a.) ab, weist allerdings auf ihre Entstellung durch heidnischen Götzendienst und seines Erachtens auch durch das Papsttum hin. So führt er weiter aus:

»Will irgend jemand nach diesem sagen, daß die römisch-katholische Kirche noch ›christlich‹ genannt werden muß, nur weil sie an der Lehre von der Trinität festhält? Das taten die heidnischen Babylonier, das taten die Ägypter, das tun die Hindus noch in dieser Stunde – in ganz ähnlicher Weise, wie Rom es tut. Sie alle ließen *eine* Trinität zu. Aber verehrten sie *den* Dreieinigen Jehova, den ewigen König, der unsterblich und unsichtbar ist? Und möchte irgend jemand sagen..., daß Rom das tut? Weg also mit der tödlichen Illusion, daß Rom christlich sei!« (ebd., S. 90; Übersetzung: L. G.).

Freilich ist die Meinung Hislops für die Frage nach der Dreieinigkeit nicht ausschlaggebend, sondern allein das Wort der Heiligen Schrift. Trotz aller zum Teil berechtigten Kritik an Lehren des römischen Katholizismus, wie sie sich bei Hislop findet, werden wir in den nächsten Abschnitten z. B. sehen, daß Rom in altkirchlicher Zeit durchaus die biblische Lehre der Trinität verteidigt und bewahrt hat. Aber es ist doch aufschlußreich, zu erkennen, daß ausgerechnet Hislop, auf den sich die Zeugen Jehovas mit ihrer Kritik an der Trinität berufen, ein »*Trinitarier*« war. Offensichtlich hat die Wachtturm-Gesellschaft dies inzwischen bemerkt, denn in neueren Veröffentlichungen begegnet der Hinweis auf Hislop m. W. nicht mehr.

Betrachten wir nun näher die von den Zeugen Jehovas vertretene Gottes- und Christus-Vorstellung, dann merken wir, daß es nichts Neues unter der Sonne gibt. Denn die Lehren der Zeugen Jehovas über Gott waren in ähnlicher Form schon mehrmals da. Sie sind somit keineswegs originell, sondern schon oft durchdiskutiert und widerlegt worden. Somit möchte ich, bevor ich auf die Erörterung der wichtigsten biblischen Stellen zu dieser Frage eingehe, zunächst die bedeutenden geschichtlichen Parallelen skizzieren, die es insbesondere im 4. und 5. Jahrhundert nach Christus gab: *die arianischen und christologischen Streitigkeiten.*

Am Anfang des 4. Jahrhunderts n. Chr. trat der Presbyter *Arius* aus Libyen, ein Schüler des bekannten Hermeneuten Lukian von Antiochien, in Alexandria auf und schuf durch seine Lehren große Unruhe. Vom neuplatonischen Überwelt-Denken beeinflußt, lehrte er, daß es nur einen einzigen Gott gebe, der ungezeugt und ungeworden sei und als völlig reines Wesen mit der Schöpfung nicht in Berührung kommen könne. *Jesus könne unmöglich gottgleich sein,* sonst verliere Gott diese Eigenschaften und es existierten zwei Götter. Darum gehöre Jesus auf die Seite der *Geschöpfe.* Er habe einen Anfang und sei nicht gleich ewig wie Gott. »*Ex ouk onton gegonen*« (»Aus dem Nichts ist er erschaffen«). Und: »*En pote, hote ouk än*« (»Es gab eine Zeit, da er nicht war«). Er ist das erste und höchste aller Geschöpfe und als solcher der Mittler der übrigen Schöpfung. In subordinationistischer Weise nahm Arius Abstufungen zwischen Vater, Sohn und Geist vor und berief sich weithin auf die gleichen Bibelstellen wie heute die Zeugen Jehovas (s. o.).

Laut Arius ist nur Jesus »vom Vater selbst geschaffen, damit *durch* ihn alle Äonen, das All, der Mensch erschaffen würden. Auch heiße er nur ›übertragenermaßen‹ ..., lediglich ›dem Namen nach‹ ..., nur ›gnadenhaft‹ ... bzw. ›in unserer Begriffswelt‹ ... ›Wort‹ *(lógos),* ›Weisheit‹ *(sophía),* ›Sohn‹, während der eigentliche *lógos* und die eigentliche *sophía* Gott immanent seien und zu Gottes eigenem, unteilbarem Wesen gehörten. Darum müsse es auch heißen, daß der Sohn nicht ›wesenseins‹ *(homo-oúsios)* mit dem Vater, sondern

›fremd und in jeder Beziehung unähnlich dem Wesen und der Eigenart des Vaters‹ sei, da von Natur aus ›wandelbar‹ *(tréptos)* und mit ›Willensfreiheit‹... ausgestattet wie wir und nur tatsächlich sich für das Gute entscheidend und in der Einung seines Willens mit demjenigen des Vaters verharrend. Diese in sittlicher Selbstbestimmung begründete ›Unwandelbarkeit‹ des Sohnes aber habe Gott vorausgewußt und ihm deshalb vorwegnehmend die Verherrlichung *(dóxa)* verliehen, die er als Mensch aufgrund seiner Tugend und Werke sich verdienen sollte« (HDT I/1989, S. 149).

In *Athanasius* (ca. 295‑373), dem Diakon des Bischofs Alexander von Alexandria, entstand ein mächtiger Gegenspieler für Arius und seine Nachfolger, der diese – etwa in seinen »*Vier Reden gegen die Arianer*« – glänzend widerlegte. Im Unterschied zum philosophisch-spekulativen, *kosmologischen* Ansatz des Arius argumentierte Athanasius von der *Soteriologie* (Lehre von der Erlösung des Menschen) her. Er warf Arius vor, uns den erlösenden Gott zu rauben, wenn er Christus auf die Seite der Geschöpfe (Menschen oder Engel) zieht. In der zweiten Rede des Athanasius gegen die Arianer heißt es:

»Denn wenn wir von den Toten auferstanden sind, fürchten wir den Tod nicht mehr, sondern wir werden in Christus immer im Himmel herrschen. Das aber ist geschehen, weil das eigene und aus dem Vater stammende Wort Gottes selbst das Fleisch anzog und Mensch geworden ist. Denn wenn es als Geschöpf Mensch geworden wäre, dann wäre der Mensch nichtsdestoweniger geblieben wie er war, nämlich ohne Verbindung mit Gott. Denn wie hätte es als Geschöpf durch ein Geschöpf sich mit dem Schöpfer verbinden können? Oder was für eine Hilfe hätten ähnliche Wesen von ihresgleichen erwarten können, wenn doch auch sie derselben Hilfe bedurften?... Und es hat der Sohn, der euch frei gemacht hat, in Wahrheit gezeigt, daß er kein Geschöpf noch auch eines von den gewordenen Wesen ist, sondern das eigene Wort und Bild der Substanz des Vaters, der auch im Anfang das Urteil gesprochen hat und allein die Sünden nachläßt« (Gegen die Arianer II, 67; BKV 13, S. 214 f.).

Auch wenn die Parallelen zwischen den Lehren des Arius und der Wachtturm-Gesellschaft bezüglich der Bestreitung der Gottheit Jesu Christi und des Heiligen Geistes unübersehbar sind, ist doch auf zwei wesentliche *Unterschiede* hinzuweisen: Erstens lehrten die Zeugen Jehovas, daß der Erzengel Michael oder der Logos nach seiner Fleischwerdung als Jesus in Maria nur noch bloßer Mensch gewesen sei. Nach seiner Auferstehung wurde er als Engel völlig neugeschaffen. Im Unterschied zu solcher Diskontinuität hielt Arius an der *Kontinuität des Logos* fest. Arius lehrte, daß Jesus auch während seiner irdischen Lebenszeit der Logos blieb, der anstelle einer menschlichen Seele in den fleischlichen Leib Jesu einzog und diesen nachher wieder verließ. Zweitens sprach Arius von der *Personalität des Heiligen Geistes,* auch wenn er ihn nicht als Gott anerkannte (vgl. Hoekema 1972, S. 123 f.). – Aber diese Unterschiede werden durch den gemeinsamen gedanklichen Ansatz bei Arius und der Wachtturm-Gesellschaft weit überdeckt: Jesus und der Heilige Geist seien nicht Gott, sondern lediglich geschaffene Wesen.

Die arianischen zogen sich ähnlich wie die diesen folgenden christologischen und pneumatologischen Streitigkeiten viele Jahrzehnte hin, wogten hin und her, führten zu Verdammungen und Exkommunikationen je nach kirchlicher und staatlicher Machtverteilung – aber was blieb, sind die *Bekenntnisse,* die im Zusammenhang damit entstanden sind und den Glauben der Kirchen bis heute prägen, vor allem das *Nicaenum* (325 n. Chr.), das *Nicaeno-Constantinopolitanum* (381 n. Chr.) und das *Chalcedonense* (451 n. Chr.). Schon im Nicaeno-Constantinopolitanum von 381 ist die Dreieinigkeit Gottes klar definiert – und nicht erst im *Athanasianum,* das zwischen 430 und 589 vermutlich in Spanien formuliert wurde (vgl. TRE IV, S. 328 ff.) und das somit nicht, wie die Zeugen Jehovas schreiben, »etwa aus dem 8. Jahrhundert« stammt (s. o.). Als Bekenntnis, welches die arianischen Streitigkeiten abschloß, sei nachfolgend das *Nicaeno-Constantinopolitanum* wiedergegeben. Es lautet:

»Wir glauben an einen Gott, den Vater, den Allmächtigen, Schöpfer Himmels und der Erden, all des, das sichtbar ist und unsichtbar. Und an einen Herrn Jesus Christus, Gottes eingeborenen Sohn, aus Gott geboren vor aller Zeit, Licht vom Licht, wahrer Gott vom wahren Gott, geboren, nicht geschaffen (*gennethénta ou poiethénta*), mit dem Vater eines Wesens (*homo-oúsion to patri*), durch den alle Dinge ins Sein traten; der um uns Menschen und um unseres

Heiles willen herabgekommen ist vom Himmel und Fleisch geworden aus dem Heiligen Geist und Maria, der Jungfrau, der Mensch ward, gekreuzigt ward unter Pontius Pilatus, litt und begraben ward, am dritten Tage auferstand nach den Schriften, aufgefahren ist gen Himmel, sitzt zur Rechten des Vaters und wiederkommen wird in Herrlichkeit, zu richten Lebende und Tote; des Reichs ohne Ende sein wird. Und an den Heiligen Geist, der da Herr ist und lebendig-macht *(tò kýrion, tò zoopoión)*, der vom Vater ausgeht, der mit dem Vater und dem Sohne zugleich angebetet und zugleich gepriesen wird, der durch die Propheten geredet hat; an eine heilige katholische und apostolische Kirche. Wir bekennen eine Taufe zur Vergebung der Sünden; wir warten auf die Auferstehung der Toten und das Leben der zukünftigen Welt« (zit. nach HDT I/1989, S. 210).

Wenn formuliert wird »der Sohn ist *geboren (gezeugt)*, *nicht geschaffen«*, dann wird damit zum Ausdruck gebracht, daß er von der gleichen Wesensart wie der Vater, also *göttlich*, ist. Er ist kein Geschöpf (dem Vater fremd), sondern Gott (dem Vater gleich). Eine Analogie mit dem Menschen mag das verdeutlichen: Wenn Sie etwas schaffen (z. B. eine Brücke), dann ist das Produkt von Ihrem Wesen verschieden (fremd). Wenn Sie jedoch ein Kind zeugen, dann ist es Fleisch von Ihrem Fleisch, also von der gleichen Wesensart wie Sie. Der Unterschied zwischen Mensch und Gott in dieser Analogie liegt – außer dem göttlichen Wesen – darin, daß Gott seinen Sohn *von Ewigkeit her* zeugt, daß der Sohn also *ohne Anfang* ist. Und ähnliches gilt vom Heiligen Geist, der von Ewigkeit her vom Vater ausgeht und als dritte Person der Gottheit zugleich mit Vater und Sohn angebetet und gepriesen wird. Athanasius führt in seiner zweiten Rede gegen die Arianer aus:

»So kennt also die göttliche Schrift den Unterschied von Zeugung und Geschöpfen und erweist die Zeugung als Sohn, der nicht mit irgendeinem Anfang begann, sondern ewig ist, die Schöpfung aber bezeichnet sie als ein Werk, das außerhalb von seinem Schöpfer existiert und zu werden begonnen hatte« (Gegen die Arianer II, 58; BKV 13, S. 200).

Was wurde durch die Bekenntnisse von Nizäa und Konstantinopel erreicht? Es wurde klar formuliert, wer Gott, wer Christus, wer der Heilige Geist ist: nicht drei Götter, wie fälschlich unterstellt wurde, sondern *der eine Gott in drei Erscheinungsweisen, Hypostasen oder Personen* (Tertullian: »una substantia – tres personae«). Christus ist wahrer Gott vom wahren Gott, eines Wesens mit dem Vater, gezeugt, nicht geschaffen, also von Ewigkeit her der Sohn Gottes und kein Geschöpf. Der Heilige Geist ist göttliche Person. Vater, Sohn und Geist unterscheiden sich nicht in ihrem Wesen, sondern nur in ihrer jeweiligen Aufgabe. Die klassische Aufteilung in der Dogmatik kennzeichnet Gottvater als Schöpfer, Gottsohn als Erlöser und Gott den Heiligen Geist als Tröster.

Beim Konzil von *Chalkedon* (451) wurde der christologische Aspekt vertieft. Es wurde definiert, daß Jesus Christus eine göttliche Person mit zwei Naturen ist, »mit dem Vater wesenseins der Gottheit nach und als derselbe mit uns wesenseins der Menschheit nach, in allem uns ähnlich, ausgenommen die Sünde ... als ein und derselbe Christus, Sohn, eingeborener Herr, in zwei Naturen unvermischt, unverwandelt, ungetrennt, ungesondert erkennbar ..., wobei jedoch die Unterschiedenheit der Naturen um der Einung willen keineswegs aufgehoben wird, sondern die Eigentümlichkeit ... einer jeden Natur gewahrt bleibt und sich zu einer Person ... und zu einer Hypostase verbindet ... « (zit. nach HDT I/1989, S. 264 f.).

Nach diesem kurzen Einblick in die komplizierten Lehrdiskussionen der ersten Jahrhunderte nach Christus wenden wir uns nun der entscheidenden Frage zu: Sind diese Bekenntnisse zu Recht zustande gekommen? Hat sich Arius – und haben sich mit ihm die Zeugen Jehovas, die im Blick auf die Dreieinigkeit ähnlich lehren wie er – geirrt? Oder kurz gesagt: *Lehrt die Bibel die göttliche Dreieinigkeit?* Da diese Frage so fundamental wichtig ist, wird ihre Beantwortung breiten Raum einnehmen müssen. Ich werde daher nach einem grundlegenden Überblick über wesentliche Argumente die wichtigsten Bibelstellen, die bei dieser Diskussion ins Feld geführt wurden und werden, einzeln untersuchen. Zunächst betrachten wir die christologische Auffassung der Zeugen Jehovas noch etwas genauer.

Die grundlegende Lehre, daß Jesus Christus wesensmäßig nicht auf der Seite Gottes, sondern ganz auf der Seite der *Geschöpfe* stehe, haben die Zeugen Jehovas mit Arius gemeinsam. Nicht ohne Grund rechnen sie Arius zu den »Sendboten der Offenbarung« neben Wiclif, Luther, Russell und anderen (s. o.)! In der Ausgestaltung dieses Ansatzes treten freilich Besonderheiten auf. So sei Jesus (nach Ansicht der Zeugen Jehovas) vor seiner Menschwerdung ein Engel (der *Erzengel Michael*) gewesen, bei seiner Menschwerdung *ganz Mensch* (als Gegenbild zu Adam) geworden und bei der Auferstehung wieder zu einem *Engelwesen* erhöht worden, nun aber auf einer vollkommeneren Stufe.

Charles Taze Russell spricht in seinem Werk »Der Plan der Zeitalter« von einer ganzen *Hierarchie der Geschöpfe* (vom Mineralreich bis zu den höchsten Geistwesen), die sich höherentwickeln und in die er Jesus Christus, aber auch Jehova (als »höchste Stufe«) einordnet:

»Die Schrift lehrt, daß es zwei, aber auch nur zwei vollkommene Menschen gegeben hat – Adam und Jesus... So ist es auch mit den Graden der geistigen Wesen; obwohl vollkommen an sich, stehen sie der Natur oder der Art nach zu einander im Verhältnis von höher und niedriger. Die göttliche Natur ist die höchste und über alle anderen erhaben. Christus war bei seiner Auferstehung ›*so viel besser geworden*‹ wie vollkommene Engel, als die göttliche Natur über der Natur der Engel steht... Obgleich er [sc. der Mensch] das höchste der animalischen oder irdischen Wesen ist, so ist er doch ›ein wenig niedriger als die Engel‹, weil Engel geistige oder himmlische Wesen sind...

Es wird uns berichtet, daß unser Herr, ehe er seine Herrlichkeit verließ, um Mensch zu werden, ›in göttlicher Gestalt‹ – in einer geistigen Gestalt, ein Geistwesen – war, daß er aber, um für die Menschheit das Lösegeld zu werden, ein Mensch, d. i. von derselben Natur werden mußte, wie der Sünder, dessen Stellvertreter er im Tode werden sollte. Daher war es notwendig, daß er seine Natur wechselte, und Paulus sagt uns, daß er nicht die Natur der Engel annahm, eine Stufe niedriger als seine eigene, sondern zwei Stufen herabkam, und die Menschennatur annahm – ein Mensch wurde... zu jener Zeit war er noch nicht so hoch, als wie er jetzt ist; denn Gott hat ihn ›erhöhet‹, ›hoch erhoben‹... Er ist jetzt von der höchsten Ordnung der Geistwesen, ein Teilhaber der göttlichen Natur, der Natur Jehovas« (Russell 1912, S. 178 ff.).

Die in Wirklichkeit absolute *qualitative* (wesensmäßige) Unterschiedenheit zwischen Gott und Mensch wird hier zu einer rein *quantitativen* (graduellen) Unterschiedenheit verfälscht, zumindest bei Russell. Die Lehre von einer solchen Hierarchie, die Jesus Christus seine Gottheit rauben möchte und gar keinen absoluten, von den Geschöpfen wesensmäßig unterschiedenen Gott kennt, berührt sich gefährlich mit *spiritualistischen* und *spiritistischen* Auffassungen von »Geisterreichen« und findet sich daher auch bei (anderen) esoterischen Systemen, z. B. in der *Anthroposophie* (vgl. Gassmann 1993, S. 152 ff.).

Auch Russells Nachfolger *Joseph Franklin Rutherford* erkennt die Gottheit Jesu Christi nicht an. Er führt in seiner Schrift »Schöpfung« folgendes aus:

»Gott ist kein geistiges ›Geschöpf‹, aber er ist ein Geistwesen. Der ›Logos‹ ist ein geistiges ›Geschöpf‹ und wurde von dem großen Geist Jehova erschaffen. Von der Zeit seiner Erschaffung an war er bei Gott, in seiner Gegenwart, und er war seine Freude. Es ist daher völlig zutreffend, wenn wir schriftgemäß erklären, daß der Logos, jetzt als Jesus Christus bekannt, der große und mächtige Sohn Gottes, ein Geistwesen und das erste Geschöpf aller Schöpfung Gottes ist...

›Erzengel‹ ist der Name, der einigen anderen geistigen Geschöpfen Gottes verliehen ist, welcher Name ›Erster im Rang‹ bedeutet... Der Titel oder Name Erzengel ist zeitweise auch auf den Logos, wenn er Jehova in einer gewissen oder besonderen Eigenschaft zu dienen hatte, angewandt. Einer seiner Titel ist ›Michael‹, was ›Gottgleich‹ bedeutet (Judas 9; Daniel 10, 13; Offenbarung 12, 7). Es scheint jedenfalls ganz klar, daß der Titel Michael auf Jehovas Sendboten angewandt ist, der mit höchster Vollmacht bekleidet und mit einem besonderen Auftrag ausgesandt ist« (S. 14 f.).

Im *Bibellexikon* der Zeugen Jehovas wird unter dem Stichwort »Das Wort« behauptet, »göttlich« bedeute lediglich »gottähnlich«, der Logos Jesus sei »nicht *der* Gott, der allmächtige Gott, sondern ein ›Mächtiger‹, ein Gott«, »Gottes einzige direkte Schöpfung«, »derjenige ... den Gott beim Erschaffen aller anderen Dinge gebrauchte«, »›Mund‹ oder Wortführer seines Vaters«, »sein Kommunikationsmittel zur Weitergabe von Informationen und Anweisungen an die anderen Geist- und Menschensöhne des Schöpfers« (HVB, S. 1.582 f.).

»Der heilige Geist – Gottes wirksame Kraft«

Über den »heiligen Geist« lesen wir bei Joseph Franklin Rutherford in seinem Buch »Die Harfe Gottes«: »Der heilige Geist ist die unsichtbare Kraft und Energie, der unsichtbare Einfluß Jehovas. Gott ist heilig; darum ist seine Kraft, seine Energie und sein Einfluß heilig« (S. 91).

In ähnlicher Weise wird der Geist Gottes in der Wachtturm-Schrift »Sollte man an die Dreieinigkeit glauben?« als »kontrollierte Kraft« charakterisiert und sogar mit dem elektrischen Strom verglichen:

»Die Art und Weise, wie in der Bibel der Ausdruck ›heiliger Geist‹ gebraucht wird, läßt erkennen, daß er eine kontrollierte Kraft ist, die Jehova Gott dazu dient, seine mannigfaltigen Vorsätze zu verwirklichen. Er kann in einer gewissen Weise mit dem elektrischen Strom verglichen werden, einer Kraft, die sich für die verschiedensten Zwecke einsetzen läßt. In 1. Mose 1, 2 heißt es: ›Gottes wirksame Kraft [›Geist‹ (hebräisch: *rúach*)] bewegte sich hin und her über der Oberfläche der Wasser.‹ In diesem Fall diente Gottes Geist, seine wirksame Kraft, dazu, die Erde zu gestalten« (S. 20).

Dieser Vergleich des Geistes mit dem elektrischen Strom taucht nicht nur bei den Zeugen Jehovas auf, sondern auch im Okkultismus und *Spiritismus*, mit dem die Zeugen Jehovas infolge ihres Gottesbildes mehr gemeinsam haben, als sie wahrhaben wollen. Auf Berührungen mit dem Spiritisten Johannes Greber habe ich bereits hingewiesen. Auch der verdinglichte Geistbegriff besitzt esoterische Wurzeln und ähnelt sehr der *»Lebenskraft«*, die uns unter verschiedenen Bezeichnungen in unterschiedlichen esoterischen Systemen begegnet. Bezieht man Russells oben zitierte Ansicht von der Hierarchie der Geschöpfe und Geistwesen in das Gesamtbild mit ein, dann wird der Zusammenhang noch deutlicher.

Für den Okkultismus und Spiritismus ist die gesamte Wirklichkeit ein *geistig-energetisches Kraftfeld.* In diesem stellen Mineral-, Pflanzen-, Tier-, Menschen- und Engelreich sowie »Gott« bzw. »das Göttliche« nur unterschiedliche Verdichtungsstufen der Lebensenergie dar. Diese Lebensenergie oder Lebenskraft trägt in den einzelnen Religionen oder weltanschaulich-religiösen Systemen diverse Bezeichnungen – und doch handelt es sich um dieselbe – der Welt des gefallenen »Lichtengels« (2. Kor 11, 14) entstammende – Kraft. Sie begegnet als Weltäther (F. A. Mesmer), Od-Kraft (K. von Reichenbach), Yesod (Kabbala), Mana (Polynesien), Baraka (Sufismus), Ka (Ägypten), Chi (Taoismus), Prana (Hinduismus) u.ä. (vgl. Ruppert 1990, S. 90 ff.).

Nun kommen die Zeugen Jehovas nicht um die Beobachtung herum, daß der Heilige Geist in der Bibel als *Person* gekennzeichnet wird: Er spricht (Apg 13, 2; 21, 11), denkt (Apg 5, 3; 15, 28), lehrt (Lk 12, 12; Joh 14, 26), teilt dem Menschen Gaben zu (1. Kor 12, 11) und kennt die Zukunft (Apg 21, 11). Er kann betrübt (Jes 63, 10; Eph 4, 30), belogen (Apg 5, 3) und gelästert (Mt 12, 31 f.) werden. Er sucht die Gemeinschaft des Menschen (2. Kor 13, 13). Er kann im Menschen Wohnung nehmen und ihn wieder verlassen, wenn der Mensch in der Sünde verharrt (Ps 51, 13; Lk 11, 13; Apg 2, 4; 1. Kor 6, 19). Er besitzt göttliche Eigenschaften: Allwissenheit (1. Kor 2, 10 f.), Allmacht (Lk 1, 35 - 37) und Ewigkeit (Hebr 9, 14). Ihm eignet ein Name, auf den man getauft werden kann (Mt 28, 19). Er wird gekennzeichnet als der Tröster (Paraklet), welcher Jesus nach dessen Weggang vertritt (Joh 16, 7 - 15) und der uns liebt (Röm 15, 30).

Die »Gegenargumente« der Wachtturm-Gesellschaft hierzu erscheinen außerordentlich schwach. Zunächst nimmt man Zuflucht zu einem wenig bekannten katholischen (!) Theologen:

»Gibt es indessen nicht auch Bibeltexte, die vom heiligen Geist als von einer Person sprechen? Ja, doch man beachte, was der katholische Theologe Edmund Fortman in dem Buch *The Triune God* darüber sagt: ›Obschon dieser Geist häufig personifiziert wird, ist es eigentlich recht klar, daß die heiligen Schreiber [der Hebräischen Schriften] nie auf den Gedanken gekommen sind, daß dieser Geist eine Person sei, auch haben sie ihn nie so dargestellt‹« (Dreieinigkeit, S. 21).

Man muß sich fragen, woher Fortman das wissen will. Liest man die oben zitierten Bibelstellen unvoreingenommen, dann stößt man unweigerlich auf die personalen Charakteristika des Heiligen Geistes. Aber auch hiergegen setzen die Zeugen Jehovas ein Argument:

»Es ist nichts Ungewöhnliches, daß in der Bibel etwas personifiziert wird. So heißt es darin, daß die Weisheit Kinder habe (Lukas 7, 35) . . . Und auch der heilige Geist wird dadurch, daß er personifiziert wird, nicht zu einer Geistperson« (ebd.).

Hierauf antworte ich folgendes: Sicherlich werden in der Bibel Begriffe wie »Weisheit«, »Sünde« oder »Tod« personifiziert. Aber diese Tatsache spricht doch nicht dagegen, daß es daneben *wirkliche Personen,* wie etwa den Heiligen Geist, gibt, die selbstverständlich auch personale Kennzeichnungen erfahren. Handelte es sich bei der Personifizierung der Begriffe wie »Sünde« etc. nicht um ein Stilmittel, könnte man sagen: Der »Mißbrauch« hebt den Gebrauch (der personalen Kennzeichnung von wirklichen Personen) nicht auf.

Aber auch damit geben sich die Zeugen Jehovas noch nicht geschlagen. Sie schreiben:

»Wohl heißt es in einigen Bibeltexten, daß der Geist spricht, aber andere Texte zeigen, daß dies in Wirklichkeit durch Menschen oder Engel geschah (Matthäus 10, 19.20; Apostelgeschichte 4, 24.25; 28, 25; Hebräer 2, 2). Der Geist wirkte in diesen Fällen ähnlich wie Radiowellen, die Botschaften von einer Person zu einer andern, die weit entfernt ist, übertragen« (ebd., S. 22).

Hier stellt sich die Rückfrage: Wenn der Geist durch Menschen spricht, warum sollte er dann keine Person sein? Das Gegenteil ist der Fall: Gerade *weil* er Person (freilich unsichtbar und nicht räumlich begrenzt) ist, kann er – als dritte Person der göttlichen Trinität – durch Menschen sprechen, wie es die von der Wachtturm-Gesellschaft genannten und viele weitere Bibeltexte deutlich machen. *Weil* er Person ist, kann er in Menschen Wohnung nehmen, die Gott lieben, aber sich auch wieder von ihnen zurückziehen, wenn sie ihn betrüben – und selbstverständlich kann er auch durch sie handeln und sprechen, solange er in ihnen wohnt.

Ist der Heilige Geist eine unpersönliche Kraft – oder ist er identisch mit dem persönlichen Gott, dem Schöpfer der Welt? Diese Frage läßt sich eindeutig beantworten: Der Heilige Geist ist *Gott, keine Kraft. Aber durch das Wirken des Heiligen Geistes – oder besser: als* Heiliger Geist – erweist Gott nach der Erhöhung Jesu Christi zum Vater seine Kraft auf Erden. Man kann daher auch vom »Kraftwirken des Heiligen Geistes« sprechen. Aber – um es noch einmal zu verdeutlichen – der Heilige Geist ist keine unpersönliche Kraft, sondern der persönliche Gott, der als dritte Person der göttlichen Dreieinigkeit seine Kraft in der Gemeinde entfaltet. So sprach Jesus kurz vor seiner Kreuzigung zu seinen Jüngern:

»Es ist gut für euch, daß ich weggehe. Denn wenn ich nicht weggehe, kommt der Tröster *(ho parákletos)* nicht zu euch. Wenn ich aber gehe, will ich ihn zu euch senden. Und wenn er kommt, wird er der Welt die Augen auftun über die Sünde und über die Gerechtigkeit und über das Gericht… Wenn aber jener, der Geist der Wahrheit, kommen wird, wird er euch in alle Wahrheit leiten. Denn er wird nicht aus sich selber reden; sondern was er hören wird, das wird er reden, und was zukünftig ist, wird er euch verkündigen. Er wird mich verherrlichen; denn von dem Meinen wird er's nehmen und euch verkündigen. Alles, was der Vater hat, das ist mein. Darum habe ich gesagt: Er wird's von dem Meinen nehmen und euch verkündigen« (Johannes 16, 7 - 14).

Hier begegnen uns – wie auch in den anderen genannten Bibelstellen – durchweg personale Kategorien. Als abschließenden Beleg für die Identität zwischen Gott und dem Heiligen Geist verweise ich auf die Erzählung von Hananias und Saphira:

»Ein Mann aber mit Namen Hananias samt seiner Frau Saphira verkaufte einen Acker, doch er hielt mit Wissen seiner Frau etwas von dem Geld zurück und brachte nur einen Teil und legte ihn den Aposteln zu Füßen. Petrus aber sprach: Hananias, warum hat der Satan dein Herz erfüllt, daß du *den Heiligen Geist belogen* und etwas vom Geld für den Acker zurückbehalten hast? Hättest du den Acker nicht behalten können, als du ihn hattest? Und konntest du nicht auch, als er verkauft war, noch tun, was du wolltest? Warum hast du dir dies in deinem Herzen vorgenommen? Du hast nicht Menschen, sondern *Gott belogen*« (Apg 5, 1 - 4).

Die Aussagen »Du hast den *Heiligen Geist* belogen« und »Du hast *Gott* belogen« stehen hier völlig parallel, und es kann kein Zweifel darüber bestehen, daß der Heilige Geist Gott ist.

Trinität biblisch – ein Überblick

Betrachten wir die Bibel im Blick auf die Dreieinigkeit Gottes, so ist zunächst festzustellen, daß sich der *Begriff* »Dreieinigkeit« oder »Trinität« nirgends findet. Der Begriff wurde vermutlich erst von Theophilus von Antiochia um 180 n. Chr. geprägt und von Tertullian bald darauf ausgestaltet. Daß der Begriff nicht vorkommt, schließt aber keineswegs aus, daß die *Sache*, die der Begriff zusammenfaßt, an vielen Stellen der Heiligen Schrift deutlich zum Ausdruck gebracht wird.

Hier ist zunächst an die *»trinitarischen Formeln«* (»Vater, Sohn und Heiliger Geist«), *Beschreibungen oder Erzählungen* zu erinnern, die sich mehrmals im Neuen Testament finden, etwa in Mt 3, 16 f.; 28, 19; 1. Kor 12, 4 - 6; 2. Kor 13, 13; Eph 4, 3 - 6; 1. Petr 1, 2; Hebr 10, 29 - 31; Jud 20.21; Offb 1, 4 f. Vater, Sohn und Heiliger Geist sind hier zusammengestellt oder in ihrem (innertrinitarischen) Handeln aneinander beschrieben. Weitere relevante Stellen sind z. B. Mk 1, 9 - 11; Lk 1, 35; 3, 21 f.; Joh 3, 34 - 36; 14, 26; 16, 13 - 15; Apg 2, 32 ff.; Röm 15, 16.30; 2. Kor 3, 4 - 6; Eph 1, 13 f.; 2, 18 - 22; 3, 14 - 17; 2. Thess 2, 13 f.; 1. Tim 3, 15 f.; Hebr 9, 14.

Nachfolgend gebe ich einen Überblick über »Bibelstellen, die dokumentieren, daß *JHWH und Jesus eins* sind. Diese Einheit wird etwa an den Eigenschaften deutlich, die JHWH und Jesus gemeinsam haben. Aus der Fülle der Prädikate und Bibelstellen kann hier nur eine kleine Auswahl genannt werden.

JHWH ist Gott (1. Mose 1, 1; 5. Mose 6, 4; Ps 45, 6 f.) – und Jesus ist Gott (Joh 1, 1.18; 20, 28; Röm 9, 5; Tit 2, 13; Hebr 1, 8; 2. Petr 1, 1; s. u.).

JHWH ist Herr in Herrlichkeit (1. Mose 15, 7; 2. Mose 20, 2; 4. Mose 6, 24 ff.; 5. Mose 6, 4) – und Jesus ist Herr in Herrlichkeit

(Mk 12, 35 ff.; Lk 2, 11; Joh 20, 28; Apg 2, 36; 10, 36; Röm 10, 9; 1. Kor 8, 5 f.; 12, 3; 16, 22; 2. Kor 4, 5; Phil 2, 11; 1. Petr 2, 3; 3, 15; Jak 2, 1).

JHWH ist Erster und Letzter, Alpha und Omega (Jes 41, 4; 48, 12; Offb 1, 8) – und Jesus ist Erster und Letzter, Alpha und Omega (Offb 1, 17 f.; 2, 8; 22, 12 - 16).

JHWH ist Retter und Erlöser (Ps 130, 7 f.; Jes 43, 3.11; 48, 17; 54, 5; 63, 8 f.; Lk 1, 47; 1. Tim 4, 10) – und Jesus ist Retter und Erlöser (Mt 1, 21; Lk 2, 11; Joh 1, 29; 4, 42; Apg 20, 28; Eph 1, 7; Tit 2, 13; Hebr 5, 9; 9, 12).

JHWH ist himmlischer König (Ps 95, 3; Jes 43, 15; 1. Tim 6, 14 - 16) – und Jesus ist himmlischer König (Offb 17, 14; 19, 16).

JHWH ist himmlischer Richter (1. Mose 18, 25; Ps 50, 4.6; 96, 13; Röm 14, 10) – und Jesus ist himmlischer Richter (Joh 5, 22; 2. Kor 5, 10; 2. Tim 4, 1).

JHWH ist Schöpfer (1. Mose 1, 1; Hiob 33, 4; Ps 95, 5 f.; 102, 26; Jes 40, 28) – und Jesus ist Schöpfer (Joh 1, 2 ff.; Kol 1, 15 - 18; Hebr 1, 1 ff.).

JHWH existiert von Ewigkeit her (1. Mose 1, 1; 2. Mose 3, 15; Ps 90, 2; Dan 6, 27; Röm 1, 20) – und Jesus existiert von Ewigkeit her (Joh 1, 1; 8, 58; 12, 41; 17, 5; 1. Kor 10, 4; Phil 2, 6; Hebr 9, 26; 13, 8; Jud 25).

JHWH vergibt Sünden (2. Mose 34, 6 f.; Neh 9, 17; Dan 9, 9; Jona 4, 2) – und Jesus vergibt Sünden (Mk 2, 1 - 12; Apg 5, 31; 26, 18; Kol 2, 13; 3, 13).

JHWH weckt Tote auf (1. Sam 2, 6; Mt 22, 31 f.; Joh 5, 21; Apg 2, 24; 3, 15; Röm 4, 24; 2. Kor 1, 9) – und Jesus weckt (auch im Endgericht!) Tote auf (Lk 7, 11 ff.; Joh 5, 21; 6, 40; 11, 39 ff.).

JHWH empfängt Lobpreis und Anbetung von Engeln und Menschen (5. Mose 32, 43; Ps 22, 28; 66, 4; 95, 6; 97, 7; 99, 9; Jes 45, 23; Offb 14, 7; 19, 10) – und Jesus empfängt Lobpreis und Anbetung von Engeln und Menschen (Mt 2, 2; 14, 33; 28, 9. 17; Joh 5, 23; 20, 28; Apg 1, 24; 7, 59 f.; 9, 10 ff.; 22, 16 ff.; 1. Kor 1, 2; 16, 22; 2. Kor 12, 8; Phil 2, 10 f., Hebr 1, 6; Offb 5, 8 ff.).

Hinzu kommt noch eine ganze Reihe weiterer gemeinsamer Prädikate und Eigenschaften, etwa »Licht«, »Fels«, »Hirte«, »Lebensspender« und »Allgegenwärtiger« (vgl. Harris 1992, S. 315 ff.; Mc

Dowell/Larson 1985, S. 20-79). Auffallend ist auch, daß die »Ich bin«-Worte Jesu im Johannes-Evangelium (z. B. Joh 6, 35; 8, 24; 8, 58; 11, 25; 18, 4-6) unmittelbar auf den JHWH-Namen hinweisen. Der Neutestamentler Rudolf Schnackenburg meint hierzu: »Die alt. [alttestamentliche] Stelle, die hinter dem Ausspruch Jesu steht, dürfte Ex 3, 14 sein, wo sich Gott bezeugt als ›Ich bin der Ich-bin‹, von der LXX wiedergegeben mit *Egó eimi ho ón*« (Schnackenburg II/1971, S. 300). Der Neutestamentler Murray J. Harris hält als Ergebnis seiner umfangreichen exegetischen Untersuchung sämtlicher relevanter Bibelstellen zum Thema *»Jesus as God«* fest:

»Es ist sicher, daß der Begriff ›theós‹ (›Gott‹) auf Jesus Christus in Joh 1, 1 und Joh 20, 28 angewandt wird. Es ist sehr wahrscheinlich, daß er in Röm 9, 5; Tit 2, 13; Hebr 1, 8 und 2. Petr 1, 1 auf Jesus Christus bezogen wird, wahrscheinlich auch in Joh 1, 18 ... Wenn Jesus als ›theós‹ (›Gott‹) oder ›ho theós‹ (›der Gott‹) bezeichnet wird, dient dies dazu, seine Gottheit *expressis verbis* zu bestätigen. Sicherlich steht oder fällt aber die neutestamentliche Lehre von der Gottheit Christi nicht mit der Zahl der Stellen, an denen Jesus ›theós‹ genannt wird. Sogar wenn der Titel niemals in bezug auf Jesus gebraucht würde, ist seine Gottheit offensichtlich. Zum Beispiel ist er Empfänger der Anbetung von Menschen und Engeln und des rettenden Glaubens. Er übt Funktionen aus, die ausschließlich Gott zukommen, etwa beim Schöpfungsakt, beim Vergeben von Sünden und beim Endgericht. Bittgebete werden an ihn gerichtet. Alle göttlichen Attribute sind ihm eigen. Er trägt zahlreiche Titel, die im Alten Testament auf JHWH bezogen werden« (Harris 1992, S. 271. 293; Übersetzung: L. G.).

Die Lehre von der Dreieinigkeit, wie sie sich aufgrund der hier zusammengefaßten sowie aufgrund der im weiteren noch ausführlicher zu entfaltenden biblischen Aussagen ergibt, kann so formuliert werden: Es existiert ein einziger wahrer Gott (Monotheismus). Dieser wirkt und offenbart sich als Vater, Sohn und Heiliger Geist. Der Vater ist Gott, der Sohn ist Gott, der Heilige Geist ist Gott – *wesenseins existierend, und doch in drei Personen offenbar.* Jesus Christus hat während seiner irdischen Existenz zwei Naturen besessen: wahre Göttlichkeit und wahre Menschlichkeit. Er war *wirklicher Mensch:*

Er wuchs heran vom Kind zum Mann, empfand Hunger und Durst, Müdigkeit und Schlaf, Trauer und Freude. Er erlitt körperlichen und seelischen Schmerz und schließlich den Tod (vgl. Mt 2, 1; Lk 4, 2; 19, 41; Joh 4, 6; 13, 21; 19, 28.30 u. a.). Doch zugleich war und ist er *wirklicher Gott,* wie obige Prädikate zeigen. Er besaß Macht über die Natur, konnte die Gedanken der Menschen erkennen, Sünden vergeben, Krankheiten wunderbar heilen und Tote zum Leben erwekken. Die ganzen Evangelien sind voll von solchen Berichten.

Dennoch unterschied er sich von Gott dem Vater insofern, als er in seiner irdischen Existenz irdischen Grenzen zum Teil unterworfen war: Er besaß in dieser Zeit keine Allmacht, Allgegenwart und Allwissenheit, sondern entäußerte sich freiwillig dieser Eigenschaften (*Kenosis;* s. u.). Dies war vor seiner Menschwerdung anders und änderte sich wieder nach seiner Auferstehung und Erhöhung zum Vater. Die Zeit seiner Menschwerdung wird deshalb auch treffend als »*status exinanitionis*« (»Zustand der Selbstentäußerung/Selbsterniedrigung der Gottheit«) bezeichnet (s. u.). Wird dies nicht beachtet, dann entstehen solche Mißverständnisse und Fehldeutungen wie bei den Arianern und Zeugen Jehovas.

Murray J. Harris spricht von der »*substantiellen Einheit*« und »*personalen Unterschiedenheit*« von Vater, Sohn und auch Heiligem Geist. Er führt aus:

»Obwohl er *theós* (Gott) ist, wird Jesus niemals *patér* (Vater) oder *k rios ho theós* (= *JHWH elohim*) oder ho mónos alethinos theós (der einzige wahre Gott) genannt ... In binitarischen oder trinitarischen Abschnitten oder Formulierungen wird nur der Vater, niemals der Sohn (oder Geist) als *ho theós* bezeichnet (z. B. binitarisch: 1. Kor 1, 3; 8; trinitarisch: 12, 4 - 6; 2. Kor 1, 21 - 22; 13, 14)« (Harris 1992, S. 275).

Nun gehe ich auf wesentliche Bibeltexte zum Verständnis der Dreieinigkeit ausführlicher ein.

Philipper 2, 6 - 11

»Der in der Daseinsweise Gottes sich befand, hielt nicht gierig daran fest, Gott gleich zu sein, sondern er entäußerte sich selbst, Sklavendasein annehmend, ein Gleichbild der Menschen wurde er; und im

Äußeren erfunden als Mensch erniedrigte er sich selbst (und) wurde gehorsam bis zum Tod, ja zum Kreuzestod. Deshalb hat Gott ihn auch so sehr erhöht und ihm den Namen, der über jedem Namen (ist), geschenkt, damit im Namen Jesu jedes Knie sich beuge der Himmlischen und Irdischen und Unterirdischen und jede Zunge bekenne: Herr (ist) Jesus Christus zur Ehre Gottes des Vaters« (Übersetzung: J. Gnilka, 1982, S. 111).

Dieser in der theologischen Forschung oft als »früher Christushymnus der Urgemeinde« betrachtete und wichtige Text macht deutlich, daß Jesus Christus ursprünglich in der *»morphé«* (Gestalt) Gottes war: *»en morphé theou hypárchon«*. Die *»morphé theou«*, welche Christus trägt, ist die »das Sein von seinem Wesen her prägende Daseinsweise« (ebd. S. 114). Mit seiner Fleischwerdung beschloß Christus freiwillig, sich der Autorität des Vaters zu unterstellen – nicht weil er es mußte, sondern weil er es wollte: »Er hielt nicht gierig daran fest, Gott gleich zu sein.« Aufgrund des eben genannten Ausgangspunktes kommt nur diese Übersetzung von *»harpagmon«* in Frage (und nicht die Übersetzung »gewaltsame Besitzergreifung«, welche die Wachtturm-Gesellschaft vorschlägt; vgl. »Unterredungen anhand der Schriften«, S. 105). Daß Jesus seine Gleichheit mit Gott aufgeben konnte, setzt also voraus, daß er diese Gleichheit besaß. Gott wurde Mensch (vgl. Joh 1, 14). Jesus unterwarf sich seinem Vater dem *Rang*, aber nicht der *Natur* nach. Diese Unterwerfung ändert nichts an seiner Wesensgleichheit mit dem Vater und dem Heiligen Geist.

Jesus besaß und besitzt also das Wesen Gottes, hielt aber nicht an seiner göttlichen Stellung fest, sondern entäußerte sich selbst und nahm die *»morphé doulou«* (»Knechtsgestalt« oder »Sklavendasein«) an. Es fand die »Inkarnation des Gottwesens« statt. »War es dort die Daseinsweise Gottes, so jetzt die des Sklaven.« Der Philipperhymnus beschreibt den »Weg des Präexistenten, der von sich aus die Sklaverei des Menschseins auf sich nimmt« (Gnilka, ebd., S. 118 ff.).

War deshalb Jesus nur ein Mensch, wie die Arianer und Zeugen Jehovas behaupten? Keineswegs. Er verzichtete lediglich während der Zeit seiner irdischen Daseinsweise auf seine Gleichheit mit Gott, ordnete sich freiwillig dem Vater unter *(Erniedrigung)* und wurde (wie sich aus Hebr 4, 15 ergibt) Mensch wie wir, doch ohne Sünde, um uns Menschen zu erlösen. Seine Inkarnation kam der Entäußerung *(Kenosis)* seiner Gottgleichheit gleich (er verzichtete auf den Gebrauch bestimmter göttlicher Eigenschaften), die ihm nach seinem Kreuzestod wieder in Fülle zuteil wurde *(Erhöhung)*. Einst wird sich »jedes Knie vor ihm beugen ... und jede Zunge bekennen: Herr ist Jesus Christus« (V. 10 - 11). Bereits der Kirchenvater Athanasius hat sich in seiner Auseinandersetzung mit den Arianern ausführlich mit Phil 2, 6 - 11 beschäftigt und den soteriologischen Aspekt der Erniedrigung und Erhöhung des Logos Jesus Christus hervorgehoben:

»Wenn nämlich der Herr nicht Mensch geworden wäre, so wären wir nicht von den Sünden erlöst worden und wären nicht von den Toten auferstanden, sondern wir wären tot unter der Erde geblieben. Und wir wären auch nicht in den Himmel erhöht worden, sondern wir würden in der Unterwelt liegen. Unsertwegen und für uns also heißt es: ›Er erhöhte‹ und: ›Er gab‹ (Gegen die Arianer I, 43; BKV 13, S. 81).

Nun ist in V. 9 - 11 des Philipperhymnus ein Zitat aus *Jes* 45, 22 - 24 aufgenommen, wo es heißt:

»Wendet euch zu mir, so werdet ihr gerettet, aller Welt Enden; denn ich bin Gott, und sonst keiner mehr. Ich habe bei mir selbst geschworen, und Gerechtigkeit ist ausgegangen aus meinem Munde, ein Wort, bei dem es bleiben soll: *Mir* sollen sich alle Knie beugen und alle Zungen schwören und sagen: In *JHWH* habe ich Gerechtigkeit und Stärke.«

Im Philipperhymnus wird gesagt: »Im Namen *Jesu* sollen sich alle Knie beugen ... und alle Zungen bekennen: Herr ist Jesus«. Auch hier haben wir also einen deutlichen Hinweis auf die Wesenseinheit Jesu Christi mit JHWH oder Gott dem Vater. Gnilka betont:

»Die neue Ausrichtung, die in Phil 2, 10 f. gegeben ist, besteht ... darin, daß jetzt alles radikal auf Christus übertragen ist. Die Huldigung aller geschieht *en tó onómati Iesou* ... Der Kyriostitel muß in Verbindung mit dem alt. Zitat mit dem alt. Gottesnamen gleichgesetzt werden« (S. 127.129).

Aus diesen Beobachtungen an dem für die Frage der Gottheit und Menschheit Jesu Christi zentralen Bibeltext Phil 2, 6 - 11 ergibt sich folgendes Resultat, das auch für die Betrachtung der weiteren Stellen grundlegend ist: Das Verhältnis von göttlichen und menschlichen Eigenschaften bei Jesus Christus kann nur *heils- und offenbarungsgeschichtlich* richtig verstanden werden. Das heißt: *Man darf für die Zeit der irdischen Existenzweise Jesu nicht von allen Prädikaten ausgehen, die Gott dem Vater zukommen.* Ich habe schon erwähnt, daß sich der Sohn dem Vater untergeordnet hat und daher auf Erden von seiner göttlichen Allmacht, Allgegenwart und Allwissenheit nicht immer Gebrauch machte (erst wieder nach seiner Erhöhung). Von dieser – nur *zeitweiligen!* – Unterordnung (Subordination) her erklären sich z. B. die nachfolgend betrachteten Bibelstellen, die zum Teil von den Zeugen Jehovas gegen die Gottheit Jesu ins Feld geführt werden, in ihrer Bedeutung sehr klar.

Der Vater – größer als Jesus?

Joh 14, 28: Jesus spricht: »Der Vater ist größer als ich.« – Hier handelt es sich um den »Parade-Vers«, den die Zeugen Jehovas für die »Geschöpflichkeit« Jesu anführen. Spricht er aber wirklich gegen Jesu Gottheit? Der Textzusammenhang macht deutlich, daß es hier um das innertrinitarische Handeln zwischen Vater und Sohn geht: Jesus spricht von seinem Kommen vom Vater und seiner Rückkehr zu ihm (V. 28). Der Vater ist größer, weil von ihm alles innertrinitarische Geschehen ausgeht, denn er ist es, der den Sohn und den Geist sendet (vgl. Schnackenburg III/1976, S. 98). Die Einheit von Vater, Sohn und Geist sowie die Sendung des Sohnes und Geistes durch den Vater wird gerade im ganzen 14. Kapitel des Johannesevangeliums besonders betont. Der Satz »Der Vater ist größer als ich« kann daher nur von der im gleichen Kapitel (V. 9) wiedergegebenen Aussage Jesu »Wer mich sieht, der sieht den Vater« und ähnlichen Aussagen her richtig eingeordnet werden. Die Unterordnung des Sohnes unter den Vater während der irdischen Existenzweise seiner Selbstentäußerung hebt seine Gottheit nicht auf. »Qualitativ war er Gott, offenbart im Fleisch, während er quantitativ als ein Mensch begrenzt war« (Martin 1985, S. 119; Übersetzung: L. G.).

Joh 5, 19: »Da antwortete Jesus und sprach zu ihnen: Wahrlich, wahrlich, ich sage euch: Der Sohn kann nichts von sich aus tun, sondern nur, was er den Vater tun sieht; denn was dieser tut, das tut gleicherweise auch der Sohn.« – Auch hier (wie an vielen ähnlichen Stellen) betont Jesus seine völlige Abhängigkeit vom Vater während seiner irdischen Existenz, die aus seiner freiwilligen Unterordnung erwächst. Daß Jesus aber gleichermaßen Gott wie sein Vater ist, wird in den darauffolgenden Versen deutlich ausgesprochen: »Wie der Vater die Toten auferweckt und macht sie lebendig, so macht auch der Sohn lebendig, welche er will. Denn der Vater richtet niemand, sondern hat alles Gericht dem Sohn übergeben, damit sie alle den Sohn ehren, wie sie den Vater ehren. Wer den Sohn nicht ehrt, der ehrt den Vater nicht, der ihn gesandt hat...« (V. 21 ff.).

Mk 13,32: »Von dem Tage aber und der Stunde [des Weltendes und Endgerichts] weiß niemand, auch die Engel im Himmel nicht, auch der Sohn nicht, sondern allein der Vater.« – Hierzu ist zunächst festzustellen, daß in den unter dem »Mehrheitstext« subsumierten Handschriften der Satzteil *»oude ho hýios«* (»auch der Sohn nicht«) fehlt. Nestle-Aland freilich entscheidet sich für die lectio difficilior und nimmt *»oude ho hýios«* in den Text auf, zumal gewichtige Handschriften wie der Vaticanus diesen Satzteil enthalten. Falls wir davon ausgehen, daß *»oude ho hýios«* zum ursprünglichen Text gehört, dann ergibt sich folgende inhaltliche Beurteilung: Jesus *besaß* Wissen über die Art seines Kommens und das Ende der Welt. Er nannte den Jüngern eine Vielzahl von Zeichen, welche diesen Ereignissen vorausgehen (Mt 24 parr.). »Tag und Stunde«, wann diese *genau* eintreffen, sollte den Jüngern, die zur »ständigen Wachsamkeit« ermahnt werden (Mt 24, 32 ff.; 25 parr.), jedoch verborgen bleiben. In der inhaltlich ähnlichen Stelle Apg 1, 7 sagt Jesus den Jüngern: »Es steht euch nicht zu (›ouch hymon estin‹), Zeitläufe (›chronous‹) und Zeitpunkte (›kairous‹) zu wissen.« Die Zeiten der Endereignisse sollen im Vaterwillen Gottes verborgen bleiben. Bereits im Kenosis-Streit des 17. Jahrhunderts diskutierten Vertreter der Tübinger und Gießener Theologischen Fakultäten im Blick auf solche Stellen darüber, ob Jesus wirklich keine Kenntnis des Endtermins hatte *(kenosis)* oder die Information seinen Jüngern nur nicht weitergeben, sondern sie vor ihnen verbergen wollte *(krypsis)*. Von Mk 13,32 legt sich allerdings ersteres nahe. Dies wiederum läßt sich nur mit der Menschwerdung Christi, mit seinen selbstauferlegten Grenzen als Knecht erklären. Bereits der Kirchenvater Athanasius hat in seiner ausführlichen Erörterung der Stelle auf diesen Tatbestand hingewiesen:

»Weshalb er vielmehr trotz vorhandener Kenntnisse gesagt hat: ›Auch der Sohn weiß nicht‹, kann wohl keinem Gläubigen unbekannt sein –, weil er eben auch das immerhin wegen seines Fleisches als Mensch sagen konnte. Denn auch das ist nicht eine Schwäche des Worts, sondern der menschlichen Natur, der auch das Nichtwissen zukommt. Und man könnte das wohl einsehen, wenn man auch hier in redlicher Absicht nach den Umständen fragen wollte, wann und zu wem der Heiland so sprach. Denn nicht, da der Himmel durch ihn entstand, noch als das Wort beim Vater selbst war und alles ordnete, noch auch, bevor es Mensch wurde, sagte er dies, sondern als das Wort Fleisch wurde. Darum schreibt man auch alles, was er nach seiner Menschwerdung in menschlicher Weise sagt, mit Recht seiner Menschheit zu« (Gegen die Arianer III, 43, BKV 13, S. 300).

1. Kor 15,28: »Wenn aber alles ihm (Gott) untertan sein wird, dann wird auch der Sohn selbst untertan sein dem, der ihm alles unterworfen hat, damit Gott sei alles in allem.« – Diese Stelle läßt sich (wie Joh 17,3; 20,17; 1. Kor 11,3 und ähnliche Aussagen im Neuen Testament) nur heilsgeschichtlich (vom »status oeconomiae« oder Zustand der Heilzeitordnungen her) und innertrinitarisch (von der gegenseitigen Beziehung der göttlichen Personen her) richtig deuten. Gott der Vater hat seinen Sohn über alles Geschaffene gestellt; er hat ihm »alles unter seine Füße getan« (V. 27). Das gilt aber nur für die Zeit bis zur Vollendung aller Dinge. Am Ende wird der Sohn dem Vater alles übergeben, was ihm dieser untertan gemacht hat, und auch selber in Ewigkeit seine Sohnesstellung (»Unterordnung«) ausüben, die er schon vor Grundlegung der Welt gegenüber dem Vater eingenommen hatte. Denn sonst wäre er nicht Sohn, wenn auch in ewigem, anfangslosem Gezeugtwerden aus dem Vater, und somit göttlicher Wesensart. Martin Luther hat dieses innertrinitarische Verhältnis zwischen Vater, Sohn und Heiligem Geist sehr anschaulich erklärt:

»... er selbst (Gott Vater) regiere ohne Deckel. Doch nichtsdestoweniger wird Christus in seiner Herrschaft und Majestät bleiben, denn Er ist derselbige Gott und Herr, ewig und allmächtig mit dem Vater. Aber weil er jetzt so regiert durch sein Wort, Sakrament etc., daß es die Weltmacht sieht, so heißt es Christi Reich und muß alles ihm untertan sein bis an den jüngsten Tag. Dann wird er zum Vater sagen: Ich habe bisher mit dir regiert im Glauben, das gebe ich Dir über, daß sie nun sehen, wie Ich in Dir und Du in Mir seiest samt dem heiligen Geist in einer göttlichen Majestät, und alles in dir offenbarlich haben und genießen, was sie bisher geglaubt und gewartet haben« (zitiert nach: Bachmann 1921, S. 449).

Johannes 1, 1-3

»Im Anfang war das Wort, und das Wort war bei Gott, und Gott war das Wort. Dasselbe war im Anfang bei Gott. Alle Dinge sind durch dasselbe gemacht, und ohne dasselbe ist nichts gemacht, was gemacht ist« (Revidierte Lutherübersetzung 1984).

Dieselben Verse hören sich in der Neue-Welt-Übersetzung der Wachtturm-Gesellschaft so an (man beachte die Groß- und Kleinschreibung!): »Im Anfang war das WORT, und das WORT war bei GOTT, und das WORT war ein Gott. Dieser war im Anfang bei GOTT. Alle Dinge kamen durch ihn ins Dasein, und ohne ihn kam auch nicht *ein* Ding ins Dasein.«

Die NWÜ macht einen Unterschied zwischen GOTT (= »Jehova«) und »ein Gott« (= der Erzengel Michael alias der Logos Jesus alias das erste Geschöpf Jehovas oder Jehovas Wortführer). Wie wird diese Übersetzung von Joh 1, 1 begründet? Ich zitiere ausführlich aus der Wachtturm-Schrift »Sollte man an die Dreieinigkeit glauben?«:

»In Johannes 1, 1 kommt das griechische Substantiv *theós* (Gott) zweimal vor. Das erste bezieht sich auf den allmächtigen Gott, bei dem das Wort war (›und das WORT *[lógos]* war bei GOTT [eine Form von *theós*]‹). Dem ersten *theós* geht das Wort *ton* (den) voraus, eine Form des griechischen bestimmten Artikels, der auf eine bestimmte Identität hinweist, in diesem Fall auf den allmächtigen Gott (›und das WORT war bei [dem (wörtlich: den)] GOTT‹).

Vor dem zweiten *theós* in Johannes 1, 1 steht dagegen kein Artikel. Daher würde eine wörtliche Übersetzung ›und Gott war das Wort‹ lauten. Wie jedoch gezeigt wurde, geben viele Übersetzungen dieses zweite *theós* (ein Prädikatsnomen [Nomen in der Satzaussage]) mit ›göttlich‹, ›göttlicher Art‹ oder ›ein Gott‹ wieder. Inwiefern ist das berechtigt?

Das Koine-Griechisch hatte den bestimmten Artikel (der, die, das), aber es hatte keinen unbestimmten Artikel (einer, eine, ein). Wenn deshalb einem Prädikatsnomen kein bestimmter Artikel vorausgeht, kann es unbestimmt sein. Dies hängt vom Kontext ab.

Im *Journal of Biblical Literature* wird erklärt, daß Ausdrücke ›mit einem artikellosen Prädikat vor dem Verb in erster Linie eine Eigenschaftsbezeichnung darstellen‹. Dies deutet gemäß dem *Journal* darauf hin, daß der *lógos* mit einem Gott vergleichbar ist. Mit Bezug auf Johannes 1, 1 heißt es ferner, daß ›die qualitative Aussagekraft des Prädikats so hervorragend ist, daß das Substantiv *[theós]* nicht als bestimmt aufgefaßt werden kann‹.

Daher wird in Johannes 1, 1 die Eigenschaft des WORTES hervorgehoben, daß er ›göttlich‹, ›göttlicher Art‹ oder ›ein Gott‹ war, aber nicht der allmächtige Gott. Das stimmt mit der gesamten Bibel überein, aus der hervorgeht, daß Jesus, der hier ›das WORT‹ genannt wird, in seiner Rolle als Gottes Wortführer ein gehorsamer Untergebener war, der von dem über ihm Stehenden, dem allmächtigen Gott, zur Erde gesandt worden war« (S. 27).

Soweit das Wachtturm-Zitat. Es wird also argumentiert, daß sich die Art der Übersetzung von Joh 1, 1 aus dem gesamtbiblischen *Kontext* ergeben muß. Das ist richtig. Aber gerade weil das richtig ist, ist die Übersetzung der Zeugen Jehovas falsch. Denn wie ich bereits gezeigt habe, geht aus dem gesamtbiblischen Zusammenhang eindeutig hervor, daß Jesus die zweite Person des allmächtigen Gottes *ist*. Mit dem Kontext können die Zeugen Jehovas also nicht überzeugen.

So bleibt die Frage, was die Verse Joh 1, 1 - 3 selber aussagen. Und um das zu erforschen, beginnen wir ganz am Anfang. Das Johannes-Evangelium beginnt mit dem gewichtigen Satz: »*En arché een ho lógos*« (»Im Anfang war das Wort«). Und dieses lange »*een*« war schon immer ein Hauptargument gegen die Arianer (vgl. Zahn 1921, S. 48). Im Unterschied zu allem, was »*geworden*« ist, »*war*« der Logos von Ewigkeit. Von Himmel und Erde (1. Mose 1,1) und wohl auch von der Weisheit (Spr 8,22), die alle geschaffen wurden, unterscheidet er sich durch sein »ruhendes und währendes Sein«, seine ewige Existenz. Denn »*arché*« bezeichnet »den Anfang schlechthin«. Auch Zahn bedenkt die »Möglichkeit, . . . daß der Logos als ein Erstes, was geworden ist, an der Spitze der geschaffenen Dinge stehe, und daß seine Entstehung den Anfang alles Werdens und Geschehens bilde«, stellt dann aber fest:

»Dies ist erst durch *en arché een* in unmißverständlicher Weise ausgeschlossen, und zwar um so nachdrücklicher, als das viermalige und, wie V. 2 zeigt, immer auf denselben Zeitpunkt *(en arché)* bezogene *een* durch ein dreimaliges, von allem Gewordenen ausgesagtes *egéneto* oder *gégonen* in V. 3 abgelöst wird« (ebd.).

Der Logos Jesus Christus existierte also bereits, »als alles Gewordene anfing zu sein«, seine Existenz ging »der Existenz alles Werdenden und Gewordenen« voran. Somit besitzt er »vorzeitliches, ewiges Dasein«, das nur dem allmächtigen Gott zukommt. Der Logos ist somit der ewige, unerschaffene Gott. Er gehört nicht auf die Seite der Geschöpfe, sondern Gottes des Schöpfers und Vaters, zu dem er sich wie der in Ewigkeit geborene Sohn verhält.

Zahn gesteht (ähnlich wie Harris 1992, S. 54 ff.; 310 ff.) sogar zu, daß der Satz »*kai theós een ho lógos*« mißverständlich wäre, wenn man ihn isoliert betrachtete – wäre da nicht das vorausgehende »*en arché een ho lógos*«, welches die Bedeutung des nachfolgenden Kontextes klar definiert:

»Ohne das *en arché een ho lógos* und ohne die Sätze von V. 3 würde das *theós een* nicht den Gedanken ausschließen, daß der Logos wie andere Genossen des Geisterreichs ein Geschöpf sei.« Aber: »Durch die Wiederaufnahme des *en arché een* und des darin ausgesprochenen Gedankens der anfangslosen oder ewigen Existenz des Logos ist auch das durch *houtos* wieder aufgenommene *theós een ho lógos* näher bestimmt. Der im Anfang alles Werdens bereits existirende [sic] und in lebendiger Gemeinschaft mit Gott *(ho theós)* stehende Logos ist nicht wie andere Geister durch eine Schöpfertat

Gottes göttlicher Natur mehr oder weniger teilhaftig gemacht worden, sondern besitzt sie von Ewigkeit als seine eigene und eigentliche Natur« (Zahn, ebd., S. 46 ff.).

Nach dieser *inhaltlichen* Klärung mit Hilfe des Kontextes bleibt noch die *sprachliche* Frage übrig, wie der Satz »*kai theós een ho lógos*« zu übersetzen ist: »und *Gott* war das Wort« oder »und *ein Gott* war das Wort«? Die Antwort ergibt sich aus der – auch den Zeugen Jehovas bekannten – Grammatikregel für das Koine-Griechisch, die der Gräzist *E. C. Colwell* (JBL 52 [1933]) formuliert hat (vgl. Blass/Debrunner 1984, § 273, S. 223 f.; Hoffmann/v. Siebenthal 1990, § 135 c, S. 185). In der Wachtturm-Schrift »Sollte man an die Dreieinigkeit glauben?« wird hierzu folgendes ausgeführt:

»Colwell erklärte, daß im Griechischen bei einem Prädikatsnomen, ›wenn es dem Verb folgt, der [bestimmte] Artikel steht; geht es dem Verb voraus, so steht der [bestimmte] Artikel nicht‹. Damit meinte er, ein Prädikatsnomen vor dem Verb sei so aufzufassen, als ginge ihm der bestimmte Artikel (der, die oder das) voraus. In Johannes 1, 1 steht das zweite ›Gott‹ *(theós),* das Prädikat, vor dem Verb – ›und... *[theós]* war das Wort‹. Daher behauptete Colwell, in Johannes 1, 1 müsse es ›und [der] Gott war das Wort‹ heißen« (S. 28).

Nun schreiben die Zeugen Jehovas, daß ein Prädikatsnomen vor einem Verb auch *unbestimmt* (»ein«) gebraucht werden kann. Sie verweisen auf Colwell selber, der sagte: Das Prädikatsnomen »ist in dieser Stellung nur unbestimmt..., wenn der Zusammenhang es verlangt.« Daran schließen sie die Frage an:

»Ist in Johannes 1, 1 gemäß dem Kontext ein unbestimmter Artikel erforderlich? Ja, denn nach der Gesamtaussage der Bibel ist Jesus nicht der allmächtige Gott« (S. 28).

Wie wir gesehen haben, ist vom gesamtbiblischen und unmittelbaren Kontext her das Gegenteil der Fall.

Warum wird in Joh 1, 1 überhaupt diese ungewöhnliche Konstruktion (Substantiv ohne Artikel als Prädikatsnomen vor einem Verb) gebraucht? Nur deshalb, um das *Besondere* des Logos Jesus Christus gegenüber den Geschöpfen hervorzuheben. Und dieses Besondere ist nichts anderes als – seine Gottheit: »Und *Gott* war das Wort.«

Obwohl der Logos Gott *ist,* wird er doch auch von Gott dem Vater *unterschieden.* Deshalb findet sich in Joh 1, 1 zusätzlich die Formulierung: »Der Logos war *bei* Gott.« Jesus, der Logos, ist zwar gleichen Wesens mit dem Vater, vertritt aber eine andere Aufgabe und Funktion. Der Fehler der sog. Patripassianer war, daß sie behaupteten, der Vater habe am Kreuz gelitten. Hingegen war es der Sohn, der vom Vater stellvertretend für uns in den Tod gegeben wurde (vgl. Mt 27, 46; Joh 3, 16). Nicht allein beim Kreuzestod, sondern von Ewigkeit her übt der Sohn andere Funktionen aus als der Vater, etwa indem der Vater »alle Dinge« durch ihn als den *lógos* »gemacht« hat (Joh 1, 3). Vater, Sohn und auch Heiliger Geist sind also klar voneinander zu unterscheiden, aber nicht zu trennen. Jesus ist Gott. Das Johannes-Evangelium beginnt mit dem Bekenntnis zur Gottheit Jesu (Joh 1, 1) und endet mit ihm (Joh 20, 28; s. u.).

Johannes 3, 16

»Denn also hat Gott die Welt geliebt, daß er seinen eingeborenen *(monogenés)* Sohn gab, damit alle, die an ihn glauben, nicht verloren werden, sondern das ewige Leben haben« (Revidierte Lutherübersetzung 1984).

»Denn so sehr hat Gott die Welt geliebt, daß er seinen einziggezeugten Sohn gab, damit jeder, der Glauben an ihn ausübt, nicht vernichtet werde, sondern ewiges Leben habe« (NWÜ 1986).

In Joh 3, 16 und an anderen Stellen des Johannes-Evangeliums (1, 14.18; 3, 18) sowie in 1. Joh 4, 9 findet sich der Ausdruck *»monogenés«* in seiner Anwendung auf Jesus. Die Zeugen Jehovas folgern aus der Wortwurzel *»ginomai«,* daß dies ein Hinweis auf die Geschöpflichkeit Jesu und ein Beweis gegen seine Gottheit sei. Sie schreiben in der Broschüre »Sollte man an die Dreieinigkeit glauben?«:

»Das zugrundeliegende griechische Wort für ›einziggezeugt‹ ... lautet *monogenés,* von *mónos,* das den Sinn von ›einzig‹ hat, und *gínomai,* einem Wurzelwort, das ›zum Dasein gelangen, werden, entstehen‹ bedeutet ... Deshalb wird *monogenés* wie folgt definiert: ›Allein geboren oder gezeugt, einzig(es) Kind‹ ...

Das Leben Jesu, des einziggezeugten Sohnes, hatte somit einen Anfang. Und Gott, der Allmächtige, kann mit Recht sein Erzeuger oder Vater genannt werden, und zwar im gleichen Sinn, wie ein irdischer Vater – z. B. Abraham – der Erzeuger eines Sohnes ist (Hebräer 11, 17) . . .

Wenn man bedenkt, daß Jesus nicht der einzige Geistsohn war, den Gott im Himmel schuf, wird einem klar, warum im Falle Jesu der Ausdruck ›einziggezeugt‹ gebraucht wurde. Zahllose weitere erschaffene Geistwesen, Engel, werden ebenfalls ›Söhne Gottes‹ genannt – und zwar im gleichen Sinn, wie Adam ein Sohn Gottes war – weil nämlich ihre Lebenskraft von Jehova Gott stammte, dem Quell des Lebens . . . Diese alle wurden jedoch *durch* den ›einziggezeugten Sohn‹ geschaffen, den einzigen, der direkt von Gott gezeugt worden war« (S. 16).

Hierzu ist zu sagen, daß die Zeugen Jehovas die Begriffe »*gezeugt*« und »*geschaffen*«, die in den altkirchlichen Bekenntnissen eine so große Rolle spielen, durcheinanderwerfen. Der in Ewigkeit vom Vater gezeugte Sohn ist eben kein Geschöpf! Er ist »Gott von Gott, Licht vom Lichte . . . gezeugt nicht geschaffen«, wie das Nicänum formuliert. Es ist unmöglich, den Begriff »*monogenés*«, der gerade für die anfangslose, ewige innertrinitarische Zeugung des Sohnes aus dem Vater steht, in das Gegenteil (eine zeitliche Erschaffung) umzudeuten. Was vom Menschen gezeugt ist, ist Mensch. So ist auch das, was aus Gott gezeugt ist, Gott. Zeugung kennzeichnet Wesenseinheit, Erschaffung kennzeichnet Wesensverschiedenheit.

»*Monogenés*« kann sowohl die *Einzigartigkeit* Jesu als auch seine *göttliche Herkunft* kennzeichnen und wird im Johannes-Evangelium auch so gebraucht: »*Monogenés* bedeutet J[oh] 1, 14.18; 3, 16.18; 1. J[oh] 4, 9 keineswegs nur die Einzig*artigkeit*, Unvergleichlichkeit Jesu; er ist an allen diesen Stellen ausdrücklich als *der Sohn* bezeichnet . . . oder als solcher gedacht . . . *Monogenés* ist bei Joh Bezeichnung der Abkunft Jesu. *Monogenés* ist er als der *eingeborene* . . . Das Verhältnis des Präexistenten zu Gott ist das des Sohnes zum Vater« (ThWNT IV/1990, S. 749).

Jesus spricht: »Ich und der Vater sind eins.«

Die Zeugen Jehovas argumentieren, daß »*eins*« (griech. »*hen*«) nicht die Gottheit Jesu kennzeichne, sondern nur die Einheit in der *Überzeugung* und im *Willen*, welche Jehova und Jesus besessen hätten:

Vater und Sohn seien »im Willen und in den Absichten vereint«, das Neutrum »*hen*« zeige eine »Einheit in der Zusammenarbeit« an (Dreieinigkeit, S. 24). Jesus und Jehova seien »eins im Geist . . . eins in Zweck und Ziel, eins in harmonischem Handeln«. Sie seien gerade so eins, »wie Jesus späterhin zum Vater betete, daß die Kirche, seine Nachfolger, eins mit ihm gemacht würde« (Rutherford, Die Harfe Gottes, S. 93).

Ist wirklich nicht *mehr* gemeint als eine Einheit im Wollen und Handeln? Doch! Und das wird an der darauf folgenden Reaktion der Juden deutlich, die Jesu Aussage durchaus verstanden haben: »Da hoben die Juden . . . Steine auf, um ihn (Jesus) zu steinigen . . . und sprachen: Um eines guten Werkes willen steinigen wir dich nicht, sondern um der Gotteslästerung willen, denn du bist ein Mensch und *machst dich selbst zu Gott*« (V. 31.33). Jesu Aussage war also als Gleichstellung mit Gott verstanden worden und sicherlich auch so gemeint gewesen.

Das Neutrum »*hen*« weist – im Unterschied zum Maskulinum »*heis*« – darauf hin, daß es nicht um eine Identität der göttlichen *Personen*, sondern um eine Einheit des göttlichen *Wesens* geht. Wo dies nicht beachtet wird, droht das Mißverständnis des Patripassianismus (s. o.).

Nur weil Jesus seine Einheit mit dem göttlichen Wesen des Vaters betont hat, traf ihn der Vorwurf der Gotteslästerung – und nur deshalb sah er sich zu dem auf den ersten Augenblick überraschenden Beweisgang gezwungen, der in den Versen 34 - 38 folgt. Dort führt er aus, daß, wenn die Juden schon Menschen (wohl Richter; vgl. Ps 82, 6) als »*Götter*« bezeichnen konnten, er viel mehr das Recht habe, sich »*Gott*« zu nennen. »Erst die Behauptung, daß er mit dem Vater eines sei, und daß darum, wer in seiner Hand sei, eben damit auch in Gottes Hand sei, hatte die Anklage hervorgerufen, daß er sich zu einem Gott mache und somit lästere (29-33). Weil Jesus diese Zeugnisse nicht widerrufen kann und will, führt er einen Beweis, der darauf hinausläuft, daß er sich *theós* nennen dürfte, ohne zu lästern« (Zahn 1921, S. 471). Denn *noch* war die Stunde seiner Verherrlichung und völligen Offenbarung nicht gekommen. Das geschah erst nach der Auferstehung.

Johannes 20, 28

Thomas sprach zum auferstandenen Herrn Jesus Christus: »Mein Herr und mein Gott!«

Dies ist eine der wichtigsten Stellen im Neuen Testament, wo Jesus klar als Gott bezeichnet wird. Die Wachtturm-Gesellschaft tut sich daher schwer, sie umzudeuten. In der Schrift »Sollte man an die Dreieinigkeit glauben?« führt sie aus:

»Für Thomas war Jesus wie ›ein Gott‹, vor allem unter den wundersamen Umständen, die ihn zu diesem Ausruf veranlaßten. Einige Gelehrte meinen, dies seien lediglich gefühlsbetonte Worte des Erstaunens, die Thomas zwar zu Jesus gesprochen, aber an Gott gerichtet habe. Wie dem auch sei, Thomas dachte nicht, Jesus sei der allmächtige Gott, denn er und all die anderen Apostel wußten, daß Jesus nie behauptet hatte, Gott zu sein, sondern lehrte, daß nur Jehova ›der allein wahre Gott‹ ist (Johannes 17,3)« (S. 29).

Diese »Interpretation« der Begegnung des auferstandenen Jesus mit dem zweifelnden Thomas geht total am Bibeltext vorbei, denn vom Textzusammenhang her zielt die Geschichte darauf, den Weg des Thomas vom Zweifel zum Glauben an *Jesus* als den Auferstandenen zu beschreiben. Deshalb antwortet der auferstandene Herr auf den Ausruf des Thomas: »Weil du mich gesehen hast, Thomas, darum glaubst du. Selig sind, die nicht sehen und doch glauben« (V. 29). Jesus *bestätigt* also den Glauben des Thomas, der in seinem Bekenntnis-Ausruf zum Ausdruck kam und durch das doppelt betonte *»mein«* nur unmittelbar auf den vor ihm stehenden Jesus (und nicht auf Gott den Vater) bezogen sein konnte (vgl. Harris 1992, S. 108 ff.). Daß Jesus nur »*ein* Gott« sei und daß das Neue Testament nicht von der Gottheit Jesu spreche – auf diese Behauptungen bin ich bereits an anderer Stelle eingegangen.

Aber noch ein Weiteres ist wichtig: »*Mein Herr und mein Gott*« ist im Alten Testament eine häufige Ausdrucksweise, ein feststehender *Gebetsruf zu Gott dem Vater* (z. B. in 2. Sam 7, 28; 1. Kön 18, 39; Ps 35, 23; 50, 3; Jer 31, 18; Sach 13, 9). Daß dieser Gebets- und Bekenntnisruf hier auf *Jesus* angewandt wird, zeigt wiederum seine Wesenseinheit mit Gott auf. Harris resümiert:

»Indem Thomas diesen Bekenntnisruf von sich gab, erkannte er die Herrschaft Jesu in den irdischen und himmlischen Reichen und über sein eigenes Leben *(ho kýrios mou)* sowie die wesensmäßige Einheit Jesu mit dem Vater an, welche seine Verehrung Jesu rechtfertigte *(ho theós mou)*. So wie sie in diesem Vers gebraucht werden, sind *kýrios* und *theós* Titel, nicht Eigennamen. Der erste bestätigt implizit und der zweite explizit die substantielle Gottheit des auferstandenen Jesus« (Harris 1992, S. 129; Übersetzung: L. G.).

Kolosser 1, 15

»Er (Christus) ist das Ebenbild des unsichtbaren Gottes, der Erstgeborene vor aller Schöpfung« (Revidierte Lutherübersetzung 1984).

»Er ist das Bild des unsichtbaren Gottes, der Erstgeborene aller Schöpfung« (NWÜ 1986).

Die Lutherübersetzung sieht Christus auf der Seite des Schöpfers – zeitlich betrachtet: *vor* aller Schöpfung – stehen als dessen »Ebenbild«. Die NWÜ stellt ihn auf die Seite der Geschöpfe – als deren »Erstgeborener« – und erkennt in ihm nur ein einfaches »Bild« Gottes. Wie wird diese Position in der »Dreieinigkeits«-Schrift erklärt? Dort heißt es:

» . . . die Bibel sagt deutlich, daß Jesus in seinem vormenschlichen Dasein ein von Gott geschaffenes Geistwesen war wie die Engel. Weder die Engel noch Jesus hatten vor ihrer Erschaffung existiert. Jesus war in seinem vormenschlichen Dasein ›der Erstgeborene vor aller Schöpfung‹ (Kolosser 1, 15, *JB*). Er war ›der Anfang der Schöpfung Gottes‹ (Offenbarung 3, 14, *JB*) . . . Ja, Jesus wurde von Gott als der Anfang der unsichtbaren Schöpfungen Gottes erschaffen . . .

Somit schuf Gott, der Allmächtige, durch seinen Werkmeister oder sozusagen durch seinen ›Juniorpartner‹ alle anderen Dinge« (S. 14).

Das Wort »*andere*«, das im letzten Satz angeklungen ist, wurde von den Herausgebern der NWÜ in Kol 1, 16 f. vier Mal in den Text eingefügt, obwohl es sich im griechischen Neuen Testament in diesen Versen nicht findet. Damit soll der Gedanke unterstrichen werden, daß Jesus das erste unter vielen »anderen« *Geschöpfen* sei. Wie ich aber schon im Teil über die »Bibel« nachgewiesen habe, sind solche Eintragungen in den Text illegitim und beweisen nichts.

In V. 15 nun steht im Griechischen »*protótokos*«. »*Protótokos*« bedeutet »*Erstgeborener*«, aber nicht »Ersterschaffener«. Wäre Jesus ein Geschöpf, dann müßte »*Ersterschaffener*« (»*protóktistos*«) dastehen. »Erstgeborener« aber berührt sich mit der bereits oben dargestellten Bedeutung von »*monogenés*« und bezeichnet den von Ewigkeit her gezeugten Sohn Gottes.

Entscheidend ist die Frage, um welche *Genitivform* es sich bei »*páses ktíseos*« handelt. Heißt »*protótokos páses ktíseos*«: »Erstgeborener *aller* Schöpfung« (als deren Teil: genitivus partitivus – oder in Beziehung zu ihr: genitivus relationis) oder »Erstgeborener *vor* aller Schöpfung« (im zeitlichen Vergleich zu ihr: genitivus comparativus)? Die Antwort kann nur der Textzusammenhang geben, insbesondere die Bedeutung von »*eikon tou theou*« (»Ebenbild Gottes«). Dieser Begriff besagt, daß Christus Gott in der Welt repräsentiert. »Als Bild Gottes bleibt Christus nicht hinter dem Abgebildeten zurück ... sondern steht ganz auf seiten [sic] Gottes ... Wer von Christus spricht, spricht von Gott. *Eikon* ist Christus als der Präexistente, der vor der Schöpfung bei Gott Existierende« (Gnilka 1980, S. 61 f.).

Von daher ergibt sich, daß der *genitivus comparativus* die zutreffende Form ist. Der Neutestamentler Paul Ewald weist darauf hin, »daß der Genit[iv] im vorliegenden Falle überhaupt nicht eigentlich partitiv gemeint sein kann, weil *pasa ktísis* nicht die ganze Kreatur ist, sondern entweder jede Kreatur oder alles, was Kreatur ist, alle Kreatur«. Die Vorstellung, »wonach Christus – gleichviel ob im Hinblick auf sein Sein vor oder in der Welt – als Geschöpf gedacht werden soll«, wäre »ohne jede Analogie in der apostolischen Literatur«. Sie darf als »allseitig aufgegeben« betrachtet werden (Ewald 1910, S. 317 f.).

Die absolute Unterschiedenheit Jesu Christi von allen Geschöpfen – und namentlich von den Engeln, mit denen ihn die Zeugen Jehovas gerne gleichsetzen würden – wird in der Betrachtung der nächsten Bibelstelle vollends deutlich.

Hebräer 1

Das gesamte Kapitel Hebr 1 zeigt den *völligen Unterschied zwischen Gottes Sohn Jesus Christus und den Engeln* auf. Die Behauptung der Zeugen Jehovas, der präexistente Christus sei der Erzengel Michael gewesen und nach seiner Auferstehung wieder als Engel erhöht worden, entbehrt allein von daher jeder Grundlage. Ich zitiere stellvertretend für das gesamte Kapitel Hebr 1 die Verse 5 - 8:

»Zu welchem Engel hat Gott jemals gesagt: ›Du bist mein Sohn, heute habe ich dich gezeugt‹? und wiederum: ›Ich werde sein Vater sein, und er wird mein Sohn sein‹? Und wenn er den Erstgeborenen wieder einführt in die Welt, spricht er: ›Und es sollen ihn alle Engel Gottes anbeten *(proskynesátosan).*‹ Von den Engeln spricht er zwar: ›Er macht seine Engel zu Winden und seine Diener zu Feuerflammen‹, aber von dem Sohn: ›Gott, dein Thron währt von Ewigkeit zu Ewigkeit, und das Zepter der Gerechtigkeit ist das Zepter deines Reiches.‹ «

Dem Sohn kommen sämtliche Gottes- und Herrscherprädikate zu, während die Engel lediglich als »dienstbare Geister« (V. 14) gekennzeichnet werden, die den Sohn anbeten sollen. *Denn der Sohn allein ist Gott – und kein Engel.* Engel dürfen auch nicht angebetet werden, denn das wäre eine widergöttliche Handlung. Nur Gott darf *Anbetung* empfangen. Dies wird durch *Offb* 22, 8 f. bestätigt, wo es heißt:

»Und ich, Johannes, bin es, der dies gehört und gesehen hat. Und als ich's gehört und gesehen hatte, fiel ich nieder, um anzubeten *(proskynesai)* zu den Füßen des Engels, der mir dies gezeigt hatte. Und er sprach zu mir: Tu es nicht! Denn ich bin dein Mitknecht deiner Brüder, der Propheten, und derer, die bewahren die Worte dieses Buches. Bete Gott an *(to theo proskyneson)*!«

In Offb 22, 8 f. und Hebr 1, 6 wird beide Male das gleiche griechische Wort *proskyneo* (»anbeten«, »huldigen«) verwendet. Die Anbetung und Huldigung, welche gemäß Offb 22, 8 f. allein an Gott gerichtet werden soll und welche Engel nicht annehmen dürfen, ist die gleiche Anbetung und Huldigung, welche gemäß Hebr 1, 6 dem erstgeborenen Sohn durch die Engel dargebracht werden soll. Daß man zu Jesus beten kann und daß er somit Gott ist, wird durch viele weitere Stellen ausdrücklich bestätigt, z. B. Joh 14, 13 f.; Apg 7, 59 f.; Röm 10, 9.13; 1. Kor 1, 2 und Kol 3, 17 (s. o.). Also ist Jesus Christus *kein Engel, sondern Gott.*

Resümee

Am Ende dieser langen Erörterungen über »Gott« ergibt sich somit die Erkenntnis: Die Lehre von der Dreieinigkeit ist biblisch gut verankert, ja sie geht zwingend aus den untersuchten Bibelstellen (und vielen weiteren, die hier aus Platzgründen keine Erwähnung finden konnten) hervor. Gott ist also ein *dreieiniger Gott,* der sich als Vater, Sohn und Heiliger Geist offenbart. Die Gotteslehre der Zeugen Jehovas, die dieser Erkenntnis widerspricht, ist somit falsch.

Wenn die Zeugen Jehovas zwischen »dem *alleinigen* Gott Jehova« und »Jesus als *einem* Gott« unterscheiden wollen, korrumpieren sie den Gottesbegriff. Würde man ihr Reden von »Gott« wörtlich nehmen, müßte man ihnen streng genommen *Bitheismus* (Glaube an zwei Götter) oder sogar *Polytheismus* (Vielgötterei) vorwerfen (was verschiedene Kritiker, etwa unter Bezug auf 5. Mose 4, 35; Jes 43, 10; 45, 5 und 1. Kor 8, 4 auch tun; vgl. z. B. Hoekema 1972, S. 129 f.). Da die Wachtturm-Gesellschaft aber im Falle von Jesus mit »Gott« nicht Gott im eigentlichen Sinne (ewiger, allmächtiger, unsichtbarer Gott) meint, liegt eher ein Mißbrauch, eine *Entleerung des Gottesbegriffs* vor – und damit unweigerlich *der Verlust des wahren dreieinigen Gottes selbst.*

Nun wenden wir uns der Frage zu: Was lehrt die Wachtturm-Gesellschaft über die Schöpfung, insbesondere über den Menschen?

Mensch

Ist der Mensch eine Seele oder *hat* er eine Seele? Ist die Seele unsterblich? Was geschieht nach dem Tod? Existiert eine Hölle? Gibt es eine ewige Verdammnis? Mit diesen Fragen werden wir uns in diesem Kapitel beschäftigen. Bevor ich jedoch auf das Gebiet der Anthropologie (Lehre vom Menschen) eingehe, schicke ich einige Beobachtungen über die außermenschliche Schöpfung, insbesondere die Engel- und Dämonenwelt, voraus, wie die Zeugen Jehovas sie sehen und wie sie auch für die Anthropologie von Bedeutung sind.

Engel und Dämonen

Die Wachtturm-Gesellschaft beschreibt in ihrem Bibellexikon die *Engel* als unsichtbare Geister, als Geschöpfe Jehovas, die nicht heiraten und sich nicht fortpflanzen können und die Jehova deshalb durch seinen »erstgeborenen Sohn«, den »Anfang der Schöpfung« einzeln erschaffen hat. Der höchste Engel ist »Michael, der Erzengel, welcher – wie im letzten Kapitel ausgeführt – von den Zeugen Jehovas mit Jesus Christus, dem »erstgeborenen Sohn«, identifiziert wird. Die Engel sind den Menschen an Geisteskraft und Macht überlegen, können sich schneller fortbewegen als der Mensch und leben im Luftraum. Sie wissen mehr Dinge als die Menschen, aber nicht, »wann das gegenwärtige System der Dinge weggefegt werden würde«. Sie sind dienstbare Geister, Diener Jehovas (HVB, S. 357 f.).

Diese Aussagen sind zum Teil biblisch begründet (vgl. z. B. Eph 6, 12; Mt 22, 30; 24, 36), zum Teil aber weltanschaulich durch die Sektenlehre verfälscht und gegen die göttliche Trinität gerichtet (s. o.).

Satan, der Teufel, ist Jehovas Hauptwidersacher. Er war bei seiner Erschaffung ein »vollkommenes, gerechtes Geschöpf Gottes«, eine Geistperson. Seine erste böse Handlung war die Verführung von

Adam und Eva, indem er durch eine Schlange sprach. Satan handelt seither als »ein rivalisierender Gott vor Jehova im Himmel«, der Jehova herausforderte (vgl. Hiob 1). Er bekommt eine gewisse Macht, aber doch nur so weit, als Jehova-Gott ihm das ermöglicht. Satan herrscht als Ankläger und Verleumder über ein Heer von Dämonen (gefallenen Engeln), wollte Jesus (alias Michael) versuchen und bekämpft die Christen. Sein Ende wird nicht die ewige Qual, sondern die »endgültige Vernichtung« sein (HVB, S. 1.290 ff.). Insbesondere mit der letzten Aussage wird ein Gedanke vertreten, mit dem wir uns im folgenden noch ausführlicher auseinandersetzen müssen.

Der vollkommene Mensch

Nun nähern wir uns der Frage nach dem Menschen. Wie sah nach Ansicht der Zeugen Jehovas das Wesen des Menschen ursprünglich aus? Der ursprüngliche Mensch – Adam – gilt als vollkommen, und diese Vollkommenheit muß wiederhergestellt werden. Diese Anschauung, die ich gleich näher darstellen werde, möchte ich als *Restitutionalismus* (Lehre von der Wiederherstellung eines guten oder vollkommenen Urzustandes) kennzeichnen.

In dem Artikel »Vollkommenheit« des Bibellexikons der Wachtturm-Gesellschaft wird zwar ausgeführt, daß nur Jehova vollkommen ist; aber von der absoluten Vollkommenheit Jehovas wird eine *relative Vollkommenheit* des Menschen unterschieden: »Es sei daran erinnert, daß die Vollkommenheit des Menschen relativ ist und sich auf den menschlichen Bereich beschränkt. Adam war zwar vollkommen erschaffen worden, doch durfte er nicht über die von seinem Schöpfer festgesetzten Grenzen hinausgehen« (HVB, S. 1.530). Der Mensch besaß Vollkommenheit innerhalb seiner Geschöpflichkeit und wird diese nach Ansicht der Wachtturm-Gesellschaft wieder erlangen und in einem ewigen irdischen Paradies leben.

Auch *Jesus* wurde nach Wachtturm-Vorstellung als »vollkommener, heiliger, sündenloser Mensch« geboren. »Seine körperliche Vollkommenheit war natürlich nicht grenzenlos, sondern auf den menschlichen Bereich beschränkt; er erfuhr, daß man als Mensch Grenzen hat – er wurde müde, durstig, hungrig und war sterblich... Außerdem mußte er nach dem Tod als vollkommenes Opfer und seiner Auferstehung unsterbliches Leben als Geistgeschöpf im Himmel erhalten« (HVB, S. 1.531).

Restitution bedeutet im Rahmen der Lehre der Wachtturm-Gesellschaft Rückkehr der Menschen zur Vollkommenheit auf *Erden*. Diese Lehre berührt sich mit der Eschatologie (siehe den Teil »Letzte Dinge«). Im Bibellexikon wird ausgeführt:

»Gemäß dem Gebet: ›Dein Wille geschehe wie im Himmel so auch auf der Erde‹ wird dieser Planet mit Sicherheit die volle Wirkungskraft der Ausführung der Vorsätze Gottes erleben... Dies schließt die Vollkommenheit der irdischen Verhältnisse und der menschlichen Geschöpfe ein ... Dies bedeutet eine Rückkehr zu dem vollkommenen Zustand, dessen sich der Mensch zu Beginn der Menschheitsgeschichte in Eden erfreute ... Die Prophezeiung in Offenbarung 21,1-5 berichtet ... von der Tausendjahrherrschaft Christi, denn das ›Neue Jerusalem‹, dessen ›Herabkommen‹ mit der Beseitigung der Leiden der Menschheit in Verbindung gebracht wird, wird als Christi ›Braut‹ oder Versammlung – diejenigen, die die königliche Priesterschaft der Tausendjahrherrschaft Christi bilden – dargestellt ... Die Vollkommenheit der Menschen wird relativ, d. h. auf den menschlichen Bereich beschränkt, sein. Doch wird sie sicherlich denen, die sie erhalten, die Fähigkeit verleihen, sich des irdischen Lebens in vollstem Maß zu erfreuen« (HVB, S. 1.532).

Hier wird ein irdisches Paradies für die Masse der Wachtturm-Anhänger erwartet. Der Himmel bleibt, wie wir noch sehen werden, für die 144.000 besonders Auserwählten reserviert. Das Millennium (Tausendjähriges Reich) und die Ewigkeit werden bezüglich der in der Bibel gemachten Verheißungen miteinander vermischt (siehe die Teile »Gemeinde« und »Letzte Dinge«).

Bereits Charles Taze Russell hatte behauptet:

»Unser Herr ... kam in die Welt auf der Stufe der menschlichen *Vollkommenheit*, N, während wir alle vom Geschlechte Adams von Hause aus (sic) auf der niedrigeren Stufe R, – der Stufe der Sünde, der Unvollkommenheit und der Feindschaft wider Gott – sind ... So ist also die Bedingung, unter der wir auf die Stufe der Rechtfertigung oder der vollkommenen Menschheit gelangen, die, daß Christus für unsere Sünden starb, uns erkaufte und uns ›durch den Glauben an sein Blut‹ auf die Stufe der Vollkommenheit, von der wir durch Adam fielen, zurückversetzte« (Russell 1912, S. 240).

Das Loskaufopfer Christi soll dem Menschen also die *»vollkommene« Ausgangsposition Adams* wieder schenken, um es ihm zu ermöglichen, sich in der Bewährungszeit des irdischen Paradieses selber zu läutern und zu erlösen. Das wird deutlich im Bibellexikon der Wachtturm-Gesellschaft gesagt:

»Um die Vollkommenheit des menschlichen Organismus wiederherzustellen und so die Voraussetzungen dafür zu schaffen, daß der Mensch ewig leben kann, hat Jehova ihn mit der Wahrheit versehen, mit dem ›Wort des Lebens‹, das ihm, wenn er es befolgt, zu ewigem Leben verhilft.« Das »Lösegeld«, das Opfer Christi, »ist der einzige Weg, auf dem die Verbindung des Menschen zu Gott und seine körperliche Vollkommenheit völlig wiederhergestellt werden können« (HVB, S. 952).

Wer erhält Unsterblichkeit und damit die Möglichkeit zur Selbstvervollkommnung auf der Grundlage des »Lösegeldes«? Nur diejenigen, die zu Jehova gehören. Alle anderen – Menschen, und auch böse Engel bzw. Dämonen – werden vernichtet. So wird gesagt:

»Gemäß der Bibel ist Jehova unsterblich und unvergänglich (1. Tim 1,17). Diese Eigenschaften hat er zuerst seinem Sohn verliehen. Zu der Zeit, als der Apostel Paulus an Timotheus schrieb, war Christus der einzige, dem Unsterblichkeit zuteil geworden war ... Aber auch denen, die geistige Brüder Christi werden, ist sie verheißen worden ... Zudem werden sie Teilhaber an der ›göttlichen Natur‹, Geistpersonen wie Gott, der Göttliche, der ein Geist ist ... Engel sind Geistgeschöpfe, aber sie sind nicht unsterblich, denn diejenigen, die zu bösen Geistern oder Dämonen geworden sind, werden vernichtet« (HVB, S. 952).

Jehova also habe seinem Sohn, Engeln und auch Menschen Unsterblichkeit verliehen, mit der Möglichkeit verbunden, Vollkommenheit zu erlangen, ja sogar »Teilhaber an der göttlichen Natur, Geistpersonen wie Gott« zu werden. – Hier sehen wir wiederum deutlich, daß die biblische Unterscheidung zwischen Schöpfer und Geschöpf (vgl. Röm 1, 25) nicht durchgehalten wird, sondern eine heillose Vermischung von Gott, Christus, Engelwelt und Menschenwelt eintritt. So wie Christus kann sich nach dieser Vorstellung auch der Mensch zur *göttlichen Natur* emporentwickeln. Das aber ist genau das Wesen der Sünde. *Satan* in Gestalt der Schlange nämlich ist es, der zum Menschen spricht: »Ihr werdet sein wie Gott« (1. Mose 3, 5). Die Lehre von der Selbstvervollkommnung des Menschen begegnet bei den Zeugen Jehovas in ähnlicher Weise wie in (anderen) esoterischen Systemen, etwa bei den Mormonen (vgl. hierzu Dekker/Matrisciana 1993) oder in der Anthroposophie Rudolf Steiners. Ist es in der Anthroposophie der »Christus-Impuls« in Form des »Blut-Erde-Kontaktes« beim »Mysterium von Golgatha«, der die Evolution des Menschengeschlechts vorantreibt (vgl. hierzu ausführlich Gassmann 1993), so ist es bei den Zeugen Jehovas das »Loskaufopfer«, welches die Grundlage für die Selbstvervollkommnung des Menschen bildet (vgl. den Teil »Heil«).

Seele und Ganztod

Gegen die »Unsterblichkeit der Seele«

Wer ist nun der Mensch nach Ansicht der Zeugen Jehovas? Der Mensch ist eine Kombination des Staubes der Erde und des Odems (Atems) des Lebens oder Geistes Gottes. Staub und Odem ergeben gemeinsam eine lebende Seele (*nefesch haja;* 1. Mose 2, 7). Der Mensch *ist* also eine Seele, aber er *hat* keine Seele. Die Wachtturm-Gesellschaft wendet sich gegen die Meinung der »Religionisten« (Kirchen), die (angeblich) an eine Unsterblichkeit der Seele glauben. Die Lehre von der Unsterblichkeit der Seele sei jedoch – ebenso wie die katholische Auffassung von einem Fegefeuer als nachtodlichem Läuterungsort – heidnisch und nicht schriftgemäß. Aus der Bibel gehe hervor, daß die Seele (= der Mensch) sterblich sei. Er stirbt beim irdischen Tod ganz und gar, und es gibt keinen Teil des Menschen, etwa eine Seele, die isoliert weiterexistieren würde *(Ganztod).* Das ewige Leben beginnt nicht unmittelbar nach dem Tod (bzw. für den Gläubigen hier und jetzt und setzt sich nach dem Tod fort), sondern erst durch einen Akt der *Neuschaffung*, den Jehova an seinen Auserwählten vornimmt. Alle anderen Menschen, auch alle gefallenen Engel (= Dämonen), werden – wie schon erwähnt – *vernichtet*. Die Bestimmung des Sünders ist der Tod, d. h. die ewige, endgültige Vernichtung *(Annihilation)*.

In der Wachtturm-Schrift »Die Wahrheit, die zu ewigem Leben führt« heißt es:

»Wo war Adam, bevor Gott ihn aus dem Staub der Erde bildete und ihm Leben gab? Er existierte vorher einfach nicht. Bei seinem Tod kehrte er wieder zu diesem Zustand der Nichtexistenz zurück. Er kam weder in eine Feuerhölle, noch wurde ihm himmlische Seligkeit zuteil, sondern er starb, so wie Gott es gesagt hatte ... Die Bibel lehrt deutlich, daß sich die Toten im Grab befinden, daß sie ohne Bewußtsein und ohne Leben sind ... Da die menschliche Seele der Mensch selbst ist, kann sie keine geistige Substanz im Menschen sein, die getrennt vom Körper leben kann ... deine Seele, das bist in Wirklichkeit *du* ... Wir sehen somit, daß die Menschenseele die Person selbst ist, und wenn die Person stirbt, so stirbt die Menschenseele« (S. 34 ff.).

Was ist nach Vorstellung der Wachtturm-Gesellschaft der *»Geist«*? Er ist ganz ähnlich wie in ihrer Gotteslehre *»die Lebenskraft«*. So lesen wir in derselben Schrift:

»Die Menschenseele ist nichts anderes als die lebende Person selbst, und der Geist ist die Lebenskraft, die dieser Person ermöglicht zu leben. Der Geist ist kein persönliches Wesen; er kann auch nicht tun, was eine Person tun kann: Er kann nicht denken, nicht reden, nicht hören, nicht sehen und nicht fühlen. In dieser Hinsicht könnte man ihn mit dem elektrischen Strom einer Autobatterie vergleichen ... er ist ... die Kraft, die es ermöglicht, daß der Motor und diese elektrischen Ausrüstungen funktionieren können. Dieser Geist oder diese Lebenskraft ist in allen lebenden Geschöpfen vorhanden und wird bei der Zeugung von den Eltern auf die Nachkommen übertragen« (S. 39).

Rutherford weist in seiner Schrift »Schöpfung« darauf hin, daß der Geist oder Odem von Gott stammt und ihm gehört: »Der

Odem, den der Mensch atmet, gehört Jehova, weil alle Dinge von Gott sind. Das Recht zum Leben ging von Gott aus. Der Odem ist nicht unsterblich. Der Atem selbst besitzt kein Leben. Er erhält nur den Blutkreislauf aufrecht, durch welchen der menschliche Körper belebt wird. Die Schrift erklärt deutlich, daß das Leben im Blute liegt« (S. 53). Nach dem Tod kehrt der Odem zu Jehova zurück. Der Mensch besitzt keine Verfügungsgewalt darüber.

Auch im Bibellexikon der Wachtturm-Gesellschaft wird betont: »›Nefesch‹ ist die Person selbst, ihr Nahrungsbedürfnis, das Blut in ihren Adern, ihr Wesen... *néphesch* ist besonders im Blut enthalten... In direktem Gegensatz zu der griechischen Lehre, daß die *psyché* (›Seele‹) unstofflich, nicht greifbar, unsichtbar und unsterblich sei, zeigt die Bibel, daß sowohl mit *psyché* als auch mit *néphesch,* auf irdische Geschöpfe angewandt, Stoffliches, Greifbares, Sichtbares und Sterbliches gemeint ist« (HVB, S. 1.339).

Kontinuität oder Diskontinuität?

Zur *Beurteilung* ist zu sagen, daß diese Lehren der Wachtturm-Gesellschaft über den Menschen Biblisches und Unbiblisches enthalten und miteinander vermischen. Das kommt daher, daß sie einen viel zu *engen* Begriff von »Seele« und »Geist« zugrunde legen, eben nur »Seele« als »ganzer Mensch« und »Geist« als »Lebenskraft«. Immerhin sind die Autoren des Bibellexikons so offen, zuzugeben, daß »diese Begriffe einen weitgespannten Bedeutungsgehalt mit verschiedenen Nuancen haben« (HVB, S. 1.340), auch wenn sie aus dieser Erkenntnis keine Konsequenzen für ihre Interpretation ziehen. Gerade aber weil die Begriffe *»ruach«* und *»neschama«* (hebr.) und *»pneuma«* (griech.) für »Geist« sowie *»nefesch«* (hebr.) und *»psyché«* (griech.) für »Seele« einen so »weitgespannten Bedeutungsgehalt« haben, ist ihre Deutung und Einordnung auch in der theologischen Wissenschaft schwierig. So können auch hier nur einige Grundlinien aufgezeigt werden – mit dem Schwerpunkt auf der Frage, ob es nach dem Tode eine Weiterexistenz gibt (Kontinuität) oder der Mensch dem »Ganztod« verfällt (Diskontinuität). (Diese Frage ist auch für das Gespräch mit den *Adventisten* von Belang, von denen Russell und seine Nachfolger Ansichten über »Ganztod«, »Vernichtung« usw. übernommen haben.)

Ist der Mensch eine lebendige Seele oder *hat* er eine Seele? Die Bibel sagt *beides.* Daß der Mensch als »*nefesch haja*« (»lebendige Seele«, man könnte auch allgemeiner übersetzen: »lebendiges Wesen«) von Gott erschaffen wurde, geht deutlich aus der grundlegenden Stelle 1. Mose 2, 7 hervor: »Da machte Gott JHWH den Menschen aus Erde vom Acker und blies ihm den Odem des Lebens in seine Nase. Und so ward der Mensch ein lebendiges Wesen *(nefesch haja).*« Der Alttestamentler Claus Westermann kommentiert diese Stelle so:

»... der Mensch besteht nicht aus mehreren Bestandteilen (wie Leib und Seele o. ä., sondern er besteht in einem ›Etwas‹ [Staub vom Ackerboden; L. G.], das durch die Belebung zum Menschen wird ... der Mensch bekommt nicht den Atem Gottes in sich, sondern Gott bläst ihm Lebensatem ein ... Der ›Lebensatem‹ bedeutet also einfach die Lebendigkeit, das Einhauchen des Lebensatems, die Belebung des Menschen ... Der von Gott geschaffene Mensch ist der lebendige Mensch ... der Mensch wird zur *nefesch haja* geschaffen, es wird nicht in seinen Körper eine ›lebendige Seele‹ hineingegeben. Der Mensch in seinem Lebendigsein ist ganzheitlich verstanden« (Westermann 1976, S. 282 f.).

Daß die Zeugen Jehovas diese »*Ganzheitlichkeit*« des Menschen betonen, ist das wahre Element in ihrer Argumentation. Ja, der Mensch ist als Ganzer eine »lebendige Seele«, die Gott aus Erde geformt und mit seinem Lebensatem (wenn auch nicht so dynamisch, fast materialistisch »verstanden wie von der Wachtturm-Gesellschaft; s. o.) erfüllt hat.

Aber weil der »*nefesch*«- und »*psyché*«-Begriff im Alten und Neuen Testament *weiter* gefaßt wird und eine Reihe von Bedeutungsnuancen aufweist, kann er auch noch anders verwendet werden, nämlich in folgenden Bedeutungen: »seine Seele *(psyché)* ist *in* ihm *(en auto)*« (Apg 20, 10; vgl. 1. Kön 17, 21 f.); »Seelen besitzen *(ta echonta psychas)*« (Offb 8, 9) u. ä. Probleme bereiten den Zeugen Jehovas auch immer wieder Stellen, die von einer Unterscheidung oder gar Trennung von Leib und Seele handeln, z. B. Mt 10, 28:

»Fürchtet euch nicht vor denen, die den Leib töten und die Seele *(psyché)* nicht töten können; fürchtet euch aber vielmehr vor dem, der Leib und Seele verderben kann in der Hölle.«

Im Theologischen Begriffslexikon zum Neuen Testament werden folgende *Bedeutungsnuancen* der Begriffe »nefesch« (hebr.) und »psyché« (griech.) in der Heiligen Schrift aufgelistet und durch Bibelstellen belegt: »der Sitz des Lebens oder das *Leben*«, »das ganze *natürliche* Sein und Leben des Menschen«, »lebendige Seele«, »das *innermenschliche Leben* ... Ich, Person, Persönlichkeit, mit den verschiedenen Kräften der Seele... Person mit allen Kräften des Bewußtseins«, »die Lebendigkeit *und* die Seite des Willens und Gemütes im Menschen«, »*das eschatologische Leben*«, »jene Größe, innerhalb deren sich Tod und Leben, Verderben und Seligkeit entscheiden« (TBLNT II/1977, S. 1.116 ff.).

Will man diese verwirrende Breite der Definitionen (und das sind noch nicht alle) auf einen Nenner bringen, dann kann man vielleicht so formulieren: »*Seele« ist ein Begriff, der sich sowohl auf die menschliche Person als Ganze als auch auf deren wesentliche Eigenschaften und Befindlichkeiten beziehen kann.* Altes und Neues Testament beschreiben den Menschen als »*Seele*«, aber auch als »*Geist-Seele-Leib*«-Einheit, die beim leiblichen Tod zeitweise aufgelöst und bei der leiblichen Auferstehung wiederhergestellt wird. In der dazwischenliegenden Zeit (Zwischenzustand zwischen irdischem Tod und Auferstehung am Jüngsten Tag) existiert der Mensch als Person weiter, wenn auch ohne irdisch-materiellen Leib. Die Personkontinuität zwischen irdischem Tod und Auferstehung kann man als Weiterleben des menschlichen Ichs – oder auch: der »Seele« – bezeichnen, ohne damit heidnisch-platonischen Vorstellungen von einer »Unsterblichkeit der Seele« zu huldigen. »Seele« ist in diesem Sinne *die den materiellen Tod überdauernde Personalität* des Menschen.

Biblische Texte wie Mt 10, 28; Lk 16, 19 - 31; 1. Petr 3, 19 sowie alttestamentliche Aussagen über den Scheol (ich gehe darauf zum Teil noch ausführlicher ein) sind deutliche Hinweise darauf, daß es einen *Zwischenzustand* – und damit auch ein Weiterexistieren des Menschen nach seinem irdischen Tod – gibt. Die »Ganztod«-Hypothese ist daher mehr als fraglich. Mit Martin Luther und Fritz Heidler (der sich u. a. auf Luther beruft) bin ich der Ansicht, daß die Bibel »von der seelischen Weiterexistenz der verstorbenen Personen im Zwischenzustand« redet, und daß Gott »die Seele unsterblich und ewig schafft«, um »die Ich-Kontinuität zu bewahren und so die Auferstehung der Toten in personaler Identität zu ermöglichen« (F. Heidler, »Ganztod oder nachtodliche Existenz?«, Theologische Beiträge Nr. 4/1985, S. 169 ff.).

Wolfgang Trillhaas hat darauf aufmerksam gemacht, daß *Auferstehung* und Unsterblichkeit keine Gegensätze sind, sondern einander bedingen. Unsterblichkeit und Auferstehung verhalten sich zueinander wie Schale und Kern, wie Anfang und Vollendung. Die Auferstehung ist »ein Modus des Glaubens an die Unsterblichkeit«. Sie kann »nur dann gedacht werden, wenn ein Leben jenseits des Todes überhaupt im Horizont der Denkbarkeit liegt« (W. Trillhaas, »Einige Bemerkungen zur Idee der Unsterblichkeit«, Neue Zeitschrift für Systematische Theologie, 1965, S. 147 ff.).

Wenn in der Bibel davon die Rede ist, daß die *»Seele« stirbt* (z. B. in 4. Mose 23, 10; 1. Kön 19, 4), ist damit immer der Mensch als ganzer (weite Bedeutung), aber niemals die Seele als Beschaffenheitselement des Menschen (enge Bedeutung) gemeint. Das gilt insbesondere für Stellen wie Hes 18, 4, welche die Wachtturm-Gesellschaft gerne anführt (z. B. in »Unterredungen anhand der Schriften«, S. 388). Wenn es dort heißt »Die Seele, die sündigt, soll sterben« ist damit selbstverständlich der Mensch in seiner geistig-seelisch-leiblichen Gesamtheit gemeint, denn eine isolierte Seele könnte weder sündigen noch sterben.

Sterblichkeit ist eine Eigenschaft, welche im Neuen Testament nur in Verbindung mit dem *irdischen Leib* gebraucht wird (vgl. Röm 6, 12; 8, 11; 1. Kor 15, 53 f.; 2. Kor 4, 11; 5, 4). Denn der irdische Leib gehört zur Sphäre des Sichtbaren und Vergänglichen (2. Kor 4, 18). Der neue Leib aber, welcher dem in seiner personalen Kontinuität weiterexistierenden Menschen bei der Auferstehung am Jüngsten Tag zuteil wird, ist unvergänglich (1. Kor 15, 35 - 54; 2. Kor 5, 1 - 10; Phil 3, 21; vgl. Ronsdorf 1992, S. 114 f.).

Auch wenn es somit nach biblischer Lehre eine Unsterblichkeit des
Menschen (oder – wenn man so will: der Seele) gibt, ist diese Auffassung von der Unsterblichkeit mit den heidnisch-platonischen Vorstellungen keineswegs identisch. Der Vorwurf der Zeugen Jehovas,
die Kirchen würden hier eine heidnische Lehre vertreten, ist (von
gewissen Ausnahmen, z. B. Fegefeuer oder volkstümliche Auffassungen von einer Unsterblichkeit der Seele abgesehen) nicht begründet. Die Unterschiede zwischen biblischer und heidnisch-platoni-
scher Unsterblichkeitsauffassung sind gravierend. Es handelt sich vor
allem um folgende vier Punkte:

1. Die platonische Philosophie betrachtet den *Leib* als *»Kerker der
Seele«* und wertet ihn damit gegenüber dem Seelisch-Geistigen ab. –
In der Bibel hingegen wird betont: »Das Wort wurde Fleisch«
(Joh 1, 14). Der Mensch ist als Ganzheit *»sehr gut«* geschaffen worden
(1. Mose 1, 31). In der Bibel ist der Leib niemals zweitrangig, sondern
wird als gute Schöpfung Gottes betrachtet.

2. Der platonischen Philosophie ist eine Auferstehung des Leibes
fremd. Nach ihrer Vorstellung *entkommt* beim Sterben die Seele wie
ein Schmetterling dem Körper. – Die Bibel legt hingegen die Betonung darauf, daß nach einem nur zeitweiligen leibfreien Zwischenzustand (»Nacktsein«, »Entkleidetsein«; vgl. 2. Kor 5, 1 - 10) die *leibliche Auferstehung* erfolgt. Der irdische Leib stirbt zwar; das leibliche
Dasein des Menschen wird aber dadurch keineswegs abgewertet,
was in der leiblichen Auferstehung Christi und der vorausgesagten
zukünftigen leiblichen Auferstehung aller Menschen zum Ausdruck
kommt (1. Kor 15). Die Seligkeit der Seelen wird daher in der Heiligen
Schrift immer verstanden »unter dem Gesichtspunkt der Auferstehung des Leibes, also einer neuen Leiblichkeit der Seelen« (TBLNT
II/1977, S. 1.119).

3. Die platonische Philosophie lehrt, daß nach dem Tod *»das Göttliche im Menschen«* zu »Gott« (stark pantheistisch verstanden)
zurückkehrt. Unsterblichkeit wird hier als eine qualitative Veran-
lagung betrachtet, die jedem Menschen *von Natur aus* eignet – unabhängig von irgendeiner Beziehung zu einem personalen Gott. – Die

Bibel kennt ein solches »Göttliches« nicht, das im Menschen veranlagt sei, sondern spricht von der *Sündenverfallenheit* jedes Menschen von Natur aus und dem daraus resultierenden *Tod*, dem bei zu irdischen Lebzeiten versäumter Umkehr die ewige Verdammnis folgt. Das ewige Leben – verstanden als ewiges Heil – ist ganz allein Gottes Gabe und freies Geschenk (Röm 6, 23; Mt 25, 31 ff.; Offb 21, 11 - 15). Gott allein besitzt Unsterblichkeit (1. Tim 6, 16), aber er *verfügt* über die Unsterblichkeit und verleiht sie dem Menschen – zum ewigen Heil oder ewigen Unheil (s. u.).

4. Die platonische Philosophie geht von einer *Präexistenz* des Menschen (Existenz vor seiner Zeugung) – zum Teil sogar verbunden mit einer »Seelenwanderung« – aus, während die Bibel das klar verneint. Die Bibel kennt zwar einen *Plan* Gottes für das Leben des Menschen vor seiner Zeugung (vgl. Ps 139, 16; Jer 1, 5) und eine ewige *Erwählung* von Menschen durch Gott (Eph 1, 4); aber von einer Existenz des Menschen vor seiner Zeugung ist dabei nicht die Rede. Der Präexistenzgedanke findet sich in der Bibel allein im Blick auf den Logos Jesus Christus (Joh 1, 1 ff.; 8, 58; Phil 2, 5 ff.). Dem Menschen ist es gesetzt, »*einmal* zu sterben, danach aber das Gericht« (Hebr 9, 27).

»Die Hölle – ein Ort der Ruhe«

»Keine ewige Qual«

Nach Ansicht der Zeugen Jehovas existiert eine Hölle im traditionellen Sinne nicht. Kein Mensch wird ewig im Höllenfeuer gepeinigt werden. Hölle ist ein Ort der Ruhe, des Schlafes, letztlich identisch mit dem Grab (NWÜ: »Gedächtnisgruft«). Die Menschen und Dämonen, die sich gegen Jehova entschieden haben, werden nicht ewig gequält, sondern einfach vernichtet.

Josef Franklin Rutherford nennt in seiner Schrift »Die Harfe Gottes« *vier Gründe, warum die Lehre von der ewigen Qual nicht wahr sein könne:* »1. weil sie gänzlich widersinnig ist; 2. weil sie unvereinbar mit der Gerechtigkeit Gottes ist; 3. weil sie gegen das Prinzip der Liebe verstößt, und 4. weil sie gänzlich unbiblisch ist« (S. 45).

Sie sei *widersinnig*, »weil niemand in Ewigkeit gequält werden könnte, wenn er nicht in Ewigkeit bei Bewußtsein wäre« (S. 46). – Hier setzt Rutherford die Lehre von der Bewußtlosigkeit nach dem Tod voraus. Diese Lehre werde ich weiter unten hinterfragen.

Zweitens sei die Lehre von der ewigen Qual *ungerecht*, denn Gott sei es ja, der den Menschen unvollkommen geschaffen und ihm damit gar nicht die Möglichkeit gegeben habe, sein Gebot vollkommen zu erfüllen. »Es würde sehr ungerecht seitens des Schöpfers sein, ein Kind unvollkommen in die Welt kommen zu lassen, unter Umständen geboren, über die es keinerlei Kontrolle hatte, und es dann, weil es nicht vollkommen gehorchen konnte, zu ewiger Höllenqual zu verdammen« (S. 47). – Hier begegnet ein auffallender Widerspruch zur oben dargestellten Lehre von der »relativen Vollkommenheit«, die offensichtlich doch nicht so »vollkommen« war. Vor allem aber übersieht Rutherford mit diesem Argument, daß ja kein Mensch in die Hölle gehen *muß;* denn aus Liebe hat Gott seinen Sohn Jesus Christus geopfert, um uns von Sünde, Teufel und ewiger Qual zu erlösen.

Drittens sei die Lehre von der ewigen Qual *lieblos*, denn nur ein Teufel könnte auf die Idee kommen, seine Kinder zu quälen. Da Gott aber Liebe sei, könne diese Lehre nicht mit seinem Wesen übereinstimmen. – Hier wird übersehen, daß Gott seine »*Kinder*« (das heißt die zu ihm Gehörigen) gar nicht ewig quält. In die Hölle kommen nur diejenigen, die den Gott der Bibel zu Lebzeiten ablehnten und bekämpften (s. u.).

Viertens sei die Lehre von der ewigen Qual *unbiblisch.* Rutherford behauptet: »In der ganzen Bibel findet sich nicht ein einziger Schrifttext, der als Stütze der Lehre ewiger Qual dienen könnte. Es gibt einige Texte, die in symbolischer Ausdrucksweise, Gleichnissen und dunklen Reden geschrieben sind, die geschrieben wurden, um andere große Wahrheiten zu illustrieren, aber ohne irgendeinen Hinweis auf ewige Qual für das Menschengeschlecht... Die ganze Schrift zeigt, daß die Gottlosen bestraft werden, aber Strafe bedeutet nicht Qual«, sondern »Vernichtung« (S. 48).

Während die ersten drei Argumente von einem *menschlich-humanistischen* Denken und Empfinden ausgehen, das teilweise nachvollziehbar sein mag, aber gegenüber *Gottes* Wort in der Heiligen Schrift nicht ausschlaggebend sein kann, ist der eigentliche und entscheidende Nerv der Auseinandersetzung mit dem vierten Argument angesprochen: Ist die Lehre von der Hölle *biblisch* oder nicht? Was ist mit »Hölle« gemeint? Was bedeutet das Verständnis von »Hölle« für den Menschen? Mir ist bewußt, daß sich die folgenden Ausführungen bereits eng mit der *Soteriologie* und auch mit der *Eschatologie* berühren, aber ich behandle sie trotzdem unter der *Anthropologie,* weil sie eng mit der Frage nach dem Menschen, der Seele, dem Ganztod etc. zusammenhängen.

Der Begriff »Hölle«

Betrachten wir den deutschen Begriff *»Hölle«* etwas näher, so sehen wir, daß er ungenau ist. Mit dem deutschen Wort »Hölle« wurden – etwa in Martin Luthers Bibelübersetzung – ganz unterschiedliche hebräische und griechische Begriffe zusammengefaßt. So ist von den biblischen Sprachen her zu unterscheiden (wenn auch nicht immer mit letzter Klarheit zu scheiden) zwischen:

– *Abyssos* (griech.) als dem »Abgrund«, der »Unterwelt«, insbesondere als »Gefängnis bestrafter Dämonen« (Lk 8,31; Offb 9,1 f.; vgl. EWNT I/1980, Sp. 8 f.); eine ähnliche Bedeutung hat *Tartaros* (2. Petr 2,4);

– *Scheol* (hebr.) bzw. *Hades* (griech.) als dem vorläufigen, zwischenzeitlichen Aufenthaltsort der immateriellen Persönlichkeit (= »Seele«) bis zur Auferstehung, und zwar sowohl der Gerechten wie der Ungerechten, die durch eine tiefe Kluft voneinander getrennt sind; der Teil, in dem die Gerechten leben, ist der *»Schoß Abrahams«* (Lk 16,22) oder das *»Paradies«* (Lk 23,43; s. u.);

– *Gehenna* (griech.) als der endgültigen Feuerhölle für die Verlorenen (benannt nach dem aram. *»gehinnam«,* dem »Tal Hinnom« im Süden Jerusalems, in dem bis zur Zeit Josias Kinderopfer durch Verbrennen dargebracht wurden und das als Stätte des göttlichen Gerichts galt; s. u.).

Im »Theologischen Begriffslexikon zum Neuen Testament« werden Hades und Gehenna so definiert:

»Für das NT ist die ... *gehenna* eine präexistente Größe (Mt 25, 41), ein feuriger Abgrund (Mt 13, 42.50). Sie ist der Ort der endzeitlichen Strafe nach dem jüngsten Gericht, die ewig dauert (Mt 25, 41.46; 23, 15.33). Es werden Leib und Seele in ihr gerichtet (Mk 9, 43.45.47 f; Mt 10, 28). Sie ist also zu unterscheiden vom Hades, der in der Zeit *vor* der Auferstehung die Seelen der Verstorbenen beherbergt« (TBLNT I/1977, S. 713).

Eine *formal* ähnliche Unterscheidung nehmen die Zeugen Jehovas vor. So schreibt Rutherford in seinem Buch »Schöpfung«:

»Hades, oft mit Hölle übersetzt, bezeichnet jenen Todeszustand, aus dem eine Auferstehung stattfinden wird. Gehenna jedoch bezeichnet einen Zustand, aus dem keine Auferstehung sein wird« (S. 271).

Diese äußerlich-formal ähnliche Definition kann aber nicht darüber hinwegtäuschen, daß bei der Wachtturm-Gesellschaft *inhaltlich* etwas völlig anderes gemeint ist als in der traditionellen kirchlichen Auslegung. Die Zeugen Jehovas deuten diese Begriffe (Hades, Gehenna, Hölle, Feuersee etc.) nämlich symbolisch, wie schon oben angeklungen ist. Hades und Gehenna sind somit nach Wachtturm-Aussage keine Orte der zwischenzeitlichen oder endgültigen Qual. Vielmehr bezeichnet »Hades« oder »Scheol« für sie einen Zustand der Bewußtlosigkeit, »Grab, Gruft, Grube oder Tiefe« bis zur etwaigen Auferstehung (je nach der Stellung zu Jehova und seiner Theokratischen Gesellschaft) (vgl. ebd., S. 269). Und »Gehenna« wird gedeutet als »Zustand vollständiger Vernichtung, aus dem es keine Auferweckung oder Auferstehung geben wird« – und der somit auch nichts mit ewiger Qual zu tun hat (ebd., S. 270). So heißt es in der Wachtturm-Schrift »Du kannst für immer im Paradies auf Erden leben«:

»Das hebräische Wort ›Scheol‹ und das griechische Wort ›Hades‹ bezeichnen eindeutig das Grab. Was ist dann die Gehenna? In den Hebräischen Schriften ist die Gehenna das ›Tal Hinnom‹. Hinnom war der Name eines Tales vor den Mauern Jerusalems, wo die Israeliten ihre Kinder im Feuer opferten. Später ließ der gute König Josia das Tal für diesen schrecklichen Brauch ungeeignet machen (2. Könige 23, 10). Es wurde zu einer gewaltigen Mülldeponie. Als

Jesus auf der Erde lebte, war die Gehenna somit der Müllabladeplatz Jerusalems. Durch die Hinzufügung von Schwefel unterhielt man dort Feuer, um den Abfall zu verbrennen...

Jesus benutzte die Gehenna somit als ein passendes Sinnbild für vollständige und ewige Vernichtung... Seine Zuhörer konnten verstehen, daß diejenigen, die in die Gehenna kämen, ähnlich wie Abfall für immer vernichtet würden... der ›Feuersee‹... hat eine ähnliche Bedeutung wie die Gehenna. Er bedeutet nicht Qual bei Bewußtsein, sondern ewigen Tod und Vernichtung« (S. 85 ff.).

Ist das wirklich so? Wie sind die biblischen Passagen zu interpretieren, in denen die Begriffe »Scheol«, »Hades«, »Gehenna« und »Feuersee« vorkommen? Sind es Symbolbegriffe und symbolische Geschichten (dies behaupten außer den Zeugen Jehovas auch andere Anhänger der »Annihilation« und des »Konditionalismus«, z. B. Fudge 1994; vgl. auch Harris 1961) – oder handeln sie von einer Wirklichkeit jetzt und in zukünftiger Zeit? Ist die Hölle »ein Ort der Ruhe – der Hoffnung«, wie die Wachtturm-Schrift »Gott bleibt wahrhaftig« (S. 73) ein Kapitel überschreibt – oder ist sie ein Ort des »Heulens und Zähneklapperns«, wie es Jesus mehrmals formuliert (s. u.)?

Zunächst ist festzustellen, daß die Begriffe »scheol« und »hades« nicht das Grab, sondern die Unterwelt als Aufenthaltsort der Toten, das *Totenreich* bezeichnen (THAT II/1984, Sp. 837 ff.; Bauer 1971, Sp. 32 f.; EWNT I/1980, Sp. 72 f.; ThWAT VII/1993, Sp. 901 ff.). Der gewöhnliche Begriff für »Grab« hingegen ist im Hebräischen »*qeber*«, im Griechischen »*taphos*« oder »mnemeion«. Die Scheol unterscheidet sich u. a. dadurch vom Grab, daß sie sich in sehr großer »Tiefe« befindet (5. Mose 32, 22; Hiob 11, 8; 26, 5; Jes 14, 15), durch »Tore« verschlossen ist (Ps 9, 14; Jes 38, 10; vgl. Mt 16, 18) und daß man in sie »hinabsteigen« oder »hinabfahren« kann (1. Mose 37, 35; 4. Mose 16, 23; Hiob 7, 9; Ps 9, 18), während man in das Grab hineingelegt wird. In der Scheol herrscht zwar Weltvergessenheit (Hiob 14, 21; Pred 9, 5 ff.), aber nicht Bewußtlosigkeit, sondern Wahrnehmungsfähigkeit und Aktivität. Entsprechende Bibelstellen (z. B. Jes 14, 9 - 17; Hes 31 f.; Hiob 14, 18 - 22; 26, 5; vgl. Lk 16, 19 - 31) mögen zwar bildhafte Elemente im Blick auf Detailschilderungen enthalten, aber die Berichte als Ganze weisen m. E. doch deutlich auf eine Existenz nach dem Tode hin (gegen Harris 1961). Gegenüber alttestamentlicher Zeit hat der Begriff »scheol/hades« im Neuen Testament eine Sinnerweiterung erfahren: »... über die alte Verwendung als Bezeichnung der gesamten Totenwelt hinaus kann das Wort den zwischenzeitlichen Aufenthaltsort entweder aller Toten oder der Seelen der Gottlosen meinen« (THAT II/1984, Sp. 841).

Im Unterschied hierzu bezeichnet »gehenna« den endgültigen Bestimmungsort der Verdammten, die ewige Feuerhölle. Die damit verbundene Realität wird im Neuen Testament folgendermaßen gekennzeichnet:

- Heulen und Zähneklappern (Mt 8, 12; 13, 42.50; 22, 13; 24, 51; 25, 10)
- Finsternis (Mt 22, 13; 2. Petr 2, 4.17; Jud 6)
- Feuer (Mt 3, 10; 13, 40; Joh 15, 6)
- ewiges Feuer (Mt 18, 8; 25, 41; Mk 9, 43)
- Feuer und Schwefel (Offb 14, 9 ff.)
- Feuersee (Offb 20, 14 f.)
- Feuer- und Schwefelsee (Offb 20, 10; 21, 8)
- feuriger Pfuhl (Offb 19, 20; 20, 15)
- Feuerofen (Mt 13, 41 f. 50)
- Strafe ewigen Feuers (Jud 7)
- unauslöschliches Feuer (Mk 9, 43.48; Lk 3, 17)
- nicht sterbender Wurm (Mk 9, 48; vgl. Jes 66, 24)
- Qual (Offb 14, 11; vgl. Lk 16, 23 ff.)

Selbst wenn man davon ausgeht, daß diese Charakterisierungen ganz oder teilweise bildlich gemeint sein sollten, so sind doch entsetzliche Wirklichkeiten erkennbar: Gottesferne, Finsternis und quälende Schmerzen. Die drastischen Hinweise auf quälende Schmerzen in der Gehenna lassen sich m. E. nicht mit einer Auslöschung oder Vernichtung der Existenz vereinbaren, wie Vertreter der Annihilations-Theorie behaupten. Würde der Mensch bei seinem irdischen Tod wirklich ausgelöscht, dann wäre der Hinweis auf das »ewige« oder »unauslöschliche Feuer« *(to pyr to asbeston)*, den »nicht sterbenden Wurm« *(ho skolex ou teleuta)* und die damit verbundene Qual überflüssig, ja unverständlich. Nirgends in der Heiligen Schrift findet sich ein klarer Beleg dafür, daß dieses »Feuer« ein einmaliger

Vernichtungsakt sei, welcher die Existenz des Menschen beende, sondern es wird im Gegenteil seine ewige Dauer (*aionios;* s. u.) betont.

Faßt man die Charakterisierungen oder Umschreibungen für das ewige Schicksal der Verdammten zusammen, so kann man also keinesfalls von der Hölle als einem »Ort der Ruhe und der Hoffnung« sprechen, wie die Wachtturm-Gesellschaft das tut. Wenn von »Hölle« als dem ewigen Schicksal der Verdammten in der Bibel die Rede ist, so werden hierfür durchgehend Begriffe gebraucht, die ein *Schaudern und Erschrecken* hervorrufen. Die Gehenna ist *nicht* unwirklich, irdisch, zeitlich, leer, das Fegefeuer, die Vernichtung oder der Zustand zwischen Wiederverkörperungen, wie von unterschiedlichen Lehrrichtungen behauptet wird. Sie ist vielmehr der Ort ewiger Bestrafung, Qual und Gottesferne (vgl. Kreeft/Taelli 1994, S. 280 ff.; gegen Fudge 1994 u. a.).

»Der zweite Tod«

Die Wachtturm-Gesellschaft argumentiert unter Berufung auf Offb 20, 14 folgendermaßen:

» ... der Feuersee bedeutet den ›zweiten Tod‹, den Tod, aus dem es keine Auferstehung gibt. Offensichtlich ist dieser Feuersee symbolisch, denn Tod und Hölle (Hades) werden dort hineingeworfen. Tod und Hölle können nicht buchstäblich verbrannt werden. Sie können und werden jedoch beseitigt oder vernichtet werden« (Du kannst für immer im Paradies auf Erden leben, S. 87).

Ähnlich weist E. W. Fudge darauf hin, daß »der Tod und sein Reich« in den Feuersee geworfen werden: »Und der Tod und sein Reich wurden geworfen in den feurigen Pfuhl. Das ist der zweite Tod: der feurige Pfuhl« (Offb 20, 14). Fudge schreibt:

»Traditionalistische Autoren lesen die Gleichung immer in die andere Richtung, als ob es heißen würde, ›der zweite Tod‹ (der unbestimmt sei) sei ›der Feuersee‹ (der eindeutig sei). Tatsächlich jedoch sagt Johannes: ›Der Feuersee‹ (sein Symbol) ist ›der zweite Tod‹ (eine eindeutigere Wirklichkeit)« (Fudge 1994, S. 194; Übersetzung: L. G.).

Diese Folgerung – so antworte ich – könnte nur dann einleuchten, wenn der Feuersee an den anderen Stellen auch im Sinne von

»Vernichtung« verstanden werden könnte. Dies ist aber weder im näheren noch im weiteren Kontext dieser Stelle der Fall (vgl. z. B. Offb 20, 10, wo von der ewigen Qual des Teufels, des »Tieres« und des »falschen Propheten« die Rede ist). So ist »der zweite Tod« unausweichlich von der Realität der Gehenna und des Feuersees her zu interpretieren – und nicht umgekehrt.

Auch die Tatsache, daß »der Tod und sein Reich« in den feurigen Pfuhl geworfen werden, spricht nicht gegen die Realität der Gehenna. Vielmehr kommt durch diese Formulierung der Übergang vom Totenreich (Scheol, Hades) als Zwischenzustand (vgl. den Kontext in Offb 20, 12 f.!) zur endgültigen Stufe der ewigen Verdammnis zum Ausdruck. Die Scheol wird aufgelöst – und das heißt: alle, die in ihr sind, werden ihrer endgültigen Bestimmung preisgegeben.

»Aionios«

Nun behauptet die Wachtturm-Gesellschaft, daß »ewig« *(aionios)* nicht einen unaufhörlichen Zustand der Qual, sondern die Folge eines einmaligen Aktes der Auslöschung bezeichne: das niemals endende Vernichtetsein (s.o.). Diese Argumentation stimmt nicht mit dem neutestamentlichen Gebrauch des Begriffes »*aionios*« überein, der eine unaufhörliche Dauer zum Ausdruck bringt (vgl. Bauer 1971, Sp. 55 f.).

Ferner läßt sich darauf antworten, daß das gleiche griechische Wort »*aionios*«, welches im Neuen Testament für die »ewige Verdammnis« gebraucht wird, auch auf Gott und seine Segnungen Anwendung findet. René Pache hat errechnet, daß das Neue Testament »*aionios*« »vierundsechzigmal auf himmlische und selige Wirklichkeiten der anderen Welt« anwendet: »der ewige Gott, Seine ewige Macht, der ewige Geist, das ewige Leben, das ewige Evangelium, das ewige Reich, das ewige Heil, die ewige Erlösung, der ewige Bund, das ewige Erbe, die ewige Herrlichkeit, der ewige Trost, die ewigen Hütten, die ewigen Zeiten, die ewigen unsichtbaren Dinge«. Siebenmal findet es Anwendung auf Kennzeichen der Verdammnis: Mt 18, 8; 25, 41; Jud 7: das ewige Feuer; Mt 25, 46: die ewige Pein; Mk 3, 29; Hebr 6, 2: das ewige Gericht; 2. Thess 1, 9: das ewige Verderben. Bei den Kennzeichnungen Gottes und der Eigenschaften der Seligkeit steht außer Frage, daß *»aionios«* »ewig« im Sinne einer *Dauer ohne Ende* meint, nicht nur eine andere »Daseinsqualität« (gegen Fudge 1994, S. 11 ff.). Pache fragt zu Recht: »Wie kann ein Wort, das vierundsechzigmal ›ewig‹ bedeutet, sieben andere Male einen anderen Sinn haben?« (Pache 1973, S. 163 f.). Wenn die Bibel somit von einer ewigen Qual der Dämonen und gottlosen Menschen spricht, folgt daraus, daß sie nicht einfach vernichtet werden.

»Apoleia«

Von den Zeugen Jehovas wird nun immer wieder das im Neuen Testament gebrauchte Wort *»apoleia«* ins Feld geführt, das angeblich »Vernichtung« bedeuten soll. So heißt es im »Wachtturm« vom 1. 7. 1982 unter der Überschrift »Die ›große Drangsal‹ überleben oder vernichtet werden«:

»Lexika zur griechischen Sprache geben dem Wort *apoleia* die Bedeutung von ›Ausrottung‹, ›ewige Vernichtung‹ (Arndt & Gingrich) oder ›ein definitives Scheitern, nicht einfach das Erlöschen der physischen Existenz‹ (Theologisches Wörterbuch zum Neuen Testament).«

Das letzte Zitat besagt allerdings vom Zusammenhang her gerade das Gegenteil von dem, was die Wachtturm-Gesellschaft damit belegen möchte, denn unverkürzt lautet es so:

»*Apollusthai* ist nun [sc. im Neuen Testament] im Gegensatz zum *sozesthai* oder zur *zoe aionios* ein definitives Scheitern, nicht einfach das Erlöschen der physischen Existenz, sondern das ewige Versinken im Hades, ein hoffnungsloses Todesgeschick… Einfaches Erlöschen der Existenz ist auch hier nicht gemeint…, sondern ein nicht endender qualvoller Todeszustand« (ThWNT I, S. 395 f.).

Vom biblischen Befund her ist nämlich festzustellen, daß *»apollymi«*, *»apoleia«* und die wurzelverwandten Formen eine ganze Reihe von Bedeutungen haben können: *»verlieren«* (Mt 10, 6.39; 15, 24; 16, 25; 18, 11.14; Lk 15, 4.6.8.9.24.32 u. a.); *»verderben«* (Mt 7, 13; 9, 17; 10, 28; 2. Petr 2, 1; Offb 17, 8.11 u. a.); *»verschwenden«* (Mt 26, 8; Mk 14, 4); *»umbringen«* (Mt 2, 13; 12, 14; 21, 41 u. a.); *»umkommen«*

(Mt 5, 29 f.; 26, 52 u. a.). *Apoleia* hat somit nicht in erster Linie die Bedeutung von »vernichten«, sondern von »verloren gehen«, von »Untergang«. *Apoleia* ist »nicht der Verlust der Existenz, sondern das Ende einer wohlbefindlichen Existenz« (Ronsdorf 1992, S. 150).

Fragen

Die Wachtturm-Gesellschaft und andere Annihilationisten sind zu fragen: Wenn es *keine* Weiterexistenz des Menschen unmittelbar nach dem Tode geben soll, sondern die Ungerechten vernichtet werden und die Gerechten noch auf ihre Neuerschaffung warten, wie lassen sich dann folgende biblische Berichte erklären?

– Bei der Verklärung (Mt 17, 1 - 8 parr.) erschienen Jesus und drei Jüngern die alttestamentlichen Gestalten Mose und Elia. Wie hätten sie diesen erscheinen können, wenn sie zu diesem Zeitpunkt nicht mehr (oder noch nicht) existiert hätten?

– Wie könnte Paulus sagen, er wünsche sich »abzuscheiden und bei Christus zu sein« (Phil 1, 23) und »nicht entkleidet, sondern überkleidet (verwandelt)« (2. Kor 5, 4) zu werden, wenn sich nicht unmittelbar an den irdischen Tod eine Weiterexistenz anschließt?

– Wie könnten die getöteten Zeugen Jesu Christi unter dem himmlischen Altar Gott um sein Eingreifen bitten und wie könnte ihnen geantwortet werden, sie sollten »noch eine kurze Zeit abwarten, bis auch ihre Mitknechte und Brüder vollendet sind« (Offb 6, 9 - 11), wenn es keine Existenz zwischen irdischem Tod und Jüngstem Gericht geben sollte?

– Wie könnte Jesus dem Verbrecher am Kreuz zurufen: »Heute wirst du mit mir im Paradiese sein« (Lk 23, 43) – und wie könnte er in Lk 16, 19 - 31 den nachtodlichen Zustand beschreiben, wenn es alles das gar nicht wirklich gäbe (s. u.)?

Im folgenden gehe ich auf die beiden letztgenannten und andere Bibelstellen, die für das Gespräch mit den Zeugen Jehovas von besonderem Gewicht sind, etwas ausführlicher ein. Zuvor fasse ich die Position der Wachtturm-Gesellschaft noch einmal in wenigen Sätzen zusammen.

Die Zeugen Jehovas sagen: Es gibt keinen Ort ewiger Qual. Der Mensch ist nach dem Tod bewußtlos. Die Seele lebt nach dem Tod nicht weiter. Rutherford etwa schreibt in seinem Buch »Schöpfung«: »Wenn nun der Schriftbeweis die Tatsache feststellt, daß ein Toter weder Kenntnis noch Weisheit hat, daß er kein Gedächtnis besitzt, daß er nichts denken kann, und daß er sich in einem Zustand des Schweigens befindet, so wird damit die von der Geistlichkeit gegebene Antwort, daß die Toten sich entweder in irgendeinem qualvollen oder in irgendeinem glückseligen Zustand befinden, durchaus widerlegt« (S. 260).

Alttestamentliche »Belege«

Rutherford beruft sich dabei vor allem auf Bibelstellen aus dem Alten Testament, insbesondere aus den *Psalmen* und dem Buch *Prediger,* die von der Vergänglichkeit des Menschen und seiner abgebrochenen Beziehung zu Gott und der Schöpfung im Zustand des Todes handeln (z. B. Ps 6, 5; 49, 14; 115, 7; Pred 3, 18 - 22; 9, 3 - 10). Liest man solche Stellen isoliert und beachtet nicht den heilsgeschichtlichen Ort, an dem sie stehen, dann kann man tatsächlich zu so einseitigen Ergebnissen wie Rutherford und seine Nachfolger gelangen. Aber gerade eine solche Bibelexegese, die Stellen aus ihrem heilsgeschichtlichen und gesamtbiblischen Zusammenhang herausreißt und das Fortschreiten vom Alten zum Neuen Bund übersieht, kennzeichnet ja das Bibelverständnis der Wachtturm-Gesellschaft. Wie problematisch sie ist, habe ich bereits im Teil über die »Bibel« aufgezeigt.

Welches ist nun der *heilsgeschichtliche Ort von Prediger* (Kohelet)? Es ist der Erkenntnisstand des Menschen zu alttestamentlicher Zeit *vor* der Auferstehung Jesu Christi. Die Gewißheit des ewigen Lebens und der Auferstehung ist hier – wie im Alten Testament überhaupt – noch nicht so deutlich offenbart wie im Neuen Bund. Auch wenn eine Weiterexistenz nach dem Tode immer wieder an einzelnen Stellen des Alten Testaments (z. B. Ps 88, 11; 139, 8; Jes 26, 19; Hes 37; Dan 12, 1; Hi 19, 25 ff.) anklingt, so ist völlige Gewißheit erst durch die Auferstehung Jesu Christi und die dadurch erfolgte Grundlegung für eine allgemeine Totenauferstehung gegeben. Im Alten Testament steht hingegen an vielen Stellen die Angst vor dem drohenden Gericht und vor der Vergänglichkeit des irdischen Lebens im Vordergrund, so auch bei Kohelet.

Kohelet ist »noch stark diesseitsorientiert« und hat »keine Gewißheit über die Auferstehung zum Leben« (Stoll 1993, S. 34). Er rechnet aber damit, »daß mit dem Tod eben nicht alles aus ist« (3, 17; 12, 7), daß es »ein Gericht« gibt. In Pred 3, 18 ff. redet z. B. »der Mensch ohne Gott, der sich nur ›für sich selbst‹ (V. 18) betrachtet und im Vergleich mit dem Vieh zu der Einsicht kommt und kommen muß, letztlich gebe es bis in den Tod hinein keinen Unterschied«. Die Linie führt aber »konsequenterweise von hier weiter zum Todesüberwinder Jesus Christus« (ebd., S. 76 f.). Ähnliches gilt für Pred 9, 3 ff.: »Die Lokalisierung ›unter der Sonne‹ gibt erneut zu erkennen, daß Kohelet mit seinen Beobachtungen die nüchterne Wirklichkeit eines Lebens an Gottes Bestimmung vorbei beschreibt« (ebd., S. 139).

Wenn sich die Zeugen Jehovas also auf solche Stellen stützen, dann übersehen sie, daß sich diese wie Anfragen verhalten, die in Jesus Christus ihre Beantwortung und Erfüllung erfahren haben. Wenn Pred 3, 21 etwa *fragt:* »*Wer weiß,* ob der Odem der Menschen aufwärts fahre?«, dann gibt die neutestamentliche Stelle 2. Kor 5, 1 darauf die *Antwort:* »Denn *wir wissen:* wenn unser irdisches Haus, diese Hütte, abgebrochen wird, so haben wir einen Bau, von Gott erbaut, ein Haus, nicht mit Händen gemacht, das ewig ist im Himmel.«

Zwei wesentliche neutestamentliche Stellen zu diesem Thema wollen wir daher noch etwas ausführlicher betrachten: Lk 16, 19 - 31 und Lk 23, 43.

Lukas 16, 19 - 31

Lukas 16, 19 - 31 enthält das sogenannte *Gleichnis vom reichen Mann und armen Lazarus.* In der Wachtturm-Schrift »Die Wahrheit, die zum ewigen Leben führt« wird mit Nachdruck betont, daß es sich hier um ein *Gleichnis* und um nichts anderes handelt. Jeder Gedanke an einen buchstäblichen Ort der Qual soll ausgeschlossen werden. In rationalistischer Weise wird gefragt:

»Ist es vernünftig oder biblisch, zu glauben, ein Mensch müsse Qualen leiden, nur weil er reich ist, schöne Kleider trägt und genug zu essen hat? Ist es biblisch, zu glauben, daß ein Mensch mit himmlischem Leben gesegnet wird, nur weil er ein Bettler ist? Man überlege ferner: Ist die Hölle buchstäblich nur so weit vom Himmel entfernt, daß jemand, der in der Hölle ist, mit jemandem, der im Himmel ist, sprechen könnte? Hätte sich der Reiche in einem buchstäblichen Feuersee befunden, wie hätte dann Abraham Lazarus hinsenden können, um mit nur einem Tropfen Wasser an seiner Fingerspitze die Zunge des Reichen zu kühlen?« (S. 42 f.).

Aus all diesen Gründen könne es sich nicht um einen Bericht buchstäblicher Vorgänge handeln. Was aber wollte Jesus dann damit sagen? Die Wachtturm-Gesellschaft deutet die Erzählung *allegorisch:*

»In diesem Gleichnis versinnbildete der Reiche die Klasse der religiösen Führer, die Jesus verwarfen und später dafür sorgten, daß er getötet wurde. Lazarus veranschaulichte das einfache Volk, das den Sohn Gottes annahm« (S. 43).

Hier werden die Einzelpersonen zu ganzen Volksgruppen ausgeweitet. Auch die Qual, von der die Erzählung spricht, wird umgedeutet. Sie bezieht sich nicht mehr auf das Dasein nach dem Tod (Lk 16, 22), sondern auf das irdische Schicksal der religiösen Führer kurz nach dem Pfingstereignis: »Da sie verstoßen waren, litten sie Pein, als die Nachfolger Christi nach Pfingsten kraftvoll ihre bösen Werke bloßstellten« (S. 43).

Daß diese Deutung nicht überzeugend ist, wird einerseits durch die Tatsache bewiesen, daß der Bibeltext selber *keinen Anhaltspunkt* für eine solche rein zeitgeschichtliche Interpretation liefert, andererseits dadurch, daß die Wachtturm-Gesellschaft in ihrer Geschichte mindestens *fünf verschiedene Auslegungen* von Lk 16, 19 - 31 vorgelegt hat. Ich fasse die wesentlichen Deutungsversuche zusammen:

a. Charles Taze Russell als glühender Zionist bezog die Figur des reichen Mannes – mit eher positivem Beiklang – auf Israel. Die »jüdische Nation« werde »noch gequält«. »Israel ist sicherlich der Vergessenheit verfallen; als Nation ist es tot, aber die unter alle Völker zerstreuten Kinder Israel leben weiter, und sie haben seit ihrer Verwerfung des Messias fortwährend Qual gelitten und werden weiter leiden müssen« (Schriftstudien, Bd. 5, Ausgabe 1926, S. 361).

b. Joseph Franklin Rutherford, der 1931 offiziell die »Zeugen Jehovas« als das »neue Heilsvolk« an die Stelle Israels setzen wollte (Substitution), bezog die Figur des reichen Mannes ebenfalls auf Israel, gab diesem aber eine sehr negative Färbung: Der Reiche verkörpere das jüdische Volk, das von Gott sehr begünstigt worden war, Lazarus aber verkörpere die Nichtjuden. »Gott hat durch Christus die Juden verworfen und ihnen damit seine Gunst gänzlich entzogen. Darauf wurden zur bestimmten Zeit die Nationen oder Nichtjuden in Gottes Gunst versetzt« (Versöhnung, S. 173).

c. In dem 1942 herausgegebenen Buch »Die Neue Welt« wird Lazarus mit der frommen »Hiob-Klasse« (= Zeugen Jehovas), der Reiche mit deren Gegnern gleichgesetzt. Die durch den Reichen repräsentierte »Klasse«, welche die »Theokratie« bekämpft, werde »gequält durch die feurige Botschaft vom Gericht des Herrn« (S. 360 ff.).

d. Eine darauf aufbauende Deutung findet sich in dem 1946 erschienenen Buch »Gott bleibt wahrhaftig«. Dort heißt es, daß es sich beim »Gleichnis vom reichen Mann und armen Lazarus« um eine »Prophezeiung« handle, die sich »seit dem Jahre 1918 n. Chr. erfüllt«. Sie beziehe sich »auf zwei Klassen, die heute auf Erden bestehen. Der reiche Mann stellt die gar selbstsüchtige Klasse der Geistlichkeit der ›Christenheit‹ dar, die nun von Gott entfremdet und seiner Gunst abgestorben ist und durch die Verkündigung der Wahrheit gequält wird. Lazarus stellt den Überrest des ›Leibes Christi‹ und auch die Klasse der Menschen guten Willens dar. Wenn diese der Religion den Rücken kehren, empfangen sie Gottes Gunst und Trost aus seinem Worte« (S. 85).

Eine fünfte, wieder zurück auf die Zeit Jesu gerichtete Deutung (aus dem Jahr 1968) haben wir bereits oben kennengelernt. Dietrich Hellmund (1971, o. S.) spricht in seiner Dissertation im Blick auf diese Vielzahl von sehr unterschiedlichen Deutungsversuchen von einem »ungelösten Dauerproblem« der Zeugen Jehovas. Russells Zugeständnis war noch am ehrlichsten: »Hier haben wir die einzige Stelle der Heiligen Schrift, die die Möglichkeit des Denkens und

Fühlens, der Qual oder der Freude im Hades oder Scheol andeutet« (Schriftstudien, Bd. 5, Ausgabe 1926, S. 361). Wie wir gesehen haben, ist Lk 16,19-31 allerdings keineswegs die *einzige* Stelle, welche dies belegt.

Wie ist nun Lk 16,19-31 wirklich auszulegen? Das ist eine schwierige Frage auch in der theologischen Forschung. Dennoch lassen sich m. E. einige grundlegende Aussagen hierzu machen.

Zunächst ist nicht restlos klar, ob es sich wirklich um ein *Gleichnis* handelt. Zu den (sonstigen) Gleichnissen Jesu gibt es nämlich mindestens einen auffallenden Unterschied: die Nennung eines Eigennamens (»Lazarus«), was sonst in Gleichnissen Jesu niemals vorkommt. Verschiedene Kirchenväter waren deshalb der Ansicht, daß hier nicht ein Gleichnis vorliegt, sondern daß Jesus auf ein *wirkliches Ereignis* in Israel Bezug nimmt. So schrieb Tertullian (De anima 7):

»Was sollte dort der Name Lazarus, wenn es nicht ein wirkliches Ereignis wäre? Aber selbst wenn es ein Bildwort wäre, das Glauben verlangt, wäre es ein Zeugnis der Wahrheit. «

Auch der bedeutende Bibelgelehrte Theodor Zahn weist auf die Namensgebung in Lk 16,19-31 hin, die »ohne Beispiel in sämtlichen uns überlieferten Parabeln Jesu im engeren und weiteren Sinn dieses Titels« ist. Zahn zieht die erwähnte Deutung der Kirchenväter in Betracht, hält aber die Möglichkeit für wahrscheinlicher, daß es sich dennoch um ein Gleichnis handelt und »Jesus gerade diesen Namen mit Rücksicht auf seine Wortbedeutung gewählt habe« (»Lazarus« ist wahrscheinlich eine Abkürzung von »Eleazar« = »Gott hilft«, »Gott hat geholfen«) (Zahn 1920, S. 583f.).

Selbst falls es sich somit um ein Gleichnis handeln sollte (was heute die überwiegende Zahl der Ausleger annimmt), so ist es dennoch nicht willkürlich in der Weise allegorisch zu deuten, wie die Wachtturm-Gesellschaft es tut. Vielmehr ist ernstzunehmen, daß Jesus an geläufige Vorstellungen aus der Tradition und Umwelt seiner Hörer anknüpft, um geistliche Wahrheiten zu demonstrieren. Konkret: *Er gebraucht die Jenseits-Vorstellungen vom Scheol aus alttestamentlich-jüdischer Tradition, um die Notwendigkeit einer rechtzeitigen Umkehr zu Gott bei Lebzeiten zu illustrieren.* Auch wenn der Zielpunkt (Skopus) der Erzählung somit nicht auf der Jenseitslehre liegt, so ist diese doch nicht unwesentlich, sondern als selbstverständlich vorausgesetzt. Und selbst wenn es sich bei den Einzelheiten wie »Flamme«, »Zunge« und der tiefen »Kluft« um bildhafte Vorstellungshilfen aus dem irdischen Bereich für unsichtbare geistliche Tatsachen der jenseitigen Welt handeln sollte, so sind diese geistlichen Wirklichkeiten als solche doch *existent.*

Die Geschichte von dem reichen Mann und dem armen Lazarus benutzt wie der Rest der Gleichnisse Jesu »eine wirkliche Situation, um geistliche Dinge zu illustrieren«. Menschen müssen »wirklich eine bewußte Existenz nach dem Tod besitzen, und einige von ihnen müssen wirklich ›in Qualen‹ sein und ihr vergangenes Leben zutiefst bedauern«. Ungeachtet dessen, was das Gleichnis illustriert, muß die ihr zugrunde liegende Geschichte (wie die anderen Geschichten, die Jesus erzählte) »vom wirklichen Leben genommen sein« (Reed 1994, S. 64; Übersetzung: L. G.).

Betrachten wir z. B. die Gleichnisse vom verlorenen Groschen, vom verlorenen Schaf, vom verlorenen Sohn (Lk 15, 4 ff.) usw.: Überall sind wirkliche Situationen aufgegriffen, die vielleicht nicht genau so geschehen sein mögen, die aber jederzeit so geschehen könnten. Sie sind also aus dem alltäglichen Leben gegriffen, um geistliche Wahrheiten zu illustrieren. Und ebenso stützt sich Jesus in seiner Erzählung vom reichen Mann und armen Lazarus – um es paradox zu formulieren – auf »das wirkliche Leben nach dem Tod«, wie es ihm als Sohn Gottes bekannt ist und vor Augen steht, und veranschaulicht es durch Bilder, welche er dem irdischen Leben entnimmt.

Lukas 23, 43

Weil Jesus das Leben nach dem Tode kennt, kann er auch am Kreuz dem mit ihm hingerichteten bußfertigen Verbrecher zurufen: »*Wahrlich, ich sage dir: Heute wirst du mit mir im Paradiese sein*« (*Lk 23, 43*). Da die Zeugen Jehovas eine Weiterexistenz unmittelbar nach dem Tode leugnen, bemühen sie sich, auch diesen Vers anders zu deuten. Für sie ist es unvorstellbar, daß Jesus zu dem Verbrecher sagte: »Heute (also am gleichen Tag) wirst du mit mir im Paradiese (im Zwischenzustand der Seligen) sein.« Die Neue-Welt-Übersetzung gibt diese Stelle daher so wieder: »*Wahrlich, ich sage dir heute: Du wirst mit mir im Paradiese sein.*«

Also nicht am gleichen Tag wird der Verbrecher mit Jesus in das Paradies (den Zwischenzustand der Seligen) gelangen, sondern irgendwann einmal – nach seiner Neuerschaffung – ewig im »Paradies auf Erden« leben (vgl. hierzu den Teil »Letzte Dinge«). Wie wird diese Übersetzung begründet? Im Bibellexikon der Wachtturm-Gesellschaft heißt es:

»Die Interpunktion bei der Wiedergabe dieser Worte hängt zwangsläufig davon ab, wie der Übersetzer den Ausspruch Jesu auffaßt. Der griechische Urtext weist keine Satzzeichen auf, denn die heutige Zeichensetzung kam erst im 9. Jahrhundert u. Z. auf. In vielen Übersetzungen steht vor dem Wort ›heute‹ ein Komma, so daß man den Eindruck gewinnt, der Übeltäter sei noch am gleichen Tag ins Paradies gekommen, wofür aber in der Bibel keine Stütze zu finden ist. Jesus selbst war tot und im Grab, bis er am dritten Tag als ›Erstling‹ derer, die auferstehen, auferweckt wurde... Alles deutet deshalb darauf hin, daß Jesus mit dem Wort ›heute‹ nicht sagen wollte, wann der Übeltäter im Paradies sein würde, sondern die Aufmerksamkeit auf die Zeit lenken wollte, zu der die Verheißung gemacht wurde und der Übeltäter einen gewissen Glauben an ihn bewiesen hatte. Es war der Tag, an dem Jesus von den höchsten geistlichen Führern seines Volkes verworfen, dann zum Tod verurteilt und den Römern zur Hinrichtung ausgeliefert worden war« (HVB, S. 1.135).

Durchaus richtig wird im Bibellexikon der Zeugen Jehovas darauf hingewiesen, daß der griechische Urtext keine Satzzeichen enthält und die (nachträgliche) Interpunktion von der Auffassung des Übersetzers abhängt. Freilich kann diese Interpunktion nicht willkürlich sein, sondern sie muß sich aus dem unmittelbaren und gesamtbiblischen *Textzusammenhang* ergeben. Es sind also zwei Fragen zu stellen: Was wollte Jesus an dieser Stelle zu dem Verbrecher sagen? Und: Wie wird an sprachlich parallelen oder ähnlichen Stellen die Zeichensetzung vorgenommen?

Zur ersten Frage: *Was wollte Jesus sagen?* Wollte der Evangelist wirklich die Betonung darauf legen, daß Jesus dem Verbrecher am

Tag ihres gemeinsamen Sterbens ein Leben im Paradies in ferner Zeit zuspricht? Oder wollte er das sofortige Eingehen in den Zustand der Seligen hervorheben?

Aus dem Textzusammenhang ergibt sich zweifellos das letztere. Denn vorher sagte der Verbrecher zu Jesus: »Denke an mich, wenn du in dein Königreich kommst!« (Lk 23, 42). Der Glaube an das in der Endzeit aufgerichtete Königreich Gottes war im Judentum sehr verbreitet. Demgegenüber betont Jesus in unvergleichlicher Vollmacht: »Wahrlich, ich sage dir: *Heute* wirst du mit mir im Paradiese sein« – zwar noch nicht im ewigen Königreich, aber doch im Zwischenzustand der Seligen zwischen irdischem Tod und Jüngstem Tag. Jesus spricht hier »nach der Weise der Rabbinen seiner Zeit von dem Zustand, in welchen die Seelen der Frommen im Augenblick des Sterbens eintreten, als einem Weilen im Paradiese, dem *Gan-Eden* (Gen 2, 8 ff.), ohne damit diejenige Seligkeit und Herrlichkeit vorwegzunehmen, welche erst im zukünftigen Gottesreich der vom Tode auferstandenen Frommen wartet« (Zahn 1920, S. 703 f.).

Diese Deutung wird unterstützt durch die inhaltlich ähnliche Stelle *Joh 11, 23 - 26.* Auch Maria spricht Jesus gegenüber von der »Auferstehung am Jüngsten Tag«, die dem Judentum wohl vertraut war. Dem stellt Jesus das Neue gegenüber: »*Ich bin* die Auferstehung und das Leben. Wer an mich glaubt, der wird leben, ob er gleich stürbe; und wer da lebt und glaubt an mich, der wird *nimmermehr sterben.*« Entgegen der geläufigen endzeitlichen Erwartung betont Jesus das »Hier und Jetzt«, das ewige Leben, das unverlierbar ist und mit seinem Kommen den Gläubigen geschenkt wird.

Weiter gestützt wird diese Deutung – und wir kommen hier zur Beantwortung der zweiten oben gestellten Frage – durch den gesamtbiblischen Kontext der Stelle, insbesondere den sonstigen Gebrauch des griechischen Wortes »*semeron*« (»heute«). Gerade im Lukas-Evangelium findet sich ein charakteristischer Gebrauch dieses Wortes. Und zwar wird es immer wieder betont vorangestellt, um die Gegenwart des Heils und des Heilandes zu betonen: »*Heute* ist euch der Heiland geboren« (Lk 2, 11). »*Heute* ist dieses Wort der Schrift vor euren Ohren erfüllt« (Lk 4, 21). »*Heute* haben wir Ungeheuerliches gesehen« (Lk 5, 26). »*Heute* muß ich in deinem Haus einkehren«

(Lk 19, 5). »*Heute* ist diesem Hause Heil widerfahren« (Lk 19, 9). Organisch fügt sich in diese Kette der Satz: »*Heute* wirst du mit mir im Paradiese sein« (Lk 23, 43).

Vor allem aber aus der Wendung »*wahrlich, ich sage dir*«, die Jesus häufig benutzt, ergibt sich, daß das »heute« zur zweiten Satzhälfte gehören muß: »Heute wirst du mit mir im Paradiese sein.« Denn an keiner der über 70 Stellen im Neuen Testament, wo das »wahrlich, ich sage dir« (oder »wahrlich, wahrlich, ich sage dir«) begegnet, ist ein »heute« hinzugesetzt – und demzufolge mit größter Wahrscheinlichkeit auch nicht in Lk 23, 43.

Nun haben wir gehört, daß die Zeugen Jehovas behaupten, Jesus sei unmittelbar nach seinem Tod gar nicht im »Paradies«, sondern einfach »*tot*« und »im Grab« gewesen, bis er nach drei Tagen neu geschaffen wurde. Der Verbrecher konnte deshalb gar nicht mit ihm nach seinem Tod zusammen sein. Mit solchen Fragen, welche die Person Jesu Christi, die Frage der Kreuzigung und Auferstehung und des Heils betreffen, beschäftigen wir uns im nächsten Teil unserer Untersuchung.

Heil

Überblick

Der Ausgangspunkt von Charles Taze Russell war die Angst vor der ewigen Höllenqual. Demgegenüber verkündete er ein Reich der ewigen Seligkeit der Gerechten und Geretteten, das sehr *hedonistisch* geprägt ist und fleischlich-irdische Erwartungen enthält, fast wie der islamische »Himmel«. Über das Leben im »Himmel« heißt es in der 78. Sure des Koran:

»Für die Gottesfürchtigen aber ist ein Ort der Seligkeit bereitet, mit Bäumen und Weinreben bepflanzt, und sie finden dort Jungfrauen mit schwellenden Busen und gleichen Alters mit ihnen und vollgefüllte Becher.«

Mit Ausnahme der islamischen »Huris« finden sich solche grobsinnlichen Vorstellungen auch in den Veröffentlichungen der Wachtturm-Gesellschaft. Der Titel einer bekannten Wachtturm-Schrift, »Du kannst für immer im Paradies auf Erden leben«, ist hierfür geradezu programmatisch. Dieses irdische Paradies ist für die Zeugen Jehovas durch ewige Jugend und Gesundheit seiner Bewohner sowie üppige Fruchtbarkeit seiner Vegetation gekennzeichnet (vgl. die kitschigen graphischen Darstellungen der »paradiesischen Erde« in zahlreichen Wachtturm-Büchern und -Traktaten). Kurt Hutten (1968, S. 85) bezeichnet treffend »die *Sehnsucht nach Glück*« als »das eigentliche und innerste Motiv« für die Soteriologie und sonstige Lehrentwicklung der Wachtturm-Gesellschaft. »In ihrem Brennpunkt steht ein handfestes irdisches Glück von endloser Dauer in einer paradiesischen Welt. Die ganze Welt- und Heilsgeschichte ist nichts anderes als der mit allerlei Komplikationen und Konflikten beladene Weg vom verlorenen Paradies Adams und Evas zum wiedergewonnenen Paradies des irdischen ›Königreichs Gottes‹«.

Nach Ansicht der Wachtturm-Gesellschaft wurde das erste Menschenpaar 4.128, 4.028 oder 4.026 v. Chr. von Jehova erschaffen (die Jahreszahl wurde mehrmals geändert; siehe den Teil »Letzte Dinge«). Damals waren Luzifer, einer der Cherubim, und das Heer der Engel schon vorhanden. Luzifer besaß zunächst die Schirmherrschaft über das junge Menschengeschlecht, erwies sich aber Jehova gegenüber als illoyal, indem er selber wie Jehova sein und die Menschen in diese Rebellion mit hineinziehen wollte. Er wurde zum Satan und gewann viele Engel (die nun zu Dämonen wurden) für sich.

Satan und alle Abgefallenen (Engel wie Menschen) wurden von Jehova zur Vernichtung verurteilt. Aber zuvor mußte Jehova den Abgefallenen eine Zeit von 6.000 Jahren gewähren. Luzifer-Satan hatte nämlich zwei Streitfragen aufgeworfen: Ist wirklich Jehova der Souverän und Herrscher des Weltalls – oder nicht? Und: Werden Jehovas Diener ihm wirklich aus Liebe gehorchen – oder werden sich alle von Jehova abwenden und der Leitung Satans folgen? In der Schrift »Du kannst für immer im Paradies auf Erden leben« heißt es:

»Natürlich hätte Gott Satan auf der Stelle vernichten können. Doch dann wären die Fragen, die Satan aufgeworfen hatte, nicht beantwortet worden; sie hätten für die Engel, die alles beobachtet hatten, bestehen bleiben können. Daher räumte Gott Satan Zeit ein, seine Behauptungen zu beweisen« (S. 20).

»Die wichtige Streitfrage lautete…: *Hat Gott das Recht, der absolute Herrscher über die Menschheit zu sein?* Mit anderen Worten: Hat Jehova zu entscheiden, was für die Menschen gut oder schlecht ist? Hat er zu sagen, was richtiges Verhalten ist und was nicht? Oder kann sich der Mensch besser selbst regieren? Welche Art von Herrschaft ist die beste? Können Menschen ohne Jehovas Leitung, aber unter der unsichtbaren Leitung Satans erfolgreich herrschen? Oder ist Gottes Führung nötig, damit eine gerechte Regierung geschaffen werden kann, die der Erde bleibenden Frieden bringt? All diese Fragen wurden aufgeworfen, als Gottes Souveränität, sein Recht, der einzige und absolute Herrscher der Menschheit zu sein, angegriffen wurde« (S. 101 f.).

Um seine Souveränität zu beweisen, mußte Jehova sich einen Weg erdenken, und er entschloß sich, einen anderen Cherubim, gleich mächtig wie Luzifer, den Erzengel Michael, auf die Welt zu senden, um einen Ausgleich für Luzifers Rebellion zu erwirken. Luzifer aber blieb nicht untätig. Er gründete sein Reich in der Welt: in Form der Staaten, Religionen und Kirchen. Die organisierte Religion unter Leitung Luzifers ist »die große Hure«. Im Gegenüber zur organisierten Religion hat sich Jehova immer wieder Zeugen berufen, so bereits Abel, aber auch Mose, der eine zeitweilige »theokratische Vorbildregierung« initiierte. 607 oder 606 v. Chr. endete diese wegen des Ungehorsams der Könige Judas, und mit der Babylonischen Gefangenschaft begannen die »Zeiten der Nationen«, die 2.520 Jahre bis 1914 dauern sollten (hierzu mehr unter »Gemeinde« und »Letzte Dinge«).

Der mächtigste Gegenschlag gegen die Weltherrschaft Satans ist nun nach Wachtturm-Ansicht durch die Sendung des Erzengels Michael erfolgt, der – wie schon im Teil über »Gott« ausgeführt – mit Jesus Christus gleichgesetzt wird. Im folgenden werde ich ausführlicher auf das Verständnis von Sünde, Christus und Heil bei den Zeugen Jehovas eingehen und dieses kritisch hinterfragen.

»Sünde – eine Disharmonie«

Im Bibellexikon der Zeugen Jehovas wird darauf hingewiesen, daß die Sünde durch Satan aufkam:

»Während einer Zeit von unbekannter Dauer war das ganze Universum mit Gott in völliger Harmonie. Disharmonie entstand durch ein Geistgeschöpf, das als Widerstandleistender oder Widersacher bezeichnet wird (hebräisch: *Ssatán;* griechisch: *Satanás;* Hiob 1, 6; Röm. 16, 20), als der führende Falschankläger oder Verleumder (griechisch: *Diábolos*) Gottes (Heb. 2, 14; Offb. 12, 9)« (HVB, S. 1.422).

Satan nährte die Begierde im Garten Eden, leitete die Menschen an, die Frucht der Erkenntnis von Gut und Böse zu essen und führte zur »Disharmonie« zwischen dem Menschen und seinem Schöpfer, der übrigen Schöpfung und sich selbst. Wörtlich heißt es:

»Die Sünde führte zur Disharmonie zwischen dem Menschen und seinem Schöpfer. Sie beeinträchtigte nicht nur sein Verhältnis zu

Gott, sondern auch sein Verhältnis zur übrigen Schöpfung Gottes, ja sie schädigte sogar ihn selbst – seinen Sinn, sein Herz und seinen Körper. Sie brachte großes Unheil über das ganze Menschengeschlecht« (HVB, S. 1.422 f.).

Der Sündenfall hatte Auswirkungen auf die gesamte Menschheit: »Die Tatsachen sprechen dafür, daß die Übertragung der Sünde von Adam auf die nachfolgenden Generationen auf die anerkannten Vererbungsgesetze zurückzuführen ist (Ps 51,5)« (HVB, S. 1.423). Die Folgen der Sünde sind Tod, Krankheit, Schmerz und Altern. Sünde ist Gesetzlosigkeit – und »nur ein sündloser Mensch – wie Jesus Christus – konnte dieses Gesetz (Jehovas) vollkommen halten« (HVB, S. 1.424) und damit die Folgen der Sünde beseitigen.

Diese Aussagen der Zeugen Jehovas klingen auf den ersten Blick zum Teil orthodox, und doch verbirgt sich hinter ihnen ein wesentlicher Unterschied zum biblisch-christlichen Verständnis von »Sünde«: *Die Sünde wird nicht in ihrer ganzen Radikalität und Tiefe gesehen.* Man achte genau auf die Formulierungen der Wachtturm-Gesellschaft: Die Sünde führte zu einer *»Disharmonie«,* sie *»beeinträchtigte«* das Verhältnis des Menschen zu Gott und zur übrigen Schöpfung, sie *»schädigte«* den Menschen selbst. – Die Bibel hingegen spricht davon, daß durch die Sünde unser Verhältnis zu Gott völlig *zerstört* ist, daß wir *ganz und gar Verlorene* sind, daß *nichts Gutes* im Menschenherzen wohnt usw. (vgl. Jes 59,2; Röm 3,9-28; 7,18.24 u. v. a.).

Nur weil von den Zeugen Jehovas »Sünde« nicht in ihrer ganzen Tiefe gesehen wird, kann behauptet werden, daß ein »sündloser Mensch – wie Jesus Christus« ausreicht, um das »Gesetz vollkommen« zu halten und damit die Gerechtigkeit wiederherzustellen, die dadurch allen zuteil wird und es ihnen ermöglicht, sich durch ihre eigenen Taten zu »bewähren« (s. u.). Also ein *bloßer Mensch* (bzw. ein Mensch gewordener Erzengel; s. u.) würde ausreichen, um die Rettung zu ermöglichen. – Die gesamte biblisch-christliche Tradition hingegen hält daran fest, daß *allein Gott, der Mensch wird,* dem Menschen helfen kann, weil die Sünde des Menschen *übergroß* ist. So heißt es etwa in der 1580 veröffentlichen Konkordienformel der evangelisch-lutherischen Kirche:

»Und erstlich ists wahr, daß Christen für Sünde halten und erkennen sollen nicht alleine die wirkliche Übertretung der Geboten Gottes, sondern daß auch die greuliche, schreckliche Erbseuche, durch welche die ganze Natur verderbet, vor allen Dingen wahrhaft für Sünde soll gehalten und erkennt werden, ja für die ›Häuptsünde‹, welche ein Wurzel und Brunnquell ist aller wirklichen Sünde und wird von D. Luthero eine ›Natur- oder Personsünde‹ genennet, damit anzuzeigen, da gleich der Mensch nichts Böses gedächte, redet oder wirket, wölchs doch nach dem Fall unser ersten Eltern in diesem Leben menschlicher Natur unmüglich, daß gleichwohl seine Natur und Person sündig, das ist, durch die Erbsünde als mit einem geistlichen Aussatz durch und durch, ganz und gar für Gott vergiftet und verderbet sei, um welcher Verderbung willen und von wegen des Falls des ersten Menschen die Natur oder Person von Gottes Gesetz beklagt und vordammet wird, also, daß wir ›von Natur Kinder des Zorns‹, des Todes und der Verdammnus sind, wo wir nicht durch das Verdienst Christi davon erlöset werden« (Solida Declaratio zu Art. 1; BSLK, S. 847).

»Christus – der Erzengel Michael«

»Engelstufe – Menschenstufe – Engelstufe«

Bereits mehrmals haben wir gehört, daß nach Vorstellung der Wacht-turm-Gesellschaft Christus lediglich der Mensch gewordene Erzengel Michael ist. Mit dieser Behauptung, auf die ich schon im Teil über »Gott« kritisch eingegangen bin, müssen wir uns in diesem Abschnitt noch einmal beschäftigen, da sie untrennbar mit der Frage nach dem Heil (Soteriologie) zusammenhängt.

Nach Auffassung der Zeugen Jehovas durchlief Michael *drei Stufen:* Lange vor allen anderen Wesen, auch vor Luzifer, wurde er als oberster Cherub, als *Erzengel* oder Logos von Jehova geschaffen *(erste Stufe).* Zu Beginn unserer Zeitrechnung verließ er den Bereich der Geistgeschöpfe und wurde ein *vollkommener Mensch, Jesus Christus,* um in Gestalt der Hingabe seines vollkommenen menschlichen

Lebens (bzw. Leibes) das Lösegeld für die Übertretung Adams zu bezahlen *(zweite Stufe)*. Nach seinem Tod als Mensch am Marterpfahl wurde er von Jehova wieder als *Geistgeschöpf* – nun aber auf einer höheren Stufe als zuvor, auf einer »göttlichen« Stufe (und doch nicht gleich mächtig wie der allmächtige Gott) – in die himmlische Herrlichkeit aufgenommen, wobei er die Fähigkeit besaß, mit Hilfe Jehovas die Leiber des »auferstandenen« Jesus zu »materialisieren« *(dritte Stufe)*.

Zur Illustration dieser Ansichten gebe ich einige Zitate zum Stichwort »Jesus Christus« aus dem Bibellexikon der Wachtturm-Gesellschaft wieder:

»Ehe Jesus auf der Erde geboren wurde, erschienen auf unserem Planeten Engel in Menschengestalt. Wahrscheinlich nahmen sie für die Gelegenheit passende Körper an, und wenn ihr Auftrag erledigt war, entmaterialisierten sie sich wieder ... Sie blieben also Geistgeschöpfe und gebrauchten lediglich für eine gewisse Zeit einen physischen Leib. Als aber der Sohn Gottes auf die Erde kam und er der Mensch Jesus wurde, verhielt es sich anders ...

Sind die Schätzungen heutiger Wissenschaftler bezüglich des Alters des physischen Universums auch nur annähernd korrekt, dann begann das Dasein Jesu als Geistgeschöpf Tausende von Millionen Jahren vor der Erschaffung des ersten Menschen ... Der Vater gebrauchte diesen erstgeborenen Geistsohn, um alles andere zu erschaffen ... Dazu gehören auch die Millionen anderer Geistsöhne der himmlischen Familie Jehovas ...

Von der Zeit seiner Geburt an war Jesus der Sohn Gottes, so wie der vollkommene Adam der ›Sohn Gottes‹ war ... Durch ihn offenbarte er [Jehova] die Bedeutung des ›heiligen Geheimnisses‹, gab auf die von Gottes Widersacher aufgeworfene Streitfrage eine Antwort und beschaffte durch das Loskaufsopfer das Mittel, durch das gehorsame Menschen von der Sünde und vom Tod befreit werden konnten ... ›Er entäußerte sich‹ der himmlischen Herrlichkeit und der geistigen Natur und ›nahm Sklavengestalt an‹; sein Leben wurde umgewandelt, und er wurde von der Stufe eines Geistgeschöpfes auf die Stufe eines Menschen aus Fleisch und Blut herabgesetzt ... Jesus konnte als der erstgeborene Sohn, der Erste unter den Geschöpfen

Gottes, die überzeugendste Antwort auf die Behauptung Satans geben und bezüglich der wichtigen Streitfrage über die Rechtmäßigkeit der universellen Souveränität Jehovas zugunsten seines Vaters das beste Zeugnis ablegen ...

Als Jehova seinen einziggezeugten Sohn auswählte, ›legte er ihm natürlich die Hände nicht voreilig auf‹, denn dadurch wäre er Gefahr gelaufen, ›an den Sünden, die er eventuell hätte begehen können, teilzuhaben‹. Jesus war kein Neubekehrter, der vielleicht ›stolz geworden und dem Urteil verfallen wäre, das über den Teufel gefällt ist‹ ... Da durch den Sohn alles ins Dasein kam, war er ein Gott, ›der einziggezeugte Gott‹ (Joh. 1, 18), und nahm daher unter allen anderen Geistsöhnen Gottes eine Vorrang- und Ehrenstellung ein. Dennoch wurde er nicht hochmütig ... Es sei noch bemerkt, daß der Geistsohn, der zum Satan wurde, ... Gott nicht treu [war] ... und so beging er die Sünde der Rebellion ... Seine Liebe hielt einer Prüfung nicht stand« (HVB, S. 788 ff.).

An solche Aussagen ist eine Reihe von Fragen zu stellen. Ich knüpfe dabei an das in den vorigen Teilen Gesagte an.

Dualismus und Abwertung Christi

Zunächst zeigt sich auch hier, wie schillernd das *Gottesbild* der Zeugen Jehovas ist. Es wird behauptet, Gott müsse gegenüber der Herausforderung durch Luzifer-Satan seine Souveränität beweisen. Auch wenn es etwa in Hiob 1 Anknüpfungspunkte für eine solche Gottesauffassung geben könnte, so kann dies doch nie so weit gehen, Gott so auf *eine* Ebene mit Satan zu stellen, als ob sie Konkurrenten seien und als ob Gott sich gegenüber Satan als der Stärkere erweisen müßte. Solche Gedanken nähern sich, selbst wenn die Zeugen Jehovas das weit von sich weisen würden, doch gefährlich einem *Dualismus* (zwei – in der Regel gleich starke – Mächte ringen um die Herrschaft) – und das widerspricht der Einzigartigkeit, Souveränität und Allmacht JHWHS total (vgl. 2. Mose 2, 20 f.; 5. Mose 6, 4). Letztlich sind solche Aussagen der Zeugen Jehovas über Gott ein weiterer Hinweis darauf, daß sie trotz ihrer dauernden Betonung der Einzigkeit und Absolutheit Jehovas den wirklichen, absoluten Gott gar

nicht kennen, sondern sich einen eigenen »Gott« zusammenge-
bastelt haben, der sich in das von ihnen entworfene Weltendrama ein-
zufügen hat.

Das zeigt sich vollends, wenn wir nun den Blick auf *Christus* richten. Im Teil über »Gott« habe ich bereits nachgewiesen, daß Christus
kein Geschöpf, sondern die zweite Person der göttlichen Dreieinigkeit ist. Insofern würde sich hier eigentlich eine weitere Erörterung
der Frage, ob er mit dem Erzengel Michael identisch sei, erübrigen.
Aber im Zusammenhang mit der Soteriologie treten doch Fragen
auf, die eine nähere Beschäftigung mit dem Christusverständnis der
Zeugen Jehovas nötig machen.

Hier sehen wir nun, daß sich die dualistische Sicht der Zeugen
Jehovas bezüglich des Gottesbildes auf verschiedenen Ebenen fort-
setzt. Es wird ein *Dualismus* konstruiert *zwischen Michael und Luzifer, zwischen Jesus und Luzifer* – und auf einer anderen Ebene auch
zwischen (Michael-)Jesus und Adam. Da Jesus nur als Engelwesen
oder – zeitweilig – bloßer Mensch gesehen wird, erscheinen solche
Gegenüberstellungen zwischen geradezu »gleichgestellten Partnern«
oder »Kontrahenten« als legitim.

Dabei wird freilich außer acht gelassen, daß Jesus eben *nicht* auf
gleicher Ebene wie Engel oder Menschen steht, sondern ganz auf die
Seite Gottes gehört. Seine zeitweilige Menschwerdung darf nicht so
mißverstanden werden, als sei er bloßer Mensch gewesen, sondern er
war *wahrer Mensch und wahrer Gott zugleich*. Er hat sich während
seines irdischen Wirkens nicht seines »Engelseins« entäußert, sondern seiner göttlichen Gestalt, ohne dabei seine göttliche Wesensart
zu verlieren (siehe den Teil über »Gott«). Die Zeugen Jehovas hingegen werten Jesus Christus ab. Zwar räumen sie seinem »Loskaufopfer« (auch »Loskaufsopfer« geschrieben) eine zentrale Stelle ein,
aber dieses reicht ihrer Meinung nach für die Erlösung nicht aus
(s. u.).

Vor allem vier Bibelstellen sind es, die von den Zeugen Jehovas
zur Behauptung der Identität von Jesus Christus und dem Erzengel
Michael herangezogen werden: Dan 12, 1; 1. Thess 4, 16; Jud 9 und
Offb 12, 7 - 12. An allen diesen Stellen ist vom Engelfürsten *Michael*
die Rede. »Michael« bedeutet »Wer ist wie Gott?« – und nicht »der

wie Gott ist« (so hat Russell fälschlich übersetzt; vgl. Hellmund 1971, Anm. 318). Daß Michael als der oberste der Engel und »Oberbefehlshaber« der göttlichen Engelheere eine bevorzugte Stellung einnimmt, wird an allen Bibelstellen, wo sich sein Name findet, deutlich, aber *nirgends wird er mit Jesus Christus identifiziert.* Vielmehr steht Jesus *über* Michael und allen Engeln (vgl. Hebr 1 u. a.; s. o.).

Wenn nun z. B. in Dan 12, 1 und Offb 12, 7 - 12 von einem Kampf zwischen Michael und Satan die Rede ist, so handelt Michael in der Vollmacht und im *Auftrag* Christi, aber nicht *als* Christus. Immer wieder wird in der Heiligen Schrift betont, daß Christus nicht allein gegen Satan und die dämonischen Mächte streitet, sondern begleitet von seinen Engeln – und unter ihnen befindet sich an vorderster Stelle Michael, der Erzengel, dessen Stimme zusammen mit der Posaune Gottes bei der Wiederkunft Jesu erschallt (1. Thess 4, 16; vgl. Mt 24, 30 f. parr.; 2. Thess 1, 7). Die Stimme Michaels ertönt nur zum Gericht über die Welt. Bei der Auferweckung der Toten hingegen ist es allein die Stimme Christi, des Sohnes Gottes, die erschallt. Christus allein – und nicht der Erzengel Michael – hat Macht, die Toten zum Leben zu rufen (Joh 5, 25.28 f.). Denn Christus ist nicht Geschöpf, sondern der Sohn des lebendigen Gottes.

»Das Loskaufopfer« – Hilfe zur Selbsthilfe

Glaube und Werke

Nach allem Gesagten ist es klar, daß der »Jesus Christus« der Zeugen Jehovas keine vollständige Erlösung des Menschen erwirken konnte. Seine erste und eigentliche Aufgabe war es nach Ansicht der Wachtturm-Gesellschaft nicht, zur Vergebung unserer Sünden zu sterben, sondern den Namen Jehovas zu verteidigen, seine Souveränität zu bestätigen und sein Königreich aufzurichten.

Jesus gilt – und hier möchte die Wachtturm-Gesellschaft an Röm 5, 12 - 21 anknüpfen – als der zweite Adam. Der *erste Adam* war als vollkommener Mensch (im Sinne der schon beschriebenen »relativen Vollkommenheit«) erschaffen worden, aber er hatte diese Vollkommenheit infolge der Einflüsterungen Luzifers verloren, denen er nachgab. Christus nun trat als der *zweite Adam* auf, der den Einflüsterungen Luzifers nicht erlag. Er gab seinen Leib und sein vollkommenes menschliches Leben als Lösegeld oder *Loskaufopfer* an Jehova hin, um die Sünde Adams zu sühnen, die sich durch die Vererbung über das gesamte Menschengeschlecht ausgebreitet hatte. Jesus, der Mensch gewordene Erzengel Michael, gilt also als der vollkommene zweite Adam, der sündlos blieb. Infolge seines Loskaufopfers erhalten nun alle Menschen, die dieses für sich in Anspruch nehmen, die *Möglichkeit,* ebenfalls zur Vollkommenheit aufzusteigen.

Das Loskaufopfer Christi reicht hierfür aber nicht aus. Es hat nur die Übertretung *Adams* ausgeglichen. Die *eigenen* Fehler und Sünden muß der Mensch, wenn auch unter Inanspruchnahme dieses Loskaufopfers, selber durch seine Leistungen ausgleichen. Die Erlösung erfolgt also nicht durch Glauben allein, sondern durch *Glaube und Werke.* Zu diesen Werken zählen: die Verkündigung des Königreiches Jehovas, eine Lebensführung in Übereinstimmung mit Jehovas Anordnungen und die Unterwerfung unter die Theokratische Gesellschaft. Wer diese Werke zu Lebzeiten nicht vollbracht und das Loskaufopfer Christi nicht angenommen hat, bekommt nach seiner Neuerschaffung im Tausendjährigen Reich eventuell eine (letzte) Gelegenheit, sich zu bewähren.

Im folgenden belege ich diese Zusammenfassung der Wachtturm-»Heilslehre« durch einige Zitate. In dem Standardwerk der Zeugen Jehovas »Die Wahrheit, die zum ewigen Leben führt« ist zu lesen:

»Die ›lebendige Seele‹ Adam, die das Leben der Menschheit verwirkte, war ein vollkommener Mensch. Für das, was Adam verlor, war eine andere Menschenseele, eine, die Adam entsprach, erforderlich, eine Menschenseele, die ihr eigenes vollkommenes Leben für die Menschheit opfern würde« (S. 51).

Nach Ansicht von Joseph Franklin Rutherford war Jesus »der größte Mensch, der jemals auf Erden gelebt hat, und der einzige Vollkommene außer Adam«. »Da Jesus ein vollkommener Mensch war, so hatte er die Macht, ein vollkommenes Menschengeschlecht hervorzubringen und mit diesem die Erde zu bevölkern« (Die Harfe Gottes, S. 120 f.).

Ganz deutlich gibt Charles Taze Russell der Ansicht Ausdruck, daß das Lösegeld Christi für das Heil nicht ausreiche, indem er schreibt:

»Das ›Lösegeld für alle‹, das von dem ›Menschen Christus Jesus‹ gegeben wurde, giebt [sic] oder verbürgt keinem Menschen ewiges Leben oder ewiges Glück, sondern es giebt [sic] und verbürgt jedem Menschen *eine zweite Gelegenheit, oder ein anderes Gericht,* ewiges Leben zu erlangen ... Das gegebene Lösegeld entschuldigt die Sünde bei niemandem; es sagt nicht, man solle Sünder für Heilige *ansehen,* und sie daraufhin in ewige Glückseligkeit versetzen. Es beseitigt allein die erste Verurteilung und ihre Strafe, und rechnet den Sünder, direkt oder indirekt, als von jener Verurteilung und ihren Folgen befreit; es stellt ihn wieder fürs Leben auf die Probe, in welcher sein eigener, freiwilliger Gehorsam oder vorsätzlicher Ungehorsam entscheiden soll, ob er ewiges Leben haben kann oder nicht« (Der Plan der Zeitalter, Ausgabe 1912, S. 154 ff.).

Da das Loskaufopfer Christi nur eine begrenzte Wirkung hat, folgt nun auch umgekehrt daraus, daß Christus selber nur ein Mensch – und nichts weiter als ein Mensch – sein durfte. So lesen wir in dem Wachtturm-Buch »Die Wahrheit wird euch frei machen«:

»Um der Genauigkeit des vollkommenen Gesetzes Gottes zu entsprechen, mußte Jesus ein vollkommener Mensch sein, nicht mehr und nicht weniger. So konnte er für die erlösungsbedürftige Menschheit sterben, nicht als ein Geistgeschöpf, sondern als ein vollkommenes menschliches Geschöpf. Aus diesen und anderen Gründen war Jesus nicht ein ›Gottmensch‹, denn das wäre mehr als der erforderliche Loskaufspreis. Er hätte sein Leben nicht hingeben können, wenn er der unsterbliche Gott oder eine unsterbliche Seele gewesen wäre« (S. 251).

In der Schrift »Du kannst für immer im Paradies auf Erden leben« wird die alttestamentliche *Talionsregel* »Leben um Leben« (2. Mose 21, 23; 5. Mose 19, 21) auf das Erlösungsopfer Jesu angewandt und behauptet: *»Jesus war dem vollkommenen Adam gleich«* (S. 62 f.).

Hat das Loskaufopfer nur eine begrenzte Wirkung, dann ist der Mensch gezwungen, selber Werke zu tun, um jenes zu ergänzen. So betont etwa Russell: »... wenn wir nun weiter kommen wollen, so geht das nicht ohne Werke.« Und er formuliert einen Liedvers, der den Blick völlig auf die Aktivität des Menschen lenkt: »Denk nie, der Sieg sei dein, / Noch ruh zufrieden schon; / Dein Werk wird nicht vollendet sein, / Bis du erkämpft die Kron« (Der Plan der Zeitalter, Ausgabe 1912, S. 242 f.).

Welche Wirkungen das Loskaufopfer Christi hat und wo seine Grenzen liegen, wird durch folgende Zitate verdeutlicht:

»Schon jetzt können wir großen Nutzen aus dem Lösegeld ziehen. Wenn wir daran glauben, können wir vor Gott rein dastehen und in den Genuß seiner liebevollen Fürsorge kommen... Begehen wir zufolge unserer Unvollkommenheit eine Sünde, dann können wir aufgrund des Lösegeldes freimütig Gott um Vergebung bitten, im Vertrauen darauf, daß er unsere Bitte erhören wird... Das Lösegeld ermöglicht es uns ferner, bewahrt zu werden, wenn das gegenwärtige böse System vernichtet wird. Es ermöglicht auch die Auferstehung der Toten. Ferner bildet es die Grundlage dafür, daß Menschen in Gottes neuem System der Dinge ewiges Leben erlangen können, da es dann auf die Menschheit angewandt werden wird, um alle Auswirkungen der Erbsünde zu beseitigen« (Die Wahrheit, die zu ewigem Leben führt, S. 53).

»Nur durch das Loskaufsopfer Christi Jesu kann der Mensch voll und ganz mit Gott versöhnt werden... Natürlich ist das Opfer Jesu Christi kein ›Mittel zur Begütigung‹ in dem Sinne, daß Gott, weil er gekränkt wäre, beschwichtigt oder besänftigt werden müßte, denn der Tod seines geliebten Sohnes würde sicherlich keine solche Wirkung haben. Vielmehr ›begütigte‹ oder befriedigte dieses Opfer die Forderungen der vollkommenen Gerechtigkeit Gottes, indem es die Rechtsgrundlage für die Vergebung von Sünde schuf... Dadurch, daß das Opfer Christi das Mittel für die Sühne (oder vollständige Genugtuung) der Sünden und ungesetzlichen Handlungen des Menschen lieferte, begünstigte es das erfolgreiche Bemühen des Menschen um eine Wiederherstellung guter Beziehungen zum souveränen Gott« (HVB, S. 1.519 f.).

Im »Wachtturm« vom 15. 2. 1983 werden die *Werke* genannt, die der Mensch zusätzlich zum Loskaufopfer Christi zu vollbringen hat, wenn er ewiges Leben erlangen möchte: die Lehre über den wahren Gott in sich aufnehmen, Gottes Gesetzen gehorchen, mit Gottes Kanal (der Wachtturm-Gesellschaft) verbunden bleiben und loyal sein Königreich anderen verkündigen. Im Blick auf den dritten Punkt wird beispielsweise ausgeführt: »Um ewiges Leben im Paradies auf Erden zu erlangen, müssen wir uns mit dieser Organisation identifizieren und Gott als Teil von ihr dienen.«

In dem Buch der Zeugen Jehovas »Du kannst für immer im Paradies auf Erden leben« (S. 250 ff.) werden als Bedingungen genannt: Glaube an Jehova, Werke in Einklang mit Jehovas Willen, Hingabe an Jehova, enge Verbindung mit der sichtbaren Organisation Jehovas (= Wachtturm-Gesellschaft), Taufe als sichtbares Bekenntnis zu Jehova und seiner Organisation.

Sündenausgleich oder überreiche Gnade?

Wie ist diese Lehre vom Heil und der Erlösung aus biblisch-theologischer Sicht zu beurteilen? Es handelt sich um ein typisches Beispiel für *Synergismus:* Gott tut einen Teil, der Mensch tut einen Teil, und beide Teile zusammen bewirken die Erlösung. Diese Ansicht aber steht zum Evangelium von der Rettung des Sünders allein aus Gnaden in unvereinbarem Widerspruch.

Jesus Christus hat am Kreuz auf Golgatha *alles* für unsere Erlösung getan: »Es ist vollbracht« (Joh 19, 30). Sein Blut »macht uns rein von *aller* Sünde«; er ist »die Versöhnung für unsre Sünden, nicht allein aber für die unseren, sondern auch für die der *ganzen Welt*« (1. Joh 1, 7; 2, 2). Er ist »*ein für allemal* in das Heilige eingegangen und hat eine *ewige* Erlösung erworben«. Er ist am Ende der Zeiten »*einmal* erschienen, um durch sein eigenes Opfer die Sünde *aufzuheben*«. Wir sind »*ein für allemal* geheiligt durch das Opfer des Leibes Christi, der »*ein* Opfer für die Sünden geopfert hat«. »Denn mit *einem* Opfer hat er für immer vollendet, die geheiligt werden« (Hebr 9, 12.26; 10, 12.14).

»Denn es ist hier kein Unterschied: sie sind allesamt Sünder und ermangeln des Ruhmes, den sie bei Gott haben sollten, und werden ohne Verdienst gerecht aus seiner Gnade durch die Erlösung, die durch Christus Jesus geschehen ist ... So halten wir nun dafür, daß der Mensch gerecht werde ohne des Gesetzes Werke, allein durch den Glauben« (Röm 3, 23 f., 28). »Denn aus Gnade seid ihr selig geworden durch Glauben, und das nicht aus euch: Gottes Gabe ist es, nicht aus Werken, damit sich nicht jemand rühme« (Eph 2, 8 f.).

Gewiß gehören Werke zum Christsein dazu, aber immer nur als *Folge*, nie als Bedingung des Heils. Die Wachtturm-Gesellschaft muß Werke als Bedingung für das Heil fordern, weil sie keinen wirklichen Christus kennt, der eine wirkliche, vollständige Vergebung und Erlösung vollbracht hat. Die Bibel aber verkündigt uns den wirklichen Jesus Christus, wahrer Gott und wahrer Mensch, der nicht bloß einen »Ausgleich« für Adams Verfehlung auf der gleichen Ebene schafft, sondern weit *mehr:* Er ist nicht nur für die Sünde Adams (und deren Folgen), sondern für die Sünden der ganzen Welt gestorben: für vergangene, gegenwärtige und zukünftige Sünden. Und er vergibt sie jedem, der reumütig und im Glauben zu ihm kommt. Dieses Opfer, das unendlich über Adams Verfehlung hinausgeht, konnte er nur vollbringen, weil er nicht nur wahrer Mensch, sondern auch wahrer Gott ist von Ewigkeit.

In *Römer 5, 12 - 21* wird zwar Christus als der zweite Adam dem ersten Adam gegenübergestellt, aber es wird betont, daß sich beide eben *nicht auf der gleichen Ebene* befinden: »Aber *nicht* verhält es sich mit der Gabe wie mit der Sünde. Denn wenn an eines Sünde viele gestorben sind, so ist *viel mehr (pollo mallon)* Gottes Gnade und Gabe vielen überschwenglich widerfahren durch die Gnade des einen Menschen Jesus Christus« (V. 15). Sünde und Gnade verhalten sich nicht wie zwei Waagschalen mit gleichen Gewichten, die alttestamentliche Talionsregel gilt in diesem Zusammenhang gerade *nicht*, sondern die Gnade Gottes besitzt »ein herrliches und gewaltiges Übergewicht« (de Boor 1979, S. 137).

Gott wurde in Jesus Christus *Mensch*, weil er nur so *stellvertretend* für uns Menschen sterben, unsere Sünden sühnen und unsere Gottverlassenheit überwinden konnte (vgl. Hebr 2, 17; 4, 15; Mt 27, 46). Aber erlösen kann er uns nur, indem er *Gott* ist und die *Macht* zur Erlösung besitzt. »Nur ein Gott konnte ein Opfer von so unendlichem Wert aufbringen, um die ewige Höllenstrafe aufzuwiegen, die unsere Sünden gemäß dem rechtmäßigen Anspruch der göttlichen Gerechtigkeit fordern« (McDowell/Larson 1985, S. 76).

Kreuz oder Marterpfahl?

Nachdem Joseph Franklin Rutherford im Jahr 1931 die Zeugen Jehovas als das »neue Heilsvolk« proklamiert hatte, wurde es zunehmend wichtig, sich in möglichst vielen Punkten von den Kirchen zu unterscheiden. So beseitigte man in dieser Zeit das Hauptsymbol des Christentums, das Kreuz, aus den Wachtturm-Schriften. Das geschah wohlbemerkt erst ungefähr ein halbes Jahrhundert nach der Gründung der Wachtturm-Gesellschaft durch Charles Taze Russell. In dem Geschichtswerk »Jehovas Zeugen – Verkündiger des Königreiches Gottes« wird unter der Überschrift »*Aufgegebene Bräuche und Gewohnheiten*« auch das Kreuz erwähnt:

»Jahrelang trugen die Bibelforscher ein Kreuz und eine Krone als Abzeichen, und dieses Symbol war von 1891 bis 1931 auf dem Titelblatt des ›Wacht-Turms‹ abgebildet ... 1936 wurde erklärt, alles deute darauf hin, daß Christus an einem Pfahl starb, nicht an einem Kreuz aus zwei rechtwinklig angeordneten Balken« (JZ, S. 200).

Worauf beruht diese »neue Entdeckung«? Die Wachtturm-Gesellschaft nennt im wesentlichen folgende Argumente:

a. Das griechische Wort »*staurós*«, das gewöhnlich mit »Kreuz« übersetzt wird, bedeute »lediglich einen aufrechtstehenden Stamm, Pfahl, Spitzpfahl, Pfeiler oder Pfosten«, aber kein Kreuz. Das werde dadurch bestätigt, daß »*xýlon* als Synonym für *staurós*« im Neuen Testament gebraucht werden könne, was einfach »Holz« oder »Holzbalken« bedeute (HVB, S. 1.158).

Hierzu läßt sich sagen, daß die Wachtturm-Gesellschaft mit ihrer Übersetzung sicherlich die ursprünglichen Bedeutungen von »*staurós*« und »*xýlon*« wiedergibt (vgl. Bauer 1971, Sp. 1.086 ff.; 1.515 f.). Was sie aber übersieht, ist die *Erweiterung* der ursprünglichen Bedeutung, die diese Begriffe im Laufe der Zeit erfahren haben. So ist es eine historisch gesicherte Tatsache, daß die Römer Hinrichtungen sowohl an einfachen Pfählen als auch an Kreuzen (aufrecht stehender Pfahl mit Querbalken) durchführten (vgl. z. B. die Beschreibungen in: Seneca, De Vita Beata 19,3; Epistula 101,12; Tacitus, Historiae IV, 3; Josephus; Antiquitates 11, 261 ff.). *Die zur Zeit Jesu übliche Hinrichtungsform war die Kreuzigung* (vgl. ThWNT VII/1964, S. 573 f.). Der für »Kreuz« verwendete lateinische Begriff: »*crux*« wurde von den Verfassern des Neuen Testaments mit dem griechischen Begriff »*staurós*« (gelegentlich auch »*xýlon*«) wiedergegeben (vgl. Bauer 1971, Sp. 1.515 f.). Im »Theologischen Wörterbuch zum Neuen Testament« wird zu »*staurós*« ausgeführt:

»Der *staurós* ist ein *Marterwerkzeug,* um schwere Verbrechen zu sühnen... Es lassen sich drei Grundformen in der Gestalt des Kreuzes erkennen. Das Kreuz war entweder ein senkrechter, oben zugespitzter Pfahl (*skólops...*), oder es bestand aus einem senkrechten Balken u[nd] einem oben aufliegenden Querbalken (Form des T, crux commissa) oder auch aus zwei sich schneidenden Balken von gleicher Länge (Form +, crux immissa)... Die Kreuzigung vollzog sich so, daß der Verurteilte, der das *patibulum* (Querholz) zur Hinrichtungsstätte getragen hatte – der Kreuzespfahl war gew[öhnlich] bereits fest eingerammt – am Boden mit ausgestreckten Armen an das Querholz mit Stricken festgebunden oder mit Nägeln angenagelt wurde. Darauf wurde das Querholz mit dem Körper hochgezogen u[nd] an dem senkrecht in der Erde stehenden Pfahl befestigt... Das Kreuz Jesu, das die Römer zum Vollzug der Todesstrafe errichteten, war wie jedes andere Kreuz ein mit einem Querbalken versehener senkrechter Pfahl« (ThWNT VII/1964, S. 572 ff.).

b. Ferner wird von seiten der Wachtturm-Gesellschaft argumentiert, das »aus zwei Balken bestehende Kreuz sei chaldäischen Ursprungs« und daher abzulehnen (HVB, S. 1.158). – Darauf antworte ich: Selbstverständlich stammt die Todesstrafe der Kreuzigung (aber ebenso der »Pfählung«!) aus dem *Heidentum.* Sie wurde außer von den Römern von den Persern, Griechen und anderen Völkern durchgeführt. Und auch das Kreuz als Symbol findet sich in verschiedenen Abwandlungen bei mehreren Religionen. Diese heidnischen Wurzeln und Parallelen sprechen aber keineswegs gegen den Gebrauch im Christentum. Denn erstens hat sich Jesus seine Todesart ja nicht ausgesucht, sondern wurde von Römern (Heiden) im Rahmen ihrer Hinrichtungsmethoden getötet. Und zweitens ist das Kreuz erst und ausschließlich deshalb, weil Jesus auf diese Weise hingerichtet wurde, zum zentralen christlichen Symbol *geworden* – unabhängig von jedem sonstigen Gebrauch bei antiken Völkern und heidnischen Religionen.

Ein Problem tritt nicht durch das Kreuz als Symbol an sich auf, sondern nur da, wo heute unter christlichem Deckmantel das Kreuz zu magischen Zwecken (Aberglaube, Beschwörungen, weiße Magie) mißbraucht wird. Solcher *Mißbrauch* ist abzulehnen (vgl. 5. Mose 18, 9 ff.). Aber wie bei vielem gilt auch hier: »Abusus non tollit usum« – »Der Mißbrauch hebt den (guten, sinnvollen und notwendigen) Gebrauch nicht auf«.

c. Im Anhang der Neuen-Welt-Übersetzung findet sich die Abbildung (Zeichnung) einer »crux simplex« (aufrecht stehender Balken), um augenfällig die Hinrichtungsart bei den Römern zu »illustrieren«. Hierzu wird folgendes ausgeführt: »Ein einfacher Stamm zum Anpfählen eines Verbrechers wurde im Lateinischen *crux simplex* genannt. Ein solches Marterinstrument wird von Justus Lipsius (1547-1606) in seinem Buch *De cruce libri tres*, Antwerpen 1629, auf S. 19 dargestellt. Die nebenstehende Fotografie [sic!] der *crux simplex* ist eine tatsächliche Reproduktion aus seinem Buch« (NWÜ, S. 1.642). – Was die Wachtturm-Gesellschaft verschweigt, ist die Tatsache, daß Lipsius in seinem »Buch« (eigentlich sind es drei Bücher!) fünfzehn weitere Illustrationen abdruckte, von denen die meisten die Hinrichtung an Kreuzen (in Gestalt der *crux commissa und immissa)* darstellen. Dieses Bild beweist also im Hinblick auf die Hinrichtungsart Jesu gar nichts. Wenn die Wachtturm-Gesellschaft Lipsius als Kronzeugen für die »Pfählung« heranziehen will, sollte sie so ehrlich sein, zuzugeben, daß Lipsius selber (z. B. auf S. 661 seines Buches) ausdrücklich die *Kreuzigung* (und nicht die Pfählung) als Hinrichtungsart *Jesu* beschreibt.

d. Die wichtigste Frage aber ist, ob die *Bibel* irgendwelche Hinweise auf die Hinrichtungsart Jesu enthält. Für die Zeugen Jehovas ist die Sachlage klar: »Wie im Falle Jesu war es bei den Römern Brauch, die Hände (und wahrscheinlich auch die Füße) des Angeklagten an einen Stamm zu nageln« (HVB, S. 1.157). Durch die Abbildung aus dem Buch von Lipsius wird zum Ausdruck gebracht, wie sich die Wachtturm-Gesellschaft diese Annagelung vorstellt: Je *ein* Nagel wurde durch die Hände und Füße getrieben. – Nun gibt es aber eine Bibelstelle, die unmißverständlich zum Ausdruck bringt, daß Jesu Hände mit *zwei* Nägeln angeschlagen wurden: *Joh 20, 25*. Dort sagt Thomas nach der Auferstehung Jesu: »Wenn ich nicht in seinen *Händen die Male der Nägel* (*ton heelon;* Plural!) sehe und meinen Finger in die Male der Nägel (Plural!) lege und meine Hand in seine Seite lege, kann ich's nicht glauben.«

Die zwingende Konsequenz daraus ist, daß Jesus mit ausgebreiteten Händen an einem *wirklichen Kreuz* (einer crux commissa oder immissa) gestorben ist, was auch die zeitgenössischen Berichte aus der Umwelt Jesu bestätigen und – mit Ausnahme der Zeugen Jehovas, und das auch erst seit 1931 – in der Kirchengeschichte so gut wie nie in Zweifel gezogen worden ist.

Auferstehung oder Neuerschaffung?

»Materialisierte Leiber«

Die Zeugen Jehovas sprechen zwar von einer »*Auferstehung*« Jesu Christi und der Toten, meinen aber damit eine *Neuerschaffung*. Eine Kontinuität der Person und eine leibliche Auferstehung kennen sie nicht. Jesus ist nach ihrer Auffassung als Mensch ganz und gar gestorben. Er hatte ja seinen Leib und sein vollkommenes menschliches Leben als »Loskaufopfer« hingegeben. Was den Jüngern nach seiner »Auferstehung« erschien, war nicht Jesus, wie sie ihn gekannt hatten, sondern ein von Jehova neu geschaffener Geist, der zu einer höheren Stufe erhöhte Erzengel Michael. Dieser hatte von Jehova die Fähigkeit erhalten, Leiber zu materialisieren, mit denen er den Jüngern begegnen und den Anschein erwecken konnte, Jesus sei von den Toten auferstanden. Einige Zitate sollen diese Auffassung belegen.

Charles Taze Russell schreibt in seinem Buch »Der Plan der Zeitalter«:

»Jesus wurde ... bei seiner Auferstehung ein Geist – ein geistiges Wesen, und blieb in keinem Sinne mehr ein menschliches Wesen ... Wohl wahr, er hatte die Macht, als Mensch zu erscheinen, und zwar um seine Jünger zu belehren, und ihnen zu beweisen, daß er nicht mehr tot sei; aber er war kein Mensch mehr und nicht länger an menschliche Daseinsweise gebunden, konnte vielmehr gehen und kommen wie der Wind ... Vierzig Tage nach seiner Auferstehung setzte sich Jesus zur Rechten der Majestät in der Höhe – kam also auf die Stufe der göttlichen Herrlichkeit K, (Pyramide k)« (Russell 1912, S. 239).

Ähnlich äußert Joseph Franklin Rutherford die Ansicht, »daß die Leiber, in denen Jesus erschien, nachdem er auferstanden war, nicht identisch waren mit dem Leibe, der gekreuzigt wurde, auch nicht mit seinem glorreichen geistigen Leibe, sondern solche Leiber, die ausdrücklich zu dem Zweck geschaffen waren, darin seinen Jüngern zu erscheinen. Unseres Herrn menschlicher Leib, der gekreuzigte Leib, wurde durch die Macht Gottes aus der Gruft entfernt ... Die Schrift gibt keinen Aufschluß darüber, was aus diesem Leibe geworden ist, ausgenommen, daß er nicht der Verwesung verfiel ... Wir können nur vermuten, daß der Herr ihn vielleicht irgendwo aufbewahrt haben mag, um ihn der Menschheit im Millennium-Zeitalter zu zeigen« (Die Harfe Gottes, S. 158 f.).

Im Bibellexikon der Wachtturm-Gesellschaft wird unter dem Stichwort »Auferstehung« folgendes über die Existenz Jesu nach seinem Tode behauptet:

»Jesus Christus ... war der erste, der zu ewigem Leben auferweckt wurde ... Außerdem wurde er zu einer höheren Lebensform auferweckt und zu einer höheren Stellung, als er sie vor seinem Kommen auf die Erde im Himmel eingenommen hatte. Es wurde ihm Unsterblichkeit und Unverweslichkeit verliehen, etwas, was kein Geschöpf im Fleische erlangen kann, und ›höher als die Himmel‹ wurde er erhoben, so daß er jetzt die zweithöchste Stellung im Universum, die nächste nach Jehova Gott, einnimmt ... Nach seiner Auferstehung erschien Jesus seinen Jüngern im Verlauf von 40 Tagen mehrmals in verschiedenen Fleischesleibern, wie es die Engel getan hatten, die Menschen früherer Zeiten erschienen waren. Wie jene

Engel, so hatte auch er die Macht, einen beliebigen Fleischesleib anzunehmen und diesen wieder aufzulösen, um den sichtbaren Beweis zu erbringen, daß er auferstanden war« (HVB, S. 130).

Aus der »Auferstehung« Jesu ergibt sich die »Auferstehung« der 144.000 besonders Erwählten:

»Den ›Berufenen und Auserwählten und Treuen‹, den Fußstapfennachfolgern oder ›Brüdern‹ Christi, die durch den Geist zu ›Gottes Kindern‹ gezeugt worden sind, ist eine Auferstehung verheißen worden, die der Auferstehung Christi entspricht ... Sie müssen sich einer Umwandlung ihrer Natur unterziehen, indem sie ihre menschliche Natur aufgeben und eine ›göttliche‹ Natur annehmen, d. h. einen Geistesleib gleich dem, den himmlische Personen besitzen. Sie müssen wie Christus ihre Lauterkeit bis zum Tod bewahren und ihr menschliches Leben für immer aufgeben. Sie müssen Fleisch und Blut entsagen und werden dann wie Christus durch eine Auferstehung einen unsterblichen, unverweslichen Leib oder Körper empfangen« (HVB, S. 131).

Verschiedene »Auferstehungen«

Insgesamt unterscheidet die Wachtturm-Gesellschaft zwischen *drei verschiedenen Auferstehungen* (vgl. den Teil »Gemeinde«):

Die *erste Auferstehung* umfaßt Christus und die 144.000 Personen der auserwählten Klasse, die zur Mitregentschaft mit Christus im Millennium und zum ewigen Leben mit ihm im Himmel bestimmt ist. Diese Auferstehung erfolgt als Neuerschaffung mit unsichtbaren Geistleibern. Die 144.000 unterscheiden sich von Christus nicht in der Wesensart (auch sie sind Geistgeschöpfe wie er, unsterbliche »Gottessöhne«), sondern lediglich im Rang. Die Neuerschaffung derjenigen unter den 144.000, die vor 1918 gestorben waren, wurde schon im Jahre 1918 vollzogen. Seit dieser Zeit regieren diese als »Minister« der himmlischen Regierung Christi die sichtbare Organisation Jehovas.

Die *zweite Auferstehung* schließt alle anderen ein, die zur Auferstehung des Lebens (zum ewigen Leben im Paradies auf Erden) bestimmt sind: die alttestamentlichen Heiligen, die zu theokratischen

Herrschern im Millennium werden und zuerst auferstehen; andere an Jehova Gläubige, die vor Pfingsten starben; sowie die »große Schar« oder die »anderen Schafe« (= Zeugen Jehovas, die vor Harmagedon starben und nicht zu den 144.000 zählen). Diese alle werden mit einem stofflichen Leib neu erschaffen und haben keinen Zugang zum Himmel.

Die *dritte Auferstehung* umfaßt die Personen, die während ihrer Erdenzeit nicht die 'Möglichkeit hatten, von Jehova zu hören. Sie werden ebenfalls mit stofflichen Leibern neu erschaffen und erhalten im Millennium auf Erden eine Bewährungszeit. Versagen sie, dann werden sie vernichtet – genauso wie Satan und seine Dämonen sowie alle Menschen, die sich schon zu Lebzeiten als unwürdig für die theokratische Herrschaft erwiesen haben.

Zu denen, die *nicht* »auferstehen« (bzw. neu erschaffen werden), gehören alle bei der Schlacht von Harmagedon Getöteten, alle, die wissentlich und willentlich Böses getan, gegen den heiligen Geist gesündigt und das Loskaufopfer Christi abgelehnt haben.

Mit der Frage der »Vernichtung« haben wir uns bereits im Teil »Mensch« beschäftigt. Auf die Unterscheidung zwischen verschiedenen Menschengruppen werde ich im Teil »Gemeinde« kritisch eingehen. Hier möchte ich mich auf die Frage konzentrieren, wie nach Ansicht der Zeugen Jehovas die *Auferstehung Christi* abläuft.

Zunächst ist festzustellen, daß nach ihrer Meinung der *Leib* Jesu nicht auferweckt, sondern von Gott auf unerklärliche Weise aus dem Grab beseitigt wurde. Für die Zeugen Jehovas sind aber, wie schon dargestellt, die Seele und der Leib dasselbe, d. h. es findet sich bei ihnen keine diesbezügliche Unterscheidung. Folglich ist auch die *Seele* Jesu nicht auferstanden. Der *Geist* wiederum ist für Wachtturm-Anhänger nichts anderes als Lebenskraft oder Atem, welcher von Jesus bei seinem letzten Atemzug am Kreuz ausgehaucht wurde (vgl. »Unterredungen anhand der Schriften«, S. 176 f.). Folglich kann auch der Geist nicht auferstehen.

Also ist nach Wachtturm-Ansicht Jesus *nicht auferstanden*, sondern er wurde von Jehova *neu erschaffen* gemäß den Lebensspuren, welche er in Jehovas Gedächtnis hinterlassen hatte: »Die Auferstehung schließt eine Wiederherstellung des Lebensmusters des einzelnen ein, das Gott im Gedächtnis behalten hat« (ebd., S. 44). (Es ist insofern irreführend, wenn die Wachtturm-Gesellschaft dennoch von »Auferstehung« spricht, da sie nicht eine Auferstehung im traditionellen biblischen Sinne damit meint.) Aufgrund dieser Lebensspuren manifestierte Jesus verschiedene Leiber, mit denen er vierzig Tage lang auf Erden erschien. Obwohl diese Leiber die Kreuzeswunden besaßen, waren sie nach Ansicht der Zeugen Jehovas doch nicht mit dem gekreuzigten Leib Jesu identisch, sondern völlige Neuschöpfungen.

Leiblichkeit oder Scheinleiblichkeit?

Auf diese Ansichten möchte ich in mehreren Punkten antworten.

a. Mit dem Tod geht die Existenz der Person (sowohl Christi als auch der Menschen) nicht zu Ende, sondern es gibt eine *Kontinuität* zwischen dem jetzigen und zukünftigen Dasein (siehe den Teil »Mensch«). Jesus wurde nicht als erhöhter Erzengel Michael von Jehova neuerschaffen, sondern erschien den Jüngern als der, der er war: ihr gekreuzigter und auferstandener Herr und Meister. Als solcher besaß er gewiß eine neue, verklärte Leiblichkeit, einen (unser irdisches Vorstellungsvermögen übersteigenden) *»geistlichen Leib«* (*»soma pneumatikós«*; 1. Kor 15, 44 ff.), war aber zugleich klar *identifizierbar*.

»Der tote und begrabene Herr ist durch einen Akt Gottes wieder zum Leben erweckt worden (vgl. Apg 2, 24.31; Eph 5, 14), und zwar in einer neuen, materiell nicht identischen, aber auch nicht etwa nur visionären Leiblichkeit (vgl. Joh 20 und 21); er erscheint den Jüngern in sichtbarer und betastbarer Gestalt (Joh 20, 27; Lk 24; Apg 1, 1 - 6; vgl. 1. Joh 1, 1 - 3), wenn er auch solche Berührung nicht immer zuläßt (Joh 20, 17), weil sie ihn fortan nur noch als den Erhöhten – also unabhängig von seiner Gestalt im Fleisch (2. Kor 5, 16) – erkennen sollen. Obgleich Jesus sich bereits in der Licht- und Geistgestalt des neuen Äons befindet, pflegt er menschliche Gemeinschaft in Essen und Trinken mit ihnen (Lk 24, 29 f.; Joh 21, 12 - 14)« (TBLNT I, S. 45).

b. Wenn die Wachtturm-Gesellschaft behauptet, Jesus sei nicht wirklich leiblich auferstanden, sondern habe wie »andere Engel« nur

Scheinleiber manifestiert, berührt sie sich gefährlich mit dem *Spiritismus und gnostischen Doketismus* (wenn auch erst in bezug auf den nachtodlichen Zustand Jesu). Gegenüber jeder Behauptung einer Scheinleiblichkeit oder geisterhaften Manifestation betont aber die Heilige Schrift die Leiblichkeit der Auferstehung mit Nachdruck (siehe die eben erwähnten Bibelstellen). Es widerspricht dem Wesen des biblischen Jesus, der »die Wahrheit« in Person ist (Joh 14, 6), ihm Manifestationen von Scheinleibern zu unterstellen, um seinen Jüngern eine »Auferstehung« vorzutäuschen, die es in dieser Form gemäß der Lehre der Wachtturm-Gesellschaft angeblich gar nicht geben kann. Der Systematiker Walter Künneth sagt in seinem Werk »Theologie der Auferstehung« zu Recht:

»Die entscheidende Aussage lautet: *Der Auferstandene offenbart in den Erscheinungen seine verklärte Existenz.* Konstitutiv für den *Existenzbegriff* aber ist die Vorstellung der *Leiblichkeit.* So wird die Erscheinung des Auferstandenen zu einem Offenbarwerden der leiblichen Wirklichkeit des neuen Lebens ... Die ›Verklärtheit‹ des auferstandenen Christus besagt die völlige Andersartigkeit und Neuheit seiner leiblichen Existenzweise. Damit ist zugleich auch eine deutliche Abgrenzung gegen jedes spiritualisierende Mißverständnis wie gegen eine Materialisierung vollzogen« (Künneth 1982, S. 89).

c. Wie ich schon im Teil »Gott« dargestellt habe, werden die Gläubigen niemals – auch nicht nach der Auferstehung – die gleiche Wesensart erhalten wie Christus, denn Christus ist *Gott* und wir sind Menschen. Die Auferstehung der Menschen – und von dieser ist nach biblischer Aussage niemand ausgenommen – folgt aufgrund der Auferstehung Christi, des »Erstlings der Entschlafenen« (vgl. 1. Kor 15, 20 - 24). Sie verleiht aber niemals die gleiche göttliche Wesensart, die Christus seit Ewigkeit besitzt.

Auch die Bibel kennt verschiedene *Auferstehungen,* aber nicht in der Art wie die Zeugen Jehovas. Vielmehr spricht sie in grundlegender Weise von einer Auferstehung zum ewigen Leben oder zur ewigen Verdammnis (Mt 25, 31 - 46; Offb 20, 11 - 15), daneben (oder mit ersterer identisch) möglicherweise noch von einer »Ausauferstehung« oder »ersten Auferstehung« der gläubig Verstorbenen, die mit der »Entrückung« der auf Erden lebenden Gläubigen einher- und der allgemeinen Totenauferweckung am Jüngsten Tag vorausgeht (Phil 3, 11; 1. Thess 4, 16 f.). Von einer Bewährungmöglichkeit solcher, die angeblich während des Millenniums zum Leben erweckt werden, erwähnt sie nichts. Vielmehr gilt: »Es ist dem Menschen gesetzt, *einmal* zu sterben, danach aber das Gericht« (Hebr 9, 27). Eine Aufteilung in solche Klassen schließlich, wie die Wachtturm-Gesellschaft sie vornimmt, ist ihr unbekannt (siehe hierzu den nächsten Teil).

Gemeinde

»Jehovas Reich auf Erden«

Allgemeine Kennzeichen

Die Lehre von der Gemeinde (Ekklesiologie) ist bei den Zeugen Jehovas keineswegs einheitlich. Betrachtet man ihre Geschichte, so weist sie manche *Veränderungen* auf: von einer kongregationalistischen, eher demokratischen Gestalt bei Russell über den streng monarchisch-autoritären und zentralistischen Kurs bei Rutherford hin zu einer zwar weiterhin zentralistischen, aber in der Führung eher kollegialen Form seit dem Ende der Ära Knorr. Unter Rutherford entwickelte sich die Sondergemeinschaft der Ernsten Bibelforscher, die freilich auch schon unter Russell sektiererische Züge trug, aber noch nicht die volle Absonderung und Exklusivität propagierte, Schritt für Schritt zur »neuen Heilsgemeinde der Zeugen Jehovas«, zur Sekte (vgl. den Teil »Geschichte«). Seit Beginn freilich zeigte sich ein seltsamer Gegensatz zwischen dem Gebaren der Wachtturm-Zentrale als riesiges Geschäftsunternehmen und dem auf seine Art durchaus »frommen« Eifer der einzelnen Ernsten Bibelforscher oder Zeugen Jehovas. Diese sind – zwar nicht rechtlich, aber doch faktisch – freie Mitarbeiter der »Wachtturm-Bibel-und-Traktat-Gesellschaft«.

Im folgenden möchte ich mich im wesentlichen auf die heutige Gestalt der Wachtturm-Gesellschaft konzentrieren und die frühere Geschichte nur insofern streifen, als sie für das Verständnis einzelner Lehren von Bedeutung ist.

Ein geschichtlicher Aspekt, der nicht übergangen werden sollte, ist die *Substitution* (Ersatz) Israels als Heilsvolk durch das neue »Heilsvolk« der Zeugen Jehovas seit dem Jahre 1931. Russell war Zionist gewesen, hatte sich sehr für die Besiedlung Palästinas durch die Juden eingesetzt und etwa in Band 3 seiner »Schriftstudien« mit glühenden Worten die dortigen Bemühungen um einen Wiederaufbau gerühmt (wobei er z. B. lobend die Investitionen der »Lionel-de-Rothschild-Institution«, des »Montefiore-Testimonial-Fonds« u. a. erwähnte; S. 251). Rutherford beendete 1931 diese zionistischen Tendenzen und verkündete die eigene Gruppierung als »Volk für Jehovas Namen«. Auf die daraus sich ergebenden exegetischen Probleme werde ich weiter unten zurückkommen.

Wie ist nun die Wachtturm-Gesellschaft heute organisiert? Wie sieht sie sich selber? Was ergibt eine kritische Beobachtung ihrer Prägungen und Mechanismen? Friedrich-Wilhelm Haack hat sie als *»eine Sekte mit zwei Gesichtern«* charakterisiert:

»Da sind auf der einen Seite die örtlichen Königreichssäle mit den Zusammenkünften der Anhänger... Da findet sich ungeheurer Einsatz für diesen Glauben und ein großes Vertrauen in die Wachtturm-Gesellschaft und ihre Schriften. Es darf nicht abgestritten werden, daß sich diese örtlichen Versammlungen bemühen, nach ihrem Bibelverständnis [d. h. nach der Bibel-Interpretation der Wachtturm-Gesellschaft; s. u.; L. G.] zu leben und daß ihre Anhänger mit allem Ernst versuchen, richtige Jünger Christi zu sein. Aber da ist auch die andere Seite: Ein Industrieunternehmen von geradezu unvorstellbaren Ausmaßen, ein Management mit scharfen Machtkämpfen und kalt berechnender Konzernpolitik ... Das ganze Unternehmen begann als Buch- und Zeitschriftenvertriebsfirma. Und genau das ist es bis heute geblieben« (Haack 1993, S. 21).

»Leitende Körperschaft« und Hierarchie

Dabei erhebt die *»Leitende Körperschaft«*, das ca. 10 - bis 20köpfige Führungsgremium (die Mitgliederzahl kann wechseln) in der Brooklyner Zentrale, durchaus einen »geistlichen Anspruch«. Hinsichtlich der Mitglieder der Leitenden Körperschaft, die über das Leben und Verhalten von fast fünf Millionen Wachtturm-Anhängern weltweit entscheiden, heißt es in dem Buch »Du kannst für immer im Paradies auf Erden leben«:

»Sie verlassen sich aber nicht auf menschliche Weisheit, wenn sie Entscheidungen fällen. Da sie sich an die theokratische Ordnung halten, folgen sie dem Beispiel der damaligen leitenden Körperschaft in Jerusalem, deren Entscheidungen sich auf Gottes Wort stützten und unter der Leitung des Heiligen Geistes gefällt wurden« (S. 195).

Daß es in Wirklichkeit sehr menschlich zugeht (Entscheidungen werden in der Regel mit 2/3-Mehrheit gefällt), wird aus dem Bericht von Raymond Franz deutlich, der selber neun Jahre lang Mitglied der Leitenden Körperschaft der Wachtturm-Gesellschaft war. Auf die Zusammensetzung der Körperschaft Anfang der 80er Jahre Bezug nehmend, schreibt er:

»Von den 14 Mitgliedern des Führungsgremiums haben Milton Henschel, Ted Jaracz und Lloyd Barry neben dem Präsidenten [damals Frederick Franz; L. G.] den größten Einfluß. Sind sie sich in einer Sache einig, dann schließen sich ihnen Carey Barber, Martin Pötzinger, Jack Barr und George Cangas fast immer an, ohne nachzudenken. Albert Schroeder und Karl Klein zeigen zwar etwas mehr persönliches Profil als diese vier, würden aber wohl meistens konform gehen. Die Stimmen der bisher Genannten ergeben bereits die nötige Mehrheit« (Franz 1991, S. 329).

Die Leitende Körperschaft gilt als *Jehovas Regierung auf Erden,* als der »treue und verständige Sklave« nach Mt 24, 45, als der Kanal für Gottes Offenbarung, die Monat für Monat durch den »Wachtturm« und andere Schriften in alle Welt weitergeleitet wird. Der einzelne hat sich der in ihr verkörperten Theokratie gläubig und gehorsam unterzuordnen. So heißt es in dem Anweisungsbuch »Organisiert, unseren Dienst durchzuführen«:

»Die Einheit wird dadurch aufrechterhalten, daß alle Christus loyal als Haupt anerkennen und sich auch einem organisatorischen Mitteilungskanal, dem ›treuen und verständigen Sklaven‹, unterordnen« (S. 25).

Kurt Hutten spricht in diesem Zusammenhang von einer »schrankenlose[n] geistige[n] Diktatur, welche die Leitung über die Anhänger aufgerichtet hat« (Hutten 1968, S. 97). Der ehemalige Zeuge Jehovas W. J. Schnell berichtet von der umfassenden Kontrolle jedes einzelnen Mitglieds und einem »Spitzelsystem«, das aufgebaut worden sei, um die Loyalität der Anhänger zu beobachten und zu gewährleisten (Schnell 1959 a, S. 72, 146 f.).

Die Zeugen Jehovas sind als Organisation streng *hierarchisch* durchstrukturiert: Vor Ort treffen sich die Versammlungen mit ihren Ältesten und einem »Vorsitzführer«. Über der Ortsversammlung stehen in aufsteigender Reihenfolge und mit immer größerem Einflußbereich: Stadtaufseher, Kreisaufseher, Bezirksaufseher, Zweigaufseher, Zonenaufseher – und schließlich das Direktorium mit Präsident und Vizepräsident (Leitende Körperschaft). Über dem Direktorium steht kein Staat, keine Regierung, keine Kirche, sondern nur noch Jehova selbst, mit dem es sich direkt verbunden sieht.

Ein »Staat im Staate«

Die Zeugen Jehovas bilden nach ihrem Selbstverständnis also eine *Theokratie* (Gottesherrschaft) auf Erden und stellen somit eine überstaatliche Gemeinschaft oder – auf die einzelnen Länder bezogen – einen *»Staat im Staate«* dar. Aus der daraus erwachsenden staatskritischen bis staatsfeindlichen (und kirchenfeindlichen) Haltung ergeben sich eine Reihe von Besonderheiten und Problemen (einige davon sind schon im Teil über die »Geschichte« zur Sprache gekommen), etwa die Ablehnung des Fahnengrußes, des Wehr- und Zivildienstes (letzterer wird inzwischen erlaubt), der staatlichen und kirchlichen Feiertage, Feste und Symbole, die Nichtbeteiligung an politischen Parteien, Wahlen und Willensäußerungen usw.

Ein Beispiel für die radikal *staatsfeindliche* Haltung der Zeugen Jehovas insbesondere in der ersten Hälfte des 20. Jahrhunderts stellt eine Resolution dar, die 1926 in London von der »Internationalen Bibelforscher-Vereinigung« verfaßt und in mehr als fünfzig Millionen Exemplaren »unter dem Volke und an die Herrscher der Erde verteilt« wurde. Sie ist in Rutherfords Buch »Schöpfung« (S. 320 ff.) abgedruckt und trägt die Überschrift *»Ein Zeugnis an die Herrscher der Welt«*. Darin wird zunächst ausgeführt, daß »Jehova … der wahre allmächtige Gott« ist und daß »allein nur die Auswirkung des Planes Gottes mit der Menschheit der Welt helfen und den Menschen ewigen Frieden, Wohlstand und Glück bringen wird«. Die Ursache für die Mißstände in der Welt liege im Ungehorsam des Menschen gegenüber Jehova und im Einfluß Satans. Anstatt auf Jehovas Königreich zu warten und auf dieses hinzuwirken, hätten die Menschen eigene Staaten organisiert und seien damit dem Einfluß Satans verfallen. Wörtlich heißt es in der Resolution:

»Dieser Böse entfremdete den Menschen dem wahren Gott und brachte ihn dazu zu sündigen, wodurch der Mensch seine vollkommene Wohnstätte und sein Recht auf Leben und Glück verlor. Seitdem hat der Mensch, in dem Bestreben sich selbst zu regieren, Regierungen und Weltmächte organisiert und dabei aber das Wort Gottes ignoriert und sich von Satan, dem Teufel, beherrschen lassen... Diese Weltmächte werden in der Heiligen Schrift mit dem symbolischen Ausdruck ›Tier‹ bezeichnet, weil sie offensichtlich das Ergebnis der vereinten Bemühungen geschäftlicher, politischer und geistlicher Führer der Menschen sind und von Satan, dem Gott dieser Welt, beeinflußt und beherrscht werden, und weil sie kriegerisch, hart, grausam und tyrannisch sind und den Geist Satans, des unsichtbaren Herrschers oder Gottes, bekunden.«

1914 aber sei die Zeit herbeigekommen, »da Christus Jesus, der Vollstrecker des Planes Jehovas und der rechtmäßige König der Erde, Satan, den Bösen, absetzt und seine gerechte Herrschaft beginnt«. Der nach dem Ersten Weltkrieg im Jahre 1920 ins Leben gerufene Völkerbund als Versuch der menschlichen Selbsthilfe stehe daher dem Wort Gottes entgegen und sei ein »vollständiger Fehlschlag«. Sein Urheber sei »Satan, der Teufel«.

Unter der etwas besonneneren Leitung Knorrs und infolge der schlimmen Konflikte mit verschiedenen Regierungen vor allem in der ersten Jahrhunderthälfte haben die Zeugen Jehovas seit den 60er Jahren ihre staatsfeindliche Haltung gemäßigt und sich zu einer *Anerkennung* der Staaten zumindest hinsichtlich deren ordnender und erhaltender Funktion durchgerungen. Wurde in früheren Jahren unter der »Obrigkeit« in Röm 13, 1 ff. Jehova und seine Theokratische Organisation verstanden, so erkannte die Wachtturm-Gesellschaft seit 1962 in der »Obrigkeit« die staatlichen Regierungen. Beispielsweise finden sich in der Wachtturm-Schrift »Frieden und Sicherheit – wie wirklich zu finden?« (Ausgabe 1986) unter der Überschrift »Achtung vor Autorität für ein friedliches Leben unerläßlich« folgende Sätze:

»Weltliche Gesetze wirken sich großenteils zum Guten aus. Durch sie wird die Ordnung aufrechterhalten und der Person und ihrem Eigentum ein gewisser Schutz gewährleistet (Römer 13,3.4). Ferner sorgen Regierungen gewöhnlich für Straßen, für das Gesundheitswesen, den Feuerschutz und das Erziehungswesen sowie für andere Dienstleistungen, die für die Bevölkerung von Nutzen sind. Sollte man für diese Dienste bezahlen? Sollten wir Steuern zahlen?... ›Zahlt daher Cäsars Dinge Cäsar zurück, Gottes Dinge aber Gott‹ (Matthäus 23, 17 - 21; Römer 13, 6.7). Nein, Jesus unterstützte nicht die Ansicht, jeder dürfe sein eigener Gesetzgeber sein. Jesus zeigte jedoch, daß der ›Cäsar‹, der Staat, nicht die einzige Autorität war, die berücksichtigt werden sollte. Die ›obrigkeitlichen Gewalten‹ sind nicht Gott gleich, noch stehen sie gar über Gott. Sie sind hingegen weit geringer als er. Ihre Autorität ist daher begrenzt, nicht absolut. Deswegen sehen sich Christen oft gezwungen, eine kritische Entscheidung zu treffen... ›Wir müssen Gott, dem Herrscher, mehr gehorchen als den Menschen‹ (Apostelgeschichte 4, 19.20; 5, 29)« (S. 132 f.).

Diese Position nähert sich immerhin Röm 13 an: der Anerkennung weltlicher Staaten und Regierungsformen als notwendige Ordnungs- und Erhaltungsmächte, die das Recht und die Pflicht haben, Gesetze zu erlassen und die Bösen zu strafen, um das Zusammenleben zu ermöglichen und dem Chaos zu wehren. Die Ausnahme des Gehorsams für einen Christen dem Staat gegenüber liegt in der Tat da, wo diese Ordnungsmacht versucht, auf Bereiche Einfluß zu nehmen, die unmittelbar das geistliche Leben und Heil tangieren, und Gesetze erläßt, welche in unmittelbarem Widerspruch zu Gottes eindeutigen Ordnungen und Geboten, namentlich den Zehn Geboten, treten (vgl. Apg 5, 29). Auch wenn die Zeugen Jehovas diese Ausnahmeregelung gemäß ihrer eigenen Auffassungen füllen (vgl. z. B. die Frage des Blutverbotes; s. u.), so ist doch die größere Annäherung an die biblisch-reformatorische Staatsethik seit den 60er Jahren grundsätzlich zu begrüßen.

Allerdings bleibt dennoch kritisch festzustellen, daß eine bloße Anerkennung des Staates auf einzelnen Gebieten (die auch für die Zeugen Jehovas von Vorteil sind) für ein Leben als verantwortlicher

Staatsbürger und Christ nicht ausreicht. Vielmehr sind Christen gerufen, »Licht« und »Salz« in der Welt zu sein (Mt 5, 13 - 16), die Welt also nicht sich selbst zu überlassen, sondern konstruktiv und verbessernd in sie *hineinzuwirken* – sowohl missionarisch als auch diakonisch (und zu letzterem gehören auch politische Einflußnahmen, Veränderungen und Verbesserungen für die notleidenden Menschen). Hier hat die Wachtturm-Gesellschaft ihr altes, distanziertes Verhältnis gegenüber den Staaten und öffentlichen Gemeinschaftsformen grundsätzlich beibehalten – eine Haltung der Absonderung, die ihr – schon rein soziologisch gesehen – den Charakter einer *Sekte* (im Sinne einer vom Gemeinwesen abgespaltenen Gemeinschaft) verleiht. Diesen Charakter behält sie auch, wenn sie sich seit einiger Zeit als »Religionsgemeinschaft« bezeichnet und z. B. in Deutschland die staatliche Anerkennung als »Körperschaft des öffentlichen Rechts« erstrebt.

»Wahre Religion« contra »Babylon«

Das zeigt sich in ihrem Verhältnis zu den *Kirchen und Freikirchen.* Mit diesen pflegt sie keinerlei Verbindung und diesen gegenüber hat sich ihre Kritik keineswegs gemäßigt. Alle Kirchen außer den Zeugen Jehovas gelten nach wie vor als Gebilde Satans, als Hure Babylon, als vom Jehova-Glauben abgefallene Namenschristenheit. Wahres »Christen*tum*« sei nicht bei dieser abgefallenen »Christen*heit*«, sondern allein bei den Zeugen Jehovas zu finden. Bei der »Christenheit« wimmle es von Irrlehren.

»*Teuflische Irrlehren*«, die von den Zeugen Jehovas insbesondere bei den Großkirchen – und hier wiederum besonders heftig bei der römisch-katholischen Kirche – angeprangert werden, sind etwa: die Lehre von der göttlichen Dreieinigkeit, von der Unsterblichkeit der Seele, von der Ewigkeit der Höllenstrafen, vom Fegefeuer, von der Heiligen- und Marienverehrung, vom Kastensystem der Priester und vom Papsttum, von der Transsubstantiation, von »heidnischen« Bräuchen und Festen wie Weihnachten, Ostern, Geburtstagsfeiern usw. Außerdem werden Unterstützung von Kriegen, Verweltlichung, Bibelkritik, Evolutionslehre, unglaubwürdiges Leben von

Geistlichen und ähnliches – zum Teil durchaus zu Recht – kritisiert (vgl. hierzu ausführlicher die kritischen Punkte, die ich in meinem Buch *»Evangelische Kirche – wohin? Ein Ruf zur Besinnung und Umkehr«* aufgezeigt habe). Dabei benutzt die Wachtturm-Gesellschaft solche Kritik freilich als »Sprungbrett«, um ihre eigene Organisation in umso leuchtenderen Farben solchen Mißständen gegenüberzustellen (obwohl es auch bei ihr genug Flecken und Runzeln gibt, wie der Blick in ihre Geschichte zeigt).

In der Schrift »Die Wahrheit, die zu ewigem Leben führt« (S. 123 ff.) nennt die Wachtturm-Gesellschaft z. B. *fünf Kennzeichen der »wahren Religion«:* Liebe untereinander, Achtung vor Gottes Wort, Heiligung des Namens Gottes, Verkündigung des Königreiches Gottes als einzige Hoffnung für die Welt sowie Absonderung von der Welt und ihren Angelegenheiten. Anschließend stellt sie fest, daß die wahre Religion »alle Merkmale«, nicht nur ein einzelnes aufweisen müsse – und kommt zur Schlußfolgerung, daß nur sie selber, die Wachtturm-Gesellschaft, dieses Kriterium erfüllt.

Daß diese Behauptung anmaßend und falsch ist, habe ich z. B. im Blick auf Gottes Wort im Teil »Bibel« nachgewiesen. Auch das Kriterium der »Liebe« ist sehr fraglich, wie die weitere Darstellung der Ekklesiologie zeigen wird. Daß sich freilich die Kirchen dennoch auch berechtigte Anfragen von Sekten wie den Zeugen Jehovas gefallen lassen müssen, zeigt folgender Abschnitt aus der genannten Schrift:

»Bist du der Meinung, Geistliche, die mündlich oder schriftlich erklären, die Bibel enthalte ›Mythen‹, oder die die Abstammungslehre der biblischen Schöpfungslehre vorziehen, würden die Leute anspornen, Gottes Wort zu respektieren? Bist du der Meinung, daß kirchliche Führer, die, wie du durch die Presse erfährst, behaupten, der außereheliche Geschlechtsverkehr sei nicht unbedingt zu verurteilen, oder gar, die Homosexualität könne schicklich sein, die Menschen ermuntern, die Bibel als ihre Richtschnur zu gebrauchen? Sie ahmen gewiß nicht das Beispiel des Sohnes Gottes und seiner Apostel nach« (S. 125).

Das Zwei-Klassen-System

Das Zwei-Klassen-System der Zeugen Jehovas lautet in einem Satz so: *Nur* 144.000 besonders erwählte Menschen kommen in den Himmel, alle anderen Geretteten werden ewig auf einer paradiesischen Erde leben. Obwohl diese Lehre sehr stark in die Eschatologie hineinspielt, behandle ich sie doch schon hier, weil sie mit dem irdischen Gemeindeleben der Zeugen Jehovas untrennbar verbunden ist.

Ausformung der Lehre

Diese Lehre wurde allerdings nicht immer von der Wachtturm-Gesellschaft in dieser Gestalt vertreten. *Charles Taze Russell* etwa sprach am Anfang der Millennium-Tagesanbruch-Bewegung zwar schon von 144.000 »treuen Knechten Gottes« oder »Überwindern«, die seit Pfingsten (Ausgießung des heiligen Geistes) bis zum Abschluß der Berufungszeit im Jahre 1881 eingesammelt würden. Aber verschiedene Klassen unterschied er erst nach 1881, als dieser Termin ohne besondere Vorkommnisse verstrich und die Zahl der Wachtturm-Freunde Jahr um Jahr zunahm, auch wenn sie die »144.000-Marke« noch lange nicht erreichte (1879 betrug die Auflage des »Wachtturm« 6.000, 1915 betrug sie 55.000 Exemplare, woran man die Zahl der Anhänger ungefähr ablesen kann; Zahlenangaben in: Jehovas Zeugen in Gottes Vorhaben, S. 50; vgl. Materialdienst der EZW, 1981, S. 15 f.).

Später, etwa im 1890 veröffentlichten Band 3 seiner »Schriftstudien« verschob er dann das Ende der Erntezeit auf 1914 und bezog das Gleichnis von den fünf klugen und fünf törichten Jungfrauen auf die Millennium-Tagesanbruch-Anhänger. Die »Klugen« folgen ganz dem endzeitlichen Ruf und führen mit Ernst ihren Dienst aus. Diese werden zur »Brautklasse«, die in unmittelbarer Verbindung mit Christus steht. Die »Törichten« folgen dem Ruf nur halbherzig. Sie sind Schwächlinge, die noch eine Läuterungszeit im Millennium durchmachen müssen, um an den Segnungen Jehovas Anteil zu bekommen und »das herrliche Land der Ruhe« (= die nach Harmagedon »gereinigte« Erde) zu sehen. Ins Innere des hochzeitlichen Hauses (= Himmel) werden sie aber nie gelangen.

Erst als unter dem Nachfolger Russells, *Joseph Franklin Rutherford*, die Bewegung immer schneller anwuchs, wurde diese Lehre von den »zwei Klassen« bis ins Detail ausformuliert und »dogmatisiert«. Insbesondere in den 30er Jahren verzeichnete die Bibelforscher-Gruppe (nach der Überwindung der Krise von 1914 und infolge des Einsatzes modernster Propagandamittel) einen enormen Zuwachs, so daß die Frage immer akuter wurde, wer denn nun eigentlich noch zu den 144.000 gehören könne. Auf dem Kongreß von Washington D. C. im Jahre *1935* wurde die Antwort gegeben: Die Einsammlung der 144.000 ist (von einzelnen Ausnahmen abgesehen) 1935 abgeschlossen. Nun geht es darum, die »große Volksmenge« der »anderen Schafe« oder die »Jonadabe« herauszufinden und der Theokratischen Organisation zuzuführen (vgl. JZ, S. 83 f.). Was damit im einzelnen gemeint ist und was die Wachtturm-Gesellschaft heute lehrt, stelle ich nachfolgend ausführlicher dar.

Himmlische und irdische Klasse

Die Wachtturm-Gesellschaft vertritt verschiedene Einteilungen. Zunächst unterscheidet sie im Blick auf Tausendjähriges Reich und Ewigkeit zwischen einem himmlischen und einem irdischen Bereich. Der *himmlische Bereich* ist vorbehalten für Jehova, Christus und die »anderen« treuen Engel sowie die *144.000* erwählten Glieder der himmlischen Klasse, »Heiligtumsklasse« oder »gesalbten Königreichsklasse« des »treuen und verständigen Sklaven« nach Mt 24, 45 ff. Zur Heiligtumsklasse gehören alle treuen und bewährten Zeugen Jehovas, die bis zum Jahre 1935 zur Wachtturm-Gesellschaft gefunden haben (also bis zu dem Jahr, in welchem diese Lehre als offizielles »Dogma« verkündet wurde). Allerdings – so wird inzwischen gesagt – gibt es auch nach 1935 immer wieder einzelne, die durch direkte Geistesoffenbarung gezeigt bekommen, daß sie ebenfalls zur Heiligtumsklasse zählen. Diese auf Erden Lebenden werden, falls sie nicht vorher sterben, in den Himmel entrückt und regieren dann zusammen mit den anderen Gliedern, die schon verstorben sind, unter der

Leitung Christi die erneuerte Erde. Die Heiligtumsklasse wurde seit Pfingsten, also seit der Entstehung der Gemeinde durch das Wirken des Geistes Jehovas, ins Leben gerufen. Von den Menschen der alttestamentlichen Zeit ist somit nach Wachtturm-Vorstellung keiner im Himmel.

Neben der Heiligtumsklasse bzw. der Klasse des »treuen Sklaven« gibt es die anderen Gruppen, insbesondere die »große Volksmenge« der »anderen Schafe« (Offb 7, 9; Joh 10, 16). Diese »schafähnlichen Menschen«, wie sie in der Wachtturm-Literatur auch genannt werden, gelten als die »irdische Sklavenklasse«, über welche Christus zusammen mit der Heiligtumsklasse herrscht. Zu dieser irdischen Sklavenklasse gehören die Millionen Zeugen Jehovas, die heute leben oder die in früheren Jahrzehnten gelebt haben – mit Ausnahme der 144.000. Die schafähnlichen Menschen sind dazu bestimmt, einmal ewig auf der Erde zu existieren – und mit diesen zusammen eine große Zahl anderer Menschen, die zu Lebzeiten keine Zeugen Jehovas waren, aber im Millennium von Jehova neugeschaffen werden, um ihre Treue zu beweisen und dann auch ewiges Leben auf der Erde zu erlangen. Im Millennium regieren auf der Erde die wieder zum Leben erweckten (bzw. neu erschaffenen) alttestamentlichen Patriarchen und Propheten. Alle, die nicht zu den genannten Gruppen gehören oder die ihre Chance zur Bewährung im Millennium verspielen, werden – wie schon ausgeführt – annihiliert, vernichtet.

Im folgenden belege ich diese Aussagen durch diverse Zitate aus Wachtturm-Schriften. Die Aufteilung in verschiedene Klassen klingt, wie erwähnt, schon bei Russell und dem frühen Rutherford an, aber noch nicht in der endgültigen, dogmatischen Form wie nach 1935. So heißt es z. B. in dem 1922 veröffentlichten Buch Rutherfords »Die Harfe Gottes«:

»Der Herr hat einen besonderen Lohn für diejenigen, welche sein zweites Erscheinen lieben, wie der Apostel deutlich erklärt (2. Timotheus 4, 8). Es wird keine große Zahl in dieser Brautklasse sein. Im Gegenteil, sie sind gering an Zahl. Jesus sagte, es würde nur eine kleine Herde sein (Lukas 12, 32). In der dem Apostel Johannes gegebenen Offenbarung gibt er die Zahl auf 144.000 an (Offenbarung 14, 1). Manche dieser teuren Heiligen indessen sind von Zeit zu

Zeit, das ganze Evangelium-Zeitalter hindurch, entwickelt worden, beginnend mit den Aposteln zu Pfingsten« (S. 244).

In der Schrift »Gott bleibt wahrhaftig« von 1946 wird die Aufteilung in zwei Klassen mit aller Deutlichkeit dargestellt:

»Nicht alle Zeugen Jehovas erwarten in den Himmel zu kommen. In der Tat erwartet dies nur ein kleiner Teil von ihnen, eine ›kleine Herde‹ (Lukas 12, 32). Gott, der Allmächtige, der alle Glieder in seiner Organisation setzt, wie es ihm gefällt, hat die Zahl der Glieder des ›Leibes Christi‹ auf 144.000 begrenzt; diese Glieder werden mit Christus Jesus in Gottes himmlischem Reiche herrschen. Nur ein kleiner Überrest, der diesen Leib vervollständigen soll, befindet sich jetzt noch auf Erden.

Eine ungezählte Menge treuer Menschen aber, die jetzt als Jehovas Zeugen wirken, werden manchmal seine ›anderen Schafe‹ oder ›Jonadabe‹ genannt, weil sie vorgeschattet worden sind durch Jonadab, den Gefährten des Königs Jehu (Johannes 10, 16; 2. Könige 10, 15 - 28; Jeremia 35, 8.18.19) Sie erwarten nicht, in den Himmel zu kommen. Es ist ihnen ewiges Leben auf Erden verheißen, einschließlich des Vorrechts, sich die Erde untertan zu machen, sie schön zu gestalten und zu bevölkern, wenn sie ihm als Jehovas Zeugen ihre Treue vor seiner Schlacht von Harmagedon beweisen. ›Jonadabe‹ sind Zeugen Jehovas, wenn sie auch nicht zum Überrest des ›Leibes Christi‹ gehören, ebenso wie treue Männer und Frauen Gottes Zeugen waren, bevor der Allmächtige den ›Leib Christi‹ mit Christus Jesus als seinem Haupte zu bilden begann (Hebräer, Kapitel 11 und 12, 1)« (S. 238 f.).

Die Wachtturm-Gesellschaft weiß darum, daß sie mit dieser Aufteilung in zwei Klassen ihren Anhängern viel, sehr viel abverlangt, nämlich für die allermeisten die Preisgabe der Hoffnung auf ein ewiges Leben bei Christus im Himmel. Deshalb kommt sie in ihrer Schrift »Die Wahrheit, die zu ewigem Leben führt« nicht um die Frage herum: »Glaubtest du früher, daß alle guten Menschen in den Himmel kommen?«. Und sie führt weiter aus:

»Wenn ja, dann magst du erwartet haben, auch zu diesen Menschen zu gehören, da du doch stets bestrebt warst, ein gutes Leben zu führen. Du magst auch gehofft haben, dort mit deinen verstorbenen

Angehörigen wieder vereint zu werden. Wußtest du aber, als du diese Hoffnung hegtest, daß die Bibel sagt, treue Diener Gottes wie König David und Johannes der Täufer seien nicht in den Himmel gekommen? (Apostelgeschichte 2, 29.34; Matthäus 11, 11) Wußtest du damals, daß nur 144.000 Personen, die in den vergangenen neunzehnhundert Jahren aus den Menschen erwählt worden sind, himmlisches Leben erlangen?« (S. 78 f.).

» Wieso man weiß, daß man zur ›kleinen Herde‹ gehört«, fragt dieselbe Schrift und gibt darauf folgende Antwort:

»Weil der Geist Gottes in solchen Personen die Hoffnung auf himmlisches Leben erweckt und nährt ... Unter dem Einfluß des Geistes Gottes verändert sich der ganze Ausblick einer solchen Person, so daß der Dienst Gottes, verbunden mit der Hoffnung auf himmlisches Leben, im Mittelpunkt ihrer Gedanken und Gebete steht. Für sie sind alle irdischen Bindungen weniger wichtig als die Aussicht, mit Christus im Himmel zu sein« (S. 78).

Zur kleinen Herde der 144.000 gehören »Personen, die einen unerschütterlichen Glauben an Gottes Errettungsvorkehrung durch Christus bekunden und durch ihr Leben beweisen, daß der Teufel log, als er Gott vorwarf, die Menschen würden ihm aus Selbstsucht, nur um des eigenen Vorteils willen, dienen ... Unter der Leitung Jesu Christi werden sie als Könige und Priester vom Himmel aus einen Anteil am Ausführen des Vorhabens Gottes mit den Menschen haben. Wie schön wird es sein, von Personen regiert zu werden, die sich Gott gegenüber als treu erwiesen haben! (Offenbarung 20, 4) ... Welch ein Segen wird es für die Bewohner der Erde sein, wenn diese himmlischen Priester ihnen die Wohltaten des Loskaufsopfers Christi zukommen lassen, so daß ihr Verhältnis zu Gott immer besser und ihr Geist und Leib immer gesünder wird, bis sie schließlich vollkommen sind!« (Offenbarung 21, 2 - 4) (S. 76 f.).

In diesem Zusammenhang sei an die Lehre der Zeugen Jehovas vom Loskaufopfer erinnert: Es bewirkt die Möglichkeit, ein vollkommenes menschliches Leben auf Erden zu erlangen. Das Leben im Himmel aber müssen sich die 144.000 *selber »verdienen«*, indem sie den Beweis ihrer Würdigkeit erbringen. Dieser Beweis besteht in einer »Opferung« ihres durch Christi Lösegeld ermöglichten vollkommenen irdischen Lebens schon hier und jetzt und ihre völlige Ausrichtung auf die himmlische Herrlichkeit. Diese Haltung wiederum zeigt sich in der völligen Loyalität gegenüber den Lehren der Wachtturm-Gesellschaft.

Den vielen »Schafen« bzw. »schafähnlichen Menschen«, die angeblich nicht erstreben, in den Himmel zu kommen, die »irdischer Natur« und nicht durch Gottes Geist »wiedergeboren« sind (vgl. »Wachtturm« vom 1.2.1982, S. 9 ff.), bleibt nichts anderes übrig, als sich mit ihrem Schicksal auf der »paradiesischen Erde« abzufinden und den 144.000 gehorsam zu *dienen*. Auch diese müssen sich ihre ewige Existenz verdienen. Wenn ein Zeuge Jehovas seinen Ältesten keinen monatlichen »Predigtdienstbericht« (s. u.) abgibt, wird er als »untätiger Bruder« angesehen und hat keine Hoffnung, Harmagedon zu überleben. Dieses Dienen beginnt allerdings nicht erst im Millennium, sondern bereits heute. Der Dienst für die 144.000 ist geradezu eine Voraussetzung dafür, um später für immer auf der paradiesisch erneuerten Erde leben zu dürfen. In mehr als einer Hinsicht werden die 144.000 somit zu »*Miterlösern*« neben Christus. So heißt es in einer allegorischen »Auslegung« von Mt 25, 31 - 46 im »Wachtturm« vom 1. Februar 1985:

»Gemäß Jesu Gleichnis müssen die gerechten ›Schafe‹ während des ›Abschlusses des Systems der Dinge‹ gewisse Bedingungen erfüllen. Sie müssen Christi geistige ›Brüder‹, die die Klasse des ›treuen und verständigen Sklaven‹ bilden, anerkennen und schätzen. Die ›Schafe‹ müssen außerdem den Gliedern dieser ›Sklaven‹klasse Gutes tun und sie sogar besuchen, wenn sie ungerechterweise inhaftiert sind. Diese ›Schafe‹ müssen das tun, damit sie die Segnungen des himmlischen Vaters erhalten und von dem König Jesus Christus eingeladen werden, ›das Königreich, das von der Grundlegung der Welt an für... [sie] bereitet ist‹, zu ererben (Matthäus 25, 34).

Da diese ›Schafe‹ nicht die geistigen ›Brüder‹ des Königs sind, lädt er sie nicht ein, auf himmlischen Thronen zu sitzen und während der besonderen Zeitspanne von 1.000 Jahren mit ihm zu regieren. Mit seinen Worten ›Ererbt das Königreich‹ lädt er sie ein, in die Königreichsära einzutreten, nachdem er in Harmagedon, dem ›Krieg des großen Tages Gottes, des Allmächtigen‹, alle gottlosen

Königreiche dieser Welt zerstört haben wird (Offenbarung 16, 13-16). Viele der heute lebenden schafähnlichen Menschen werden diesen Krieg aller Kriege überleben und Untertanen der Tausendjahrherrschaft Christi werden, ohne sterben zu müssen« (S. 22).

Kritische Anfragen

Zunächst ist festzustellen, daß diese Lehre *erst 1935* dogmatisiert wurde. Vorher war sie den Wachtturm-Anhängern in dieser verbindlichen Form nicht bekannt. Viele von diesen sowie fast alle Christen der vergangenen zwei Jahrtausende, ja auch die Gläubigen des Alten Bundes müßten falsche Hoffnungen auf eine ewige himmlische Herrlichkeit gehegt haben. Gott hätte sie betrogen, wenn die 1935 von Rutherford dogmatisierte Lehre zuträfe. Diese Vorstellung aber ist mit der biblischen Lehre von Gott, der Wahrheit und Liebe in *einer* Person ist (2. Sam 7, 28; Joh 14, 6; 1. Joh 4, 16 u. v. a.), unvereinbar.

Neben dieses historische und – im strengen Sinne des Wortes – »theo-logische« Argument treten Anfragen an die Exegesen der Wachtturm-Gesellschaft. Die wesentlichen Stellen werden wir nun betrachten.

Zunächst stellt sich die Frage: Handelt es sich bei den »anderen Schafen« in *Joh* 10, 16 wirklich um die »schafähnlichen Menschen« oder »Jonadabe«, also den größeren Teil der Zeugen Jehovas, der seit 1935 eingesammelt wird? Die Evangelien sagen etwas anderes: *Die anderen Schafe sind die Heidenchristen, die zu den Judenchristen hinzukommen* (vgl. Goppelt 1978, S. 619 ff.). Jesus lebte und wirkte in Israel und sprach in erster Linie zu Juden. In Mt 15, 24 sagt er ausdrücklich: »Ich bin nur gesandt zu den *verlorenen Schafen des Hauses Israel.«* Zu seinen Jüngern spricht er: »Geht nicht den Weg zu den Heiden und zieht in keine Stadt der Samariter, sondern geht hin zu den *verlorenen Schafen aus dem Hause Israel«* (Mt 10, 5 f.). Erst später – vollends nach Jesu Auferstehung – wird der Wirkungsradius ausgeweitet, als er befiehlt: »Geht hin und macht zu Jüngern *alle Völker!«* (Mt 28, 19). In der Apostelgeschichte läßt sich genau verfolgen, wie die Mission in Jerusalem beginnt und sich von dort aus – fast wie in konzentrischen Kreisen – zunächst in die Nachbarländer und dann immer weiter ausdehnt. Deshalb spricht Jesus vor seiner Himmelfahrt und vor dem Pfingstereignis: »Ihr werdet die Kraft des Heiligen Geistes empfangen, der auf euch kommen wird, und werdet meine Zeugen sein in Jerusalem und in ganz Judäa und Samarien und bis an das Ende der Erde« (Apg 1, 8).

Im Johannesevangelium klingt diese immer weiter werdende Ausbreitung der Frohen Botschaft bereits an, indem Jesus zu den ihm zuhörenden und aus dem »Stall« der Thora, dem Zaun des Gesetzes kommenden Juden sagt: »Und ich habe noch *andere Schafe*, die sind nicht aus diesem Stall; auch sie muß ich herführen, und sie werden meine Stimme hören, und es wird *eine* Herde und *ein* Hirte werden« (Joh 10, 16). Diese eine Herde unter dem einen Hirten Jesus Christus wird schließlich in den Paulusbriefen eindeutig identifiziert: Es ist die *Einheit von Juden- und Heidenchristen:* »Da ist nicht mehr Grieche oder Jude, Beschnittener oder Unbeschnittener . . ., sondern alles und in allen Christus« (Kol 3, 11; vgl. 1. Kor 12, 12 f.; Gal 3, 28; Eph 2, 11 - 22).

Die »Israeliten«, die in den zitierten Stellen erwähnt sind, können nicht »spiritualisiert« und somit auf irgendwelche anderen (z. B. heutigen) Gruppen bezogen werden, da hier die historische Entwicklung des (nicht konfliktfreien) Zusammenwachsens von Juden- und Heidenchristen kraft des einen Herrn im Hintergrund steht (vgl. Gal 2; Apg 15 u. a.). Die »Auslegung« der Zeugen Jehovas, die den Begriff »Israel« oder »Juden« auf die Theokratische Gesellschaft und deren Anhänger bezieht, kommt daher durch *freie Allegorese* zustande und ist als willkürliche Deutung ohne Grundlage im Text abzulehnen. Das wird durch einen Blick auf weitere Bibelstellen, welche die Wachtturm-Gesellschaft zur »Untermauerung« ihrer Argumentation heranzieht, bestätigt.

So wird in *2. Kön 10, 15 - 28,* der »Kardinalstelle« zur Begründung der »Jonadab-Klasse«, nichts anderes beschrieben, als daß Jonadab, der Sohn des Keniters Rechab, dem israelitischen König Jehu treu dient und bei der Ausrottung des Baalskultes hilft. Die Verwendung dieser Geschichte als »Vorschattung« für die Aufteilung der nachtodlichen Welt in eine irdische und eine himmlische Klasse beruht auf freier Assoziation und besitzt (außer dem rein äußerlichen Hinweis auf ein Dienstverhältnis einer historischen, fremdstämmigen Person gegenüber einer anderen, israelitischen) keinerlei Anhaltspunkt im Text.

Schwieriger ist die Auslegung des Gleichnisses vom Weltgericht in *Mt 25, 31 - 46,* das von der Scheidung von »Schafen« und »Böcken« und den Wohltaten erzählt, welche die »Schafe« den Brüdern Jesu getan haben. Es gibt in der theologischen Forschung unterschiedliche Deutungen dessen, wer mit den »Schafen« und »Böcken« sowie mit den »Brüdern« Jesu gemeint ist. Joachim Jeremias meint, daß die Schafe und Böcke die »Heiden« sind, die »im Endgericht nach der tätigen Liebe gefragt werden«, welche sie Jesus »in Gestalt der Bedrängten« erwiesen haben (Jeremias 1977, S. 207). Auch Gerhard Maier geht davon aus, daß es sich bei den Schafen und Böcken um »Nichtchristen« handelt, daß aber mit den »Brüdern« Jesu die Jünger gemeint sind, denen die Nichtchristen entweder Gutes oder Böses getan haben (Maier 1980, S. 337 f.). An zwei Klassen innerhalb der Christenheit ist also in diesem Gleichnis keineswegs gedacht, was ja schon die Eingangsverse deutlich machen:

»Wenn aber der Menschensohn in seiner Herrlichkeit kommen wird und alle Engel mit ihm, dann wird er sich auf den Thron seiner Herrlichkeit setzen, und alle Völker werden vor ihm versammelt werden. Und er wird sie *(die Angehörigen der Völker!)* voneinander scheiden, wie der Hirte die Schafe von den Böcken scheidet, und wird die Schafe auf die rechte Seite stellen und die Böcke auf seine linke Seite« (Mt 25, 31 - 33).

Als nächstes ist die Frage zu untersuchen, ob die *alttestamentlichen Gläubigen* wirklich nicht in den Himmel kommen. Die Stellen *Mt 11, 11* und *Apg 2, 29.34,* welche die Wachtturm-Gesellschaft zur Begründung anführt, geben keineswegs das her, was man bei einer oberflächlichen Betrachtung in sie hineinlesen möchte. Jedes Mal geht es um einen Vergleich. In Apg 2, 29 - 36 wird zwischen Jesus und dem König David unterschieden: Jesus ist in den Himmel aufgefahren und hat sich zur Rechten Gottes des Vaters gesetzt, David nicht, denn er ist nicht der Messias, sondern nur sein menschlicher Vorfahre – was aber nicht besagt, daß er keine himmlische Erwartung hat (s. u.). In Mt 11 wird zwischen den Gläubigen des Alten und Neuen Bundes am Beispiel Johannes des Täufers der Vergleich geführt:

»Unter allen, die von einer Frau geboren wurden, ist keiner aufgetreten, der größer ist als Johannes der Täufer; der aber der Kleinste im Himmelreich ist, ist größer als er.« An beiden Stellen wird die Fülle der Gnade hervorgehoben, die durch Jesus in die Welt gekommen ist und auf welche die Gläubigen des Alten Bundes nur warten konnten (vgl. Joh 1, 14; 3, 1 ff.; Mt 13, 17; Lk 2, 25 ff.). Weil in Jesus diese Gnade erschienen ist und eine neue heilsgeschichtliche Epoche begonnen hat, ist »der Kleinste in der Gottesherrschaft größer als er«. Gerhard Maier schreibt zu Mt 11, 11:

»Mit dem Anbruch der Gottesherrschaft, der mit Jesus geschieht, ist es möglich, durch Gottes Geist wiedergeboren zu werden. Ein Wiedergeborener wird ein Teil des Leibes Jesu ... Gottes Geist wohnt ständig in ihm und läßt den neuen Menschen wachsen (2. Kor 4, 16). Eine solche Wiedergeburt konnte Johannes noch nicht empfangen. Darum ist der Kleinste unter den Wiedergeborenen, d. h. unter Jesu echten Jüngern, größer als er« (Maier 1979, S. 380).

Dies bedeutet nun allerdings keineswegs, daß Johannes der Täufer, David und die übrigen Gerechten des Alten Bundes keinen Zugang zum Himmel hätten. Vielmehr gilt für sie die Gnade, welche sie im Erscheinen des Messias erwarteten, rückwirkend, weil Gott ihren Glauben ansieht. Gerade die Kapitel 11 und 12 des Hebräerbriefes, welche die Wachtturm-Gesellschaft zur Bestreitung einer himmlischen Hoffnung der Patriarchen ins Feld führen möchte (s. o.), sind der stärkste Beweis für die *himmlische Hoffnung und Wirklichkeit* der Glaubensgestalten des Alten Bundes. So heißt es in Hebr 11, 16: »Nun aber sehnen sie sich nach einem besseren Vaterland, nämlich dem *himmlischen*. Darum schämt sich Gott ihrer nicht, ihr Gott zu heißen; denn er hat ihnen eine Stadt gebaut.« Diese Stadt ist zweifellos dieselbe, die auch für die Gläubigen des Neuen Bundes bestimmt ist: »*das himmlische Jerusalem*« (Hebr 12, 22; Offb 21). Die alttestamentlichen Patriarchen und Propheten haben also genauso eine himmlische Erwartung wie die Glieder des Neuen Bundes. Wenn es nun in Hebr 11, 39 heißt, daß sie »doch nicht erlangt (haben), was verheißen war«, dann bezieht sich dies keineswegs auf eine Nichterfüllung der himmlischen Hoffnung von seiten Gottes, sondern auf das heilsgeschichtliche Geheimnis der Vervollständigung des Gemeinde-Organismus, bestehend aus Gliedern des Alten und Neuen Bundes. Fritz Laubach hat dieses Geheimnis treffend mit folgenden Worten erklärt:

»... die Glaubenden des Alten und des Neuen Bundes stehen Seite an Seite. Die Männer des AT haben die Erfüllung der Verheißungen nicht erlangt – damit sind aber die Verheißungen Gottes nicht aufgehoben. Erst mit dem Hinzukommen der Gemeinde wird das Volk Gottes vollzählig. Mit der Vollendung der Gemeinde wird die endgültige Erfüllung aller den atst [alttestamentlichen] Zeugen zuteil gewordenen Verheißungen eintreten, auch die Verwirklichung der vielen irdischen Verheißungen für Israel, deren Erfüllung bis zur Gegenwart noch aussteht« (Laubach 1977, S. 251).

Mit dem letzten Satz hat Laubach etwas Wichtiges angesprochen: *Es gibt irdische und himmlische Verheißungen für die endgeschichtliche Entwicklung.* Mit dieser Erkenntnis liegt ein Wahrheitskern auch in der Argumentation der Zeugen Jehovas vor. Sie begehen allerdings den Fehler, diese Verheißungen nicht *zeitlich hintereinander,* sondern *sachlich übereinander* zu ordnen. Anders gesagt: Nach Ansicht vieler evangelikaler Exegeten beziehen sich verschiedene Prophezeiungen im Alten Testament – etwa über die »Völker, die zum Zion pilgern«, den »Wolf, der bei den Lämmern wohnt«, den »Löwen, der Stroh frißt«, die »Schwerter, die zu Pflugscharen werden« und ähnliches (vgl. Jes 2, 2-4; 11, 6-9; 65, 17-25; Micha 4, 1-5 u. a.) – auf das in Offb 20, 1-6 erwähnte, geheimnisvolle, vielfältig interpretierte und in der Kirchen- und Weltgeschichte mißbrauchte »Tausendjährige Reich« (Millennium). *Das Tausendjährige Reich soll auf dieser Erde entstehen und der Ewigkeit vorausgehen.* Erst für die Ewigkeit gelten die Verheißungen eines »neuen Himmels und einer neuen Erde« (Letztere wird nicht nur »gereinigt«, sondern wirklich neuerschaffen, wobei Himmel und Erde ineinander übergehen und jede menschliche Vorstellungskraft übersteigen; siehe den Teil »Letzte Dinge«).

Bei den Zeugen Jehovas nehmen die Voraussagen über Millennium und Ewigkeit sehr plastische, fast materialistische Formen an. Vor allem aber wird eine Aufspaltung in »zwei Klassen« bis in alle Ewigkeit hinein festgeschrieben, was biblisch-theologisch so nicht haltbar ist. Zwar wird in Offb 20,4 davon gesprochen, daß die Schar der Blutzeugen Christi mit Christus im Millennium regieren wird, aber von einer solchen Herrschaft oder gar einer Aufspaltung in verschiedene »Klassen« ist im Blick auf die Ewigkeit nirgends die Rede.

Das »Zwei-Klassen-System« der Zeugen Jehovas erinnert – rein formal betrachtet – in mancher Hinsicht an die Aufteilungen, die *dispensationalistisch* (in Heilszeitordnungen) denkende Theologen (z.B. J.N. Darby und C.I. Scofield) vorgenommen haben. Bei diesen Aufteilungen freilich handelt es sich (neben weiteren Distinktionen) im wesentlichen um die Unterscheidung von *Israel* (Judenchristen, zum Teil aber auch das nationale Israel) und der *Gemeinde* (Heidenchristen), und diese werden nach Ansicht mancher Dispensationalisten auf eine neue Erde und einen neuen Himmel – als in Ewigkeit getrennte Größen – verteilt. Von solchen Aufteilungen in verschiedene Gruppen (nicht Klassen), die lange Zeit als das »Sine qua non« des Dispensationalismus galten, ist man in den letzten Jahrzehnten jedoch mehr und mehr abgerückt. Craig A. Blaising, selbst Vertreter eines »progressiven Dispensationalismus« (»progressiv« im Sinne einer fortschreitenden Erfüllung der Heilsverheißungen), schreibt:

»Die neuen Dispensationalisten der 1950er und 1960er Jahre… waren unzufrieden mit der Ansicht von einer bis in die Ewigkeit getrennten himmlischen und irdischen Bestimmung. Sie glaubten, daß nach dem Millennium alle Erlösten für die Ewigkeit zusammensein würden, obwohl sie nicht darin übereinstimmten, wo dies sein würde… Ryrie versetzt sie in den Himmel… J.D. Pentecost weist ihnen einen Platz auf der neuen Erde zu« (Blaising/Bock 1992, S. 25; Übersetzung: L.G.).

In den darauf folgenden Jahren nahmen Dispensationalisten wie Robert Saucy, Darrell L. Bock und Kenneth L. Barker die Unterscheidung zwischen Israel und der Gemeinde noch weiter zurück. Wichtiger als die Unterscheidung oder gar Trennung ist den »progressiven Dispensationalisten« heute die Einheit, die durch das Opfer Christi vollbracht ist. Der Ansatz des neuen Dispensationalismus möchte weniger *anthropologisch* – an dem Zustand der Menschengruppen (Israel und Gemeinde) – als vielmehr *christologisch* (an

Christus und seinem Heilswerk) orientiert sein. Neue theologische Erkenntnisse auf exegetischem und historischem Gebiet haben viele Dispensationalisten dazu geführt, »die transzendentale Unterscheidung zwischen himmlischen und irdischen Völkern aufzugeben zugunsten einer historischen Unterscheidung in bezug auf die fortschreitende Offenbarung des göttlichen Vorsatzes« (ebd., S. 33). *Israel und die Gemeinde werden zwar weiterhin als Völker mit verschiedenen Verheißungen und Aufträgen betrachtet, aber spätestens in der Ewigkeit ist diese Unterscheidung völlig aufgehoben.* Ein »Zwei-Gruppen-« oder gar »Zwei-Klassen-System«, wie auch immer dieses aufgebaut sein sollte, ist also für die Ewigkeit völlig unhaltbar. Blaising und Bock resümieren:

»... es ist ein Segen des einen neuen Bundes, der beide Dispensationen eint. Dieser setzt sich sogar fort, während die Erlösung sich ausdrückt in einem nationalen, politischen Maßstab, nach dem alle Nationen in Frieden leben, ausgerichtet auf Zion, das neue Jerusalem, von welchem aus der Sohn Davids, der Christus Israels und der Nationen, regiert. Israel und die Nationen auf der einen Seite und die Gemeinde auf der anderen Seite sind weder ersatzweise noch parallele, zweigleisige Völker, sondern unterschiedliche Dimensionen der Erlösung der gleichen Menschheit... In der Theologie der Heilsepochen im Epheserbrief ist die letzte Heilsepoche eine solche, in der alle Dinge in Christus vereint sein werden. Das ist keine Einheit, die alle möglichen Unterschiede auslöscht, sondern die sie in einer nie zuvor gesehenen Weise harmonisiert. Das Modell und Prinzip für diese Einheit ist Christus, in dem Menschheit und Gottheit nicht ununterschieden dargestellt wurden, aber doch harmonisiert waren in der Einheit seiner Person auf eine Weise, die die Grenzen menschlicher Sprache herausfordert« (ebd., S. 384).

Auf die *Unterscheidung* (aber keineswegs ewige Trennung) *von Juden- und Heidenchristen* beziehen sich m. E. auch die Stellen, die von den »144.000« und der »großen, unzählbaren Schar« reden (Offb 7,1-17). Bei der Auslegung der Johannesoffenbarung ist grundsätzlich zu beachten, daß ihre Sprache sehr geheimnisvoll ist und sie viele Dinge nur in symbolischer Weise umschreibt. Mit vorschnellen Auslegungen sollte man daher vorsichtig sein. Dennoch deutet vieles darauf hin, daß die in Offb 7, 1 - 8 und 14, 1 - 5 erwähnten 144.000 Versiegelten Menschen aus den Stämmen Israels sind. Warum sonst würde sich der Verfasser der Apokalypse die Mühe machen, jeden Stamm noch einmal ausdrücklich aufzuzählen? Daß bei der Aufzählung der Stämme Besonderheiten auftreten (z. B. sind die Stämme Ephraim und Dan ausgelassen), läßt sich aus deren Schicksal während der alttestamentlichen Geschichte erklären (vgl. Zahn 1924/1926, S. 373 f.) und spricht keineswegs dagegen, diese Aufzählung auf Israel (und das heißt hier: die Judenchristen) zu beziehen.

Ich neige also dazu, den Hinweis auf Israel wörtlich zu nehmen, da jeder einzelne Stamm noch einmal gesondert aufgeführt wird. Hingegen deute ich die Zahlen (144.000 im Sinne von 12 x 12 x 1.000) symbolisch, denn es handelt sich um Zahlen der Vollkommenheit (12 Stämme Israels, 12 Apostel, mit 1.000 potenziert), und es ist schwer vorstellbar, daß im Sinne eines strengen mathematischen Determinismus aus jedem Stamm nur exakt 12.000 Menschen gerettet werden (betrachtet man die lange Heilsgeschichte, dann dürften es eher mehr sein). Daß die Zeugen Jehovas genau die umgekehrte Interpretation vornehmen (die Stämme Israels seien symbolisch, die 144.000 wörtlich zu verstehen) habe ich oben bereits dargelegt. Auch der Neutestamentler Theodor Zahn vertritt die symbolische Deutung der Zahlen, gibt dabei aber den bedenkenswerten Hinweis, daß diese Bezifferung möglicherweise dadurch zustande kam, daß angesichts der Naherwartung der Urgemeinde der Verfasser mit einer begrenzten Zahl bekehrter Juden rechnete:

»Es ist ... die von den 12 Stämmen Israels hergenommene und zum Symbol gewordene Zwölfzahl, durch welche auch Jesus sich bestimmen ließ, seine Apostel, die so oftmals nur ›die Zwölf‹ genannten Hauptprediger seines Ev's, auf das Gebiet seines und ihres eigenen Volkes zu beschränken, was die Zahl 144 000 = 12 x 12 Tausende in Apg 7, 4 - 8 hervorgerufen hat. Trotzdem ist nicht ausgeschlossen, sondern mehr als wahrscheinlich, daß dies zugleich der wirklichen Zahl der Christen jüdischer Herkunft zur Zeit der Apokalypse mehr oder weniger genau entsprach« (Zahn 1924/26, S. 371 f.).

Nun wird von den Zeugen Jehovas behauptet, allein die 144.000 befänden sich mit Christus im Himmel, die »große Volksmenge«

aber ewig auf der Erde. Betrachten wir die Stellen, an denen die »*große Volksmenge*«, d. h. die aus den nichtjüdischen Völkern zu Christus bekehrte Schar, vorkommt, dann sehen wir allerdings, daß das Gegenteil zutrifft. In Offb 7, 9 - 17 findet sich folgende Lokalisierung (ich zitiere auszugsweise):

»Danach sah ich, und siehe, eine große Schar *(ochlos polýs)*, die niemand zählen konnte, aus allen Nationen und Stämmen und Völkern und Sprachen; die standen *vor dem Thron* und *vor dem Lamm*, angetan mit weißen Kleidern und mit Palmzweigen in ihren Händen, und riefen mit großer Stimme: Das Heil ist bei dem, der auf dem Thron sitzt, unserm Gott, und dem Lamm! . . . Und einer der Ältesten fing an und sprach zu mir: Wer sind diese, die mit den weißen Kleidern angetan sind, und woher sind sie gekommen? Und ich sprach zu ihm: Mein Herr, du weißt es. Und er sprach zu mir: Diese sind's, die gekommen sind aus der großen Trübsal und haben ihre Kleider gewaschen und haben ihre Kleider hell gemacht im Blut des Lammes. Darum sind sie *vor dem Thron Gottes* und dienen ihm Tag und Nacht *in seinem Tempel;* und der auf dem Thron sitzt, wird über ihnen wohnen . . . « (Offb 7, 9 f., 13 - 15).

Noch eindeutiger wird der Aufenthaltsort der »großen Schar« in Offb 19, 1 charakterisiert:

»Danach hörte ich etwas wie eine große Stimme einer großen Schar *(ochlou pollou) im Himmel,* die sprach: Halleluja! Das Heil und die Herrlichkeit und die Kraft sind unseres Gottes!«

Es fällt auf, daß sich die »große Volksmenge« bzw. »große Schar« »im Himmel« befindet, wo sie »vor dem Thron Gottes« und »vor dem Lamm«, dem zum Himmel aufgefahrenen Christus, steht und ihren Lobpreis darbringt. Wie deutet die Wachtturm-Gesellschaft solche Stellen? Ich zitiere aus deren Bibellexikon:

»In diesem Zusammenhang entsteht die Frage: Wieso kann gesagt werden, daß die ›große Volksmenge‹, obwohl sie aus Personen besteht, die Errettung erlangen und auf der Erde bleiben, ›vor dem Thron und vor dem Lamm steht‹? (Offb 7, 9). Die stehende Haltung wird manchmal in der Bibel gebraucht, um anzudeuten, daß eine Person oder eine Personengruppe in den Augen dessen, vor dem sie steht, Gunst und Anerkennung erlangt hat (Ps 1, 5; 5, 5;

Spr 22, 29; Lk 1, 19) ... Es scheint demnach, daß die ›große Volksmenge‹ aus Personen besteht, die während der Zeit des Zornes Gottes bewahrt worden sind und vor Gott stehen oder ›bestehen‹ konnten, weil sie seine Anerkennung und die des Lammes hatten« (HVB, S. 582).

Diese allegorische Interpretation kann jedoch nicht überzeugen, da die Wendung »*estontes enópion tou thrónou* ... « in dieser Kombination sprachlich eindeutig eine räumliche Gegebenheit (»stehend vor dem Thron ...«) zum Ausdruck bringt (vgl. Bauer 1971, Sp. 535 f. 755 f.). Auch das Argument, welches Zeugen Jehovas in einer mündlichen Diskussion mit mir vorbrachten, die große Volksmenge würde zwar auf der Erde stehen, aber der Thron Gottes befinde sich im Himmel, die Volksmenge habe diesen – wenn auch sehr weit entfernt – »vor Augen« und ihr Rufen dringe zu ihm empor (vgl. »Unterredungen anhand der Schriften«, S. 212), geht völlig am eigentlichen Wortsinn und der Intention der Texte vorbei. Denn die Lokalisation der großen Volksmenge ist eindeutig »im Himmel« (»*en to ourano*«; Offb 19, 1), ja sogar »im Tempel« (»*en to nao*«; Offb 7, 15) Gottes, im Zentrum seiner Heiligkeit. Befände sich die große Schar nicht wirklich im Himmel, dann müßte eine »Kluft« (wie etwa zwischen Geretteten und Verlorenen in Lk 16, 26) zumindest angedeutet sein; das ist aber hier nirgends der Fall. Schließlich ist der Lobpreis der »großen Schar« in seiner überwältigenden Größe und Schönheit nur dann verständlich, wenn man davon ausgeht, daß diese große Schar selber zu den Erlösten gehört, denen die himmlische Herrlichkeit verheißen ist und die nun zum Ziel ihrer Hoffnungen durch viel Trübsal hindurch gelangt sind.

Auch das Argument der Wachtturm-Gesellschaft, die in Offb 19, 1.6 erwähnte »große Menge im Himmel« sei »nicht dasselbe wie die ›große Volksmenge‹ aus Offenbarung 7, 9«, sondern es handele sich um »Engel«, wirkt sehr gekünstelt. Es stützt sich einzig darauf, was »von denen im Himmel« in Offb 19, 1.6 *nicht* gesagt werde, nämlich »daß sie ›aus allen Nationen‹ sind oder dem Lamm ihre Rettung zuschreiben« (ebd.). – Hierauf läßt sich erwidern, daß dies in Offb 19, 1.6 vorausgesetzt werden kann, eben weil es in Offb 7, 9 bereits ausgeführt wurde. Von der Begrifflichkeit her (im griechischen Text steht in beiden Kapiteln *»ochlos polýs«; s. o.*) ergibt sich eindeutig, daß die »große Schar« in Offb 7, 9 und Offb 19, 1.6 identisch ist. Und auch in Offb 7, 9 ist ja, wie eben ausgeführt, die große Schar »vor dem Thron und vor dem Lamm«, also im Himmel, lokalisiert.

Abschließend zu dieser Frage sei nochmals betont: Die Wachtturm-Gesellschaft bringt die allermeisten ihrer Anhänger mit der Lehre von den zwei Klassen um die Hoffnung auf die himmlische Herrlichkeit. Sie raubt ihnen damit das Wertvollste, was das Neue Testament allen, die an Jesus Christus als Erlöser und Herrn glauben, verheißen hat. Aber es gilt nach wie vor:

»Gelobt sei Gott, der Vater unseres Herrn Jesus Christus, der uns nach seiner großen Barmherzigkeit wiedergeboren hat zu einer lebendigen Hoffnung durch die Auferstehung Jesu Christi von den Toten, zu einem unvergänglichen und unverwelklichen Erbe, was aufbewahrt wird *im Himmel* für euch, die ihr aus Gottes Macht durch den Glauben bewahrt werdet zur Seligkeit, die bereit ist, daß sie offenbar werde zu der letzten Zeit« (1. Petr 1, 3 - 5).

Leben und Dienst der Zeugen Jehovas

Das Leben der Zeugen Jehovas ist sehr stark von der Wachtturm-Gesellschaft, deren Veranstaltungen und Dienstanweisungen bestimmt. Schon ein gewöhnlicher *»Königreichs-Verkündiger«* (der einfache getaufte Zeuge Jehovas) bringt gut und gerne 40 Stunden im Monat bei Versammlungen und Diensteinsätzen zu, die ehrenamtlich ausgeführt werden. Nach offiziellen Angaben der Wachtturm-Gesellschaft von 1995 setzt sich ein gewöhnlicher Zeuge Jehovas pro Woche mit 17, 5 Stunden durchschnittlich für seine Gemeinschaft ein (vgl. K.-D. Pape, Brief an den Verfasser vom 15. 2. 1996). Bei einem *Hilfspionier* sind es mindestens 60 Stunden, bei einem *allgemeinen Pionier* durchschnittlich 90 Stunden im Monat. Der *Sonderpionier* arbeitet monatlich mindestens 140 Stunden für »Jehova« und die Wachtturm-Gesellschaft und erhält eine Zuwendung in Taschengeldhöhe. Außerdem gibt es noch *Gilead-Missionare* (benannt nach der Ausbildungsstätte in South Lansing / New York), die ebenfalls

monatlich ca. 140 Stunden im Einsatz sind, allerdings im Auslands-
dienst, *Kreis- und Bezirksaufseher,* die überregionale Besuchs- und
Koordinationsdienste vornehmen, sowie *Bethel-Mitarbeiter,* die in
den Büros, Verlagen und Druckereien der Wachtturm-Gesellschaft
tätig sind und dafür freie Kost und Logis sowie ein geringes Taschengeld erhalten.

Mit Hilfe solcher billiger oder kostenloser oder sogar gewinn-
bringender *Arbeitskräfte* (der normale »Königreichs-Verkündiger«
muß die weitergegebenen Wachtturm-Publikationen entweder zuerst selber kaufen oder aber eine Spende dafür geben; s. u.) kann die
Wachtturm-Gesellschaft ihre – immer in Millionenauflage gedruck-
ten Publikationen – sehr rationell herstellen und bei einem niedrigen
Abgabepreis trotzdem noch *Gewinne in Millionenhöhe* erzielen. In
dem 1946/48 veröffentlichten Wachtturm-Buch »Gott bleibt wahrhaftig« wird hierzu ausgeführt:

»Der Diener Gottes, der Prediger, der nur einen Teil seiner Zeit
diesem Dienste widmet, erstattet der Gesellschaft den Selbstkosten-
preis für die verbreitete Literatur und nimmt freiwillige Beiträge an,
die mithelfen, Verbreitungskosten zu decken. Dem Vollzeitprediger
wird geholfen, die Kosten der Literatur zu tragen, damit er imstande
ist, die Kosten der Verbreitung zu decken und sich mit dem zum
Leben Notwendigen zu versehen... Außerdem dürfen Vollzeitprediger, die als Jehovas Zeugen Sonder-Missionsdienst tun, die Gesellschaft jeden Monat um eine bestimmte kleine Entschädigung zur
Bestreitung ihrer Auslagen angehen, damit sie imstande seien, in
diesem Sonderdienste durchzukommen« (S. 235).

Der Herausgeber der Zeitschrift »Aus christlicher Verantwortung« (ACV), Klaus-Dieter Pape, hat die Bilanzen des britischen
Zweiges der Wachtturm-Gesellschaft von 1983 bis 1987 ausgewertet
und kommt zu dem Ergebnis, »daß das Verhältnis von Druck-
kosten zum Ertrag aus der Literatur 1 zu 6 ist. D. h., für eine eingesetzte D-Mark erwirtschaftet die WTG [Wachtturm-Gesellschaft] 6
D-Mark«. Und Pape fragt: » ... welches Verlagsunternehmen auf der
Welt besitzt über 4 Mio. treue Kunden, die jede Publikation des Ver-
lages sofort kaufen – und nicht nur einmal. Jedes Buch, das auf den
Bezirkskongressen verbreitet wird als neue ›Wahrheit‹, bringt der

WTG viele Millionen an materiellem Gewinn. Ebenso die Zeitschriften« (ACV-Information Nr. 2/1994, S. 4).

Neuerdings jedoch hat die Wachtturm-Gesellschaft ihre Finanzierungsweise – etwa im Blick auf die »Gemeinnützigkeit« – in Staaten wie Deutschland geändert. So teilte mir K.-D. Pape in seinem Brief vom 15. 2. 1996 folgendes mit:

»Die Aussage, daß die Zeugen Jehovas die Literatur zuerst selber kaufen müßten, stimmt seit 1991 in vielen Ländern nicht mehr. In Deutschland wird die Literatur seit 1991 ›kostenlos‹ abgegeben, mit dem Hinweis der Spendenmöglichkeit, die von den Zeugen Jehovas auch stark genutzt wird. In Ländern wie Südafrika wird die Literatur nach unseren Erkenntnissen immer noch verkauft. Die Bilanzierung aus England ist aber trotzdem wichtig, weil das Verhältnis 1, 6 auch heute noch in etwa gilt, da die Zeugen Jehovas in etwa den Preis eines Buches spenden, den sie früher bezahlt haben. Die 5 Millionen Zeugen Jehovas sind aber trotzdem die besten Kunden, da sie jeweils ein persönliches Exemplar jeder Veröffentlichung besitzen müssen und dann weitere Verbreiterexemplare, die sie in ihren ›Predigtdienstberichten‹ notieren müssen.«

Wie läuft die durchschnittliche Woche eines einfachen »Königreichs-Verkündigers« ab? Die folgende Skizze zeigt die Fülle seiner *Verpflichtungen und Aktivitäten* an:

Sonntags geht er in die *Versammlung* im »Königreichssaal«. Dort hört er – eingerahmt durch Lieder und »Gebete« – einen *»biblischen Vortrag«*. Nach diesem öffentlichen Vortragsteil, der ca. eine Stunde in Anspruch nimmt, folgt das ebenfalls ca. einstündige gemeinsame *Studium des neuen »Wachtturms«*. Ein Absatz im Wachtturm wird verlesen, die dazugehörigen Fragen werden betrachtet, Personen, die eine Antwort geben wollen, werden aufgerufen. Danach werden die Themen ausführlich besprochen und die Antworten – etwa für den Haus-zu-Haus-Dienst – eingeübt.

Auf die *Schulung* der Königreichs-Verkündiger wird auch sonst großer Wert gelegt. So finden neben dem sonntäglichen Wachtturm-Studium während der Woche verschiedene Zusammenkünfte statt, die der eigenen »Fortbildung« und »missionarischen« Zwecken dienen. Diese Zusammenkünfte dauern in der Regel jeweils eine Stunde.

Es sind dies insbesondere: die *Theokratische Schule,* eine Predigt-
dienst-Zusammenkunft, in der das Studienprogramm gelernt wird
und reihum Vorträge gehalten werden, welche die Ältesten beurteilen; die *Dienstzusammenkunft,* in der Kurzvorträge und Diskussions-
situationen eingeübt und durchgespielt werden; das *Versammlungs-
buchstudium,* das ohne festen Stoffplan in einer Privatwohnung
erfolgt. Hinzu kommt das Studium von Wachtturm und Bibel allein
und mit der Familie, etwa vor den Mahlzeiten.

Die Aktivitäten nach außen sind dann: die *Zeitschriftenverbrei-
tung* auf Straßen und Plätzen (mindestens 2 bis 3 Stunden pro Woche), der *Haus-zu-Haus-Predigtdienst* (ebenfalls ca. 2 bis 3 Wochen-
stunden) und das *Heimbibelstudium* (wenigstens eines pro Woche),
bei dem der Zeuge Jehovas einen Interessierten Schritt für Schritt in
den Wachtturm-Glauben einführt, bis dieser sich taufen läßt und selber ein »Königreichs-Verkündiger« wird. Über diese Aktivitäten ist
genau Buch zu führen und der örtlichen Versammlung – bzw. über
diese der Wachtturm-Zentrale – zu berichten, etwa anhand von
»Haus-zu-Haus-Notizzetteln« oder des »Predigtdienstberichts«,
den jeder Zeuge Jehovas jeden Monat ausfüllen muß. Dieser monat-
liche Bericht wird dann auf eine Karte übertragen, die sich in der Ver-
sammlungsablage befindet und nur für die Ältesten zugänglich ist.

Kurt Hutten (1968, S. 100 ff.) spricht von einer Prozedur der
»*Gehirnwäsche*«, welcher die »Sklaven Jehovas« ausgesetzt sind. Mit
der Angst vor Harmagedon und der Hoffnung auf ein ewiges Erden-
paradies wird der einzelne gelockt und bei der Stange gehalten. Er
wird »so mit Schriften, Studienaufgaben und Gesprächen überschüttet, daß er keine Ruhe mehr findet zu kritischer Prüfung«. Bibelstudium darf nur anhand der Wachtturm-Schriften erfolgen, die ihm
den Schlüssel zur Auslegung an die Hand geben. Die Wachtturm-
Gesellschaft gibt die Interpretation der Bibel vor, und die Ältesten vor
Ort haben die Aufgabe, diese Interpretation um- bzw. durchzusetzen. Ein eigenes Bibelverständnis, etwa aufgrund der Benutzung von
Nicht-Wachtturm-Schriften und -Kommentaren, gilt als gefährlich
und wird so weit wie möglich von der Organisation unterdrückt.
Raymond Franz beispielsweise wurde letztlich deshalb ausgeschlossen, weil er »unabhängig« in der Bibel las und zu nicht-konformen

Ergebnissen kam. Der andere Grund des Ausschlusses (er habe mit einem Abtrünnigen gegessen) ist nur vorgeschoben (vgl. Franz 1991, S. 27 ff., 215 ff.). Ein engmaschiges Netz von Verboten, Vorschriften und Gesetzen bindet den einzelnen immer stärker an die Sekte, die dem, der zu ihr gehört und ihr treu bleibt, ein Wir-Gefühl ermöglicht, einen Raum der Geborgenheit eröffnet. Verläßt der einzelne diesen Raum, dann droht ihm der Gemeinschaftsentzug und die Vernichtung bei Harmagedon (s. u.).

Der ehemalige Wachtturm-Anhänger W. J. Schnell (1959 a, S. 102 f.) betrachtet viele Zeugen Jehovas als »geistig und seelisch krank. Sie leiden an Verfolgungswahn und an der Angst vor Harmagedon«. Der Psychologe Jerry Bergman nennt in seiner Untersuchung *»Jehovas Zeugen und das Problem der psychischen Gesundheit«* folgende Ursachen für die »hohe Anzahl psychischer Erkrankungen« bei Wachtturm-Anhängern: die übergroße Beanspruchung ihrer Kraft und Zeit durch Versammlungen und »Dienstaufgaben«; das dadurch bedingte Zurücktreten von Freizeit und sportlich-gesellschaftlich-kulturellem Ausgleich; das dichte Netz von Ge- und Verboten, die schwer zu halten sind und deshalb Schuldgefühle und Aggressionen verursachen können; die fast alltägliche Frustration beim Missionsdienst von Haus zu Haus oder auf der Straße; die Unterdrückung ehrlicher, kritischer Fragen durch die Wachtturm-Gesellschaft, was zu psychosomatischen Störungen führen kann. Bergman schreibt: »Ehrliche Fragen dürfen nicht laut ausgesprochen, sondern sollen unterdrückt werden. Oft quälen sie die Zeugen im Unbewußten und rufen psychosomatische Symptome wie Asthma, Bluthochdruck, Geschwüre oder andere Störungen hervor« (Bergman 1994, S. 33).

Daraus folgt: Bei allem »missionarischen« Engagement der Zeugen Jehovas, das vordergründig gesehen bewundernswert ist, und trotz hoher moralischer Maßstäbe (z. B. Ablehnung von Ehebruch, Unzucht, vorehelichem Geschlechtsverkehr, Homosexualität, Abtreibung, Drogen, Rauchen u. ä.; nur mäßiger Genuß von Alkohol) sind dennoch die gesundheitlichen, gesellschaftlichen und geistlichen Auswirkungen negativ.

Taufe und Gedächtnismahl

Die »*Taufe*« ist für die Zeugen Jehovas eine symbolische Handlung, welche die Hingabe an den Willen Jehovas und seine Theokratische Gesellschaft zum Ausdruck bringt. Sie kommt einer »Ordination« zum aktiven Königreichs-Verkündiger gleich. Da sie ein Akt der bewußten Hingabe ist, kann sie nicht an Kleinkindern oder Säuglingen vorgenommen werden. Im Bibellexikon der Wachtturm-Gesellschaft heißt es:

»Wenn man bedenkt, was der Wassertaufe vorausgeht, nämlich daß man ›das Wort hört‹, ›das Wort von Herzen annimmt‹ und ›bereut‹ (Apg 2,14.22.38.41), und daß die Taufe einen feierlichen Entschluß des Taufbewerbers voraussetzt, dann wird klar, daß der Betreffende zumindest alt genug sein muß, um hören, glauben und diesen Entschluß fassen zu können« (HVB, S. 1.447).

Die »Taufe« der Zeugen Jehovas geschieht durch »völliges Ein- oder Untertauchen im Wasser und nicht bloß Begießen oder Besprengen« (HVB, S. 1.448). Sie ist »nicht ein Sinnbild des Abwaschens von Sünden, sondern des Aktes der Hingabe einer Person an das Tun des Willens Gottes«. Das Untertauchen veranschaulicht »des Betreffenden Tod oder Begräbnis gegenüber dem eigenen Willen, und das Wiederemporgehobenwerden veranschaulicht, daß man lebendig gemacht wird, um den Willen Jehovas zu tun« (»Wachtturm« vom 1.5.1954; vgl. HVB, S. 1.447 f.).

Die Taufe kann, muß aber nicht »im Namen des Vaters, des Sohnes und des heiligen Geistes« nach Mt 28,19 erfolgen, da die Wachtturm-Gesellschaft die Dreieinigkeit Gottes ablehnt (siehe den Teil »Gott«). Wird sie »im Namen des Vaters, des Sohnes und des heiligen Geistes« durchgeführt, was durchaus gebräuchlich ist, dann ist damit folgendes gemeint: Der Täufling muß Jehova (»Vater«) als obersten Souverän, Jesus-Michael (»Sohn«) als Teil in Jehovas Plan und den »heiligen Geist« (kleingeschrieben) als Jehovas wirksame Kraft anerkennen. »Vater«, »Sohn« und »Geist« erfahren hier also eine neue Deutung gemäß der Wachtturm-Doktrin. So heißt es in dem Buch »Gott bleibt wahrhaftig«:

»Wenn ... die Täuflinge ›*auf* den Namen des Vaters, des Sohnes und des heiligen Geistes‹ getauft werden sollen, bedeutet dies, daß sie Jehova nicht nur als ihren Lebengeber, sondern auch als den Höchsten, dem sie Untertanentreue und Dienst schulden, anerkennen sollen. Sie müssen erkennen, welche Rolle der Sohn im Vorhaben Jehovas spielt und was er für sie getan hat und sie müssen auch den heiligen Geist als die wirksame Kraft Gottes anerkennen, die ihnen hilft, ihre Weihung auszuführen, und müssen sich jederzeit in ihrem Handeln davon leiten lassen. Nur das zur Anerkennung dieser Wahrheiten vollzogene Untertauchen gibt das richtige Bild von der Weihung; nur das ist eine schriftgemäße Wassertaufe« (S. 319 f.).

Die *Problematik* liegt hier m. E. nicht in der Praxis der Mündigentaufe und des Untertauchens (darüber wird mit guten biblischen Argumenten auch im Raum der Kirchen und Freikirchen diskutiert), sondern in der *Ablehnung der Trinität* und in der *Umdeutung* der Taufe zu einem *Gehorsamsakt gegenüber Jehova und seiner Theokratischen Organisation*. Weil sich die Wachtturm-Organisation als die Hüterin des allein wahren Glaubens betrachtet und ihre »Taufe« als Eingangstor in diese Organisation (oder deutlicher gesagt: als Unterwerfungsakt unter sie) gilt und weil sie die Dreieinigkeit Gottes ablehnt, wird ihre »Taufe« von keiner Kirche oder Freikirche anerkannt – wie auch umgekehrt die Wachtturm-Gesellschaft die Taufhandlungen aller Kirchen und Freikirchen (egal ob Säuglings- oder Mündigentaufe) ablehnt. So stellt beispielsweise die Vereinigte Evangelisch-Lutherische Kirche Deutschlands (VELKD) in einem 1966 veröffentlichten »Handbuch zu Freikirchen und Sekten« fest:

»Eine bei den ZJ (Zeugen Jehovas) vollzogene Taufhandlung ist keine christliche Taufe und wäre es auch dann nicht, wenn etwa dabei doch eine Anrufung von Vater, Sohn und Geist erfolgt wäre« (Abschnitt »Zeugen Jehovas«, S. 9).

Die Wachtturm-Gesellschaft unterscheidet zwischen der Taufe mit Wasser und der Taufe mit dem »heiligen Geist«, was nach biblischem Zeugnis prinzipiell durchaus möglich ist (vgl. Apg 8, 15 - 17; 10, 44 - 48; Röm 6, 1 ff.; Kol 2, 12 u. a.). Sie verbindet diese Unterscheidung aber gleichzeitig mit dem oben beschriebenen »Zwei-Klassen-System«: Während die *Taufe mit Wasser* jeder, der zum Königreichs-Verkündiger wird, empfängt, ist die *Taufe mit dem »heiligen Geist«*

bzw. die »Salbung« der erwählten »Heiligtumsklasse« der 144.000 vorbehalten. Nur sie gelten als »mit dem heiligen Geist erfüllt«, »gerechtfertigt«, »wiedergeboren« u. ä. (vgl. »Gott bleibt wahrhaftig«, S. 322 ff.). Die Unhaltbarkeit dieser »Zwei-Klassen-Lehre« habe ich oben bereits aufgezeigt.

Die Zwei-Klassen-Lehre setzt sich fort in der zweiten von den Zeugen Jehovas praktizierten Zeichenhandlung: dem *»Gedächtnismahl«.* Auch dieses hat mit dem biblischen Herrenmahl oder Abendmahl so gut wie nichts mehr gemeinsam. Wie läuft es ab?

»Jedes Jahr begehen die wenigen noch auf Erden lebenden Glieder der ›kleinen Herde‹ am Todestag Christi die Feier zum Gedächtnis an seinen Tod. Wie Jesus gebot, genießen sie ungesäuertes Brot – ein Sinnbild des Leibes, den Jesus für die Menschheit geopfert hat – und Rotwein – ein Sinnbild des Blutes, das Jesus für die Menschheit vergossen hat. Jesus sagte zu seinen Nachfolgern, denen er gebot, von diesen Symbolen zu nehmen, er schließe mit ihnen ›einen Bund für ein Königreich‹. Wer kein Erbe des himmlischen Königreiches ist, nimmt daher nicht von den Symbolen (Lk 22, 19.20.29). Die Menschen, die die Hoffnung haben, irdisches Leben zu erlangen, sind jedoch jedes Jahr in großer Zahl beim Abendmahl des Herrn als Zuschauer zugegen« (Die Wahrheit, die zu ewigem Leben führt, S. 80).

Im Überblick betrachtet, weist das Gedächtnismahl der Zeugen Jehovas folgende Kennzeichen auf (vgl. zum folgenden: HVB, S. 12-15):

– Es wird nur *einmal im Jahr,* und zwar am 14. Nisan (nach dem jüdischen Kalender des 1. Jahrhunderts n. Chr.) gefeiert, da es als reine Gedenkfeier angesehen wird.

– Es werden die Elemente *Brot* und vergorener *Rotwein* verwendet (im Unterschied übrigens zu den Adventisten, die ausschließlich unvergorenen Traubensaft gebrauchen).

– Nur die *»Gesalbten«,* die zu den 144.000 gehören, nehmen von den Elementen (dabei handelt es sich weltweit noch um wenige tausend Personen; in vielen Versammlungen befindet sich überhaupt keiner mehr; 1993 z. B. nahmen von den weltweit 11.865.765 beim »Gedächtnismahl« Anwesenden nur 8.693 Zeugen Jehovas Brot und Wein).

– Alle »*anderen Schafe*« (die Millionen Zeugen Jehovas außer dem Überrest aus den 144.000) sind als *Zuschauer* zugegen. Wo kein Überrest-Mitglied mehr vorhanden ist, läßt man die Elemente einfach unberührt durch die Reihen gehen.

Die »anderen Schafe« sind »bei der Feier des Abendmahls anwesend, doch da sie weder Miterben Christi noch geistige Söhne Gottes sind und auch nicht am Tod Christi und an der Hoffnung teilhaben, durch eine Auferstehung zu himmlischem Leben mit ihm vereint zu werden, nehmen sie nicht von den Symbolen« (HVB, S. 14).

Mit dieser Lehre hat die Wachtturm-Gesellschaft aus dem von Jesus gebotenen Gemeinschaftsmahl ein »*Elite-Mahl*« einer aussterbenden Klasse gemacht und ihm auch sonst seine wesentlichen Eigenschaften geraubt. Gedächtnisaspekt (Lk 22,19; 1. Kor 11,24 f.) und eschatologischer Aspekt (Mt 26,29 parr.; 1. Kor 11,26) werden überbetont und uminterpretiert (letzterer wird auf die »Heiligtumsklasse« reduziert). Gabecharakter (Mt 26,26 f. parr.; 1. Kor 11,24 f.) und Gemeinschaftsaspekt (Mt 26,27 parr.: »Trinket *alle* daraus!«; 1. Kor 10,16 f.) werden völlig ausgeblendet, ja zerstört. Aus einer biblischen Betrachtung des Abendmahls ergibt sich hingegen folgendes Resultat:

»Paulus, der den literarisch frühesten Bericht vom ›Herrenmahl‹ (1. Kor 11,20-34) bietet, betont den Gemeinschaftscharakter der abendlichen Feier und das Anteilgeben an den Speisen … Durch den Genuß der geistlichen Speise wird die Gemeinschaft mit dem Herrn der Kirche und auch die der Glieder untereinander gestärkt; das den Leib Christi bezeichnende Brot drückt die Einheit der Gemeinde aus (1. Kor 10,16 f) … Weil der Knecht Gottes durch seine Lebenshingabe die Sünden der Welt wegträgt und das Todesurteil über den Sünder aufhebt, schenkt die Gemeinschaft mit ihm das ewige Leben. Im Herrenmahl bietet er sich als das lebendige, vom Himmel kommende Brot, als das Manna der Endzeit an (Joh 6,50 f)« (O. Betz, Art. »Abendmahl, biblisch«, in: ELThG I/1992, S. 3).

Die Preisgabe der Gemeinschaft bei den Zeugen Jehovas zeigt sich auch – auf mitunter sehr drastische Weise – bei dem nächsten zu betrachtenden Problemfeld: dem Gemeinschaftsentzug.

Gemeinschaftsentzug

Der Gemeinschaftsentzug ist eine Maßnahme, die von der Wachtturm-Gesellschaft und ihren Ortsversammlungen gegenüber abtrünnigen Zeugen Jehovas ergriffen wird. Es handelt sich allerdings nicht um einen bloßen Ausschluß, sondern um Maßnahmen, die weit darüber hinausgehen – Maßnahmen, die mit seelischer Qual und Grausamkeit verbunden sind. Im folgenden nenne ich einige Belege hierfür.

In der Wachtturm-Schrift »Das Paradies für die Menschheit durch die Theokratie wiederhergestellt« wird unter der Überschrift *»Loyalität gegenüber Gott übertrifft Familienbande«* unter Bezugnahme auf die Auseinandersetzungen und Spaltungen zu Beginn der Präsidentschaft Rutherfords ausgeführt:

»Diesem Lauf höchster Loyalität gegenüber dem Souveränen Herrn Jehova folgte der gesalbte Überrest seit dem Jahre 1919 u. Z. Das hat dazu geführt, daß solche, die in religiöser Beziehung der theokratischen Organisation gegenüber, die Jehova, der himmlische Theokrat, unter seinem gehorsamen Überrest errichtet hat, abtrünnig oder rebellisch waren, aus der Gemeinschaft ausgeschlossen oder exkommuniziert worden sind... So sind die loyalen Überrestglieder bereit, die ›leidenschaftliche Liebe‹ zu nahen Mitverbundenen aufzugeben und ihnen geistige ›Wunden‹ zuzufügen, indem sie Abtrünnige mißbilligen und ablehnen. Dadurch ist ihr theokratisches ›Land‹ ein geistiges Reich mit einer reinen, gottgemäßen Lebensweise geblieben« (S. 356 f.).

Der Ausgestoßene wird *boykottiert*, man darf ihm keine Hand mehr reichen, ihn nicht grüßen, nicht mit ihm sprechen, ihn nicht zum Besuch empfangen. Wenn er verheiratet ist und sein Ehepartner weiterhin zu den Zeugen Jehovas geht, werden zwar die äußeren Familienbande aufrechterhalten und die üblichen Haushaltsarbeiten weitergeführt, aber es findet keine geistige Gemeinschaft mehr statt. Mit dem Ausgeschlossenen darf nicht diskutiert werden, denn – so kommentiere ich – das könnte ja den Wachtturm-Anhänger »negativ« gegen seine Organisation beeinflussen. David von Rieder schreibt in seinem Artikel »Sünder unter Jehovas Zeugen«:

»... ›aktive Abtrünnige‹ von der Wachtturm-Lehre sind die Gefürchteten. Sie, die die Wachtturm-Lehre genau geprüft und als zum größten Teil als menschliche Erfindung, mit aus dem Zusammenhang herausgerissenen Bibeltexten belegte Wachtturmdichtung erkannt haben, könnten ja andere durch ihre Gespräche oder Schriften zum Nachdenken bringen. Nichts ist für das Wachtturmlehrgebäude gefährlicher als selbständiges Denken. Darum sind diese ›aktiven Abtrünnigen‹ die bösesten Sünder, denen nicht vergeben und denen keine Barmherzigkeit erwiesen wird, ja die als Tote zu betrachten sind« (ACV 1/1995, S. 26).

Im Wachtturm-Buch »Organisation zum Predigen des Königreiches und zum Jüngermachen« wird deutlich das Verhalten der Wachtturm-Anhänger gegenüber Ausgestoßenen reglementiert:

»In Treue gegenüber Gott sollte niemand in der Versammlung solche Personen grüßen, wenn er sie in der Öffentlichkeit trifft, noch sollte er sie in seinem Haus willkommen heißen. Selbst Blutsverwandte, die mit einem Verwandten, dem die Gemeinschaft entzogen worden ist, nicht in derselben Wohnung leben, meiden, weil sie geistige Verwandtschaftsverhältnisse höher bewerten als buchstäbliche, den Kontakt mit einem solchen Verwandten, dem die Gemeinschaft entzogen worden ist, soweit irgend möglich... Und diejenigen, die mit einer Person, der die Gemeinschaft entzogen worden ist, Glieder derselben Familie sein mögen, hören auf, mit dem Übeltäter, der nicht bereut, geistige Gemeinschaft zu pflegen. Auf diese Weise bekommt der Übeltäter zu spüren, welch ein gewaltiges Unrecht er begangen hat, und gleichzeitig bewahrt Jehova den guten Namen seiner irdischen Organisation und schützt das geistige Wohl seiner Diener auf Erden« (S. 172).

Was Ehepartner oder Kinder betrifft, wird ausgeführt:

»... in all solchen Fällen besteht kein Grund, einem Kind oder Ehepartner, dem die Gemeinschaft entzogen worden ist, zuzuhören, wenn der Betreffende versucht, sich zu rechtfertigen, oder sich bemüht, den Treuen zu seiner Denk- und Handlungsweise zu beeinflussen. Auch sollte man ihn nicht anhören, was Einwände hinsichtlich seiner Behandlung durch das Rechtskomitee betrifft. Wenn er in seinem Fall Berufung einlegen möchte, sollte er zum Komitee gehen und nicht versuchen, dadurch Einspruch zu erheben, daß er seinen Fall mit denen erörtert, die keine Ältesten sind« (S. 173 f.).

Raymond Franz, neun Jahre lang Mitglied der »Leitenden Körperschaft« der Zeugen Jehovas, hat sich an das Rechtskomitee gewandt und erlebt, wie grausam ein *Gemeinschaftsentzugs-Verfahren* sich gestalten kann. Sein aufsehenerregendes Buch »Der Gewissenskonflikt« ist im Grunde der Bericht über seinen Gemeinschaftsentzug, der aufgrund zunehmender und offen geäußerter Zweifel an der Wachtturm-Lehre zustande kam. Franz resümiert:

»Die harten Zeiten, die ich durchgemacht habe, bedauere ich nicht, weil ich glaube, daß sie mich wertvolle Dinge gelehrt haben. Unangebracht dagegen war, daß ich einer menschlichen Organisation mein Vertrauen schenkte. Nachdem ich mich den größten Teil meines Lebens abgemüht hatte, Menschen zu Gott und seinem Sohn zu führen, mußte ich feststellen, daß diese Organisation mit ihnen umgeht, als wären sie ihre eigene Herde, die ihr zu gehorchen hat und ihr zu Willen sein muß« (Franz 1991, S. 339).

Friedrich-Wilhelm Haack hat darauf hingewiesen, daß das Thema »Gemeinschaftsentzug« in der Wachtturm-Literatur der letzten fünfzig Jahre *ständig breiteren Raum* eingenommen hat. Ein Verfahren, das zu Russells Zeiten noch so gut wie unbekannt war, wurde unter Rutherford und seinen Nachfolgern mehr und mehr integriert und perfektioniert. Haack (1993, S. 45) zeigt durch einen Vergleich verschiedener »Richtlinien«-Bücher, daß das Thema »Gemeinschaftsentzug« 1955 zweieinhalb Seiten umfaßte. 1960 widmete ihm die Brooklyner Zentrale bereits vier Seiten 1967/68 waren es 16 ½ Seiten und 1972 über 26 Seiten.

Aus biblischer Sicht ist anzumerken, daß es durchaus Stellen gibt, die von einem *Ausschluß aus der Gemeinde,* ja sogar von einem *Verbot des Grüßens* sprechen (Mt 18, 15 - 17; 1. Kor 5; 2. Joh 10 f.). Kann sich die Wachtturm-Gesellschaft mit ihren Sanktionen darauf berufen? Keineswegs! Denn erstens werden in diesem Fall die anderen Stellen (z. B. Mt 18, 14; 1. Kor 5, 5; 1. Tim 2, 4) vernachlässigt oder übersehen, die von der zurechtbringenden Liebe Gottes zeugen (eine »Reue« im Sinne der Rückkehr zu ihren Lehren läßt auch die Wachtturm-Gesellschaft offen; vgl. »Organisation . . . «, S. 173). Vor allem aber

234

richten sich Stellen wie 1. Kor 5 und 2. Joh 10 f. gegen Menschen, die falsche Lehren oder Lebenshaltungen in die christliche Gemeinde hineintragen – und das sind aus biblisch-theologischer Sicht gerade solche Sekten wie die Wachtturm-Gesellschaft und nicht deren Gegner, wie ich in diesem Buch nachzuweisen versuche. Wie die Gemeinde Jesu mit ihnen umgehen und ihnen begegnen kann, stelle ich im letzten Teil dieser Arbeit unter der Überschrift »Mission« dar.

Blutgenuß und Bluttransfusion

Die Zeugen Jehovas vermeiden nicht nur den *Genuß von Blut,* etwa in Form von Blutwurst, sondern auch die *Bluttransfusion,* selbst in lebensgefährlichen Situationen. Das kann im konkreten Fall so weit gehen, daß sie einen Menschen lieber sterben lassen würden, der durch Bluttransfusion gerettet werden könnte, als ihn durch eine ihres Erachtens »sündhafte« und »geistig verunreinigende« Übertragung von fremdem Blut dem Tod zu entreißen (auch die Verwendung von Eigenblut wird von der Wachtturm-Gesellschaft abgelehnt; so K.-D. Pape in einem Brief an den Verfasser vom 15. 2. 1996). Zeugen Jehovas tragen für den Notfall eine schriftliche *»Vollmacht«* bei sich, in der es heißt:

»Ich habe durch das *Dokument zur ärztlichen Versorgung* meinen Willen zum Ausdruck gebracht, nach allen Regeln der ärztlichen Kunst versorgt zu werden, jedoch mit folgender Einschränkung: *Ich will auf keinen Fall,* daß mir *Bluttransfusionen* (von Vollblut, Konzentrat aus roten Blutkörperchen, von Plasma, weißen Blutkörperchen und Blutplättchen) gegeben werden, selbst wenn Ärzte das zur Erhaltung meines Lebens oder meiner Gesundheit für erforderlich halten. Diese Willenserklärung habe ich auf der Grundlage meines Selbstbestimmungsrechts als Patient auch für den Fall meiner Bewußtlosigkeit bzw. Handlungsunfähigkeit getroffen« (zit. nach Haack 1993, S. 48).

Solche religiösen Überzeugungen, verbunden mit einer Berufung auf das Selbstbestimmungsrecht, können Ärzte und Pflegepersonal im konkreten Fall in schwere *Gewissenskonflikte* stürzen. Sie stehen vor der Frage, ob die religiöse Überzeugung oder das Leben des Patienten Vorrang hat und ob sie sich die Behandlung (oder eher: Nichtbehandlung) in einem solchen Fall vorschreiben lassen können. Das »Institut für medizinische Anthropologie und Bioethik« in Wien hat sich mit der Problematik *»Der Zeuge Jehovas als Patient«* beschäftigt und auf die Schwierigkeit einer eindeutigen Entscheidung in einem solchen Fall hingewiesen. Enrique H. Prat, der Geschäftsführer dieses Instituts, zieht zwei Möglichkeiten in Erwägung:

» ... in der Notlage während der Operation selbst ... könnte man vom ethischen Standpunkt aus zwei Verhaltensweisen durchaus akzeptieren: einmal jene des Arztes, der sich vor der Operation abgesichert hat, nämlich daß der Patient genau weiß, worauf er sich einläßt und daher konsequent bis zum bitteren Ende die Operation ohne Blutkonserven durchführt. Man müßte aber auch unter Umständen das Verhalten *jenes* Arztes ethisch billigen, der sich – in der Notlage alleingelassen – für die Verabreichung von Blutkonserven entscheidet und zwar aus einer tiefen anthropologischen Überzeugung heraus, daß der Patient vor dem nicht mehr abzuwendenden Ende Blutkonserven zulassen würde« (Imago Hominis, Band II/ Nr. 1, 1995, S. 66).

Abgesehen von solchen ethischen Erwägungen im praktischen Fall ist jedoch noch tiefer zu fragen, nämlich: Wie kommen die Zeugen Jehovas überhaupt zu solchen Auffassungen? Und sind die biblischen Stellen, die sie zur Begründung anführen, wirklich in diesem Sinne zu verstehen? Eine gute Zusammenfassung ihrer Ansichten stellt der Artikel *»Blut«* im Bibellexikon der Wachtturm-Gesellschaft dar. Ich zitiere die entscheidenden Passagen:

»Da das Blut so eng mit den Lebensfunktionen verbunden ist, sagt Gottes Wort, die Bibel, die Seele sei im Blut ... Das Leben ist heilig. Darum ist das Blut, in dem das Leben wohnt, heilig und darf nicht mißbraucht werden. Jehova gestattete Noah, dem Stammvater aller heute lebenden Menschen, nach der Flut, auch Fleisch zu essen, aber er verbot ihm streng, Blut zu genießen. Gleichzeitig gebot er ihm, das Leben (das Blut) seiner Mitmenschen zu respektieren (1. Mose 9,3-6) ...

Bei einigen alten heidnischen Nationen war es üblich, Tierblut zu trinken, und die Krieger gewisser Völker tranken das Blut besiegter Feinde, weil sie glaubten, sie könnten sich dadurch deren Mut und Kraft einverleiben. Ähnlich wie beim Kannibalismus maß man dieser Handlung auch religiöse Bedeutung bei... Jehova verlangte, daß Israel in Verbindung mit allem, was mit Blut zu tun hatte, größte Vorsicht walten ließ. Eine Frau galt während ihrer Menstruation als ›unrein‹... Unter dem mosaischen Gesetz gab es nur *eine* rechtmäßige Verwendung von Blut: zu Opferzwecken...

Die sichtbare leitende Körperschaft der Christenversammlung des ersten Jahrhunderts, zu der auch die Apostel gehörten, faßte hinsichtlich des Blutes folgenden Entschluß: ›Denn der heilige Geist und wir selbst haben es für gut befunden, euch keine weitere Bürde aufzuerlegen als folgende notwendigen Dinge: euch der Dinge zu enthalten, die Götzen geopfert wurden, sowie des Blutes und des Erwürgten und der Hurerei. Wenn ihr euch vor diesen Dingen sorgfältig bewahrt, wird es euch wohlgehen. Bleibt gesund!‹ (Apg 15, 6.20.28.29; 21, 25). Dieses Verbot betraf auch Fleisch, das noch das Blut enthielt (›Erwürgtes‹). Der heilige Geist wirkte hier in Übereinstimmung mit dem Gesetz, das Gott, der Allmächtige, Noah Jahrhunderte vor dem Schließen des Gesetzesbundes gegeben hatte (1. Mose 9, 4). Dieses Gesetz gilt für die ganze Menschheit; es hat zu allen Zeiten und überall gegolten und gilt heute noch. Das mosaische Gesetz wurde aufgehoben (Kol 2, 14), doch dadurch wurde das ihm vorausgegangene Gesetz nicht ungültig. Dieses Jahrhunderte zuvor erlassene allgemeingültige Gesetz war lediglich in das mosaische Gesetz aufgenommen und näher bestimmt worden« (HVB, S. 212 ff.).

Diese Argumentation der Wachtturm-Gesellschaft – so ist festzustellen – enthält manches Richtige und führt doch zu falschen Konsequenzen. Warum das so ist, versuche ich im folgenden zu begründen.

Zunächst gilt, daß das Blut tatsächlich in den Schriften des Alten und Neuen Testaments, aber auch in den Büchern und Ritualen vieler Religionen der Welt eine wichtige Rolle einnimmt. Blut ist für alle antiken Kulturen, auch für Israel, ein Element von besonderer Heiligkeit. »Da Mensch und Tier verbluten können, sieht man im Blut den

Lebensstoff schlechthin; die Seele *(näpäs)*, die auch die Tiere zu lebendigen Wesen macht (Gen 1, 20; Lev 17, 11), wohnt im Blut (Gen 9, 4; Lev 17, 11; Dtn 12, 23).« Religionen und Kulte verbinden mit dem Blut Vorstellungen zum Teil gegensätzlicher Art: Es ist Träger von Geistern oder schützt vor Dämonen, es verunreinigt oder reinigt, es schadet oder nützt. Während in Israels heidnischer Umwelt Blutgenuß (Trinken von Tier- oder Menschenblut) verbreitet und mit magischen Vorstellungen verbunden war (man wollte etwa die Lebenskraft des betreffenden Tieres oder Menschen in sich aufnehmen), waren solche Praktiken für Gott und sein Volk ein Greuel: »Der Genuß des Blutes ist streng verboten« (Gen 9, 4; Lev 3, 17; 7, 26; 17, 10 - 14; 19, 26; Dtn 12, 16.23; 15, 23; vgl. 1 Sam 14, 32 - 34; Ez 33, 25), ja sogar mit der Todesstrafe (Lev 7, 27; 17, 10 - 14) bedroht. Die Juden beachten daher bis heute strenge Schächtungsvorschriften, die das Ausbluten des Schlachttieres sichern. »Mit seiner jüdischen Mutterreligion teilt das frühe Christentum den Abscheu vor Blutgenuß und Blutvergießen.« Da dem Judenchristen »die Angst vor dem Blut des von den Heiden genossenen, nicht geschächteten Fleisches selbstverständlich« ist, werden im Aposteldekret (Apg 15, 20.29; 21, 25) »die von den Heidenchristen geforderten Konzessionen gegenüber der judenchristlichen Ablehnung unausgebluteten Fleisches« geregelt. Drei dieser vier Forderungen betreffen den Blutverzicht: »Meiden von Götzenopferfleisch, von ›Ersticktem‹, d. h. nicht Geschächtetem…, und von Blut(genuß)« (TRE IV/1980, S. 729 ff.).

Auch Theodor Zahn weist auf die Konzessionen für das Zusammenleben von Juden- und Heidenchristen hin, die sich aus Apg 15 ergeben:

»Nicht das mos[aische] Gesetz… soll den heidenchristlichen Gemeinden aufgedrängt werden, sondern etwas ganz anderes, nämlich die vorsichtige Enthaltung von den 4 nach dem Urteil des J[a]k[obus] teils gefährlichen, teils widerwärtigen Dingen soll ihnen in ihrem eigenen Interesse empfohlen werden… Die in doppelter Form, einer allgemeinen *(haima)* und einer besonderen *(pniktou)* ausgesprochene Warnung vor dem Genuß tierischen Blutes hatte keine unmittelbare Beziehung zum christlichen Glauben und zur christlichen Sittenlehre, wie Jesus beides gepredigt hatte. Sie war vielmehr der Ausdruck eines ererbten und unter der Einbeziehung des mos[aischen] Gesetzes anerzogenen Abscheus der Judenchristen vor jeder Art von Blutgenuß als einer *heidnischen Unsitte*« (Zahn 1919, S. 531 f.).

Von diesem religionsgeschichtlichen Hintergrund her stellt sich nun die Frage: Entspricht heutzutage etwa das von den Zeugen Jehovas verpönte Essen von Blutwurst einer »heidnischen Unsitte«? Konkret: Erwartet derjenige, welcher diese Wurst ißt, von ihr eine Übertragung von Lebenskraft, wie das beim Blutgenuß in alten heidnischen Ritualen (oder auch in modernen Satanskirchen) der Fall war und ist? Oder erwartet Ähnliches jemand bei einer Bluttransfusion? Ich denke, daß nur die wenigsten auf einen solchen Gedanken kommen würden. Wenn aber die *heidnisch-magische Erwartungshaltung beim Blutgenuß nicht mehr vorhanden* ist, was soll dann noch ein solches Verbot bezwecken? Apg 15 ist nur von der Situation der frühchristlichen Kirche her verständlich, die sich aus Juden- und Heidenchristen zusammensetzte, welche einer heidnisch-magischen Umwelt gegenüberstanden. Abscheuliche Blutriten waren damals an der Tagesordnung. Das ist aber (abgesehen von geheimen Satanskulten) heute nicht mehr der Fall.

Es ist kennzeichnend für die Bibelauslegung der Wachtturm-Gesellschaft, daß sie ein *Nebenthema* (Adiaphoron) zu einem *Hauptthema* macht, das ihre Anhänger in tiefste Gewissensnöte stürzen kann. Im Neuen Testament hingegen wird ganz anders mit solchen Themen umgegangen. So wird etwa in Röm 14 und 1. Kor 8 sogar das Essen von *Götzenopferfleisch,* das zusammen mit dem »Blut« und »Erstickten« in Apg 15 vorkommt und selber Blut enthielt, in die persönliche Gewissensentscheidung jedes Einzelnen gestellt:

»Der eine glaubt, er dürfe alles essen; wer aber schwach ist, der ißt kein Fleisch. Wer ißt, der verachte den nicht, der nicht ißt; und wer nicht ißt, der richte den nicht, der ißt; denn Gott hat ihn angenommen ... Wer ißt, der ißt im Blick auf den Herrn, denn er dankt Gott; und wer nicht ißt, der ißt im Blick auf den Herrn nicht und dankt Gott auch ... Denn das Reich Gottes ist nicht Essen und Trinken, sondern Gerechtigkeit und Frieden und Freude in dem Heiligen Geist« (Röm 14, 2 f., 6. 17).

»Nicht jeder hat die Erkenntnis. Denn einige, weil sie bisher an die Götzen gewöhnt waren, essen's als Götzenopfer; dadurch wird ihr Gewissen, weil es schwach ist, befleckt. Aber Speise wird uns nicht vor Gottes Gericht bringen. Essen wir nicht, so werden wir darum nicht weniger gelten, essen wir, so werden wir darum nicht besser sein« (1. Kor 8, 7 f.).

Jesus selber hat sich *gegen magische Vorstellungen von einer »Verunreinigung« durch bestimmte Speisen* (und dazu gehört sicherlich auch die Aufnahme von Blut) gewandt, als er sagte:

»Es gibt nichts, was von außen in den Menschen hineingeht, das ihn unrein machen könnte; sondern was aus dem Menschen herauskommt, das ist's, was den Menschen unrein macht... Merkt ihr nicht, daß alles, was von außen in den Menschen hineingeht, ihn nicht unrein machen kann? Denn es geht nicht in sein Herz, sondern in den Bauch, und kommt heraus in die Grube. Damit erklärte er alle Speisen für rein. Und er sprach: was aus dem Menschen herauskommt, das macht den Menschen unrein; denn von innen, aus dem Herzen der Menschen, kommen heraus böse Gedanken, Unzucht, Diebstahl, Mord, Ehebruch, Habgier, Bosheit, Arglist, Ausschweifung, Mißgunst, Lästerung, Hochmut, Unvernunft. Alle diese bösen Dinge kommen von innen heraus und machen den Menschen unrein« (Mk 7, 15. 18 - 23).

Im 1. Timotheusbrief wird ausdrücklich vor *Irrlehrern* gewarnt, die den Menschen neue Speisevorschriften überstülpen und ihnen einreden, ihr Heil hinge davon ab:

»Der Geist aber sagt deutlich, daß in den letzten Zeiten einige von dem Glauben abfallen werden und verführerischen Geistern und teuflischen Lehren anhängen, verleitet durch Heuchelei der Lügenredner, die ein Brandmal in ihrem Gewissen haben. Sie gebieten, nicht zu heiraten und Speisen zu meiden, die Gott geschaffen hat, daß sie mit Danksagung empfangen werden von den Gläubigen und denen, die die Wahrheit erkennen. Denn alles, was Gott geschaffen hat, ist gut, und nichts ist verwerflich, was mit Danksagung empfangen wird; denn es wird geheiligt durch das Wort Gottes und Gebet« (1. Tim 4, 1 - 5).

Mit allem Gesagten möchte ich keineswegs zum Essen von *Blutwurst* und ähnlichem aufrufen, aber diese Frage an den richtigen

Platz rücken: Es ist eine *Gewissensentscheidung des Einzelnen.* Wer irgendwelche Bedenken – etwa von den genannten alttestamentlichen Stellen oder Apg 15 her – hat, möge darauf verzichten. Wer diese Dinge aber ißt, darf wissen, daß sein Heil nicht an dieser Frage hängt.

Das gilt in verschärfter Weise für die Frage der *Bluttransfusion.* Wer sich Fremdblut übertragen läßt, geht nicht verloren. Er erhält keine fremde Seele von anderen Menschen (dieses magische Denken steht m. E. letztlich hinter dem Blutverbot der Wachtturm-Gesellschaft). Über die Bluttransfusion, wie sie heute geübt wird, sagt die Bibel nichts. *Mit heidnischen abscheulichen Gebräuchen hat sie nichts gemeinsam, sondern es geht darum, Leben zu retten.* Hier gilt eindeutig der schon im Alten Testament vorkommende Aufruf Gottes: »Barmherzigkeit will ich, nicht Opfer« (Hos 6, 6), den Jesus aufgreift und verstärkt (Mt 9, 13; 12, 7 parr.) Hans-Jürgen Twisselmann bringt den Denkfehler der Wachtturm-Gesellschaft bezüglich dieser Frage treffend auf den Punkt:

»Gottes Blutverbot betonte die Heiligkeit des Lebens. Tierblut zu essen bedeutet daher, die Heiligkeit des Lebens geringzuschätzen. Blutspenden und Blutübertragen aber bedeutet, die Heiligkeit des Lebens zu achten und zu unterscheiden. Diese zwei grundverschiedenen Dinge auf eine Stufe zu stellen, grenzt an Menschenverachtung und Bosheit« (Twisselmann 1992, S. 59).

Letzte Dinge

Die Beschäftigung mit den »letzten Dingen«, also mit dem Feld der Eschatologie, stellt einen wesentlichen Schwerpunkt im Leben und in der Lehre der Zeugen Jehovas dar. Man kann sogar sagen, daß sich ihr System ganz entscheidend um die endzeitlichen Erwartungen dreht. Sektenexperten wie Kurt Hutten (1968, S. 9 ff.) ordnen sie deshalb – neben Katholisch-Apostolischen Gemeinden, Siebenten-Tags-Adventisten und anderen – den »*apokalyptischen Gemeinschaften*« zu, obwohl freilich auch andere Schwerpunktsetzungen (z. B. im Blick auf arianische Einflüsse in der Christologie; s. o.) möglich wären.

Das hervorstechendste Kennzeichen der Wachtturm-Eschatologie, zumindest in der Vergangenheit, ist die Aufstellung einer Chronologie mit genau berechneten Endzeitdaten. Im Teil über die »Geschichte« haben wir einiges davon bereits kennengelernt. Nachfolgend werde ich die wichtigsten chronologischen Berechnungen etwas ausführlicher darstellen und kritisch hinterfragen. Danach gehe ich auf weitere Spezifika der Endzeiterwartung ein.

Chronologie und Endzeitdaten

Drei Kriterien der Beurteilung

Betrachtet man die Geschichte der Wachtturm-Gesellschaft, dann zeigt sich, daß es nicht nur eine, sondern mehrere Chronologien gibt, die sich zum Teil wesentlich voneinander unterscheiden. Wie gelangt die Wachtturm-Gesellschaft überhaupt dazu, Termine endzeitlicher Ereignisse auszurechnen? Sie geht davon aus, daß *Jehova* selbst ein Rechner ist und dem Menschen seine Berechnungen – wenn auch oftmals verschlüsselt – offenbart. So heißt es im »Wachtturm« vom 1. 10. 1951:

»Gott ist der große Zeiteinhalter, der Eine, der die Zeiten und Zeitabschnitte bestimmt und die Dinge genau zur programmäßigen Zeit eintreten läßt. So setzte er eine bestimmte Zeit fest, da Satans Herrschaft enden sollte. Dies bedeutete, daß er auch eine Zeit für sich bestimmte, da er durch sein verheißenes Königreich über die Erde herrschen würde.«

Diese Zeit wurde – wie schon gesagt – unterschiedlich bestimmt. Immer als das Erwartete doch nicht eingetroffen war, wurden neue Daten (Jahre und teilweise sogar Tage) festgesetzt, an denen die großen Ereignisse Gestalt gewinnen sollten. Bei der Kombination der dabei zugrundegelegten Zahlen kommt die im Teil »Bibel« dargestellte »Rösselsprung-Methode« zum Zug, die es erlaubt, Bibelstellen aus ganz unterschiedlichen Kontexten frei zu kombinieren. Ob die Ergebnisse stichhaltig und richtig sind – das freilich ergibt sich aus *drei Kriterien: erstens* aus den grundlegenden Aussagen in der Heiligen Schrift über die Frage der *Berechenbarkeit oder Nichtberechenbarkeit* der Wiederkunft Jesu und der »Zeiten des Endes«; *zweitens* aus der Betrachtung der zum »Beleg« der Chronologien herangezogenen *Bibelstellen im Kontext;* und *drittens* aus dem *Eintreffen oder Nichteintreffen* der Prophezeiungen.

Das zweite und dritte Kriterium werde ich nachfolgend ausführlich untersuchen. Was das *erste Kriterium* angeht, so sind die Aussagen Jesu hierzu eindeutig. Als er von seinen Jüngern gefragt wird »Was wird das Zeichen sein für dein Kommen (*parousia;* s. u.) und für das Ende der Welt (*aion*)?« (Mt 24, 3), da nennt er ihnen eine ganze Reihe von Zeichen dafür, die (vermehrt) auftreten, wenn sein Kommen nahe ist (Mt 24, 4 ff. parr.). Aber bezüglich der *Berechnung eines genauen Datums* sagt er ihnen (und uns):

»Von dem Tag aber und von der Stunde weiß niemand, auch die Engel im Himmel nicht, auch der Sohn nicht, sondern allein der Vater . . . Darum wachet; denn ihr wißt nicht, an welchem Tag euer Herr kommt!« (Mt 24, 36.42).

Der Textzusammenhang ergibt dabei unmißverständlich, daß sich die Formulierung »Tag und Stunde« auf die Berechnung eines Datums überhaupt bezieht. Das ist deshalb wichtig zu betonen, weil immer wieder behauptet wird, »Tag und Stunde« könne man nicht wissen, aber das Jahr. Aber gerade das will Jesus nicht sagen. Er stellt nur fest, daß bei einer Vermehrung der Zeichen sein Kommen nahe ist, betont jedoch gegenüber jeder Berechenbarkeit das *Überraschende* seines Erscheinens, das sein wird »wie ein Blitz«:

»Wenn dann jemand zu euch sagen wird: Siehe, hier ist der Christus! oder da!, so sollt ihr's nicht glauben. Denn es werden viele falsche Christusse und falsche Propheten aufstehen und große Zeichen und Wunder tun, so daß sie, wenn es möglich wäre, auch die Auserwählten verführten. Siehe, ich habe es euch vorausgesagt. Wenn sie also zu euch sagen: Siehe, er ist in der Wüste!, so geht nicht hinaus; siehe, er ist drinnen im Haus!, so glaubt es nicht. Denn wie der Blitz ausgeht vom Osten und leuchtet bis zum Westen, so wird auch das Kommen des Menschensohns sein« (Mt 24, 23 - 27).

Das wird unterstrichen durch die Aussage des auferstandenen Christus kurz vor seiner Himmelfahrt. Als ihn die Jünger fragen: »Herr, wirst du in dieser Zeit wieder aufrichten das Reich für Israel?«, da antwortet er ihnen: »Es gebührt euch nicht, Zeitläufe *(chronous)* oder Zeitpunkte *(kairous)* zu wissen, die der Vater in seiner Macht bestimmt hat, aber ihr werdet die Kraft des Heiligen Geistes empfangen, der auf euch kommen wird, und werdet meine Zeugen sein in Jerusalem und in ganz Judäa und Samarien und bis an das Ende der Erde« (Apg 1, 6 ff.). Die Jünger sollen nicht über heilsgeschichtliche Zeitpunkte spekulieren und Berechnungen aufstellen, sondern in Treue ihr Missionswerk tun. Dann erst wird Jesus Christus wiederkommen in Herrlichkeit (vgl. Mt 24, 14).

Nun gibt es freilich Stellen im Alten und Neuen Testament, vor allem in den apokalyptischen Schriften, in denen *Zahlen* vorkommen, die sich auf Ereignisse in der Heils- und Weltgeschichte beziehen. Erlauben diese Zahlen, die Wiederkunft Christi und den »Abschluß des Systems der Dinge« zu berechnen, wie die Zeugen Jehovas behaupten? Besteht somit ein Widerspruch zwischen den gerade zitierten Aussagen Jesu über die Nichtberechenbarkeit der endzeitlichen Termine einerseits und den Zahlenangaben, etwa im Buch Daniel oder in der Johannesapokalypse, andererseits? Oder zeigen gerade die gescheiterten (und dann teilweise nachträglich umgedeuteten) Berechnungen der unterschiedlichen Sekten (nicht nur der Wachtturm-Gesellschaft) auf, daß Jesu Ablehnung einer Berechenbarkeit des Tages Jahwes, seiner Wiederkunft etc. mit den anderen biblischen (chronologischen) Aussagen übereinstimmt?

Um diese Fragen beantworten zu können, betrachten wir die wichtigsten Berechnungen im Laufe der Wachtturm-Geschichte in ihren Grundzügen. Welche Bibelstellen und Zahlen liegen den Berechnungen zugrunde? Werden diese richtig interpretiert – oder vorsichtiger formuliert: Ist deren Interpretation wirklich so eindeutig, wie die Wachtturm-Gesellschaft behauptet? Hat sie – und sie allein – den Auslegungsschlüssel der »verschlüsselten« Endzeitdaten gefunden? Oder werden die Zahlen willkürlich gedeutet und kombiniert, so wie es die Sektendoktrin erfordert?

Im folgenden zähle ich die wichtigsten von der Wachtturm-Gesellschaft »berechneten« oder ihren Berechnungen zugrundegelegten Jahreszahlen samt den betreffenden Bibelstellen auf und unterziehe sie einer Beurteilung aus biblisch-theologischer Sicht. Es handelt sich nicht nur um »endzeitliche«, sondern auch um »urzeitliche« und andere Daten, die für die Wachtturm-Chronologie eine wesentliche Bedeutung hatten oder haben. Ich bin mir dabei bewußt, daß angesichts der Kompliziertheit dieser »Berechnungen« und dem geheimnisvollen Charakter vieler Zahlen in der Bibel vieles nur mit Zurückhaltung ausgesprochen werden kann.

4.028/4.026 v. Chr.: »Erschaffung Adams«

Das Jahr *4.028 oder 4.026 v. Chr.* (die Wachtturm-Gesellschaft bevorzugt die Abkürzung »v. u. Z.« = »vor unserer Zeitrechnung«) gilt den Zeugen Jehovas als Jahr der *Erschaffung Adams.* Das war nicht immer so – hatte doch Charles Taze Russell diesen Zeitpunkt hundert Jahre früher (auf das Jahr *4.128 v. Chr.*) datiert, was bereits die Schwierigkeit einer solchen Chronologie aufzeigt. Der Zeitpunkt der Erschaffung Adams ist für die Zeugen Jehovas deshalb von Bedeutung, weil damit eine Epoche von *6.000 Jahren* anbrechen soll, die in unserer Zeit endet und in das Tausendjährige Reich (das siebte Jahrtausend) übergeht.

Wie gelangt die Wachtturm-Gesellschaft zu diesem Datum? Sie gelangt dazu, indem sie sämtliche Jahreszahlen aus Geschlechtsregistern und anderen chronologischen Angaben der Bibel miteinander addiert. So finden sich z. B. in der Wachtturm-Schrift »Die Wahrheit wird euch frei machen« seitenlange Tabellen mit Auflistungen von Jahreszahlen aufgrund der »biblischen Chronologie«. Unter der Überschrift *Zeitmessung bis auf unsern Tag* wird ausgeführt:

»Von Adams Erschaffung bis zur Flut waren es ... gemäß 1. Mose 5, 3 - 29; 7, 6 1.656 Jahre ... Vom Beginn der Flut bis zum Bunde Gottes mit Abraham in Kanaan waren es ... nach dem Bericht in 1. Mose 11, 10 - 32 und 12, 1 - 7 427 Jahre« (S. 147 f.).

Danach werden die Angaben dürftiger und müssen durch Rösselsprung aus weit voneinander entfernt liegenden Stellen kombiniert werden, vor allem: 2. Mose 12, 40 - 43; 4. Mose 1, 1; 10, 11 f.; 12, 16; 13, 1 - 30; 1. Kön 6, 1 f.; 11, 42 f.; 2. Chron 12 - 36; Apg 13, 19 - 22; Gal 3, 17. Aus der Kombination dieser und anderer Stellen errechnet die Wachtturm-Gesellschaft für den Zeitraum »vom Bunde mit Abraham bis zum Ende des Jahres 1 v. Chr. ... 1.945 Jahre«. Insgesamt ergeben sich somit »von der Erschaffung Adams bis zum Ende des Jahres 1 v. Chr. ... 4.028 Jahre« und »bis zum Ende des Jahres 1943 n. Chr. ... 5.971 Jahre«. Dann ziehen die Autoren des 1943 verfaßten Buches das Resümee: »Wir sind daher nahe am Ende einer sechstausendjährigen Menschheitsgeschichte« (S. 148 ff.). Diese würde folglich *1975* enden (s. u.).

Als 1980 das Bibellexikon der Zeugen Jehovas in deutscher Sprache herauskam, hatte man dieses »magische« Datum jedoch bereits überschritten. Hier setzte man die Erschaffung Adams im Jahr *4.026 v. Chr.* an und stellte nach ähnlichen chronologischen Berechnungen, wie eben ausgeführt, ohne weiteren Kommentar fest: »Gesamtzeitspanne von der Erschaffung Adams bis 1981 u. Z. 6.006 Jahre« (HVB, S. 258).

Obwohl somit inzwischen das Datum 4.028 oder 4.026 oder 4.126 v. Chr. für die Wachtturm-Gesellschaft infolge des Nichteintretens des Millenniums (weder 1874 noch 1975) wieder in den Hintergrund getreten ist, bleibt doch noch die grundsätzliche Frage zu untersuchen, ob eine *lückenlose biblische Chronologie* bis zurück zu

Adam, ja sogar zur Weltschöpfung möglich und in der Heiligen Schrift beabsichtigt ist.

Zunächst möchte ich keineswegs bezweifeln, daß die Bibel ein eminentes *historisches Interesse* voraussetzt und erweckt. Gott handelt in Raum und Zeit – und damit in der Geschichte. Er lenkt die Welt- und Heilsgeschichte. Er sandte seinen Sohn, »als die Zeit erfüllt war« (Gal 4, 4). Er fügt sein Kommen ein in ein Geschlechtsregister, das bis zu Adam zurückgeht. (Lk 3, 23 - 38). Ja, Er gibt sogar Lebensalter und Zeiträume an (1. Mose 5, 3 - 32; 11, 10 - 26 u. a.). Gott ist also keineswegs ein abgehobenes Wesen im geschichtslosen Raum einer Art »Übergeschichte«, wie manche Religionen und Philosophien meinen.

Diese *Geschichtlichkeit Gottes und seines Handelns* zu betonen, ist der wahre Kern in der Argumentation der Zeugen Jehovas. Das Problem beginnt da, wo sie diese Offenbarung des lebendigen Gottes in der Geschichte als ein *starres Schema* mißverstehen, das uns Zahlen in die Hand liefert, um bestimmte Termine auszurechnen. Ein solches Verfahren raubt Gott seine Lebendigkeit. Es spannt ihn in ein Korsett einer *»apokalyptischen Rechenmaschine«* (Kurt Hutten), das der Freiheit und Nichtberechenbarkeit seines Wirkens (s. o.) keinen Raum läßt.

Daß Gott eine solche Berechnung von Terminen, wie die Wachtturm-Gesellschaft sie versucht, in seiner Offenbarung nicht beabsichtigt hat, zeigt sich allein schon daran, daß die *Chronologie keineswegs so lückenlos erstellbar* ist, wie die Zeugen Jehovas meinen. In ihrer Argumentation klingen die Schwachpunkte vorsichtig an, etwa wenn im Bibellexikon gesagt wird: »Die Länge der Zeitspanne zwischen dem Einzug der Israeliten in Kanaan und dem Ende der Richterzeit wird nicht direkt genannt; sie läßt sich aber durch logische Schlüsse ermitteln« (HVB, S. 261).

Solche »logischen Schlüsse« – und das gilt nun für den gesamten Verlauf der biblischen Chronologie – haben in der Berechnung zu ganz *unterschiedlichen Ergebnissen* geführt und deutlich die vorhandenen Lücken in der Chronologie aufgezeigt. Das macht allein schon der Vergleich zwischen Russell und seinen Nachfolgern deutlich, die – wie schon erwähnt – bezüglich der Erschaffung Adams um

100 Jahre differieren. Aber nicht nur die Zeugen Jehovas haben gerechnet, sondern auch der Erzbischof von Irland, *James Ussher* (1581-1656), und die Juden. Ussher kam zum Ergebnis, daß die Erde am 23. Oktober *4.004 v. Chr.* um 9 Uhr vormittags und der Mensch am siebten Tag darauf erschaffen worden sei (vgl. Clark 1985, S. 20; Wiskin 1994, S. 24). Der *jüdische Kalender* (und dieser müßte ja – vom Inhalt des Alten Testaments her gesehen – der authentischste sein!), der ebenfalls von der Erschaffung der Welt und Adams her rechnet, beginnt mit dem Jahr *3.760 v. Chr.* als Jahr 0. Er wird das Jahr 6.000 erst im Jahr 2.240 christlicher Zeitrechnung erreichen (und keineswegs 1874 oder 1975).

Eine genaue Untersuchung der *Genealogien* im 1. Buch Mose und in den Evangelien (und diese sind für die Berechnungen ja grundlegend) ergibt einige Beobachtungen, die eine lückenlose Chronologie unmöglich erscheinen lassen:

a. Es existieren *Abweichungen* zwischen dem Masoretischen Text und der Septuaginta bezüglich Auflistung und Alter der Patriarchen. Die Septuaginta fügt z. B. in 1. Mose 11, 12 f. zwischen Arpachschad und Schelach zusätzlich den Namen Kainan (Kenan) ein, der (gemäß den besten Handschriften) in Lk 3, 36 wieder begegnet. Ferner ist die »Regelmäßigkeit mancher chronologischer Abweichungen der Septuaginta (jeweils um 100 zusätzliche Jahre) gegenüber dem masoretischen Text... verdächtig« und könnte auf eine Anpassung der Septuaginta an die ägyptische Chronologie Manethos hindeuten. »Nach dem masoretischen Text wäre Abraham im Jahr 1948, nach der Septuaginta im Jahr 3312 nach der Geburt Adams geboren worden. Die Septuaginta ›schenkt‹ einem also zusätzlich 1364 Jahre!« (Wiskin 1994, S. 30 ff.). Welche Chronologie ist nun richtig: die des Masoretischen Textes oder die der Septuaginta, auf welche offensichtlich Lukas (aber auch Russell?) zurückgreift (vgl. auch die Genealogien in den alttestamentlichen Chronik-Büchern und anderswo)?

b. Der Begriff *»zeugen« (jeled)* in den Genealogien muß nicht unbedingt ein Vater-Sohn-Verhältnis bedeuten, sondern kann auch *mehrere Generationen überspringen.* So heißt es in Mt 1, 8 »Joram zeugte Usija«; aus 2. Chron 21 ff. ergibt sich aber, daß Usija der Ur-Urenkel Jorams war. Ähnliches wäre auch bei anderen Verwandt-

248

schaftsverhältnissen möglich, so daß auch hierdurch eine lückenlose Chronologie unmöglich wird. Der Stammbaum Jesu in Mt 1,1-17 wählt nachweislich nur bestimmte Vorfahren aus, andere werden übergangen (ähnlich auch in Lk 3,23-38). Samuel Külling (2/1992) weist treffend darauf hin, daß es in den Genealogien darum geht, die Verheißungsträger zu dokumentieren, über welche die Linie der Heilsgeschichte läuft, aber nicht um eine mathematische Berechnung von Zeiträumen.

Bezüglich einer biblischen Chronologie sind also manche Fragen offen. Eine lückenlose Datierung ist unmöglich und von den Schreibern der Bibel auch nicht beabsichtigt. Im Blick auf die zahlreichen Lücken im Blick auf Datierungsfragen folgert Richard Wiskin in seiner Untersuchung »Das biblische Alter der Erde«: »Solange aber solche Fragen offenbleiben, sollte denen, die mit Recht die Bibel in allen ihren Aussagen als absolut zuverlässig betrachten, eines klar sein: Versuche, das absolute Alter der Erde anhand biblischer Angaben *genau* zu errechnen, sind mit einer angebrachten Nüchternheit zu betrachten« (1994, S. 33). Und das gleiche gilt für die Frage nach dem Zeitpunkt der »Erschaffung Adams« sowie der nachfolgenden Ereignisse.

607/606 v. Chr.: »Beginn der ›Zeiten der Nationen‹«

Die Jahre *607 oder 606 v. Chr.* (je nach dem, ob man – wie Russell – fälschlich ein Jahr 0 rechnet oder es wegläßt; beide Zahlen werden im Wachtturm-Schrifttum genannt, heute jedoch nur noch 607 v. Chr.) sind ein weiterer wesentlicher Ausgangspunkt für endzeitliche Berechnungen. Die Zeugen Jehovas datieren von diesen Jahren den *Beginn der »Zeiten der Heiden«* bzw. *»Zeiten der Nationen«* her, die nach 2.520 Jahren 1914 enden sollen (zu 1914 und den entsprechenden Berechnungen: s. u.). 607 oder 606 v. Chr. sei nämlich *Jerusalem von dem babylonischen Herrscher Nebukadnezar erobert* worden, und die Juden unter König Zedekia mußten in die *Verbannung* gehen. So heißt es in der Rutherford-Schrift »Die Harfe Gottes«:

»Im Jahre 606 vor Chr. wurde Zedekia gestürzt. Er wurde als Gefangener nach Babylon geführt, und Nebukadnezar gründete dann das erste Universalreich auf Erden; von da an datieren die Zeiten der Nationen. Die Länge der Zeiten der Nationen ist in der Schrift fest begrenzt als eine Periode von sieben symbolischen Zeiten von je 360 Jahren, oder zusammen 2.520 Jahre. Da diese Periode mit 606 v. Chr. begann, so mußte sie notwendigerweise 1914 n. Chr. ihr Ende finden« (S. 230).

Die Wachtturm-Gesellschaft gelangt zu dem Datum 607 oder 606 v. Chr., indem sie von dem wahrscheinlich *538 oder 537 v. Chr.* erlassenen *Kyros-Edikt* ausgeht, welches die Rückkehr der Juden aus dem Exil ermöglichte. Sie addiert dann unter Berufung auf Stellen wie Jer 25, 8 ff.; Dan 9, 2 und 2. Chron 36, 20 f. zu 538 oder 537 v. Chr. *siebzig Jahre* hinzu. 537 plus 70 ergibt 607 v. Chr. (vgl. HVB, S. 258, 270 f.). Diese Konstruktion ist jedoch nicht haltbar.

Es steht nämlich aufgrund vielfältiger archäologischer Belege historisch einwandfrei fest, daß es zwar drei Eroberungen Jerusalems unter Nebukadnezar gab (605, 597 und 587 v. Chr.), daß aber erst 587 v. Chr. die endgültige Eroberung und Zerstörung Jerusalems sowie die Wegführung der Juden in das babylonische Exil erfolgte (und somit nach Wachtturm-Definition »die Zeiten der Nationen« begannen). Zedekia als letzter König von Juda, der in die babylonische Verbannung geführt wurde (2. Kön 25), regierte erst seit 597 v. Chr. In den Jahren 608 – 597 v. Chr. war Jojakim Herrscher über Juda. Das babylonische Exil dauerte somit nicht siebzig, sondern nur *fünfzig Jahre*. Über diese Datierungen besteht in der historischen und theologischen Forschung ein grundsätzlicher Konsens (vgl. Donner 1986, S. 371; Stoll 1987, S. 71 ff.; Maier 1982, S. 67 ff.).

Der *»Chronologie«-Artikel* im Bibellexikon der Wachtturm-Gesellschaft ist der längste dortige Artikel überhaupt. Man merkt beim Lesen, daß sein (anonymer) Verfasser krampfhaft versucht, das Datum 607 v. Chr. zu verteidigen – ausschließlich mit dem eben genannten Argument der Rückdatierung. Dabei bemüht er sich, mit fromm klingenden Formulierungen alle anderen Geschichtsquellen außer der Bibel abzuwerten, um nicht mit ihnen in Konflikt zu geraten. So schreibt er beispielsweise:

»Zugegeben, einige der nichtbiblischen Dokumente sind um Jahrhunderte älter als die ältesten bisher entdeckten Bibelmanu-

skripte. In Stein gehauen oder in Ton eingeritzt, mögen die heidnischen Dokumente aus alter Zeit sehr eindrucksvoll wirken. Dies bietet jedoch keine Gewähr für ihre Richtigkeit oder Fehlerlosigkeit.
Nicht das Material, sondern der Schreiber, sein Ziel, seine hohe Achtung vor der Wahrheit und sein Festhalten an gerechten Grundsätzen
machen die wesentlichen Faktoren aus, die eine vernünftige Grundlage für Vertrauen schaffen, und dies nicht nur auf dem Gebiet der
Chronologie. Das Alter der weltlichen Dokumente wird zweifellos
durch den erheblich geringeren Wert ihres Inhalts, verglichen mit
dem Inhalt der Bibel, aufgewogen« (HVB, S. 257).

Wie sehr die chronologischen Daten der Wachtturm-Gesellschaft – und unter diesen auch die zentral wichtigen Jahreszahlen
607 oder 606 v. Chr. – konstruiert sind und auf tönernen Füßen stehen, wird inzwischen von dem Verfasser des eben zitierten »Chronologie«-Artikels selber zugegeben. Es ist niemand anderes als der
Neffe des langjährigen Chefideologen der Wachtturm-Gesellschaft
Frederick Franz: das schon mehrfach erwähnte ehemalige Mitglied
der Leitenden Körperschaft *Raymond Franz.* In seinem Buch »Der
Gewissenskonflikt« hat er berichtet, wie es zu dem »Chronologie«-
Artikel und der Jahreszahl 607 v. Chr. kam:

»Mit diesem einen Stichwort ›Chronologie‹ habe ich Monate des
Nachforschens zugebracht, und es wurde der längste Eintrag im
Hilfe-Buch. Ein großer Teil dieser Zeit verging mit der Suche nach
irgendeinem Beweis, einer Bestätigung in der Weltgeschichte für das
Jahr 607 v. u. Z., das in unseren Berechnungen für das Jahr 1914 eine
so zentrale Rolle spielte. Damals war Charles Ploeger, Mitarbeiter in
der Weltzentrale, als mein Sekretär tätig, und er graste die Bibliotheken von New York ab, um irgend etwas zu finden, das dieses Jahr
historisch untermauerte.

Wir fanden absolut nichts, was das Jahr 607 v. u. Z. bestätigt
hätte. Alle Historiker verwiesen auf ein Datum 20 Jahre später. Erst
durch meine Arbeit an dem Stichwort ›Archäologie‹ für das *Hilfe*-
Buch wurde mir bewußt, daß man im Gebiet von Mesopotamien
Zehntausende von Keilschrifttafeln aus gebranntem Ton gefunden
hatte, die alle aus dem alten Babylon stammten. Alle diese Tafeln
gaben keinerlei Hinweis darauf, daß das Neubabylonische Reich

(in das Nebukadnezars Regierungszeit fällt) lange genug dauerte, um mit unserem Datum 607 v. u. Z. für die Zerstörung Jerusalems zusammenzupassen. Alles deutete auf eine um 20 Jahre kürzere Zeitspanne hin. Mir war zwar nicht ganz wohl dabei, doch ich wollte einfach glauben, daß unsere Chronologie trotz der gegenteiligen Beweislage richtig war. Darum haben wir auch beim Ausarbeiten des *Hilfe*-Buches viel Zeit und Raum darauf verwandt, die Glaubwürdigkeit der archäologischen und geschichtlichen Beweise herabzusetzen, die unser Jahr 607 v. u. Z. als fehlerhaft erwiesen und unseren Berechnungen einen anderen Ausgangs- und Endpunkt gegeben hätten. Das Jahr 1914 wäre nicht zu halten gewesen« (Franz 1991, S. 32 f.).

Die Wachtturm-Gesellschaft hat künstlich eine »20-Jahr-Lücke« zwischen den babylonischen Herrschern Neriglissar und Nabonid im 6. Jahrhundert v. Chr. eingebaut, um die Zerstörung Jerusalems von 587/586 v. Chr. auf 607/606 v. Chr. zu verschieben und damit das Datum »1914« zu halten (siehe die neubabylonische Königschronik; vgl. Brüning 1991, S. 65 ff.). Raymond Franz gesteht im Blick auf solche Manipulationen der Geschichtsdaten offenherzig:

»Am Schluß war klar, daß es buchstäblich eines Komplotts der Schreiber des Altertums bedurft hätte (für den es keinerlei denkbaren Grund gab), die Angaben zu fälschen, wenn unsere Zahl stimmen sollte. Und wieder versuchte ich wie ein Anwalt, der sich unwiderlegbaren Beweisen gegenübersieht, die Zeugen der alten Zeit (das Beweismaterial zum Neubabylonischen Reich) in ein schlechtes Licht zu rücken oder anzuzweifeln. Die Argumente, die ich vortrug, waren nicht erschwindelt, doch ich bin mir dessen bewußt, daß hinter ihnen die Absicht stand, eine Jahreszahl zu belegen, für die es keinerlei Stütze in der Geschichte gab« (Franz 1991, S. 33).

Nach diesem vernichtenden selbstkritischen Urteil des ehemaligen Apologeten der Wachtturm-Chronologie bleibt nur noch die Frage: Wie verhält es sich mit den Bibelstellen, die von einer *siebzigjährigen Knechtschaft oder Verwüstung* angesichts der Herrschaft der Babylonier reden? Der grundlegende Text, auf den auch andere Stellen (z. B. Dan 9, 2) Bezug nehmen, ist die Gerichtspredigt des Propheten Jeremia in *Jer 25*. Jeremia hat diese Predigt »im vierten Jahr

Jojakims« (V. 1), also ca. 605 v. Chr., gehalten. Er wendet sich zwar »an das ganze Volk von Juda und an alle Bürger Jerusalems« (V. 2), spricht aber vom Schicksal auch »der Völker ringsumher« (V. 9). Wörtlich heißt es:

»Darum spricht der Herr Zebaoth: Weil ihr denn meine Worte nicht hören wollt, siehe, so will ich ausschicken und kommen lassen alle Völker des Nordens, spricht der Herr, auch meinen Knecht Nebukadnezar, den König von Babel, und will sie bringen über dies Land und über seine Bewohner und über alle diese Völker ringsum und will an ihnen den Bann vollstrecken und sie zum Bild des Entsetzens und zum Spott und zur ewigen Wüste machen..., so daß dies ganze Land wüst und zerstört liegen soll. Und diese Völker sollen dem König von Babel dienen siebzig Jahre. Wenn aber die siebzig Jahre um sind, will ich heimsuchen den König von Babel und jenes Volk, spricht der Herr, um ihrer Missetat willen, dazu das Land der Chaldäer und will es zur ewigen Wüste machen« (Jer 25, 8 ff.).

In Jer 25, 17 ff. sind die *zahlreichen Völker* aufgezählt, über welche Gott seinen »Zornbecher« ausgießen wird. Die Aufzählung gipfelt in der Feststellung: Es sind »alle Königreiche der Welt«, nämlich des damals bekannten Lebensraums (V. 26).

Aus dem Text ergibt sich somit, daß die »siebzig Jahre« der Knechtschaft keineswegs speziell auf Juda, sondern auf die *Gesamtheit »der Völker ringsum« (Mehrzahl!)* bezogen sind, die unter den Bann Babyloniens geraten. Es ist somit nicht zwingend, die siebzig Jahre von der Zerstörung Jerusalems an zu datieren, sondern vielmehr vom Anfang der Eroberungszüge Nebukadnezars bis zum Ende des Neubabylonischen Reiches. Tut man dies, dann kommt man auf einen Zeitraum von ca. 612 v. Chr. (Sieg Babyloniens über die Assyrer, Fall Ninives) bzw. 605 v. Chr. (Sieg Nebukadnezars über den ägyptischen Pharao Necho bei Karkemisch) bis 539 v. Chr. (Sieg des Perserkönigs Kyros über Babylon), also ungefähr siebzig Jahre.

Nun sprechen allerdings Stellen wie Dan 9, 2 oder 2. Chron 36, 20 f. davon, daß *Jerusalem und das judäische Land »siebzig Jahre verwüstet«* liegt. Deutet dies nicht doch auf eine siebzigjährige Exilszeit – und damit auf das Datum 607/606 v. Chr. – hin (so wird im

Bibellexikon der Wachtturm-Gesellschaft, HVB, S. 279, argumentiert)? Ich denke, diese Folgerung ist keineswegs zwingend. Denn mit dem Kyros-Edikt, das vermutlich 538 oder 537 v. Chr. den Juden die Heimkehr und den Wiederaufbau des Tempels ermöglichte, waren die Verwüstungen des Landes und Tempels keineswegs sofort beseitigt. Vielmehr folgte den Jahren nach 537 ein langwieriger Wiederaufbau mit vielen Widerständen und Rückschlägen (vgl. die Schilderungen im biblischen Buch Esra). Der Wiederaufbau Jerusalems mit dem Tempel als religiösem Zentrum konnte laut Esra 6 erst in der Regierungszeit des persischen Königs Darius vorangebracht und vollendet werden – erst dann waren die »siebzig Jahre Verödung« beendet (Esra 6, 6 ff.; vgl. Sach 7, 1 - 6), also ungefähr um das Jahr 515 v. Chr. (Jahr der Tempeleinweihung), wodurch die »Verwüstung« im materiellen und geistlichen Sinne beseitigt wurde. Das aber sind fast genau siebzig Jahre nach der Zerstörung gemäß dem gesicherten Datum 587 v. Chr.

Die Zahl »70« bezeichnet somit nicht die Dauer des babylonischen Exils der Juden (587 - 538/537 v. Chr.), sondern zum einen die ungefähre Zeit der gewaltsamen Unterdrückung vieler Völker durch die Babylonier (ca. 612 - 538 v. Chr.), zum anderen die ungefähre Zeit von der Zerstörung Jerusalems und des Tempels bis zu seinem Wiederaufbau und der Einweihung des neuen Tempels (587 - 515 v. Chr.). Sie liefert also für die Chronologie der Wachtturm-Gesellschaft, welche die betreffenden Bibelstellen durcheinanderwirft, keine Unterstützung.

539 n. Chr.: »Aufrichtung des ›Greuels der Verwüstung‹«

Nun machen wir einen großen Sprung in das Jahr 539 n. Chr. Dieses Datum hat zwar für die heutige Wachtturm-Chronologie keine wesentliche Bedeutung mehr, spielte aber für Charles Taze Russell und den jungen Rutherford eine zentrale Rolle. Es bildete den Ausgangspunkt für die Errechnung der Jahre 1799, 1829 und 1874 (s. u.). Deshalb wollen wir einen kurzen Blick darauf werfen.

Wie Russell in Band 3 der »Schriftstudien« (Ausgabe 1898, S. 60 ff.) ausführt, wurde im Jahre 539 n. Chr. der »verwüstende Greuel aufgestellt«. In diesem Jahr nämlich erließ Kaiser Justinian ein Dekret, in welchem er dem Papsttum die bürgerliche Gerichtsbarkeit verlieh. Das Papsttum – oder genauer: der *Cäsaropapismus,* der damals begann – wird von Russell als der Greuel der Verwüstung nach Dan 9, 27; 11, 31; 12, 11 und Mt 24, 15 gedeutet. Rutherford identifiziert ihn in seinem Buch »Die Harfe Gottes« mit dem vierten Tier nach Dan 7, 7 f.:

»Der Prophet Daniel (7, 7.8) beschreibt ›ein viertes Tier, schrecklich und furchtbar‹. Dieses schreckliche Tier stellt eine Regierungsform dar, die sich aus drei verschiedenen Elementen oder Bestandteilen zusammensetzt, nämlich Berufspolitikern, großen Finanzleuten und kirchlichen Gewalten. Satans Wirksamkeit ist schrecklich und furchtbar seit der Zeit, wo diese drei Mächte sich miteinander verbündeten. Unter dieser unheiligen Dreieinigkeit sehen wir das Papsttum, das kirchliche Element, im Sattel sitzend, alles leitend und beherrschend. Das Datum seines Beginnes fällt in die Zeit des Umsturzes der ostgotischen Herrschaft, welcher im Jahre 539 n. Chr. erfolgte« (S. 215).

Sowohl Russell als auch Rutherford lassen mit dem Jahre 539 n. Chr. die *1.260, 1.290 und 1.335 Tage* nach Dan 12, 11 f. und Offb 11, 3; 12, 6 beginnen, die von ihnen als Jahre (»Mondjahre«) gedeutet werden. Addiert man zu 539 Jahren 1.260 Jahre hinzu, dann gelangt man zum Jahr *1799* (Sieg Napoleons und »Beginn des Endes der päpstlichen Herrschaft«), addiert man 1.290 Jahre hinzu, dann erreicht man das Jahr *1829* (Beginn der adventistischen Bewegung), und addiert man 1.335 Jahre hinzu, dann kommt man zum Jahr *1874* (»Jahr der Wiederkunft Christi«; s. u.).

Wie ist es nun um das *Ausgangsdatum 539 n. Chr.* bestellt? Läßt es sich wirklich mit der Aufrichtung des »Greuels der Verwüstung« bzw. mit der Inthronisierung des »vierten Tieres« identifizieren? Begann in diesem Jahr wirklich die päpstliche Herrschaft? Lassen sich die 1.260, 1.290 und 1.335 Tage wirklich als Jahre deuten? Fand die päpstliche Herrschaft wirklich 1799 ihr Ende bzw. verlor sie damals ihre Macht? Ist Jesus wirklich 1874 wiedergekommen? Ich denke, alle diese Fragen sind zu verneinen – und zwar zunächst aus zwei Gründen: Erstens haben sich die Erwartungen, die mit dem Ausgangsdatum 539 n. Chr. verbunden waren, nicht erfüllt. Und zweitens halten die heutigen Zeugen Jehovas aus eben diesem Grund selber nicht mehr an diesen Berechnungen fest, sondern haben neue Modelle entwickelt, auf die ich weiter unten eingehe.

Was das Ausgangsdatum 539 v. Chr. selber angeht, ist folgendes zu bemerken. Es ist zwar richtig, daß der Cäsaropapismus unter dem damaligen Kaiser Justinian vollendet wurde und seinen Siegeslauf über viele Jahrhunderte antrat. Das »finstere Mittelalter« war daraufhin voll von Greueltaten dieser »unheiligen Allianz von Staat und Kirche«: Geld- und Prunksucht, Unzucht, Kreuzzüge, Inquisition, Ketzerverbrennungen u. a. Dennoch stellen sich folgende Fragen: Warum legen Russell und Rutherford den Beginn des »Greuels« nicht bereits in die Regierungszeit der Kaiser Konstantin (306-337) oder Theodosius (379-395)? Bereits Konstantin hat »die Politik *in die Bahn gelenkt, die zum Staatskirchentum führte,* wenn er auch selbst auf dieser Bahn nicht bis zu Ende gegangen ist«. Theodosius und Gratian jedoch machten seit 380 n. Chr. der Religionsfreiheit ein Ende und erhoben »die katholische Kirche zur alleinberechtigten Staatskirche« (Heussi 1979, S. 90, 99). Unter Konstantin und Theodosius wurden die Dogmen von der Göttlichkeit Jesu und der Dreieinigkeit ausformuliert, die den Zeugen Jehovas ein Greuel sind. Warum läßt man den »Greuel der Verwüstung« und die Herrschaft des vierten Tieres also nicht bereits im 4. Jahrhundert beginnen?

Ferner ist zu fragen, ob sich das »vierte Tier« und der »Greuel der Verwüstung« speziell auf die Papstherrschaft bzw. auf die Allianz von Thron und Altar beziehen. Russell und Rutherford behaupten das, indem sie aus biblischen Andeutungen und Symbolen ein geschlossenes System entwickeln und dieses auf die Weltgeschichte übertragen. Ihre Deutung stellt (einmal ganz abgesehen von den Jahreszahlen) *eine* Möglichkeit unter mehreren dar; für Russell und den jungen Rutherford wird sie jedoch zur *einzig* richtigen Interpretation. Genau hier aber liegt die Problematik.

Bibelausleger wie Gerhard Maier sind angesichts der Vieldeutigkeit der Symbole und Erzählungen in der apokalyptischen Literatur mit Deutungen viel zurückhaltender. So schreibt Maier etwa in bezug auf das *»vierte Tier«* in Dan 7,7 f.:

»Die Ausleger der alten Kirche, z. B. Irenäus, Hippolyt, Euseb und Hieronymus, sahen im vierten Tier Rom und im kleinen Horn den Antichrist. In diese Richtung wird man tatsächlich gehen müssen. Nur scheint es besser, im vierten Tier die antichristliche Weltmacht als solche und im kleinen Horn den persönlichen Antichrist zu sehen... Am besten versteht man die genannten Zusammenhänge so, daß a) im römischen Reich eine Art Modell für das antichristliche Reich vorliegt und b) das antichristliche Reich in irgendeiner Weise aus den Nachfolgestaaten des Römerreiches herauswächst« (Maier 1982, S. 273 f.).

Maier betrachtet das vierte Tier also als ein Reich, das noch kommen wird, und ist weit davon entfernt, eine Jahreszahl in der Geschichte für den Beginn dieses Reiches zu nennen. Ähnliches gilt für die Aufrichtung des »*Greuels der Verwüstung*«. Dieser wurde zwar bereits zwei Mal bei der Zerstörung des Jerusalemer Tempels in den Jahren 167 v. Chr. und 70 n. Chr. aufgerichtet. Seine dritte Aufrichtung wird aber erst beim Kommen des Antichristen in der Zukunft geschehen (vgl. ebd., S. 352 ff.).

Die nachfolgend zu betrachtenden Jahreszahlen 1799 und 1874 (1829 lasse ich aus Platzgründen aus) hängen, wie schon erwähnt, mit der Addition von 1.260 bzw. 1.335 Jahren zum Jahre 539 n. Chr. zusammen. Bevor ich auf diese Daten näher eingehe, ist daher zuerst die Frage zu untersuchen, wie die *1.260 Tage, 1.335 Tage und ähnliche Zahlenangaben* im Buch Daniel und in der Johannesoffenbarung zu verstehen sind. Die Antwort läßt sich wegen des hohen Symbolgehalts der betreffenden Bibelstellen nicht eindeutig geben. Es können Tage im buchstäblichen Sinn oder Jahre oder aber rein symbolische Angaben sein. Die meisten evangelikalen Ausleger vermuten, daß es sich vom Kontext her um *Tage im wörtlichen Sinn* handelt, die sich auf die Zeit der Herrschaft des Antichristen beziehen. So führt z. B. Gerhard Maier aus:

»Beachtet man den Zusammenhang, dann können die 1.290 bzw. 1.335 Tage eigentlich nur auf die ›letzten Stufen der Endgeschichte‹ gehen, wo sie sich u. U. sogar in einem äußeren Sinne erfüllen... Die 1.335 Tage sind länger als die 1.290 Tage von V. 11 (Dan 12, 11), länger als die 1.150 Tage von Dan 8, 14, länger als die 1.260 Tage von Offb 11, 3;

12, 6 und evtl. länger als die 42 Monate von Offb 11, 2 und 13, 5. Schließlich besteht offensichtlich eine Verbindung zu den 3½ Zeiten von Dan 7, 25; 12, 7 und Offb 12, 14. Man kann vermuten, daß die 1.335 Tage die zweite Hälfte der letzten Jahrwoche von Dan 9, 27 bilden« (Maier 1982, S. 422 f.).

Ähnlich deutet Arnold Fruchtenbaum die 1.260 Tage (= 3½ Jahre) aus Offb 11, 3; 12, 6 auf die zwei Teile der noch bevorstehenden siebenjährigen Herrschaft des Antichristen, insbesondere auf deren zweite Hälfte nach der Aufstellung des Greuels der Verwüstung im Tempel. Unter Bezugnahme auf Dan 12, 11 f. schreibt er:

»Diese Danielstelle nennt nun zwei weitere Zahlen. Die erste beträgt 1.290 Tage, also zusätzlich dreißig Tage, in denen der Greuel der Verwüstung im Tempel steht, bevor er beseitigt wird. Die zweite Zahl beträgt 1.335 Tage, also eine Zeitspanne, die 45 Tage über die 1.290 Tage und 75 Tage über die 1.260 Tage hinausreicht. Ein besonderer Segen wird denen verheißen, die bis zum 1.335. Tag aushalten. Der Segen besteht darin, daß die, die bis zum 75. Tag der Zwischenzeit am Leben bleiben, den Beginn des messianischen Reiches erleben dürfen. Viele werden es nicht schaffen und sterben, bevor der 1.335. Tag kommt, obwohl sie über den 1.260. Tag hinaus am Leben geblieben waren« (Fruchtenbaum I/1986, S. 318).

1799 n. Chr.: »Beginn der ›Zeit des Endes‹«

Das Jahr 1799 n. Chr. wird von Russell und Rutherford als Beginn der endgeschichtlichen Entwicklungen betrachtet: »›Die Zeit des Endes‹ umfaßt einen Zeitraum vom Jahre 1799 an … bis zur Zeit des vollständigen Sturzes von Satans Reich und der Einsetzung des Königreiches des Messias. Die Zeit der zweiten Gegenwart des Herrn aber datiert von 1874 an … Die letzte Periode liegt natürlich innerhalb der erstgenannten« (Rutherford, Die Harfe Gottes, S. 217).

Wieso hat gerade im Jahre 1799 die Zeit des Endes begonnen? Rutherford geht – im Anschluß an Russell – von Dan 11, 40 ff. aus, wo es heißt:

»Und zur Zeit des Endes wird der König des Südens mit ihm [dem gotteslästerlichen König; L. G.] Krieg führen, aber der König des Nordens wird gegen ihn heranstürmen mit Wagen und mit Reitern und mit vielen Schiffen. Und er wird in die Länder eindringen, und wird sie überschwemmen und überfluten ... Und auch das Land Ägypten wird nicht entrinnen ... «

Nach Ansicht Rutherfords bezeichnet der »König des Südens« Ägypten, der »König des Nordens« Großbritannien und der gotteslästerliche König Napoleon Bonaparte. Rutherford kombiniert: »Napoleon kämpfte in Ägypten gegen die ägyptischen Heere ... Während Napoleon hier operierte, unternahmen die Engländer im Norden, unter der Führung des Admirals Lord Nelson, einen erfolgreichen Angriff auf Napoleons Streitkräfte zur See. Napoleon begann diesen ägyptischen Feldzug im Jahre 1798, führte ihn zu Ende und kehrte am 1. Oktober 1799 nach Frankreich zurück. Der Feldzug ist kurz, aber anschaulich in dieser Prophezeiung Vers 40-44 beschrieben, und da dieser Feldzug 1799 zu Ende ging, so bezeichnet er, nach den eigenen Worten des Propheten, den Beginn der ›Zeit des Endes‹« (Die Harfe Gottes, S. 214 f.).

Hierzu ist festzustellen, daß es sich bei dieser Interpretation um nichts weiter als eine *Allegorese* handelt. Es ist zwar in Dan 11, 40 ff. von »Norden«, »Süden«, »Ägypten« und einigen weiteren Ländern die Rede, aber ansonsten wird weder eine Personen- noch eine Zeitangabe genannt. Es gab in der Geschichte mehrere Feldzüge, die sich dementsprechend deuten ließen (z. B. auch der Afrika-Feldzug Adolf Hitlers). Wahrscheinlich bezieht sich die Prophezeiung auf die Zeit des Antichristen, was die Charakterisierung des »gotteslästerlichen Königs« in Dan 11, 21 - 39 nahelegt (wobei nicht übersehen werden soll, daß Personen wie Napoleon und Hitler eine gottfeindliche »Politik« betrieben und antichristliche Wesenszüge besaßen).

Nach Ansicht der »Ernsten Bibelforscher« nun ist 1799 der päpstlichen Herrschaft, dem »Greuel der Verwüstung«, der entscheidende (politische) Einfluß abhanden gekommen. So schreibt Russell: »Genau zur ›festbestimmten Zeit‹, 1799, am Ende der 1.260 Tage, war die Macht des Menschen der Sünde, des großen Unterdrückers der Kirche, gebrochen und seine Herrschaft ihm abgenommen« (Dein Königreich komme, S. 114).

Russell denkt hier an die Aufrichtung der »Römischen Republik« durch die französische Regierung, welche die weltliche Herrschaft des Papstes beseitigte. Ist diese Deutung zutreffend?

Zunächst ist festzustellen, daß die Römische Republik *1798,* nicht
1799 errichtet wurde. Ferner bestand diese *nur zwei Jahre.* Im Jahre
1800 wurde sie schon wieder beseitigt und der Kirchenstaat wiederhergestellt. Zum Untergang des Kirchenstaats kam es – nach vielen
Kämpfen zwischen verschiedenen Staatsregierungen und der Kurie –
erst im September *1870.* Dabei ging das Papsttum jedoch keineswegs zugrunde, sondern es kompensierte die (scheinbar) verlorenge-
hende politische Macht duch eine Überhöhung seiner »geistlichen«
Autorität (Verkündigung des Unfehlbarkeitsdogmas bereits am
18. 7. 1870). Bis heute ist das Papsttum – auch politisch (Anspruch der
obersten Jurisdiktionsgewalt auf Erden, Einwirkung auf katholische
Regierungsoberhäupter) – sehr *einflußreich,* und man kann somit
keineswegs von einem Ende seiner Herrschaft reden.

Nach allem Gesagten ist das Jahr 1799 also keineswegs geeignet,
den Beginn der »Zeiten des Endes« zu markieren. Wie steht es nun
mit der »Wiederkunft Jesu Christi« im Jahre 1874?

1874 n. Chr.: »Wiederkunft Jesu Christi und Beginn der Erntezeit«

1874 ist nach der Ansicht Russells *Jesus Christus unsichtbar wiedergekommen* – und damit wurde die *Erntezeit* bis zur Aufrichtung
des sichtbaren messianischen Königreiches oder Tausendjährigen
Reiches eingeleitet, in der die Schar der Heilsgemeinde durch die
Verkündigung der Königreichsbotschaft eingesammelt werden sollte. Diese Erntezeit sollte nach Russells Erwartung *1914 enden* (s. u.
sowie im Teil »Geschichte«). Die 40jährige Zeitdauer zwischen 1874
und 1914 hat Russell gemäß seiner Lehre von den *parallelen »Heilszeit-Ordnungen«* bestimmt: Die 40 Jahre zwischen der Salbung Jesu
zum Messias (30 n. Chr.) und der Zerstörung Jerusalems (70 n. Chr.)
sollen die Vorschattung für die 40 Jahre zwischen 1874 (unsichtbare
Wiederkunft Christi) und 1914 (Aufrichtung seines sichtbaren Reichs
und Zerschlagen der alten Herrschaftsstrukturen) bilden. Russell
schreibt:

»Der Allwissende hat uns durch die Chronologie gelehrt, daß seit Adams Erschaffung bis zum Jahre 1873 n. Chr. sechstausend Jahre verflossen sind, und daß das siebente Tausend, das Millennium, da begann. Er hat uns durch die Jubeljahr-Zyklen gelehrt, daß der Herr im Herbste 1874 gegenwärtig sein würde und die Zeiten der Wiederherstellung beginnen sollten. Er hat uns durch die Zeiten der Nationen gezeigt, daß diese Dinge nicht hastig, sondern auf natürlichem Wege, eine Periode von vierzig Jahren umspannend, vor sich gehen würden... Die ›Zeiten der Nationen‹ beweisen, daß die gegenwärtigen Regierungen alle von dem Jahre 1914 an gestürzt werden müssen; und der obige Parallelismus zeigt, daß dieser Zeitpunkt genau mit dem Jahre 70 n. Chr. stimmt, welches Jahr Zeuge des vollständigen Zugrundegehens des jüdisch-politischen Gemeinwesens war« (Die Zeit ist herbeigekommen, Ausgabe 1926, S. 231 f.).

Russell hielt das Jahr 1874 für gut gesichert, da er auf verschiedenen Wegen zu diesem Datum gelangt war: zum einen ausgehend vom Zeitpunkt der *Welterschaffung* im Jahre 4.128 v. Chr. bzw. vom Sündenfall im Jahr 4.126 v. Chr. (von 4.126 v. Chr. bis 1874 n. Chr. sind es 6.000 Jahre); zum anderen ausgehend von der Aufrichtung des »Greuels der Verwüstung« in Gestalt des *Cäsaropapismus* im Jahre 539 n. Chr. (von 539 n. Chr. bis 1874 n. Chr. sind es 1.335 Jahre); zum dritten ausgehend von den israelitischen *Jubeljahr-Zyklen*.

Daß die ersten beiden Ausgangsdaten nicht haltbar sind, haben wir oben gesehen. Zu seiner Deutung der Jubeljahr-Zyklen gelangte Russell auf folgendem Weg: Nach 3. Mose 25, 8 ff. sollte in Israel jedes 50. Jahr ein »großes Sabbatjahr«, »Erlaßjahr«, »Halljahr« oder »Jubeljahr« sein. Aus dieser Anordnung folgerte Russell: Wenn jedes 50. Jahr ein großes Jubeljahr ist, dann muß das 50. Jubeljahr seinerseits ein großes Jubeljahr besonderer Art sein, nämlich ein Jubeljahrtausend. Dieses Jubeljahrtausend, nämlich das Millennium, bricht nach 50 mal 50 großen Jubeljahren, also nach 2.500 Jahren, an. Diese 2.500 Jahre haben im Jahr 625 begonnen, als Israel vor dem babylonischen Exil sein letztes großes Jubeljahr feierte. Addiert man zum Jahr 625 v. Chr. 2.500 Jahre hinzu, dann gelangt man in das Jahr 1875, »welches nach jüdisch-bürgerlicher Zeit... ungefähr Oktober 1874 begann« (Die Zeit ist herbeigekommen, Ausgabe 1919/1921, S. 167ff.).

Die spekulativen Faktoren in dieser Rechnung lassen sich leicht erheben: Erstens findet sich *nirgends* in der Heiligen Schrift ein Hinweis auf »50 mal 50 Jubeljahre« bzw. »2.500 Jahre«, die zum Millennium hinführen sollen. Zweitens ist es historisch nicht eindeutig gesichert, wann Israel sein *letztes* Jubeljahr hielt. »In den Geschichtsbüchern des AT wird das Halten des H[alljahres] weder vor noch nach der babyl[onischen] Gefangenschaft ausdrücklich erwähnt... Außerbiblisch sind uns bei Josephus... die Sabbatjahre 164/3, 38/7 v. Chr., 68/9 n. Chr. belegt« (Lexikon zur Bibel, Sp. 536). Und drittens begann im Jahr 1874 *keineswegs* das Tausendjährige Reich, was die späteren Zeugen Jehovas auch erkannten und daher ihre Berechnungen änderten (s. u.).

Auch die Russellsche Lehre von den »*Heilszeit-Parallelen*« ist eine bloße Spekulation ohne wirklichen Anhaltspunkt im biblischen Text. Daß es eine schöne, aber eben selbsterdachte menschliche Konstruktion ist, geht deutlich aus Russells eigenen Worten hervor:

»Wenn die Chronologie oder irgendeine dieser Zeitperioden nur ein Jahr verschoben wird, so wird die Schönheit und Kraft dieses Parallelismus zerstört. Z. B. wenn die Chronologie nur ein Jahr, nach dieser oder jener Seite, verändert würde, wenn wir zu der Periode der Könige oder der Richter ein Jahr hinzuzählen, oder wenn wir sie ein Jahr kürzer machen, so würde es den Parallelismus zerstören« (Die Zeit ist herbeigekommen, Ausgabe 1926, S. 233).

Weitere Daten, die sich für Russell aus dem Parallelismus der Heilszeit-Ordnungen ergaben, die aber gemäß dem eben Festgestellten genauso fraglich sind wie die schon genannten Termine, sind:
– *1878:* Dies gilt als das Jahr, in dem Christus seine eigentliche Herrschaft im Himmel antrat, dreieinhalb Jahre nach seinem Wiedererscheinen – als Parallele zur Kreuzigung, Auferstehung und Himmelfahrt Christi 33. n. Chr., dreieinhalb Jahre nach seiner Taufe (= Amtseinsetzung). »Seit April 1878 hat unser Herr seine königliche Macht an sich genommen und sammelt nun seine Auserwählten. Die Toten in Christo, welche nach des Apostels Worten zu Beginn seines Reiches auferstehen sollen, sind mithin im April 1878 auferstanden« (Der Krieg von Harmagedon, Ausgabe von 1916, S. 322)

– *1881:* Dies ist das Jahr, in dem der Ruf, Jesus nachzufolgen, verstummt, das Ende der Epoche der Kirche, der »Schluß der Gnade dieses christlichen Zeitalters«, weil die festgesetzte Zahl des wahren Leibes Christi (nämlich 144.000) erfüllt ist. Nun ist der »Wechsel vom Säen zum Ernten, vom Berufen zum Prüfen der Berufenen« eingetreten – parallel zum Jahre 36 n. Chr., in dem die Sendung der guten Botschaft von Israel weg zu den Heiden ging. Von nun an erschallt nur noch ein »niedrigerer Ruf« zu minderen »Segnungen des Millenniums« (vgl. Dein Königreich komme, Ausgabe von 1919, S. 199 ff.).

Da jedoch die Schar der Ernsten Bibelforscher weiter wuchs, die Saat- und Erntearbeit weiterging und das sichtbare Kommen des Herrn sich immer mehr (auch über 1914 hinaus) verzögerte, wurden diese Datierungen Russells nach seinem Tod zunehmend fallengelassen. Welche unterschiedlichen Deutungen das Schlüsseljahr 1914 erfahren hat, werden wir im nächsten Abschnitt betrachten.

1914 n. Chr.: Ende oder Beginn der »Erntezeit«?

Im Unterschied zu manchen obengenannten Daten nimmt das Jahr 1914 in den Berechnungen der Zeugen Jehovas nach wie vor eine zentrale Rolle ein. Wie ich schon im Teil »Geschichte« gezeigt habe, hat es allerdings nach den Nichteintreffen der von Russell vorausgesagten Ereignisse eine *radikale Umdeutung* erfahren. Während Russell jahrzehntelang das Ende der irdischen Regierungen und die Aufrichtung des Königreiches Christi auf Erden im Jahre 1914 erwartet hatte, verlegten er und seine Nachfolger nach 1914 die Inthronisierung Christi in den Himmel und deuteten den Ersten Weltkrieg als Zeichen dafür, daß bei diesem Anlaß Satan aus dem Himmel geworfen wurde. 1914 markierte nun nicht mehr das Ende der Erntezeit, sondern ihren Anfang, gekennzeichnet durch verschiedene Gerichtswehen und das Vorhandensein der »letzten Generation«.

Welche Ausreden und Umdeutungen die »Ernsten Bibelforscher« nach 1914 gebrauchten, hat der Historiker Franz Stuhlhofer detailliert in seiner Untersuchung »Charles Taze Russell – der unbelehrbare Prophet« (S. 90 ff.) dokumentiert. Er beschreibt verschiedene »*Wege des Umgangs mit nicht eingetroffenen Prophezeiungen«*, z. B. die Relativierung oder Umdeutung der »Prophezeiungen« nach ihrem Nichteintreffen; die Behauptung, die Leser des »Wachtturms« hätten zuviel erwartet und die »Prophezeiungen« mißverstanden; die Behauptung, die »Prophezeiung« hätte sich unsichtbar erfüllt; gelegentlich auch ein Zugeben des Irrtums u. a. Stuhlhofer resümiert im Blick auf »1914«:

»Russell... hatte mehrere Jahrzehnte vor 1914 eine Reihe sehr konkreter Vorhersagen gemacht. Diese Vorhersagen waren samt und sonders danebengegangen; in bezug auf manche der Vorhersagen ist einfach nichts passiert, zum Teil kam das Gegenteil. Russell hatte den Krieg von Harmagedon in gewisser Weise schon im Gange geglaubt, und ab 1914 sollte weltweit Friede herrschen. Statt dessen brach 1914 ein so heftiger Krieg von Nationen gegeneinander aus, daß er die Jahrzehnte davor beinahe wie Friedenszeiten erscheinen ließ« (S. 90).

In der 1986 revidiert veröffentlichten Wachtturm-Schrift »Frieden und Sicherheit – wie wirklich zu finden?« wird auf das Paradoxe dieser Situation und ihrer Deutung eingegangen:

»Es mag auf den ersten Blick befremdend erscheinen, daß die Inthronisierung Christi durch einen Krieg ohnegleichen auf der Erde gekennzeichnet sein sollte. Doch vergesse man nicht, daß ›der Herrscher der Welt‹ Satan, der Teufel, ist (Johannes 14, 30). Er wollte nicht, daß Gottes Königreich die Macht über die Angelegenheiten der Erde übernahm. Um von dem Königreich abzulenken [sic! L. G.], manövrierte er die Menschen in einen Krieg hinein, der der Unterstützung ihrer eigenen Ansprüche auf Souveränität dienen sollte... ›Krieg brach aus im Himmel... Und hinabgeschleudert wurde der große Drache – die Urschlange –, der Teufel und Satan genannt wird...‹ (Offenbarung 12, 3 - 12)« (S. 74).

Wie deutete die Wachtturm-Gesellschaft bis 1995 das Geschehen von 1914? Ich zitiere zunächst aus der 1968 herausgegebenen Schrift »Die Wahrheit, die zu ewigem Leben führt«:

»Die Bibel bezeichnet die Zeit, in der wir leben, als die ›letzten Tage‹ oder als ›Zeit des Endes‹ (2. Timotheus 3, 1; Daniel 11, 40). Die Tatsachen zeigen, daß diese Zeit von begrenzter Dauer ist, daß sie einen genau festgesetzten Anfang und ein genau festgesetztes Ende hat. Sie begann im Jahre 1914, als Jesus Christus im Himmel als König eingesetzt wurde. Sie wird enden, wenn Gott das gegenwärtige böse System der Dinge vernichten wird...

Wann wird es soweit sein? Gottes Sohn Jesus Christus gibt die Antwort. Er sagte, nachdem er auf all die vielen Dinge aufmerksam gemacht hatte, die zeigen, daß wir seit 1914 in der ›Zeit des Endes‹ leben: ›Diese Generation [wird] auf keinen Fall vergehen..., bis alle diese Dinge geschehen.‹ (Matthäus 24,34) Welche Generation meinte er?...

›Diese Dinge‹ sind die Ereignisse, die sich seit 1914 zugetragen haben und die sich noch bis zum Ende dieses bösen Systems zutragen werden. (Matthäus 24,33)... heute sind noch Personen am Leben, die 1914 alt genug waren, um zu beobachten, was geschah, und die sich somit heute noch daran erinnern können. Diese Generation ist nun schon ziemlich alt... Das bedeutet, daß das Ende bald kommen muß!« (S. 94 f.).

Diese Sätze wurden 1968 veröffentlicht, als sich die Menschen, die 1914 *Jugendliche* waren, im sechsten Lebensjahrzehnt befanden. Inzwischen (rund 30 Jahre später) ist die Wachtturm-Gesellschaft mit ihrer »1914«-These immer mehr in Zugzwang geraten, da kaum noch jemand von der damaligen Generation lebt. Man behalf sich eine Zeitlang, indem man das Alter der damals Lebenden immer weiter heruntersetzte und dadurch einige Jahre hinzugewann. So wurde im »Wachtturm« vom Mai 1984 das Kriterium der bewußten Wahrnehmungsfähigkeit verlassen und der Termin 1914 auf die zu dieser Zeit geborenen *Babys* bezogen:

»Wenn Jesus ›Generation‹ in diesem Sinne benutzte und wir es auf 1914 anwenden, dann sind die Babys dieser Generation jetzt 70 Jahre oder älter.«

Raymond Franz bemerkt im Blick auf solche (Um-)Interpretationen treffend:

»Freilich wird es mit jedem Jahr, das verstreicht, schwieriger, diese Lehre und alle damit zusammenhängenden Ansprüche aufrechtzuerhalten. Im Jahr 1984 waren 70 Jahre seit 1914 vergangen. Irgendwann einmal wird man die Lehre von der ›Generation‹ von 1914 nicht mehr aufrechterhalten können, ohne sich völlig unglaubwürdig zu machen« (Franz 1991, S. 330).

Seit dem Jahr 1995 hat die Wachtturm-Gesellschaft die Lehre von der 1914er-Generation tatsächlich fallengelassen, wobei allerdings das Jahr 1914 selber für die Wachtturm-Gesellschaft keineswegs seine Bedeutung verloren hat (s. u.). Deshalb wollen wir uns nun etwas ausführlicher mit dieser Jahreszahl befassen.

Die Fragen, die an die »1914«-These der Zeugen Jehovas zu stellen sind, lauten: Sind die *Berechnungen* haltbar, die zum Datum »1914« führen? Und: Was ist mit dem Begriff *»genea«* in Mt 24, 34, den die Wachtturm-Gesellschaft mit »Generation« übersetzt und in unterschiedlicher Weise auf die »1914er-Generation« bezieht, eigentlich gemeint?

Wie gelangt die Wachtturm-Gesellschaft zum Datum »1914«? Sie geht davon aus, daß *607/606 v. Chr.* mit der Zerstörung Jerusalems durch den babylonischen Herrscher Nebukadnezar die theokratische Vorbildherrschaft Israels endete und die »Zeiten der Nationen« begannen. 607/606 v. Chr. ist also der Ausgangspunkt, mit dem man zu zählen beginnt. Dann wird gefragt, wie lange die »Zeiten der Nationen« dauern. Die Antwort findet man in Dan 4, wo Daniel einen Traum Nebukadnezars deutet. Darin heißt es:

»Man wird dich (Nebukadnezar) aus der Gemeinschaft der Menschen verstoßen, und du mußt bei den Tieren des Feldes bleiben, und man wird dich Gras fressen lassen wie die Rinder, und du wirst unter dem Tau des Himmels liegen und naß werden, und *sieben Zeiten* werden über dich hergehen, bis du erkennst, daß der Höchste Gewalt hat über die Königreiche der Menschen und sie gibt, wem er will« (Dan 4, 22).

Die *»sieben Zeiten«* werden als die Dauer der »Zeiten der Nationen« interpretiert. Wie aber sind diese »sieben Zeiten« mit Jahreszahlen zu füllen? Zur Beantwortung »springt« man in die Johannesoffenbarung, wo von *»dreieinhalb Zeiten«* die Rede ist. Die weitere Vorgehensweise wird durch das folgende Zitat aus der Wachtturm-Schrift »Frieden und Sicherheit – wie wirklich zu finden?« erhellt:

»In Offenbarung 11, 2.3 wird gezeigt, daß 1.260 Tage 42 Monate oder dreieinhalb Jahre sind. In Offenbarung 12, 6.14 ist von derselben Anzahl Tage (1.260) die Rede, doch werden sie dort als ›eine Zeit [1] und Zeiten [2] und eine halbe Zeit‹ oder dreieinhalb ›Zeiten‹

bezeichnet. Jede dieser ›Zeiten‹ umfaßt 360 Tage ($3 \frac{1}{2}$ x 360 = 1.260). Jeder Tag dieser prophetischen ›Zeiten‹ steht für ein ganzes Jahr gemäß dem Grundsatz ›Ein Tag für ein Jahr‹ (4. Mose 14, 34; Hesekiel 4, 6). Die ›sieben Zeiten‹ entsprechen daher 2.520 Jahren (7 x 360). Zählen wir vom Herbst des Jahres 607 v. u. Z. an, als das Vorbildkönigreich Gottes in Juda von Babylon gestürzt wurde, so bringen uns die 2.520 Jahre zum Herbst des Jahres 1914 u. Z. (606 1/4 + 1913 3/4 = 2.520). Das ist das Jahr, in dem Jesus Christus mit dem ›Königreich der Welt‹ betraut werden sollte« (S. 72 f.).

So geschlossen dieses Rechenkunststück auf den ersten Blick erscheinen mag, so gewichtig sind die *Einwände,* die sich dagegen erheben. Ich beschränke mich auf die vier wesentlichsten:

a. Jerusalem wurde nicht 607/606 v. Chr. von Nebukadnezar zerstört, sondern *587 v. Chr.* (s. o.). Somit ist der Ausgangspunkt der ganzen Berechnungen falsch – und demzufolge auch das Ergebnis.

b. Die Deutung der *»sieben Zeiten«* in Dan 4 durch die Wachtturm-Gesellschaft ist reine *Allegorese.* Aus dem Text geht nichts anderes hervor, als daß Nebukadnezar »sieben Zeiten« lang von einer Geisteskrankheit geplagt und seine Herrschaft von ihm genommen wird, bis er erkennt, daß Gott allein »Gewalt hat über alle Königreiche der Welt und sie gibt, wem er will« (vgl. Dan 4, 13.22). Die »sieben Zeiten« werden in Dan 4 nicht näher erklärt, doch ist mit der Septuaginta und Josephus (Antiquitates X, 216) anzunehmen, daß es sich um *»sieben Jahre«* handelt (vgl. Maier 1982, S. 182). Es ist auffallend, wie sehr die »sieben Zeiten« an das Geschick *Nebukadnezars* gekoppelt werden, so daß eine darüber hinausgehende Deutung auf äußerst wackligem Boden steht: »... sieben Zeiten sollen über *ihn* hingehen ... « (V. 13); »... es ergeht als Ratschluß des Höchsten über *meinen Herrn, den König ...* « (V. 21); »... sieben Zeiten werden über *dich* hingehen ... « (V. 22); »... dies alles widerfuhr *dem König Nebukadnezar ...* « (V. 25).

c. Auch die *»dreieinhalb Zeiten«* aus Offb 12, 14 sind aller Wahrscheinlichkeit nach als *»dreieinhalb Jahre«* im wörtlichen Sinn zu verstehen, was durch die parallelen Charakterisierungen *»42 Monate«* und *»1.260 Tage«* (Offb 11, 2 f.; 12, 6) geradezu unterstrichen wird. Wie ich schon oben dargestellt habe, beziehen sie sich vermutlich auf die Trübsalszeit im Zusammenhang mit der Herrschaft des Antichristen, die sieben (2 x 3 ½) Jahre dauern wird. Daß die Wachtturm-Gesellschaft die nicht näher charakterisierten »sieben Zeiten« Nebukadnezars mit den »dreieinhalb Zeiten« der Johannesoffenbarung in Verbindung bringt, ist ein typisches Beispiel für die »Rösselsprung-Methode«, die Stellen aus ihrem Zusammenhang reißt und willkürlich kombiniert.

d. Das gleiche gilt für die Deutung der »*1.260 Tage*« in Offb 11, 3 und 12, 6 als »1.260 Jahre«. Die Deutung der »Tage« als »Jahre« widerspricht ganz offensichtlich der Parallelität zwischen den »1.260 Tagen« und den »42 Monaten« in Offb 11, 2 f. sowie den dort beschriebenen und zeitlich eng begrenzten Ereignissen (es sei denn, man deutet die gesamte Offb allegorisch, was die Zeugen Jehovas auch tun; dazu unten mehr). Vor allem aber gibt es in der Bibel *keinen* allgemeingültigen Grundsatz *»Ein Tag für ein Jahr«*, sondern nur eine Anwendung dieses Verfahrens in bestimmten Situationen, die – gerade in 4. Mose 14, 34 und Hes 4, 5 f. – klar als solche gekennzeichnet werden. In Offb 11 und 12 hingegen ist nirgends ein Hinweis auf eine Anwendung dieses »Grundsatzes« in diesem Zusammenhang zu finden, so daß kein Anlaß besteht, aus »Tagen« »Jahre« zu machen. Auch die Aussage aus 2. Petr 3, 8, daß *»ein* Tag vor dem Herrn wie tausend Jahre« ist, gehört in den unmittelbaren Kontext, in dem sie steht. Sie soll die auf die Wiederkunft Christi wartende Gemeinde zur Geduld ermahnen und trösten. Es wäre falsch, daraus eine abstrakte Regel abzuleiten und diese auf Offb 11 und 12 zu übertragen.

Das Jahr 1914 ist nach allem Gesagten nicht zu halten. An sich erübrigt sich damit auch die Frage nach der »Generation«, die das Jahr 1914 bewußt wahrgenommen haben (frühere Version) oder damals geboren sein soll (spätere Version; zur neuesten Version s.u.). Dennoch möchte ich der Vollständigkeit halber auf den Begriff *»genea«* in Mt 24, 34, der dieser Lehre zugrunde liegt, eingehen.

Das »Theologische Wörterbuch zum Neuen Testament« nennt folgende Bedeutungsmöglichkeiten von *»genea«* im allgemeingriechischen Sprachgebrauch: »*Geburt, Abkunft… Nachkommenschaft… Geschlecht,* als die durch gemeinsame Abkunft Verbundenen…

Geschlecht als Zeitbestimmung, *Menschenalter*... auch *Zeitalter*«. Im Neuen Testament kommt »genea« im Sinne von *»Zeitalter, Periode... Art«* vor, bedeutet aber meist *»Zeitgenossenschaft«*. Die Wendung *»dieses Geschlecht«* (*»he genea auté«*) ist »zunächst zeitlich zu verstehen«. Sie enthält »aber immer eine verurteilende Nebenbedeutung«, etwa »das böse Geschlecht«, »das ehebrecherische Geschlecht« oder »das ungläubige Geschlecht« (ThWNT I/1933, S. 660 f.). In diesem Sinne wird es von Jesus oft auf seine *jüdischen Zeitgenossen* bezogen, zu denen er zuerst gesandt ist (Mt 15, 24), die Zeichen von ihm fordern (vgl. 1. Kor 1, 22) und ihn als den Retter ablehnen (vgl. Mt 12, 38 ff. parr.; 16, 4; 17, 17; Mk 9, 19 u. a.).

Diese Vielfalt von Bedeutungsmöglichkeiten zeigt auf, wie schwierig es ist, den Begriff *»genea«* in Mt 24, 34 genau zu bestimmen. Ist es das *Menschengeschlecht* (die menschliche Art) allgemein? Ist es das *»Geschlecht der Juden«* allgemein? Sind es speziell die *jüdischen Zeitgenossen Jesu?* Ist es die *letzte Generation* vor Jesu Wiederkunft?...

Nach dem obigen Befund neige ich der Deutung zu, daß sich »dieses Geschlecht« in Mt 24, 34 auf das *Volk der Juden zur Zeit Jesu* bezieht. Dies wird auch dadurch unterstrichen, daß Jesus unmittelbar vorher vom »Feigenbaum« redet, der in der Heiligen Schrift immer wieder Israel symbolisiert (Mt 24, 32 f.; vgl. 1. Kön 5, 5; Mt 21, 19 f.; Lk 13, 6 ff.; Joh 1, 48 ff.). Mit Gerhard Maier und anderen Auslegern bin ich der Meinung, daß Mt 24 parr. eine Fern- und eine Nahprophetie nebeneinander enthält. Beide Stränge oder Perspektiven durchdringen einander.

»Die eine Perspektive verläuft vom noch bestehenden Tempel bis zur Tempelzerstörung und umfaßt die Schändung des Tempels und die Not Judäas, die mit der Zerstörung des Tempels verbunden sind. Die zweite Perspektive setzt nach der Tempelzerstörung ein und verläuft bis zur Wiederkunft Jesu. Dabei werden weltweite Nöte, Verfolgung, Falschprophetie, Völkermission, letzte Trübsal, kosmische Veränderungen und die Vereinigung der Gemeinde mit dem wiederkehrenden Jesus angekündigt. Man könnte die erste als die Israel-Perspektive bezeichnen, die zweite als die Völker-Perspektive« (Maier II/1980, S. 267).

Jesus antwortet nämlich auf zwei (oder drei) unterschiedliche Fragen der Jünger. Und seine erste Antwort bezieht sich auf die Zerstörung des Jerusalemer Tempels, der sich bei der Ölbergrede direkt vor den Augen Jesu und seiner Jünger befand:

»Und Jesus ging aus dem Tempel fort, und seine Jünger traten zu ihm und zeigten ihm die Gebäude des Tempels. Er aber sprach zu ihnen: Seht ihr nicht das alles? Wahrlich, ich sage euch: Es wird hier nicht ein Stein auf dem anderen bleiben, der nicht zerbrochen werde. Und als er auf dem Ölberg saß, traten seine Jünger zu ihm und sprachen, als sie allein waren: Sage uns, wann wird das geschehen? *(Frage 1)* Und was wird das Zeichen sein für dein Kommen und für das Ende der Welt? *(Frage 2 und 3)*« (Mt 24, 1 - 3).

Die *erste Frage* hat Jesus m. E. klar beantwortet: »Dieses Geschlecht wird nicht vergehen, bis dies alles geschieht.« Die *Naherfüllung* ereignete sich in der Zerstörung Jerusalems und des Tempels im Jahr *70 n. Chr.* durch die Römerheere – und diese Erfüllung hat »dieses Geschlecht« miterlebt, das seinen Retter Jesus Christus ans Kreuz geschlagen hatte.

Raymond Franz zitiert in seinem Buch »Der Gewissenskonflikt« die Frage eines langgedienten Wachtturm-Missionars, der ihm gegenüber diese Möglichkeit äußerte:

»Bruder Franz, könnte es sein, daß Jesus mit ›dieser Generation‹ nur die Menschen damals meinte, die die Zerstörung Jerusalems miterlebten? In dem Fall würde alles zusammenpassen« (Franz 1991, S. 210).

Eine Unsicherheit in dieser Deutung enthält allerdings die Wendung »bis *das alles* geschieht«. Bezieht sich »das alles« auf *alle* in Mt 24 geschilderten Ereignisse (was keineswegs sicher ist), so würde »dieses Geschlecht« doch noch die endzeitlichen Entwicklungen bis zur Wiederkunft Jesu und dem Ende der Welt miterleben. Dann bezöge sich »*dieses Geschlecht*« vom sonstigen Sprachgebrauch her mit großer Wahrscheinlichkeit zwar auch auf die Juden, aber nun auf *die Juden allgemein,* nicht nur auf die Zeitgenossen Jesu. Dieser Interpretation neigt Gerhard Maier zu:

» ... ›dieses Geschlecht‹ ist das Geschlecht der Juden überhaupt. Keine Macht der Erde kann sie auslöschen. Weder die Judenverfolgungen des Mittelalters noch die Pogrome im Rußland des 19. Jhs., noch die Vernichtungsmaschinerie der nazistischen KZs haben das vermocht. Der ›Feigenbaum‹ existiert bis zur Wiederkunft Jesu« (Maier II/1980, S. 297).

Mag die Naherwartung oder die Fernerwartung zutreffend sein – hier zeigt sich jedenfalls wieder, wie die Zeugen Jehovas versuchen, die Stelle Israels als Heilsvolk einzunehmen. Zu welch absurden Spekulationen dieser Versuch führt, haben wir gesehen.

Bevor ich auf die beiden letzten bedeutenden Jahreszahlen 1925 und 1975 eingehe, verdient ein anderes Datum zumindest Erwähnung: *1918*. Als die Errichtung des sichtbaren Königreiches Christi im Herbst 1914 nicht erfolgt war, bemühte man sich eine Zeitlang um eine Verschiebung dieses Termins auf einen Zeitpunkt dreieinhalb Jahre später, auf Frühling 1918, so etwa in dem 1917 herausgegebenen Band 7 der »Schriftstudien« mit dem Titel »Das vollendete Geheimnis«. Begründet wurde diese Verschiebung mit den parallelen Heilszeitordnungen, für die es allerdings – wie schon erwähnt – keine Begründung in der Heiligen Schrift gibt.

Die Herausgeber verschoben einfach Beginn und Ende der »Erntezeit« um jeweils vier Jahre nach hinten (von 1874 auf 1878 und von 1914 auf 1918) – in Parallele zur völligen Unterwerfung Israels durch die Römer im Jahr 73 n. Chr., 40 Jahre nach der Taufe Jesu (vorher hatte Russell die Zerstörung des Tempels 70 n. Chr. als Parallele für das Ende der Erntezeit herangezogen). Aber auch dieser »Zeitgewinn« brachte nichts. 1918 wurde zwar der Erste Weltkrieg beendet, aber damit war keineswegs das Friedensreich Christi angebrochen. Man mußte nach weiteren Terminen Ausschau halten.

1925 n. Chr.: »Rückkehr der alttestamentlichen Überwinder«

Nach dem Scheitern der Prophezeiungen für 1874, 1914 und 1918 sah sich der Nachfolger Russells, Joseph Franklin Rutherford, herausgefordert, diese umzudeuten und ein neues Datum in den Mittelpunkt der Erwartungen zu stellen: das Jahr *1925*. In seinem weit gestreuten Buch mit dem zugkräftigen Titel »Millionen jetzt lebender Menschen werden nie sterben«, das 1920 herauskam, wurde das neue Programm verkündigt. Rutherford behauptete, daß 1925 die »Große Drangsal« zu Ende gehe, das Tausendjährige Reich anbreche und dies durch die »*Wiederherstellung des Menschengeschlechts*«, d. h. durch die stufenweise Auferstehung (bzw. richtiger: Neuerschaffung) der Verstorbenen, charakterisiert sei. Als erste würden direkt im Jahre 1925 die vorherbestimmten Herrscher des irdischen Millenniums, die treuen alttestamentlichen Patriarchen, Könige und Propheten auferstehen. Und da 1925 das Millennium beginne, würden Millionen jetzt lebender Menschen unmittelbar in dieses hinüberschreiten und somit »nie sterben«. Rutherford schrieb:

»Das menschliche Geschlecht zum Leben zurückzubringen ist es hauptsächlich, was wiedergebracht werden soll; und da andere Schriftstellen der Tatsache bestimmt Ausdruck geben, daß eine Auferstehung Abrahams, Isaaks, Jakobs und anderer Treuen des alten Bundes stattfinden wird, und daß diese die erste Gunsterweisung empfangen werden, können wir erwarten, im Jahr 1925 Zeuge zu sein von der Rückkehr dieser treuen Männer Israels aus dem Zustande des Todes« (Millionen jetzt lebender Menschen werden nie sterben, S. 79).

»Wir erwarten mit großer Gewißheit, daß die jetzige große Drangsal (Dan 12; Mt 24; Lk 21, 5 - 36) im Jahre 1925, etwa im Herbst, ihren furchtbaren Höhepunkt erreicht und alsdann zum furchtbaren Abschluß kommen wird, damit anschließend das Werk der Wiederherstellung aller Dinge (Apg 3, 19 - 20) beginnen kann. Wir erwarten mit absoluter Zuverlässigkeit die nach der Drangsal beginnende Auferstehung der gesamten Menschheit ... innerhalb eines Zeitraumes von 1.000 Jahren ..., so, daß die zuletzt Gestorbenen zuerst ... auferstehen werden und durch die Gnade Gottes ewiges Leben unter vollkommenen Verhältnissen auf einer neu gestalteten Erde empfangen können ... Ferner dürfen wir verkündigen, daß den vielen Menschen, die jetzt leben, die Möglichkeit werden kann, überhaupt nicht erst sterben zu brauchen ... Zwar werden sie durch großes Leiden in der Drangsal heimgesucht, aber dennoch lebend in das goldene Zeitalter hinüberkommen, um dann mit den Auferstehenden der Menschheit an der Segnung ewigen Lebens auf Erden teilzuhaben« (»Das goldene Zeitalter«, 15. 3. 1924).

Wie ist Rutherford zu dieser »großen Gewißheit« und »absoluten Zuverlässigkeit« im Blick auf solche Voraussagen gelangt? Er ging in seiner »Millionen«-Schrift – anders als Russell – von dem Jahr *1575 v. Chr.* aus, in dem nach seinen Berechnungen das Volk Israel das Land Kanaan betrat, womit eine »vorbildliche Wiederherstellung« der Theokratie erfolgte. In diesem Jahr hat Gott nach Ansicht Rutherfords Mose die Einrichtung des Sabbat- und Erlaßjahrs geboten. Jedes 50. Jahr sollte ein »großes Sabbatjahr«, »Jubeljahr« oder »Erlaßjahr« sein. (vgl. 3. Mose 25, 8 - 12). Aus Stellen wie Jer 25, 11 und 2. Chron 36, 17 - 21 entnahm Rutherford die Zahl von »70 Jahren« und folgerte, daß sich diese auf eine Summe von »70 großen Jubeljahren« beziehen. Multipliziert man 70 mit 50, dann gelangt man zu *3.500 Jahren.* Zählt man 3.500 Jahre ab dem Jahr 1.575 v. Chr., dann gelangt man zum Jahr *1925 n. Chr.,* in dem die Wiederherstellung aller Dinge erfolgen und das Tausendjährige Reich auf Erden anbrechen soll.

Aber auch in dieser Rechnung stecken *Fehler,* welche die 1925 eingetretene Enttäuschung (das Millennium brach auch in diesem Jahr nicht an) erklären:

a. Das Ausgangsdatum *1575* v. Chr. hinsichtlich der Besiedlung Kanaans durch die Israeliten entbehrt jeder sicheren historischen Grundlage. Die grundsätzliche Problematik einer genauen Chronologie für diese frühen Zeiträume habe ich bereits oben aufgezeigt. Die theologische Forschung nimmt für die Landnahme und Konsolidierung Israels in Kanaan die Zeit zwischen *1400 und 1200 v. Chr.* an (vgl. Gunneweg 1979, S. 193).

b. Aus Stellen wie *Jer* 25, 11 und 2. Chron 36, 17 - 21 läßt sich kein Bezug zu einer Berechnung der »großen Jubeljahre« herstellen. Vielmehr beziehen sich diese Zahlenangaben auf die siebzigjährige Herrschaft der Babylonier und die siebzigjährige Verwüstung Jerusalems und seines Tempels im Zusammenhang damit (s. o.).

Nach 1925 mußte Rutherford seinen Irrtum zwangsläufig einsehen. Wie Raymond Franz berichtet, habe er geäußert: »Ich habe mich lächerlich gemacht« bzw. im amerikanischen Original-Wortlaut: »I know I made an ass of myself« (Franz 1991, S. 136; vgl. Wachtturm vom 15. 12. 1984, S. 26). Im Jahre 1931 bekennt er in einer ernüchterten Weise:

»Jehovas Getreue auf der Erde wurden in ihren Erwartungen für die Jahre 1914, 1918 und 1925 in etwa enttäuscht, und ihre Enttäuschung hielt eine Zeitlang an. Später lernten die Treuen, daß, obwohl jene Daten in der Heiligen Schrift in bestimmter Weise festgesetzt sind, sie dennoch keine Daten mehr für die Zukunft festsetzen und nicht voraussagen sollten, was sich an einem gewissen Zeitpunkt ereignen sollte, sondern daß sie sich, was die einzutretenden Ereignisse betrifft, auf Gottes Wort verlassen sollen, was sie auch tun. Jehova hat sein Wort gesprochen und wird es auch ausführen, und die Heilige Schrift zeigt anscheinend deutlich, daß Jehova seinen treuen Zeugen das Vorrecht gewähren wird, seine ›Großtaten‹ zu sehen, wodurch er beweisen wird, daß sie sein Wort der Wahrheit seinem Willen gemäß geredet haben, und das wird er tun, bevor seine Zeugen zu herrlichen Organismen, gleich Christus Jesus, verwandelt sein werden. Das ist kein Voraussagen von Zeitpunkten, sondern lediglich ein Hinweis auf Ereignisse, die eintreten müssen, weil sie deutlich im Worte Gottes beschrieben werden« (Rechtfertigung, Bd. 1, 1931, S. 332 f.).

Rutherford hielt sich daran. Bis zu seinem Tod im Jahre 1942 hütete sich die Wachtturm-Gesellschaft vor der Festsetzung definitiver Zeitpunkte. Das sollte sich jedoch unter seinen Nachfolgern wieder ändern.

1975 n. Chr.: »Beginn des Tausendjährigen Reiches«

1966 wurde unter der Präsidentschaft Nathan Homer Knorrs und der Vizepräsidentschaft Frederick William Franz' das Buch »Ewiges Leben – in der Freiheit der Söhne Gottes« herausgegeben. Darin wurde ein neues Endzeitdatum festgesetzt:

»In diesem zwanzigsten Jahrhundert wurde ein unabhängiges Studium durchgeführt, das nicht blindlings den traditionellen chronologischen Berechnungen der Christenheit folgte, und die veröffentlichte Zeittafel, die von diesem unabhängigen Studium herrührt, gibt das Datum der Erschaffung des Menschen mit 4.026 v. u. Z. an. Gemäß dieser zuverlässigen Bibelchronologie werden 6.000 Jahre, von der Zeit der Erschaffung des Menschen an, mit dem Jahr 1975

enden, und die siebente Periode von eintausend Jahren Menschheitsgeschichte beginnt im Herbst des Jahres 1975 u. Z.« (S. 29 f.).
Das siebte Jahrtausend sei identisch mit dem Millennium. So
stand im »Wachtturm« vom 1. 8. 1968 zu lesen:
»Es dauert höchstens noch ein paar Jahre, bis sich der letzte Teil
der biblischen Prophezeiung über diese ›letzten Tage‹ erfüllen wird
und die Menschen, die dann noch am Leben sind, durch die herrliche
Tausendjahrherrschaft Christi befreit werden.«
Aber auch 1975 trat das Millennium nicht ein. Daß sich die Erschaffung des ersten Menschenpaares nicht chronologisch berechnen
läßt, habe ich oben bereits aufgezeigt. Von daher mußte diese ganze
Konstruktion scheitern. Nach früheren negativen Erfahrungen war
man allerdings vorsichtiger geworden. So hieß es bereits im »Wachtturm« vom 1. 1. 1967 im Blick auf die »1975-Prophetie«:
»Es könnte das bedeuten. Doch wir sagen das nicht. Alle Dinge
sind bei Gott möglich. Doch wir sagen das nicht.«
Der eigentliche Grund für die Nennung eines neuen Datums
dürfte die Panik gewesen sein, welche die Wachtturm-Gesellschaft
angesichts des Rückgangs getaufter Anhänger Mitte der 60er Jahre
erfaßt hatte. Zählte sie 1964 noch 68.236 Getaufte, so waren es 1965
64.393 und 1966 nur noch 58.904. »Ab dem Jahr 1966 jedoch, als man
1975 zum Thema gemacht hatte, kam es ... zu einem phänomenalen
Wachstumsschub« (Franz 1991, S. 199). Dieser hielt bis 1975 an.
Danach jedoch gab es infolge der enttäuschten Hoffnungen zunächst
einen Rückgang. Die Wachtturm-Organisation brauchte mehrere
Jahre, bis sie sich dazu durchrang, ihren Irrtum wenigstens teilweise
einzugestehen (siehe den Teil »Geschichte«).

Die neuesten Voraussagen

Nach dem Verstreichen des Jahres 1975 legte die Wachtturm-Gesellschaft Wert darauf, *keine konkreten Endzeitdaten* hinsichtlich des
Beginns des Millenniums mehr zu nennen. Sie spricht seither lieber
von »Zeiträumen« und gebraucht zur Charakterisierung des Zeit-
raums bis zur sichtbaren Aufrichtung des Tausendjährigen Reiches
den Begriff »Generation«. Dabei spielt das Jahr *1914,* das Datum der

»unsichtbaren Inthronisation Jesu Christi im Himmel«, wie schon dargestellt, allerdings weiterhin eine bedeutende Rolle als *Ausgangspunkt* der endgeschichtlichen Entwicklungen.

Hier trat in jüngster Zeit eine gravierende Veränderung ein: *Während die Wachtturm-Gesellschaft jahrzehntelang den Begriff »Generation« auf den Zeitraum eines Menschenalters unterschiedlicher Länge bezog, wurde diese Begrenzung seit 1995 fallengelassen.* Dies hat einen einfachen Grund: Die Generation, die 1914 im jugendlichen Alter oder zumindest schon geboren war, hatte 1995 das 80. oder 90. Lebensjahr überschritten und stirbt zusehends aus. Es wird immer schwieriger, den Anhängern der Wachtturm-Gesellschaft klarzumachen, daß Jesus noch zu Lebzeiten der 1914er-Generation sichtbar kommt.

Raymond Franz hatte auf diese Schwierigkeiten schon in seinem 1983 in Amerika erschienenen Buch »Der Gewissenskonflikt« hingewiesen. Darin schilderte er, wie die Leitende Körperschaft in mehreren Sitzungen über die Datierungsfrage debattierte und sich am 14. 11. 1979 für eine Beibehaltung der »1914er-Generation« und der damit verbundenen Erwartungen entschloß (Franz 1991, S. 205 ff.). Erst 1995 nun hat man diese Lehre notgedrungen fallengelassen und sich einer nüchterneren Position in Datierungsfragen angenähert. Unter der Überschrift *»Eine Zeit, in der wir wach bleiben müssen«* erschien am 1. November 1995 im »Wachtturm« ein Artikel, der die jahrzehntelang gehegten Erwartungen der Zeugen Jehovas zwar nicht pauschal widerrief, aber doch in wesentlichen Punkten, vor allem in der Zeitpunktfrage, revidierte. Der Schwierigkeit der aussterbenden 1914er-Generation begegnet die Brooklyner Zentrale jetzt mit einer *symbolischen Deutung* – und das heißt praktisch: mit einer *nicht chronologisch fixierten zeitlichen Dehnung* – des »Generations«-Begriffs*. Nachfolgend zitiere ich die wichtigsten Passagen aus diesem in mancher Hinsicht sensationellen Artikel:

»Jesus verband seine Voraussage von bestimmten Ereignissen, die zu einer Zeit ›großer Drangsal‹ führen würden, mit folgendem Zusatz: ›Von jenem Tag und jener Stunde hat niemand Kenntnis, weder die Engel der Himmel noch der Sohn, sondern nur der Vater‹ (Matthäus 24, 3 - 36; Markus 13, 3 - 32). Uns muß also die genaue zeitliche Einordnung der Ereignisse gar nicht bekannt sein. Wir müssen unser Augenmerk vielmehr darauf richten, einen starken Glauben zu entwickeln sowie wachsam und im Dienst für Jehova eifrig zu sein – nicht darauf, ein Datum zu berechnen...

Aus dem sehnlichen Wunsch heraus, das Ende des gegenwärtigen bösen Systems zu erleben, hat Jehovas Volk manchmal Vermutungen angestellt, wann die ›große Drangsal‹ beginnen wird, und dies sogar mit Berechnungen über die Länge der Lebensspanne der Generation seit 1914 verbunden. Doch wir wollen ›ein Herz der Weisheit einbringen‹, nicht dadurch, daß wir darüber spekulieren, wie viele Jahre oder Tage eine Generation dauert, sondern dadurch, daß wir uns Gedanken darüber machen, wie wir ›unsere Tage zählen‹, das heißt Jehova freudig lobpreisen (Psalm 90,12). Der Begriff ›Generation‹, wie Jesus ihn gebrauchte, liefert uns keinen Maßstab für das Messen der Zeit, sondern bezieht sich hauptsächlich auf die Zeitgenossen eines bestimmten geschichtlichen Zeitabschnitts mit ihren charakteristischen Merkmalen...

Ja, der vollständige Triumph des messianischen Königreiches steht bevor! Hat man daher irgendeinen Nutzen davon, daß man in bezug auf Daten Erwartungen hegt oder daß man Spekulationen über die buchstäbliche Lebenszeit einer ›Generation‹ anstellt? Auf gar keinen Fall!...

In Jesu Tagen war ›diese Generation‹ das abtrünnige jüdische Volk, das Jesus verwarf (1. Mose 6, 11.12; 7, 1). Heute, wo sich die Prophezeiung Jesu endgültig erfüllt, bezieht sich der Begriff ›diese Generation‹ daher offensichtlich auf jene Erdbewohner, die zwar das Zeichen der Gegenwart Christi sehen, aber nicht von ihren verkehrten Wegen umkehren...

›Diese gute Botschaft vom Königreich wird auf der ganzen bewohnten Erde gepredigt werden, allen Nationen zu einem Zeugnis; und dann wird das Ende kommen‹ (Matthäus 24, 14). Niemand kann sagen, wann dieses Ende erreicht sein wird, aber wir wissen, daß das Ende ›dieser Generation‹ böser Menschen kommen wird, sobald das Zeugnis zu Gottes Zufriedenheit ›bis zum entferntesten Teil der Erde‹ gegeben worden ist (Apostelgeschichte 1, 8)... Wenn das globale Zeugnis in dem von Jehova vorgesehenen Umfang gegeben worden ist, wird für ihn ›der Tag und die Stunde‹ gekommen sein, das gegenwärtige Weltsystem zu beseitigen. Wir müssen diesen Zeitpunkt nicht im voraus wissen...

Bedeutet unsere genauere Erklärung in bezug auf ›diese Generation‹, daß Harmagedon in fernerer Zukunft liegt, als wir gedacht haben? Keineswegs! Wir haben noch nie ›den Tag und die Stunde‹ gewußt. Jehova Gott hat dagegen sei eh und je davon Kenntnis, und er ändert sich nicht... Der entscheidende ›Tag Jehovas‹ rückt immer näher!«

Soweit der Wachtturm-Artikel vom 1. 11. 1995. Manches klingt hier zurückhaltender und nüchterner als früher, als man sich bemühte, immer neue Termine zu konstruieren. Aber das gegenwärtige Zurücktreten der Datierungsfrage nach rund 120 Jahren Wachtturm-Geschichte kann nicht darüber hinwegtäuschen, daß die grundlegenden eschatologischen Erwartungen der Zeugen Jehovas im wesentlichen die gleichen geblieben sind. Ich werde nachfolgend auf diese eingehen.

Zu dem eben wiedergegebenen Zitat sei jedoch zuvor noch eines angemerkt: Es ist fraglich, ob die Zeugen Jehovas an der Basis diese Änderung stillschweigend hinnehmen werden. Sie müssen sich ja als solche ansehen, die jahrzehntelang von ihrer Führung mit einer falschen Hoffnung betrogen worden sind, nämlich mit der Erwartung der sichtbaren Wiederkunft Christi innerhalb einer buchstäblich verstandenen Generation. Der Sektenexperte Klaus-Dieter Pape, Leiter der »Christlichen Dienste«, eines »Vereins für Information und Aufklärung über Zeugen Jehovas«, rechnet deshalb damit, daß der Wachtturm-Gesellschaft aufgrund dieser Änderung »die größte Krise ihrer Geschichte« droht (Idea-Spektrum Nr. 46/1995, S. 16).

Wie »Berechnungen« entstehen können

In den zurückliegenden Kapiteln habe ich anhand historischer und biblisch-theologischer Argumente versucht, die *Unhaltbarkeit der Zahlenspekulationen* nachzuweisen, welche die Wachtturm-Gesellschaft vornimmt. Abschließend möchte ich mit Hilfe eines Beispiels zeigen, wie leicht solche »Berechnungen« *konstruiert* werden können, wenn man bestimmte allegorische Deutungen in die Heilige Schrift hineinträgt. Ich entnehme das Beispiel dem Materialdienst »Exodus« Nr. 7 vom Okt./Nov. 1985 (S. 3), den der ehemalige Zeuge Jehovas Erich Brüning herausgibt. Es lautet so:

»Liebe Brüder! Der *treue und verständige Sklave* vertritt mit dieser Wachtturm-Ausgabe eine andere Auffassung über den Beginn der ›Sieben Zeiten der Nationen‹. Entgegen der jahrelang vertretenen Meinung, daß die ›Zeiten der Nationen‹ im Jahre 1914 abgelaufen wären, erkennt die ›Prophetenklasse‹ jetzt das Ende der ›Heidenzeit‹ für das Jahr *1939*. Wenn Ihr die Tabelle anschaut, werdet Ihr dabei feststellen, daß die Zerstörung Jerusalems erst im Jahre *587 v. Chr.* erfolgte. Da nach der Eroberung Jerusalems Nebukadnezar sieben Zeiten (= 2.520 Tage) wahnsinnig war, begann er natürlich erst sieben Jahre später zu regieren. Somit begann seine unumschränkte Herrschaft im Jahre *581 v. Chr.* Nach unserer jetzigen Erkenntnis verstehen wir: Die ›bestimmten Zeiten der Nationen‹ (2.520 Jahre) beginnen im Jahre 581 v. Chr. und enden im Jahre 1939 zu Beginn des 2. Weltkrieges.

So trat Christus genau am Ende der vorhergesagten Zeitspanne seine Macht an. Als erstes warf er den Satan aus dem Himmel. Da Christus sein 1.000-Jahrreich begonnen hatte, wollte Satan ihm zuvorkommen. Er inspirierte Adolf Hitler zur Errichtung eines 1.000-Jahrreiches. Das war die Idee des 3. Reiches. Hitler ließ in Nürnberg einen Tempel bauen, bestehend aus 144 Säulen. Diese 144 Säulen erinnern an Offb 3, 12. Unsere Brüder, welche die großen Kongresse in Nürnberg miterlebten, konnten diese Überbleibsel des 1.000-jährigen Reiches bestaunen.

Da nun den ›Sieben Zeiten der Nationen‹ eine 7jährige Wahnsinnszeit von 587 - 581 v. Chr. vorausging, folgte auch eine 7jährige Wahnsinnszeit von *1939 - 1945*. Es war der 2. Weltkrieg. Satan versuchte, alles in seine Gewalt zu bekommen, aber er wurde von Christus in Schach gehalten. Während dieser Wahnsinnszeit versuchte Hitler, die Juden und die Zeugen Jehovas zu vernichten. Hierdurch erfüllten sich die Worte aus Hes 21, 36 + 37, daß sie in die Hände roher Menschen fielen und durch das Feuer mußten. Die Verbrennungsöfen der KZ-Lager bestätigen es.

Woran konnte man nun untrüglich erkennen, daß Christus seine Macht angetreten hat? Es war der ›verheißene Blitz‹, der laut Matth. 24, 27 von Osten bis Westen leuchten sollte. Es war der Blitz der Atombombe, die im ›Osten‹ über Japan (1945) abgeworfen worden war. Dieser Blitz schreckte die Welt auf und bewirkte das Ende der Wahnsinnszeit.«

Der Verfasser dieses fingierten Rechenkunststücks kommentiert: »Diese Interpretation ... zeigt, was mit etwas Phantasie und Kenntnis der Wachtturm-Praktiken zusammengedichtet werden kann. Die ›phantasievolle‹ Darbietung ist nicht weniger ›plausibel‹ als die Wachtturm-Version, jedoch genauso irreal. Wir hoffen, daß Zeugen Jehovas hiermit begriffen haben, daß die ›Sieben Zeiten‹-Lehre der Wachtturm-Gesellschaft, das Jahr 607 v. Chr. und das Jahr 1914 n. Chr., bedenkenlose Manipulationen sind, die viele aufrichtige Menschen in die Irre führen.«

Der Ablauf der Endzeit-Ereignisse

Übersicht

Im folgenden fasse ich zunächst den Ablauf der Endzeit-Ereignisse zusammen, wie er sich aus der Sicht der Wachtturm-Gesellschaft darstellt und aus ihren neueren Schriften (seit dem Zweiten Weltkrieg) ergibt (v. a. aus: »Du kannst für immer im Paradies auf Erden leben«; »Gott bleibt wahrhaftig«; »Die Offenbarung – ihr großartiger Höhepunkt ist nahe!«; »Das Paradies für die Menschheit durch die Theokratie wiederhergestellt« u. a.). Im Anschluß daran gehe ich auf wesentliche Punkte kritisch ein.

Nach Ansicht der Zeugen Jehovas ist *Jesus Christus* 1914 unsichtbar wiedergekommen und hat sein unsichtbares Königreich im Himmel errichtet. Bei diesem Ereignis wurde Satan aus dem Himmel auf die Erde geworfen, wo er Chaos und Katastrophen, Kriege und Unruhen verursacht, die sich immer mehr verdichten und zur Schlacht von Harmagedon führen. Der Erste Weltkrieg wird auf diesen »Satanssturz« zurückgeführt und das Jahr 1914 als zeitlicher

Einschnitt hervorgehoben, seit dem die Katastrophen und Gerichte schlimmer und schlimmer geworden seien, aber auch das Verkündigungswerk der Wachtturm-Gesellschaft große Fortschritte gemacht habe. Seit 1914 – so wird behauptet – erfüllen sich in der Welt die positiven und negativen Zeichen, die in der Johannesoffenbarung, in Mt 24 parr. und anderen Stellen vorausgesagt worden seien.

Das 1988 veröffentlichte Wachtturm-Buch »*Die Offenbarung – ihr großartiger Höhepunkt ist nahe!*« etwa bezieht sämtliche Ereignisse in der *Welt- und Wachtturm-Geschichte seit 1914* auf die Prophezeiungen der Johannesoffenbarung. Einige Beispiele sollen diese Art der »Exegese« illustrieren:

Die »*Stunde der Erprobung,* die über die ganze bewohnte Erde kommen soll« (Apk 3, 10; NWÜ) wird mit der Bedrängnis der »Ernsten Bibelforscher« während des Ersten Weltkriegs in Verbindung gebracht, die in der Gefangennahme Joseph Franklin Rutherfords und seiner Vorstandsmitglieder im Sommer 1918 gipfelte:

»Wie jene standhafte Versammlung in Philadelphia mußte die Johannes-Klasse, die gesalbten Christen, im Jahre 1918 der Gegnerschaft, der neuzeitlichen ›Synagoge des Satans‹, ins Auge sehen. Religiöse Führer der Christenheit, die vorgaben, geistige Juden zu sein, veranlaßten die Herrscher auf verschlagene Weise, wahre Christen zu unterdrücken« (S. 62).

Auch die »*zwei Zeugen*« aus Apk 11 werden mit der »gesalbten Klasse« identifiziert, die während des Ersten Weltkriegs vieles erdulden mußte, aber 1919 wieder »zum Leben erweckt« wurde (die Wachtturm-Führer wurden aus dem Gefängnis freigelassen):

»Welch ein Schock für ihre Verfolger! Die Leichname der zwei Zeugen waren plötzlich wieder am Leben und aktiv. Das war für jene Geistlichen eine bittere Pille . . . « (S. 169).

Die in Apk 9 beschriebenen *Heuschrecken- und Reiterheere,* welche die gerichtsreife Menschheit plagen, werden mit den Zeugen Jehovas identifiziert, die durch ihre Verkündigung der Königreichsbotschaft der Christenheit Schaden zufügen:

»Was versinnbildlichen also diese Reiterheere? Da die gesalbte Johannes-Klasse damit begonnen hat, Jehovas Beschluß, an der Christenheit Rache zu üben, wie mit Trompeten zu verkünden und so von ihrer Gewalt, zu ›stechen und zu verletzen‹, Gebrauch zu machen, ist anzunehmen, daß die gleiche Gruppe gebraucht wird, um zu ›töten‹, das heißt, um bekanntzumachen, daß die Christenheit und ihre Geistlichkeit geistig vollständig tot sind, reif, von Jehova in den ›Feuerofen‹ geworfen bzw. für immer vernichtet zu werden. Ja, alles, was zu Babylon der Großen gehört, muß zugrunde gehen« (S. 150).

Die sieben »*Trompetenstöße*« aus Apk 6 und 11 werden mit den auf Wachtturm-Kongressen der Jahre 1922 bis 1928 verlautbarten »Gerichtsbotschaften« an die Welt und Christenheit gleichgesetzt:

»Im Jahre 1922 wurde mit dem Blasen der sieben Trompeten begonnen ... Gottes Königreich unter Jesus Christus wurde in den Vordergrund gestellt, und das gab dem Predigen des Königreiches Aufschwung, das die Strafgerichte einschloß, die durch das Blasen aller sieben Trompeten der Engel angekündigt wurden. Der Trompetenstoß des siebten Engels fand seinen Niederschlag in den Höhepunkten des Kongresses der Bibelforscher in Detroit (Michigan, USA), vom 30. Juli bis 6. August 1928« (S. 172 f.).

Die Gerichte werden ihren Höhepunkt in der *Schlacht von Harmagedon* finden, die nach Ansicht der Wachtturm-Gesellschaft nahe bevorsteht (auch wenn man nach den vielfachen Enttäuschungen zur Zeit keinen konkreten Termin mehr nennt; s.o.). Bei Harmagedon rechnet Jehova mit allen seinen Feinden ab (die zugleich die Feinde der Wachtturm-Gesellschaft sind). Sie werden in einem unvorstellbaren Blutbad vernichtet. So heißt es im »Wachtturm« vom 1.2.1985:

»Ja, Blut wird in Strömen fließen, wenn Gottes Hinrichtungsstreitkräfte zur Tat schreiten. Die 69 Millionen Toten der zwei Weltkriege werden nichts sein im Vergleich zu den Opfern des Krieges von Harmagedon ... Und Gottes Hinrichtungsstreitkräfte werden ohne Rücksicht auf Alter oder Geschlecht zuschlagen. Denn Gott gebietet ihnen, keine Barmherzigkeit zu zeigen.«

Keiner, der bei der Schlacht von Harmagedon vernichtet wird, wird wieder geschaffen oder »auferstehen«, denn es handelt sich ja um die »Feinde Jehovas«. Die Feinde Jehovas verfallen der ewigen Vernichtung, nicht der ewigen Qual (siehe hierzu den Teil »Mensch«). Wer wird dann aber Harmagedon überleben oder nach Harmagedon neu geschaffen, um ewig im Himmel oder auf der paradiesischen Erde zu existieren? Die Zeugen Jehovas unterscheiden, wie schon im Teil »Gemeinde« angedeutet, unterschiedliche Gruppen:

a. *Himmlische* Existenz als Mitregenten der göttlichen Theokratie unter Leitung von Michael-Christus erhalten nur die 144.000 besonders Auserwählten, die »Gesalbten«, die »Johannes-Klasse« o. ä. Sie erleben die »erste Auferstehung«, d. h. nach Wachtturm-Vorstellung die Neuerschaffung mit einem unsichtbaren geistigen Leib.

b. Existenz im *irdischen Paradies,* das nach Harmagedon von allen Spuren der Verwüstung gereinigt wird, erhalten: die Überlebenden von Harmagedon; die Kinder, die diese dann bekommen; die neu erschaffenen Überwinder der christlichen und vorchristlichen Zeit (einzelne Verehrer Jehovas in allen Jahrhunderten); insbesondere aber die »große Volksmenge« der Zeugen Jehovas, die seit den 30er Jahren des 20. Jahrhunderts eingesammelt wird. Auferweckt werden auch die Menschen, die keine Gelegenheit hatten, sich bei Lebzeiten für Jehova zu entscheiden, und die nach einer Bewährungszeit im Millennium entweder ewiges Leben erhalten oder vernichtet werden. Alle diese Menschen existieren auf der Erde mit einem physisch-stofflichen neuen Leib.

Die zweite Auferstehung (bzw. Neuerschaffung) bezieht sich auf die, welche sich bewähren; es ist die »Auferstehung zum Leben«. Diejenigen, die sich nicht bewähren, erleben ihre Neuerschaffung schließlich als »Auferstehung zum Gericht«. Die Feinde Jehovas aus früheren Zeiten (z. B. Adam und Eva, Kain, die Leute von Sodom, Judas Ischarioth, die Gegner Jesu während seiner irdischen Existenz, die schon verstorbenen Feinde der Wachtturm-Gesellschaft) stehen nicht wieder auf, sondern bleiben der ewigen Vernichtung verhaftet.

Das *Millennium* dient also dazu, die Überlebenden von Harmagedon und die neu Erschaffenen aus früheren Zeiten einer *Prüfung* zu unterziehen. Unter der himmlischen Theokratie bekommen sie die Möglichkeit, aufgrund des Loskaufopfers Christi zu reifen, sich zu bewähren und sich zu vervollkommnen (vgl. den Teil »Heil«). Wem das nicht gelingt, der wird am Ende des Millenniums, wenn Satan noch einmal losgelassen wird, schließlich doch vernichtet (selbst wenn er einmal ein treuer Zeuge Jehovas war). Es gibt also nach

Ansicht der Wachtturm-Gesellschaft eine Bewährungszeit nach dem irdischen (ersten) Tod.

Nachdem auch diese letzte Bewährungszeit von 1.000 Jahren (die Zahlen in Apk 20, 1-7 werden buchstäblich aufgefaßt) vergangen ist, können endlich der »*neue Himmel*« und die »*neue Erde*« in ihrer endgültigen Gestalt entstehen. Dabei werden nach Ansicht der Wachtturm-Gesellschaft der alte (jetzige) Himmel und die alte (jetzige) Erde nicht vernichtet, sondern »neuer Himmel« und »neue Erde« bezeichnen neue Regierungsformen einer vollkommenen Theokratie nach Beseitigung aller jehovafeindlichen Menschen und Mächte (auch der Dämonen) in einem gereinigten Zustand des Kosmos.

Anthony A. Hoekema faßt die »*vier möglichen Bestimmungen*« eines Menschen nach seinem Tod, wie die Wachtturm-Gesellschaft sie versteht, folgendermaßen zusammen:

»1. Er kann im Zustand der Nichtexistenz verbleiben, in den ihn der Tod geworfen hat.

2. Er kann mit einem ›geistigen Leib‹ ›auferweckt‹ werden und so Unsterblichkeit erhalten, um danach unmittelbar in den Himmel einzugehen und dort mit Christus zu regieren.

3. Er kann mit einem stofflichen Leib auferweckt werden und dann, nachdem er die Prüfungen im Tausendjährigen Reich bestanden hat, ewiges Leben auf der erneuerten Erde erhalten.

4. Er kann, nachdem er mit einem stofflichen Leib auferweckt worden ist, bei der Prüfung im Millennium scheitern und so möglicherweise vernichtet (ausgelöscht) werden« (Hoekema 1972, S. 88; Übersetzung: L. G.).

Auf mehrere der in dieser eschatologischen Sicht enthaltenen Punkte (1914, Ganztod, Zwei-Klassen-System, Vervollkommnung u.a.) bin ich schon in früheren Kapiteln eingegangen. So kann ich mich an dieser Stelle auf die folgenden wesentlichen Fragen beschränken, die noch offenstehen: Spricht das Neue Testament von einer *unsichtbaren* Wiederkunft Jesu Christi? Lassen sich die in den apokalyptischen Schriften der Bibel enthaltenen Zukunftsprophezeiungen wirklich auf die *Wachtturm-Geschichte* beziehen? Werden die Zeichen der Zeit, Harmagedon, das Millennium sowie neuer Himmel und neue Erde von der Wachtturm-Gesellschaft zutreffend interpretiert? Stehen wir in der Endzeit oder nicht?

Sichtbare oder unsichtbare Wiederkunft Jesu Christi?

Die Wachtturm-Gesellschaft spricht von der unsichtbaren Wiederkunft Christi, die 1914 erfolgt sei. Seither sei Christus als Herrscher des himmlischen Königreichs unsichtbar auf der Erde gegenwärtig. Das griechische Wort *»parousia«*, das häufig mit »Wiederkunft« übersetzt werde, bedeute auch »Gegenwart, Anwesenheit« und sei heute in diesem Sinne zu verstehen (vgl. »Unterredungen anhand der Schriften«, S. 428 f.).

Es ist – so denke ich – sicherlich richtig, daß *»parousia«* mehrere Bedeutungen hat und sowohl »Anwesenheit, Gegenwart« als auch »Ankunft, Wiederkunft« meinen kann (vgl. Bauer 1971, Sp. 1.248; TBLNT I/1977, S. 470 ff.). Deshalb muß der Kontext ergeben, welche Bedeutung im Einzelfall zutrifft. Freilich ist festzustellen, daß das zweite Kommen Jesu für die Verfasser des Neuen Testaments auf jeden Fall noch in der *Zukunft* lag, selbst falls Jesus inzwischen (1914) gekommen und unsichtbar gegenwärtig wäre. Somit ergibt sich schon von daher die Übersetzung *»Ankunft, Wiederkunft«* im Blick auf die von Jesus sprechenden neutestamentlichen *»parousia«*-Stellen (z.B. 1. Kor 15,23; 1. Thess 4,15-17). Die Frage bleibt nur, ob das Kommen Jesu in sichtbarer oder unsichtbarer Weise erfolgen soll.

Betrachten wir die wesentlichen Stellen im Neuen Testament im einzelnen, dann fällt auf, wie sehr das *»Sehen«* derer betont wird, die Zeugen seines Kommens sind: »Alle Geschlechter auf Erden ... werden den Menschensohn kommen *sehen* auf den Wolken des Himmels mit großer Kraft und Herrlichkeit« (Mt 24,30). »Siehe, er kommt mit den Wolken, und es werden ihn *sehen* alle *Augen* und alle, die ihn durchbohrt haben, und es werden wehklagen um seinetwillen alle Geschlechter der Erde« (Apk 1,7). »Dieser Jesus, der von euch weg in den Himmel aufgenommen wurde, wird so wiederkommen, wie ihr ihn habt gen Himmel fahren *sehen*« (Act 1,11). Vgl. auch Mk 13,26; Lk 21,27 u.a.

Der Wachtturm-Gesellschaft bleibt nichts anderes übrig, als dieses »Sehen« zu hinterfragen und umzudeuten: »In welchem Sinne ›wird ihn jedes Auge sehen‹? Aufgrund von Ereignissen auf der Erde wird zu erkennen sein, daß er gegenwärtig ist« (»Unterredungen anhand der Schriften«, S. 431). – Aber die neutestamentlichen Stellen sprechen nicht (nur) davon, daß jedes Auge die Begleitumstände seines Kommens sieht (diese sicher auch), sondern daß es »*ihn*« selber sieht. Die Wachtturm-Gesellschaft kann das nicht verstehen und versucht ein rationalistisches Gegenargument zu finden:

»Erschiene Christus sichtbar am Himmel, dann könnte er logischerweise nicht von ›jedem Auge‹ gesehen werden. Könnte er, wenn er beispielsweise über Australien erscheinen würde, in Europa, Afrika und Amerika gesehen werden?« (S. 431).

Hier denkt die Wachtturm-Gesellschaft viel zu gering von den Möglichkeiten Gottes. Wenn es heute bereits dem *Menschen* möglich ist, über Satelliten weltweite Kommunikation zu pflegen und auch sichtbare Nachrichten weiterzugeben, sollte es dann etwa *Gott* nicht möglich sein, sich der Menschheit durch seinen Sohn zu offenbaren?

Ein weiteres Gegenargument knüpft an die neutestamentlichen Hinweise auf die »*Wolken*« an, mit denen Jesus kommt:

» *Worauf deuten diese* ›*Wolken*‹ *hin?* Auf Unsichtbarkeit. Wenn sich ein Flugzeug in dichten Wolken oder über den Wolken befindet, kann es, obwohl das Geräusch seiner Motoren zu hören ist, von der Erde aus gewöhnlich nicht gesehen werden. Jehova sagte zu Moses: ›Ich komme in einer dunklen Wolke zu dir.‹ Moses sah Gott nicht, aber die Wolke deutete Jehovas unsichtbare Anwesenheit oder Gegenwart an (2. Mose 19, 9; siehe auch 3. Mose 16, 2; 4. Mose 11, 25)« (a. a. O.).

Hier zeigt sich, daß die Wachtturm-Gesellschaft kein heilsgeschichtliches Denken besitzt. Gewiß war Gott in seiner Majestät dem Menschen des Alten Bundes verborgen, aber in seinem Sohn Jesus Christus hat er sich auf Erden als der leidende Gottesknecht geoffenbart und wird sich bei seinem zweiten Kommen der ganzen Menschheit sichtbar als Herrscher offenbaren. Dann wird keiner mehr vor ihm entfliehen können, sondern jeder wird ihn sehen, ob er es will oder nicht (vgl. Mt 24, 29 - 31 parr.). Das wäre bei einer unsichtbaren

Wiederkunft nicht möglich. War Gott im Alten Bund *»in«* (hebr. *»be«;* 2. Mose 16,10; 24,18; 40,34 u. a.) einer Wolke verborgen, so kommt Jesus Christus *»in«* (griech. *»en«;* Mk 13,26; Lk 21,27), aber auch *»mit«* (griech. *»meta«;* Apk 1,7; vgl. Dan 7,13) oder *»auf«* (griech. *»epi«;* Mt 24,30) den Wolken wieder. Die Wolken sind weiterhin Ausdruck des Geheimnisvollen und Majestätischen, aber nun nicht mehr der Verhüllung, sondern der Offenbarung und Regentschaft Christi in Macht und Herrlichkeit (vgl. Künneth 1982, S. 281 ff.).

Als letzter Ausweg bleibt der Wachtturm-Gesellschaft nur noch der Versuch, das »Sehen« – etwa in Offb 1,7 – als symbolischen Ausdruck zu interpretieren:

»Die Bibel gebraucht das Wort ›sehen‹ hier nicht in buchstäblichem Sinne, sondern im Sinne von *erkennen* oder *wahrnehmen.* Wenn jemand zum Beispiel weiß, daß ihm Gefahr droht, mag er sagen: ›Ich sehe die Gefahr.‹ Tatsächlich spricht die Bibel von den ›Augen eures Herzens‹ (Epheser 1,18, *Luther*). Der Ausdruck ›jedes Auge wird ihn sehen‹ bedeutet daher, daß jeder dann erkennen oder verstehen wird, daß Christus gegenwärtig ist« (»Du kannst für immer im Paradies auf Erden leben«, S. 146).

Aber – so antworte ich darauf – dieses Erkennen kommt eben für *jeden* erst durch das *Sehen* zustande, welchem sich beim Erscheinen Christi in Macht und Herrlichkeit keiner entziehen kann und welches den *Glauben* der *Einzelnen* ablösen wird: Jetzt »wandeln wir im Glauben und nicht im Schauen« (2. Kor 5,7). Indem dieses gesagt wird, ist zugleich das zukünftige Schauen impliziert, das an zahlreichen Stellen des Alten und Neuen Testaments zum Ausdruck kommt (s. o.).

Ein Begriff wie »Augen eures Herzens« in Eph 1,18 mag symbolische Bedeutung besitzen. Aber ein gelegentlicher symbolischer Gebrauch bedeutet keineswegs, daß »Augen« und »sehen« *immer* symbolisch aufgefaßt werden müßten. Vielmehr leitet sich der gelegentliche symbolische Gebrauch von dem gewöhnlichen nichtsymbolischen Gebrauch erst ab. »Der geistige Sinn eines biblischen Textes ist nur dann zu erkennen, wenn zuallererst der buchstäblichhistorische Sinn erforscht ist« (Pietron 1979, S. 327).

Ich habe oben Beispiele dafür zitiert, wie die Wachtturm-Gesellschaft Aussagen der Johannesoffenbarung auf ihre eigene Geschichte seit 1914 bezieht. Ein solcher Umgang mit der Bibel ist m. E. aus folgenden Gründen nicht möglich:

a. Das Datum *1914* läßt sich nicht halten (s. o.).

b. Die Identifikation biblischer Aussagen (etwa über die »zwei Zeugen«, die »sieben Trompeten« u. ä.) mit der eigenen Gruppe unter Ausschluß aller anderen Menschen und Ereignisse offenbart deutlich den *Sektengeist* der Zeugen Jehovas. Die »Auslegung« der Offenbarung aus dem Jahr 1988 steht der Publikation »Das vollendete Geheimnis« aus dem Jahre 1917 an Polemik und Intoleranz kaum nach. Manche Inhalte haben sich geändert, der Ton hat sich etwas gemäßigt, aber die Absolutsetzung der Sekte und ihrer Erlebnisse ist gleichgeblieben.

c. Die »Auslegung« der Johannesoffenbarung durch die Wachtturm-Gesellschaft ist durch und durch *allegorisch*, d. h. es werden Inhalte an den Bibeltext herangetragen, die sich aus seinem Wortsinn und Zusammenhang nicht ergeben. Das Problem bei der apokalyptischen Literatur ist freilich, daß hier manches verschlüsselt und symbolisch nur angedeutet wird. Deshalb sind Bücher wie Daniel und Offenbarung ein beliebter Tummelplatz für abenteuerliche sektiererische Spekulationen. Um solchem Mißbrauch vorzubeugen, besagt deshalb eine schon Augustin (De doctr. chr. II, 9; III, 27) bekannte exegetische Grundregel, daß wir, wenn wir eine Lehre aufstellen wollen, von den *klaren* Bibelstellen ausgehen sollten, um von daher auch die unklaren zu verstehen. Sekten wie die Zeugen Jehovas jedoch machen es umgekehrt.

Um meine Kritik an den oben zitierten Beispielen zu verdeutlichen, seien folgende Fragen an die »Interpretationen« der Wachtturm-Gesellschaft gestellt: Wo steht in der Heiligen Schrift, daß die »Stunde der Erprobung« im Ersten Weltkrieg erfolgt? Wo steht, daß die »zwei Zeugen« gar keine »zwei Zeugen« sind, sondern eine ganze »Klasse« von gesalbten Menschen der Leitung der Wachtturm-Gesellschaft, die während des Ersten Weltkrieges agitiert? Wo steht, daß deren »Tötung« und »Auferweckung« einer bloßen Bedrängnis, Gefangensetzung und Freilassung aus dem Gefängnis entspricht? Wo steht, daß die »sieben Trompeten« sich auf Predigten bei Wachtturm-Kongressen beziehen? Wo steht, daß die Heuschrecken- und Reiterheere mit der Verkündigung einer Botschaft (einer »Königreichsbotschaft«) beauftragt sind?

Man sieht, daß alle diese »Interpretationen« an die biblischen Texte herangetragen, ja in sie eingetragen sind. Auf eine solche Weise läßt sich aber alles mögliche unter Berufung auf die Bibel behaupten. Eine solche Art der »Exegese« (Auslegung) stellt in Wirklichkeit eine willkürliche und somit illegitime Form des Umgangs mit der Bibel, eine »Eisegese« (Hineinlegung von fremden Inhalten) dar.

Harmagedon

Solche neuen Inhalte werden auch an zentrale eschatologische Begriffe wie »Harmagedon«, »Tausendjähriges Reich« sowie »neuer Himmel und neue Erde« herangetragen. Die Wachtturm-Gesellschaft zitiert in diesem Zusammenhang zwar viele Bibelstellen und knüpft an biblische Aussagen an, deutet diese aber gemäß ihrer oben dargestellten Lehre um.

Der Begriff *»Harmagedon«* ist so sehr in das Vokabular der Zeugen Jehovas übergegangen, daß sich viele Christen nicht einmal mehr getrauen, ihn zu gebrauchen, um nicht in den Geruch einer Sekte zu geraten. Was aber bedeutet »Harmagedon« in der Heiligen Schrift? In Offb 16 wird vom Ausgießen der sieben Zornschalen des Gerichtes Gottes berichtet. Über die sechste Zornschale ist zu lesen:

»Und der sechste Engel goß aus seine Schale auf den großen Strom Euphrat; und sein Wasser trocknete aus, damit der Weg bereitet würde den Königen vom Aufgang der Sonne. Und ich sah aus dem Rachen des Drachen und aus dem Rachen des Tieres und aus dem Munde des falschen Propheten drei unreine Geister kommen, gleich Fröschen; es sind Geister von Teufeln, die tun Zeichen und gehen aus zu den Königen der ganzen Welt, sie zu versammeln zum Kampf *(polemos)* am großen Tag Gottes, des Allmächtigen ... Und der versammelte sie an einen Ort, der heißt auf hebräisch Harmagedon« (Offb 16, 12 - 14.16).

Diese Stelle hat im Laufe der Kirchengeschichte eine Reihe unterschiedlichster Auslegungen erfahren – von der ganz wörtlichen Deutung einer endzeitlichen Völkerschlacht in der israelischen Jesreel-Ebene bei Megiddo (so z. B. Pentecost 1993, S. 373) bis hin zur symbolischen Interpretation von »Harmagedon« als »Verkündigungsbegriff« zur Kennzeichnung des Angriffs unsichtbarer dämonischer Verführungsmächte (so z. B. Pohl II/1978, S. 190 f.). Die Zeugen Jehovas nehmen eine zwiespältige Deutung vor: Zum einen reden sie im Zusammenhang mit »Harmagedon« von einer wirklichen Schlacht in der sichtbaren Welt. Zum anderen aber lokalisieren sie diese nicht in der Jesreel-Ebene bei Megiddo, sondern betrachten diesen Ort nur als Symbol für das Auftreten eines weltweiten Konflikts:

»Der Gebrauch des Namens Harmagedon (Har-Magedon) kann nicht bedeuten, daß der Krieg auf einem buchstäblichen Berg von Megiddo stattfinden wird. Es gibt keinen buchstäblichen Berg von Megiddo, nur einen etwa 21 m hohen Erdhügel, wo sich die Ruinen des alten Megiddo befinden. Die Könige und Militärstreitkräfte ›der ganzen bewohnten Erde‹ hätten auf der buchstäblichen Ebene von Esdrelon, zu Füßen Megiddos, nicht Platz. Die Ebene bildet ein Dreieck mit einer Länge von nur 32 km und einer Breite von 29 km an der Ostseite... Der Name ist aufgrund der geschichtlichen Rolle Megiddos passend; in der Ebene zu Füßen Megiddos fanden entscheidende Kriege statt... Der Hinweis auf Megiddo (was ›Truppenansammlung‹ bedeutet) ist passend, weil es sich bei Harmagedon um eine Weltsituation handelt, in die die Truppen und andere Unterstützer der Herrscher aller Nationen verwickelt sein werden« (»Unterredungen anhand der Schriften«, S. 193).

Fragt man sich, warum die Wachtturm-Gesellschaft diese zwiespältige Deutung vertritt und sich gegen die Lokalisierung der Schlacht in der Jesreel(= Esdrelon)-Ebene wendet, so ist die Antwort nicht schwer zu erraten: *Die endzeitlichen Ereignisse sollen aus ihrem Bezug zu Israel herausgenommen werden.* Die Zeugen Jehovas betrachten sich ja seit 1931 selber als das neue Volk Gottes, das die Stelle

Israels einnimmt. Die Schlacht von Harmagedon findet daher ihrer Meinung nach nicht auf israelischem Gebiet statt, sondern *weltweit* – überall, wo Feinde Jehovas und seiner Theokratischen Gesellschaft vorhanden sind. Diese Feinde werden vernichtet:

»Die Menschheit wird weltweit durch brennende Geschosse, Feuerregen und andere verheerende elementare Kräfte, die mit dem Gericht Gottes einhergehen, in Schrecken versetzt werden. In der allgemeinen Verwirrung wird sich ein jeder gegen seinen Nächsten wenden. Und Gottes Hinrichtungsstreitkräfte werden ohne Rücksicht auf Alter und Geschlecht zuschlagen« (Wachtturm vom 1. 2. 1985).

Das oben zitierte Argument gegen eine buchstäbliche Deutung auf die *israelische Jesreel-Ebene* kann allerdings nicht überzeugen. Denn erstens wird in der Bibel nicht gesagt, *wie viele* Soldaten bei der Schlacht von »Harmagedon« auftreten; es ist somit fraglich, ob diese dort wirklich keinen Raum finden würden. Zweitens kann der griechische Begriff *»polemos«* nicht nur »Kampf, Schlacht«, sondern auch *»Krieg«* bedeuten, so daß es sich bei dem mit »Harmagedon« in Verbindung gebrachten Ereignis auch um einen länger anhaltenden Konflikt unmittelbar vor dem Millennium handeln könnte; folglich müßten gar nicht alle Heere auf einmal in der Jesreel-Ebene Platz finden (vgl. Pentecost 1993, S. 357). Drittens schließen die Kämpfe in der Jesreel-Ebene Gerichte Gottes und Kämpfe an *anderen Orten* nicht aus, sondern ein, doch kann die *Lokalisierung* (»ein *Ort* namens Harmagedon«) nicht einfach übergangen oder spiritualisiert werden. Viertens schließlich legt es sich von Stellen wie Sach 12, 2 f.; 14, 2 ff. u. a. her gesehen, die sich ebenfalls auf die Ereignisse vor dem »Tag des Herrn« beziehen, nahe, Offb 16, 12 ff. und den Krieg von Harmagedon keineswegs losgelöst von *Israel* zu sehen. René Pache schreibt:

»Letztlich hat der Herr selbst Seine Gründe, um Seine Feinde in Palästina besiegen zu wollen. Hier war der Ort Seines irdischen Wirkens und Seiner Gegenwart. Hier wurde Sein Name verhöhnt, hier haben die Völker, nach der scheinbaren Niederlage Seiner Sache, begonnen, den Tempel und das Volk Gottes mit Füßen zu treten. Hier hatte vor allem der eingeborene Sohn gelitten und war Er schließlich verworfen worden. Darum ist es notwendig, daß gerade an diesem Ort ›die Rache des Tempels des Herrn‹ (Jer. 50, 28) und die glanzvolle Rache Jesu kundwerden« (Pache 1987, S. 213).

Das Tausendjährige Reich

Ähnlich problematisch wie die Auslegung der »Harmagedon«-Prophetie ist die Deutung der *»tausend Jahre«* in Offb 20, 1 - 7. Auch hier zeigt die Vielzahl unterschiedlichster Interpretationsversuche (z. B. A-, Post- und Prämillenniarismus mit den jeweiligen Variationen; vgl. Clouse 1983) die Unsicherheit der Lage. Die Zeugen Jehovas vertreten – hier deutlich aus adventistischer Tradition kommend – eine eigenwillige Form des *Prämillenniarismus,* d. h. daß nach ihrer Ansicht Christus-Michael zuerst wiederkommen wird (was »unsichtbar« 1914 bereits »geschehen ist«) und dann nach der (noch in der Zukunft liegenden) »Säuberungsaktion« von Harmagedon sein Tausendjähriges Reich auf Erden errichtet. Dieses geht nach Ablauf der – wörtlich verstandenen – tausend Jahre und den verschiedenen Auferstehungen, Reifungen, Prüfungen und Säuberungen in die Regierungsform der ewigen Theokratie über. Das »Tausendjährige Reich« kann auch als *»Gerichtstag«* (»Tag« im übertragenen Sinn von 1.000 Jahren Dauer) bezeichnet werden. So heißt es in der Schrift »Du kannst für immer im Paradies auf Erden leben«:
»Der Gerichtstag ist ... kein buchstäblicher 24 -Stunden-Tag ... Der Gerichtstag wird ... 1.000 Jahre lang sein ... Während des Gerichtstages werden diejenigen, die Harmagedon überlebt haben, arbeiten, um die Erde zu einem Paradies zu gestalten. In diesem Paradies werden die Auferstandenen willkommen geheißen ... Während des Gerichtstages werden alle Menschen von Jehova lernen, und sie werden die Gelegenheit haben, ihm zu gehorchen und ihm zu dienen« (S. 175 ff.).
Selbst wenn man sich der Erwartung eines noch kommenden Tausendjährigen Reiches anschließt – und ich denke, aus biblisch-heilsgeschichtlicher Sicht spricht durchaus einiges dafür – sind doch etliche Kritikpunkte gegen die Auffassung der Wachtturm-Gesellschaft zu erheben:

a. Die in der Heiligen Schrift nur spärlich vorhandenen Hinweise auf das Tausendjährige Reich (deutlich nur Offb 20, 1 - 7; sonst evtl. noch Jes 2, 2 - 4; 11, 6 - 9; 65, 18 - 25; Mi 4, 1 - 5 u. a.) werden von der Wachtturm-Gesellschaft in buntesten Farben (auch graphisch in ihren Publikationen) ausgemalt und ihren Anhängern als Heilsversprechungen vor Augen gestellt. Das »ewige Leben im irdischen Paradies« wird dadurch für die allermeisten zu einem Ziel, das die Hoffnung auf die himmlische Seligkeit verdeckt. Die Problematik, die mit dieser *geraubten Hoffnung auf die himmlische Herrlichkeit* zusammenhängt, habe ich bereits im Teil »Gemeinde« dargestellt.

b. Zwischen »Tausendjährigem Reich« und »ewigem Paradies auf Erden« wird von den Zeugen Jehovas keine scharfe Grenze gezogen, da die Vernichtung des alten Himmels und der alten Erde nach dem Millennium entfällt (s. u.). Übrig bleibt lediglich die Vernichtung der »Versager«, die Jehovas Willen im Millennium nicht erfüllen, bei der letzten Sichtung durch die satanischen Heere am Ende der tausend Jahre (vgl. Offb 20, 7 - 10). Ob eine solche *Kontinuität* zwischen der alten, gefallenen Welt und der neuen Welt Gottes exegetisch haltbar ist – diese Frage werde ich im nächsten Kapitel untersuchen.

c. Die Wachtturm-Lehre von den verschiedenen »*Auferstehungen*« (eigentlich: »Neuerschaffungen«) weist eine Reihe von Problemen auf: Erstens läßt sich, wie schon ausgeführt, nicht zwischen einer himmlischen und einer irdischen Klasse bis in alle Ewigkeit hinein unterscheiden. Zweitens werden im Millennium nur diejenigen von Gott auferweckt, »die enthauptet waren um des Zeugnisses von Jesus und um des Wortes Gottes willen, und die nicht angenommen hatten das Tier und sein Bild und die sein Zeichen nicht angenommen hatten an ihre Stirn und auf ihre Hand.« Nur diese »wurden lebendig und regierten mit Christus tausend Jahre«, während »die anderen Toten nicht wieder lebendig wurden, bis die tausend Jahre vollendet waren« (Offb 20, 4 f.). Die »erste Auferstehung« ist also die Auferstehung der *Glaubenszeugen und Bekenner Jesu Christi*, denen Herrlichkeit und Herrschaft schon *während* des Millenniums verheißen ist (vgl. Mt 19, 28; Lk 12, 32; 22, 28 f.; Offb 5, 9 f.) Es ist die Auferstehung zum ewigen Leben *am Anfang* des Millenniums (vgl. Joh 5, 28 f.; Phil 3, 11; Dan 12, 2 f.). Die »zweite Auferstehung« hingegen ist die Auferstehung *aller anderen* verstorbenen Menschen zum Gericht *nach* dem Millennium und dem letzten Verführungsversuch Satans (Offb 20, 7-15; vgl. Joh 5, 29). Von einer Auferweckung, Reifungs- oder Bewährungszeit der vor Harmagedon verstorbenen ungläubigen Menschen während des Tausendjährigen Reiches ist in der Heiligen Schrift nirgends die Rede (zur Kritik an der »Vervollkommnung« siehe den Teil »Heil«), ebensowenig wie von einer »Vernichtung« der Versagenden (siehe den Teil »Mensch«).

Der neue Himmel und die neue Erde

Der neue Himmel und die neue Erde sind nach Auffassung der Wachtturm-Gesellschaft nichts anderes als der *alte* Himmel und die *alte* Erde – mit dem einzigen Unterschied, daß infolge der »Reinigungsprozesse« während Harmagedon und des Millenniums alle jehovafeindlichen Mächte und Menschen ausgelöscht sind und die *Theokratie* zu ihrer Entfaltung gelangen kann. Das Zwei-Klassen-System (a. himmlische Klasse; b. irdische Klasse) der theokratischen Herrschaft setzt sich bis in alle Ewigkeit hinein fort. So heißt es im »Bibellexikon« der Wachtturm-Gesellschaft unter dem Stichwort »Himmel«:

»Die Bedeutung des Ausdrucks ›neue Himmel und eine neue Erde‹, der in Jesaja 65, 17 und 66, 22 zu finden ist und vom Apostel Petrus in 2. Petrus 3, 13 zitiert wird, ist leichter zu verstehen, wenn man im Sinn behält, daß ›die Himmel‹ mit Herrschermacht in Verbindung stehen... Genauso, wie sich der Begriff ›Erde‹ auf eine menschliche Gesellschaft beziehen kann (Ps 96, 1...), können auch ›die Himmel‹ die höherstehende Herrschermacht oder Regierung über eine solche ›Erde‹ symbolisieren. Die von Jesaja übermittelte Prophezeiung, die die Verheißung auf ›neue Himmel und eine neue Erde‹ enthielt, handelte ursprünglich von der Wiederherstellung Israels nach dem Babylonischen Exil. Als die Israeliten in ihre Heimat zurückkehrten, traten sie in eine neue Ordnung der Dinge ein... Der Umstand, daß der ›frühere Himmel‹ vergeht, bedeutet also das Ende der Staatsregierungen zusammen mit Satan und seinen Dämonen« (HVB, S. 663 f.).

Hier werden die biblischen Begriffe »Himmel« und »Erde« umgedeutet, indem eine Nebenbedeutung zur Hauptbedeutung erhoben wird. Tatsächlich hängen »Himmel« und »Erde« mit *Herrschaftsbereichen* zusammen (Gott herrscht im Himmel und seine Herrschaft wirkt sich – auch heute schon – auf der Erde aus; vgl. Mt 6, 10; 11, 25 u. a.), aber damit kann doch nicht ausgeschlossen werden, daß diese Herrschaftsbereiche *»Räumen«* zugeteilt sind, welche Gott geschaffen hat bzw. welche er nach dem Vergehen der alten, der Sünde und dem Tode verfallenen Schöpfung neu erschaffen wird. Die biblischen Aussagen zu dieser Frage sind ganz klar. Im »Theologischen Wörterbuch zum Neuen Testament« werden sie in folgenden Sätzen zusammengefaßt:

»Im N[euen] T[estament] ist in Kontinuität mit dem Sprachgebrauch des A[lten] T[estaments] *ouranós* [Himmel] *als der obere und führende Teil des* fast immer als *ouranós kai ge* [Himmel und Erde] bezeichneten *Alls* verstanden ... Der Himmel ist mit der Erde von Gott *geschaffen* ... Nicht nur die Erde, sondern mit und vor ihr *vergeht der Himmel:* ... Mk 13, 31 Parr; vgl. Apk 21, 1; Heb 12, 26 ...; ähnlich 2 Pt 3, 10.12. Für diesen Untergang sind Himmel und Erde aufgespart (2 Pt 3, 7), und beiden widerfährt das eschatologische Entsetzen der Flucht vor Gottes Offenbarwerden (Apk 20, 11) ... *Der Himmel steht mit der Erde unter der gleichen Herrschaft Gottes* ... Mit Js 66, 1 werden Himmel u[nd] Erde in Mt 5, 34 und Ag 7, 49 als absoluter Herrschaftsbereich Gottes erwiesen« (ThWNT 7/1954, S. 513 ff.).

Wer bestreitet, daß »Himmel und Erde« im buchstäblichen und materiellen Sinne vergehen werden, muß sämtliche Aussagen in der Heiligen Schrift eliminieren oder spiritualisieren, die von entsprechenden kosmischen Katastrophen sprechen. Die Zeugen Jehovas haben sich zur *Spiritualisierung und Allegorisierung* der betreffenden Stellen entschlossen, wie ich an verschiedenen Beispielen (Trompetengerichte u. a.) oben bereits gezeigt habe. Ein solches Verfahren kann jedoch nicht überzeugen, wenn kein zwingender und allgemein einleuchtender exegetischer Grund dafür vorhanden ist.

Nicht nur die »geheimnisvolle« Johannesapokalypse ist voll von Stellen (z. B. Offb 6; 8 f.; 16; 19 ff.), die vom Vergehen dieser Welt und der daran anschließenden (!) Erschaffung der neuen Welt Gottes handeln (weshalb übrigens die Zeugen Jehovas, die das ablehnen, sich zu Unrecht den Namen »Neue-Welt-Gesellschaft« beigelegt haben), sondern auch andere Teile der Bibel (z. B. Mt 24, 35; 1. Kor 7, 31; 1. Joh 2, 17; 2. Petr 3, 10 - 13) zeugen deutlich davon. Zwei abschließende Zitate können gut die Radikalität des Neubeginns deutlich machen, der nach dem Vergehen dieser Welt und Zeit eintritt und »Ewigkeit« heißt:

»Es wird aber des Herrn Tag kommen wie ein Dieb; dann werden die Himmel *zergehen* mit großem Krachen; die Elemente aber werden *vor Hitze schmelzen,* und die Erde und die Werke, die darauf sind, werden ihr Urteil finden (andere Lesart: verbrennen). Wenn sich das nun alles so *auflösen* wird, wie müßt ihr dann dastehen in heiligem Wandel und frommem Wesen, die ihr das Kommen des Tages Gottes erwartet und erstrebt, an dem die Himmel vom Feuer *zergehen* und die Elemente vor Hitze *zerschmelzen* werden. Wir warten aber auf einen *neuen* Himmel und eine *neue* Erde nach seiner Verheißung, in denen Gerechtigkeit wohnt« (2. Petr 3, 10 - 13).

»Und ich sah einen großen, weißen Thron und den, der darauf saß; vor seinem Angesicht *flohen* die Erde und der Himmel, und es wurde keine Stätte für sie gefunden… Und ich sah einen *neuen* Himmel und eine *neue* Erde; denn der erste Himmel und die erste Erde sind *vergangen,* und das Meer ist nicht mehr. Und ich sah die heilige Stadt, das *neue* Jerusalem, von Gott aus dem Himmel herabkommen, bereitet wie eine geschmückte Braut für ihren Mann. Und ich hörte eine große Stimme von dem Thron her, die sprach: Siehe da, die Hütte Gottes bei den Menschen! Und er wird bei ihnen wohnen, und sie werden sein Volk sein, und er selbst, Gott mit ihnen, wird ihr Gott sein; und Gott wird abwischen alle Tränen von ihren Augen, und der Tod wird nicht mehr sein, noch Leid noch Geschrei noch Schmerz wird mehr sein; denn *das Erste ist vergangen.* Und der auf dem Thron saß, sprach: Siehe, ich mache *alles neu*!« (Offb 20, 11; 21, 1 - 5).

Wenn in den »Unterredungen anhand der Schriften« argumentiert wird, ein buchstäbliches Vergehen von Himmel und Erde stünde »im Widerspruch zu der Zusicherung, die in Texten wie Matthäus 6, 10, Psalm 37, 29; 104, 5 und Sprüche 2, 21.22 gegeben wird« (S. 131), so wird hier ein *scheinbarer* Widerspruch konstruiert. Denn mit der »*eretz*«, welche die »Gerechten besitzen« und auf der sie »immerdar wohnen« werden (Ps 37, 29), ist entweder das jüdische Land oder – nach dem Ende des Millenniums – die *neue* Erde gemeint (vgl. THAT I/1984, Sp. 228 ff.).

Wie weit sind wir in der Endzeit?

Durch die bisherige Darstellung der Eschatologie könnte der Eindruck entstanden sein, daß ich die Möglichkeit einer baldigen Wiederkunft Jesu Christi ablehne. Das ist jedoch keineswegs der Fall. Wenn ich auch die Endzeitspekulationen und -modelle der Wachtturm-Gesellschaft aus biblisch-theologischen Gründen kritisieren muß, so komme ich doch aus denselben biblisch-theologischen Gründen zum Schluß, daß wir *ständig bereit* sein sollten, die Wiederkunft Jesu Christi zu erwarten. Der Herr selber hat uns dazu nämlich immer wieder aufgerufen: »Wachet; denn ihr wißt nicht, an welchem Tag euer Herr kommt« (Mt 24, 42; vgl. auch die daran anschließenden Gleichnisse; Mt 24, 43 - 51; 25, 1 - 41).

Ferner bin ich durchaus der Ansicht, daß sich die *Zeichen der Zeit*, die auf die Nähe des Kommens Jesu Christi hinweisen, in den letzten Jahrzehnten stark verdichtet haben. Jesus hat die wichtigsten Zeichen in seiner Ölberg- oder Endzeitrede (Mt 24 parr.) genannt: Verführung von Christen, das Auftreten falscher Christusse, Kriege, Hungersnöte, Erdbeben, Seuchen, Christenverfolgung, das Abfallen vieler Christen vom Glauben, das Auftreten falscher Propheten, Ungerechtigkeit, Gesetzlosigkeit, Lieblosigkeit, aber auch die weltweite Verkündigung des Evangeliums und manches andere. Jesus hat in diesem Zusammenhang auch vor der Berechnung von Terminen gewarnt, wann seine Wiederkunft stattfinden könnte (Mt 24, 36; Apg 1, 7). In meinem Buch »*Die Zukunft findet doch statt. Die Krisen der Welt und die Zeichen der Zeit*« habe ich die wichtigsten Zeichen beschrieben und deren aktuelle Erfüllung analysiert.

Freilich – so könnte man argumentieren – fanden sich solche Zeichen (die mit einer gewissen Berechtigung in ähnlicher Weise auch die Zeugen Jehovas ins Feld führen) schon immer. Das ist richtig.

Aber *ein* Zeichen habe ich bisher verschwiegen, das in der Literatur der Zeugen Jehovas so gut wie keine Rolle spielt und doch das entscheidende ist: Es handelt sich um die *Staatsgründung Israels im Jahre 1948.* Dieses Ereignis mit seinen teilweise noch ausstehenden Folge-Erfüllungen ist schon vor Jahrtausenden von den Propheten und Jesus vorausgesagt worden (vgl. z. B. Jes 11, 10 ff.; 43, 5 f.; Hes 36 - 39; Sach 8, 7 f.; Dan 12, 7; Lk 21, 24) und galt schon vielen Generationen von Christen, die *vor* seiner Erfüllung lebten, als göttlicher Zeiger an der Weltenuhr. Der begnadete Bibellehrer René Pache beispielsweise meint unter Bezugnahme auf Mt 24, 32 f.:

»Für die ganze Welt sind die Juden ein lebender Beweis für die Wahrheit der Weissagungen und der Absichten Gottes mit ihnen ... Es ist ein Wunder, daß Israel trotz der Jahrtausende der Zerstreuung und der Verfolgung noch besteht, während alle Völker des Altertums verschwunden sind ... In der Schrift ist der Feigenbaum ... oft ein Symbol des Volkes Israel. Lange war der Stamm dieses Volkes dürr und tot. Nun brechen die Knospen auf, und die Blätter sprießen. Darum wissen wir, daß der Sommer nahe ist und der Menschensohn vor der Tür« (Pache 1987, S. 259).

Wollte man also ein Datum – nicht für die Wiederkunft Christi, aber für das Eintreten in die *Endzeit* im engeren Sinne – vorschlagen, so nenne ich in Einklang mit zahlreichen evangelikalen Autoren (z. B. Dyer/Hunt, Fruchtenbaum, Heide, Hubmer, Hunt, Koch, Lindsey/Carlson, Pache, Pentecost, Rosenthal, Walvoord; siehe Literaturverzeichnis) die Staatsgründung Israels im Jahre *1948* (und nicht das prophetisch bedeutungslose Jahr 1914 o. ä.). Dieses Datum sagt uns allerdings nicht mehr und nicht weniger, als daß wir besonders wachsam sein und die Dinge, die in unserer Welt und in unseren Kirchen und Gemeinden geschehen, mit besonderer Aufmerksamkeit verfolgen sollten, um durch unseren Glauben und unser Leben bereit zu sein für den Tag des Herrn.

»So laßt uns nun nicht schlafen wie die andern, sondern laßt uns wachen und nüchtern sein. Denn die schlafen, die schlafen des Nachts, und die betrunken sind, die sind des Nachts betrunken. Wir aber, die wir Kinder des Tages sind, wollen nüchtern sein, angetan mit dem Panzer des Glaubens und der Liebe und mit dem Helm der

Hoffnung auf das Heil. Denn Gott hat uns nicht bestimmt zum Zorn, sondern dazu, das Heil zu erlangen durch unsern Herrn Jesus Christus« (1. Thess 5, 6 - 9).

Mission

Mission von Seiten der Zeugen Jehovas

Zeugen Jehovas sind perfekt geschulte Missionare für ihre Sache. Im Kapitel »Leben und Dienst der Zeugen Jehovas« habe ich die Schulungsprogramme genannt, in die sie eingegliedert sind. Um ihren missionarischen Einsatz, insbesondere im »Haus-zu-Haus-Dienst«, besser zu verstehen, zitiere ich nachfolgend einige Passagen aus dem Buch der Wachtturm-Gesellschaft mit dem Titel »*Unterredungen anhand der Schriften*«. Es ist das aktuelle Handbuch, in dem der einzelne Zeuge Jehovas genaue Hinweise, ja vorgegebene Fragen und Antworten für das Gespräch an den Haustüren findet. Im Kapitel »*Hinweise für die Benutzung des Buches*« wird folgendes ausgeführt:

»Die Antworten sollten nicht auswendig gelernt werden, aber sicherlich wird es nützlich sein, genau zu prüfen, warum andere damit Erfolg hatten; gib die Gedanken dann in eigenen Worten wieder« (S. 8).

Das Handbuch geht auf Themen ein, »die heutzutage viele Leute beschäftigen«, um so einen Anknüpfungspunkt für das Gespräch zu finden. Aber auch grundlegende biblische Fragen werden angesprochen. So reicht die Palette der lexikonartig gegliederten Abschnitte von »Abfall, Abtrünnigkeit« über »Abtreibung«, »Dreieinigkeit«, »Evolution«, »Feiertage«, »Frauen«, »Philosophie«, »Sexualität« und »Spiritismus« und vieles andere bis hin zum »Zungenreden«. Die Themen sind auf Christen und Nichtchristen zugeschnitten. Sie werden »nicht ausführlich abgehandelt«, sondern es werden Bibeltexte zitiert und kurz kommentiert. Auch Jesus habe Fragen beantwortet, »indem er Bibeltexte zitierte und gelegentlich passende Gleichnisse gebrauchte, die aufrichtiggesinnten Personen erleichterten, das, was die Bibel sagt, anzunehmen« (S. 7).

Im Kapitel »*Einleitungen für den Predigtdienst*« werden dann vorformulierte »Aufhänger« für Gespräche wiedergegeben. Zunächst wird dem Zeugen Jehovas empfohlen, freundlich und echt mit den Menschen umzugehen, um ihr *Herz* zu gewinnen:

»Echtes Interesse am Wohlergehen der Menschen, die wir besuchen, wird uns wie einst Jesus helfen, das Herz anzusprechen (Mk 6,34). Ein solches echtes Interesse zeigt sich unter anderem darin, daß wir freundlich lächeln, eine freundliche Art haben, bereit sind zuzuhören, wenn sie etwas sagen, und unsere Bemerkungen danach ausrichten, und auch darin, daß wir Fragen stellen, die sie dazu ermuntern, sich zu äußern, so daß wir ihren Standpunkt besser verstehen können« (S. 9).

Dann wird dem Haustür-Missionar nahegelegt, auf *existentielle Themen* wie »Alter/Tod«, »Familie/Kinder«, »Krieg/Frieden«, »Leben/Glück«, »Ungerechtigkeit/Leid« und »Verbrechen/Sicherheit« Bezug zu nehmen, aber unter Umständen auch gleich auf »Bibel/Gott«, »Harmagedon«, »Heimbibelstudium«, »Königreich«, »Letzte Tage« und ähnliches zu sprechen zu kommen. Um Menschen »abzuholen«, werden z. B. folgende »bewährten« Einleitungen genannt:

»Haben Sie sich schon einmal mit der Frage beschäftigt, ob mit dem Tod alles vorbei ist? Oder ob es irgend etwas nach dem Tode gibt?...

Wir sprechen mit unseren Mitmenschen darüber, was getan werden kann, damit stets für alle genügend Arbeit und Wohnraum vorhanden ist...

Wir sprechen mit unseren Mitmenschen über eine gute Regierung. Die meisten Menschen wünschen sich eine Regierung, die frei von Korruption ist, allen eine Arbeitsmöglichkeit gibt und für jeden gute Wohnverhältnisse schafft. Welche Art von Regierung könnte Ihrer Meinung nach all das bewirken?...

Wir wenden uns an Personen, denen am Herzen liegt, ein noch glücklicheres Familienleben zu führen...

Wir alle möchten, daß unsere Kinder ein glückliches Leben führen...

Heutzutage ist fast jeder über die atomare Bedrohung beunruhigt. Halten Sie es für möglich, daß wir auf der Erde jemals echten Frieden haben werden?...

Ich möchte Ihnen gerne eine Frage stellen. Welches der zahlreichen Probleme, denen die Menschheit heute gegenübersteht, sollte nach Ihrer Meinung zuerst gelöst werden? [Nachdem du erfahren hast, was den Wohnungsinhaber am meisten beunruhigt, verwende dies als Gesprächsgrundlage]« (S. 9 ff.).

Existentielle Nöte und Fragen der Menschen werden aufgegriffen –
und als Antwort werden dann die Paradies-Versprechungen der Wacht-
turm-Gesellschaft angeboten – und »jetzt« schon die »Geborgenheit« in der Theokratischen Organisation als dem endzeitlichen »Gottesvolk«, das Harmagedon überleben wird. Die Menschen werden geködert mit einer Mischung von *Angst* vor der Vernichtung bei Harmagedon und der *Hoffnung* auf die Lösung aller ihrer Probleme mit Hilfe Jehovas, der sich allein der Wachtturm-Gesellschaft bedient. Hieß es in altkirchlicher Zeit »Außerhalb der Kirche gibt es kein Heil«, so wendet heute die Wachtturm-Gesellschaft in sektenhafter Verengung diesen Spruch durch ihre Haltung auf sich an.

Das Buch »Unterredungen« gibt jedoch nicht nur Hinweise zur Anknüpfung mit Hilfe von existentiell berührenden oder biblischen Themen, sondern auch Tips für das Gespräch mit Angehörigen nichtchristlicher Religionen (speziell Buddhisten, Hindus, Juden und Moslems) und mit Menschen, die sich einem Gespräch entziehen wollen, etwa durch Aussagen wie »Ich bin nicht interessiert«, »Ich bin beschäftigt« oder »Ich habe meine eigene Religion«. In der Regel versucht dann der Zeuge Jehovas, doch schnell auf ein aktuelles Thema hinzulenken, um dadurch das Interesse des Wohnungsinhabers zu wecken. So heißt es in der »Unterredungen«-Schrift:

» ... mit Unterscheidungsvermögen ist es oft möglich, Äußerungen, durch die ein Gespräch abgebrochen werden soll, als eine Ausgangsbasis für die Fortsetzung der Unterhaltung zu benutzen« (S. 15).

Ein Beispiel für eine solche »Gesprächsführung« sei hier wiedergegeben. Auf die Äußerung »Ich bin nicht interessiert« könnte der Zeuge Jehovas antworten:

»Ich kann Sie verstehen, wenn Sie sagen möchten, daß Sie an einer anderen Religion nicht interessiert sind. Höchstwahrscheinlich sind Sie aber daran interessiert, welche Zukunft wir angesichts der Bedrohung durch einen Atomkrieg erwarten können [oder wie wir unsere Kinder vor dem Drogenmißbrauch schützen können; oder was gegen das Verbrechen getan werden kann, damit wir uns nicht mehr fürchten müssen, auf die Straße zu gehen; usw.] Ist in Ihren Augen eine echte Lösung in Sicht?« (S. 16).

Trotz einer solchen perfekt einstudierten Gesprächsführung haben die Zeugen Jehovas – zumindest in Ländern wie Deutschland – an Haustüren nur *mäßigen Erfolg*. Das dürfte daran liegen, daß sie aufgrund ihrer zahlreichen Sonderlehren und ihrer aufdringlichen Art sehr stark den Ruf einer »Sekte« besitzen, ja sogar als *die klassische Sekte* überhaupt gelten – und das durchaus zu Recht. Bei den meisten Menschen geht daher die Haustüre gleich wieder zu, wenn sie den Namen »Zeugen Jehovas« hören. Man versteht daher, daß sich die Wachtturm-Gesellschaft gerade in solchen Ländern wie Deutschland um eine vermehrte Anerkennung – etwa als *»Körperschaft des öffentlichen Rechts« (KdöR)* – bemüht, was ihr angesichts der heutigen Relativierung christlicher Bekenntnisse seitens verschiedener Regierungen auch Schritt für Schritt zu gelingen scheint. Ob dann für ihre Missionare, Pioniere und Verkündiger die Haustüren weiter aufgehen, wird abzuwarten sein.

Aber ganz unabhängig von dieser bedenklichen Entwicklung sollte für überzeugte und im Glauben gefestigte Christen gelten: *Machen Sie Ihre Haustür für Zeugen Jehovas weit auf!* Die Begegnung mit Zeugen Jehovas ist nämlich eine – freilich nicht einfache – missionarische Möglichkeit. Im folgenden Abschnitt gebe ich einige Tips für die missionarische Begegnung von überzeugten Christen mit Anhängern der Wachtturm-Gesellschaft.

Mission an Zeugen Jehovas

1. Betrachten Sie die Zeugen Jehovas an Ihrer Haustür nicht als Ihre Feinde, sondern als Menschen, die *Gott* Ihnen geschickt hat, damit Sie diesen die rettende Botschaft vom dreieinigen Gott und der Erlösung durch Jesus Christus weitersagen können.

2. *Beten* Sie vor und nach der Begegnung für diese Menschen. Beten Sie auch während der Begegnung, aber nur innerlich, denn ein

gemeinsames Gebet mit Zeugen Jehovas ist für einen Christen nicht möglich (diese lehnen den dreieinigen Gott ab, zu dem Christen beten).

3. Bitten Sie Gott um *Liebe, Freundlichkeit und Weisheit.* Bitten Sie ihn aber auch, Sie und Ihre Familie vor falschen Lehren und Verführungsmächten zu *bewahren.* Stellen Sie sich unter die Bedeckung des Blutes Jesu Christi.

4. Begegnen Sie den Zeugen Jehovas mit *Respekt.* Machen Sie ihre Ansichten nicht lächerlich, sondern stellen Sie sich mit ihnen unter die Autorität der Heiligen Schrift.

5. Betonen Sie, daß Sie wie die Zeugen Jehovas die *Heilige Schrift* als absolute Richtschnur anerkennen, allerdings *nur* die Heilige Schrift und nicht den »Wachtturm«, aber auch nicht die »Neue-Welt-Übersetzung« der Wachtturm-Gesellschaft, sondern den Urtext oder eine urtextnahe Übersetzung (z. B. Elberfelder Bibel).

6. Es wäre gut, wenn Sie vor dem Gespräch mit den grundlegenden Lehren der Wachtturm-Gesellschaft und auch deren Widerlegung etwas vertraut sind. Lesen Sie gute christliche *Literatur,* die Sie darüber informiert.

7. Wichtiger aber ist es, sich in der Bibel gut auszukennen und ihren Anweisungen zu folgen. Ziehen Sie die *»geistliche Waffenrüstung«* nach Eph 6, 13 - 18 an.

8. Beachten Sie, daß Zeugen Jehovas ständig biblische Begriffe verwenden, aber häufig etwas anderes damit meinen als Sie. Drängen Sie auf klare *Begriffs-Definitionen.* Beispielsweise bezeichnen auch Zeugen Jehovas Jesus als »Sohn Gottes«, meinen damit aber den Erzengel Michael als *einen* Gottessohn (und nicht Jesus Christus als Gott den Sohn).

9. Beugen Sie der sogenannten »Rösselsprung-Methode« (das Gegenüber hüpft von einer Bibelstelle zur anderen) vor, indem Sie sich auf *wenige Themen und Bibelstellen* konzentrieren und diese gründlich ausdiskutieren.

10. Lassen Sie es nicht zu, daß Ihr Gesprächspartner Bibelstellen aus dem Zusammenhang reißt, sondern pochen Sie immer wieder auf den *Kontext* und den sich daraus ergebenden *Wortsinn* der biblischen Aussagen.

11. Versuchen Sie, die *Gesprächsführung* zu übernehmen und zu behalten, und stellen Sie die *zentralen Themen* des christlichen Glaubens (Gott, Christus, Erlösung) in den Mittelpunkt.

12. Weisen Sie, soweit Sie entsprechende Literatur zur Hand haben, die zahlreichen *Irrtümer und Falschprophezeiungen* der Wachtturm-Gesellschaft (z. B. die nicht eingetroffenen Voraussagen für 1874, 1878, 1914, 1925 und 1975) nach. Fragen Sie Ihre Besucher dann, ob diese wirklich eine Organisation für eine vertrauenswürdige Autorität halten, die ihre Anhänger schon so häufig getäuscht hat.

13. Würdigen Sie den missionarischen Einsatz und ethischen Eifer der Zeugen Jehovas, aber weisen Sie deutlich darauf hin, daß *menschliche Werke* keine Zusatz-Garantie für das ewige Heil sind, sondern vielmehr eine Folge des durch Jesus Christus für uns auf Golgatha erworbenen *vollkommenen Heils.*

14. Wenn Ihnen eine theologische Diskussion schwerfällt, lassen Sie sich nicht weiter darauf ein, sondern *bekennen* Sie fröhlich die vollkommene Erlösung, die Sie durch Jesus Christus erhalten haben. Brechen Sie dann das Gespräch ab, verabschieden Sie die Zeugen Jehovas und befehlen Sie sie der rettenden Liebe Gottes an.

15. Eine weitere Möglichkeit besteht darin, ihnen gute *christliche Literatur mitzugeben.* Da die Wachtturm-Anhänger Bücher von Seiten der »Christenheit« in aller Regel nicht lesen dürfen, empfiehlt es sich, ihnen diese mit dem Vorschlag mitzugeben, bei einem weiteren Besuch auch über diese Literatur zu reden. Da diesen daran liegt, wieder zu kommen, werden sie sich diesem Vorschlag kaum entziehen können.

16. Bei der ganzen Begegnung (und natürlich auch darüber hinaus) ist es wichtig, selber ein *glaubwürdiges Christsein* zu praktizieren und vorzuleben – und das heißt konkret: freundlich zu bleiben, sich nicht provozieren zu lassen und evtl. auch etwas zu trinken und zu essen anzubieten.

17. Wenn man keine Zeit für ein Gespräch hat, kann man das freundlich sagen – und der Besucher muß es akzeptieren. Fühlt man sich den Zeugen Jehovas allein nicht gewachsen, dann kann man andere Christen zum Gespräch hinzuziehen (die Wachtturm-Anhänger kommen ja auch meistens zu zweit). Grundsätzlich je-

doch sollte man sich der missionarischen Begegnung mit Zeugen Jehovas *nicht entziehen.* Denn sie sind Menschen, die Gott liebhat und retten möchte.

18. Zeigt ein Zeuge Jehovas Offenheit für das biblische Evangelium, dann beginnt ein schmerzhafter *Lösungsprozeß* von der Sekte: Er gilt als Abtrünniger und Geächteter, verliert seine bisherigen Freunde und den »bergenden« Rahmen der Wachtturm-Gesellschaft. Deshalb ist es wichtig, ihm ein *neues Zuhause* zu bieten, in dem er sich wohlfühlen kann: eine bibeltreue, hilfsbereite Gemeinde, in der einer den anderen trägt und tröstet; die überschaubare Gruppe eines Hauskreises, in dem einer für den anderen einstehen kann; einen Ort der Geborgenheit.

19. Unter Umständen sind *seelische Verletzungen* infolge des Gewissensdrucks und der Unterwerfung unter die Wachtturm-Organisation vorhanden, die behutsam geheilt werden müssen. Die Botschaft von der *Erlösung des Sünders allein aus Gnaden* schenkt Luft zum Atmen. Sie befreit von versklavender Werksgerechtigkeit und panischer Harmagedon-Furcht.

20. Die missionarische Begegnung mit Zeugen Jehovas kann nicht »einstudiert« werden (wie dies die Wachtturm-Gesellschaft ihrerseits versucht), sondern sie erfolgt unter Gebet und der souveränen Leitung des *Heiligen Geistes.*

21. Es geht nicht um die Bekehrung zu einer bestimmten Kirche und Konfession, sondern in erster Linie um die Hinwendung zum lebendigen Herrn *Jesus Christus,* dem Sohn Gottes, wie ihn die Bibel uns schildert.

»Denn also hat Gott die Welt geliebt, daß er seinen eingeborenen Sohn gab, damit alle, die an ihn glauben, nicht verloren werden, sondern das ewige Leben haben« (Joh 3, 16).

»Austritt«

Die Überschrift »Austritt« habe ich in Anführungszeichen gesetzt, weil es einen Austritt im geläufigen Sinn im Blick auf die Wachtturm-Gesellschaft gar nicht gibt. Hans-Jürgen Twisselmann, selbst ehemaliger Zeuge Jehovas, der heute einen »Bruderdienst« leitet, welcher fragenden und ehemaligen Sektenmitgliedern zur Seite steht, bringt die Situation der Wachtturm-Anhänger auf den Punkt:

»Wer sich den Z[eugen] J[ehovas] anschließt, indem er Zeugnis ablegt für ›Jehovas Königreich‹ und ›seinen Entschluß, den Willen Jehovas zu tun, durch die Taufe symbolisiert‹, ist damit weder Mitglied der Wachtturm-Gesellschaft, noch gehört er dem an vielen Orten gegründeten ›Verein Jehovas Zeugen‹ als Mitglied an. Diese aus Gründen der Zweckmäßigkeit gegründeten Vereine umfassen ja in der Regel nur die nach deutschem Vereinsrecht zur Gründung eines Vereins erforderlichen sieben Mitglieder, die einen Vorstand wählen, der – etwa vor Gericht oder in geschäftlichen Fragen und Bauvorhaben – die Ortsversammlung der Z[eugen] J[ehovas] legal vertritt. Wenn Ihr nun fragt: ›Gehören wir denn überhaupt keiner Religionsgemeinschaft an?‹, so muß ich sagen: Nein, juristisch gesehen, also im Sinne des Vereinsrechts, seid Ihr nirgends Mitglied. In der Sprache der Wirtschaft ausgedrückt, seid Ihr ›freie Mitarbeiter‹ des Verlags ›Wachtturm Bibel- und Traktatgesellschaft‹, die nach eigenen früheren Bekundungen eine ›Geschäftsfirma‹ ist zur Verbreitung religiöser Bücher und Zeitschriften. Diese habt Ihr als ehrenamtliche Werber von Haus zu Haus und auf den Straßen verkauft, und dazu wurdet Ihr in den Versammlungen geschult unter der Überwachung durch Beauftragte dieser Gesellschaft bzw. ihres Zweigbüros« (Twisselmann 1992, S. 124).

Im Anschluß an Erfahrungen Twisselmanns (ebd., S. 124 f.) und anderer lassen sich folgende »*Ratschläge für Zeugen Jehovas, die freiwillig ausscheiden wollen*«, formulieren:

1. Zuständig ist nicht die Zentrale der Wachtturm-Gesellschaft, sondern die *örtliche Versammlung*. Teilen Sie dieser Ihren Wunsch auszuscheiden schriftlich mit. Richten Sie den eingeschriebenen Brief an den aufsichtsführenden Ältesten.

2. Schreiben Sie nicht polemisch-anklagend, sondern *sachlich-liebevoll* und *biblisch* argumentierend.

3. Betonen Sie, daß Sie *freiwillig* ausscheiden wollen, und drängen Sie darauf, daß diese Freiwilligkeit auch im Antwortschreiben der Versammlung erwähnt wird. Beugen Sie so der Behauptung eines

»Gemeinschaftsentzugs« mit der damit verbundenen Ächtung und Verdächtigung so weit wie möglich vor.

4. Achten Sie auf die *Begriffe*, die Sie verwenden. Schreiben Sie nicht von »Austritt« (Sie sind niemals eingetreten), »Mitgliedschaft« oder ähnlichem. Erklären Sie vielmehr, daß Sie Ihre Verbindung zur Ortsversammlung »lösen«, aus der Gemeinschaft »ausscheiden« bzw. »nicht mehr dazugehören« möchten.

5. Sie können sich in Ihrem Schreiben auf den »Wachtturm« vom 15.10.1986, S. 31, sowie auf das Buch »Organisiert, um unseren Predigtdienst durchzuführen«, S. 149, *berufen*. An diesen Stellen wird ein »Ausscheiden« von der Wachtturm-Gesellschaft her ermöglicht, auch wenn es nach wie vor mit Ächtung verbunden ist.

6. Machen Sie sich von aller Korrespondenz *Kopien* und verlangen Sie stets eine *schriftliche* Antwort, um sich vor Rufmord und ähnlichem zu schützen.

7. Suchen und halten Sie während dieser Zeit der Auseinandersetzungen Kontakt zu einer guten, bibeltreuen *Gemeinde*, die Ihnen ein neues Zuhause bietet. Lesen Sie die *Bibel* in einer urtextgetreuen Übersetzung und bitten Sie Gott um Wegweisung.

8. Sagen Sie sich nicht nur äußerlich, sondern auch *innerlich* von allen Bindungen an die Wachtturm-Gesellschaft und ihren Lehren (auch okkulten Einflüssen, z.B. in der Auffassung vom Heiligen Geist als »Kraft«) los. Bekennen Sie dem lebendigen dreieinigen Gott ihre Schuld und nehmen Sie seine Vergebung in Anspruch.

9. Bei seelsorgerlichen oder theologischen *Fragen* können Sie sich in Deutschland an eine der folgenden Adressen wenden:
– »*Bruderdienst e.V.*«, Pfarrer Hans-Jürgen Twisselmann,
  Postfach 30, D-25764 Wesselburen
– »*Christliche Dienste e.V.*«, Dipl.-Theol. Klaus-Dieter Pape,
  Mönchhütteweg 23, D-72070 Tübingen.
Beide Werke geben auch *Zeitschriften für (ehemalige) Sekten-Mitglieder und andere Interessierte heraus.*

Wachtturm-Lehre und christlicher Glaube – eine Gegenüberstellung

Nachfolgend fasse ich die wichtigsten Lehrunterschiede noch einmal zusammen. Bibel- und Belegstellen werden hier nicht mehr eigens genannt (siehe hierzu die Darstellungen und Beurteilungen in den vorausgegangenen Teilen dieser Untersuchung).

Wachtturm-Lehre	Christlicher Glaube
Die Bibel	*Die Bibel*
– ist völlig von Gott inspiriert;	– ist völlig von Gott inspiriert;
– ist in allen ihren Teilen gleichwertig;	– ist von einer heilsgeschichtlichen Dynamik (Altes Testament – Neues Testament, Verheißung – Erfüllung, Gesetz – Evangelium, Buchstabe – Geist) erfüllt;
– ist auf das Königreich Jehovas ausgerichtet;	– ist auf Christus und sein Erlösungswerk zentriert;
– kann nur von der Wachtturm-Gesellschaft richtig und maßgeblich ausgelegt werden;	– legt sich selbst aus und kann unter Leitung des Heiligen Geistes in ihren heilsnotwendigen Aussagen von jedem Christen verstanden werden;
– ist an vielen Stellen durch Vorschattung, Parallelisierung und Allegorese zu verstehen;	– ist grundsätzlich vom Wortsinn und Textzusammenhang her zu verstehen;
– enthält Daten zur genauen Berechnung historischer und endzeitlicher Ereignisse;	– enthält Daten, ermöglicht aber keine lückenlose Chronologie und warnt vor Spekulationen im Blick auf Endzeit-Termine;

Wachtturm-Lehre	Christlicher Glaube
Die Bibel	*Die Bibel*
– hat in der »Neue-Welt-Übersetzung«, etwa durch Einfügung des »Jehova-Namens«, ihre gottgewollte Gestalt gewonnen.	– beruht auf dem Text hebräischer, aramäischer und griechischer Handschriften, von welchem die »Neue-Welt-Übersetzung« durch Paraphrasen, sinnentstellende Worteinfügungen, Falschübersetzungen sowie irreführende Fußnoten und Apparate abweicht.
Gott	*Gott*
– trägt den Namen »Jehova«;	– trägt den Namen »JHWH« (Tetragramm), der wahrscheinlich »Jahwe« ausgesprochen wird;
– ist *einer;* die Dreieinigkeitslehre ist unbiblisch und heidnischen Ursprungs.	– ist *ein* Wesen in *drei* Personen: Vater, Sohn und Heiliger Geist; in der Bibel findet sich zwar nicht der Begriff, aber die Sache der Dreieinigkeit.
Jesus Christus	*Jesus Christus*
– ist *ein* Sohn Gottes, nämlich der Erzengel Michael (= das erste Geschöpf Jehovas), der ein vollkommener Mensch wurde und nach Tod und Auferstehung (im Sinne von Neuerschaffung) zu einer höheren Engelstufe aufstieg;	– ist *der* Sohn Gottes, d. h. Gott der Sohn als zweite Person der Dreieinigkeit, wahrer Gott und wahrer Mensch zugleich;

Wachtturm-Lehre	Christlicher Glaube

Wachtturm-Lehre

Jesus Christus
– steht als vollkommener
Mensch auf der gleichen
Stufe wie Adam.

Der heilige Geist
– ist Jehovas unpersönliche
»wirksame Kraft« oder
»inspirierte Äußerung«.

Der Mensch
– *hat* keine Seele, sondern
ist eine Seele;

– stirbt beim irdischen Tod
ganz und gar; Auferstehung
gibt es nur im Sinn einer
völligen Neuerschaffung aufgrund des im Gedächtnis
Jehovas gespeicherten
Lebensmusters;

Christlicher Glaube

Jesus Christus
– steht als wahrer Mensch und
wahrer Gott unendlich viel
höher als Adam und alle
Geschöpfe.

Der Heilige Geist
– ist Gott, d. h. die dritte Person der göttlichen Dreieinigkeit: Er spricht, denkt, lehrt,
kennt die Zukunft, kann
betrübt, belogen und
gelästert werden; er ist der
Tröster (Paraklet), der Jesus
nach dessen Erhöhung in
seiner Gemeinde vertritt.

Der Mensch
– *ist* eine Seele als Gesamtwe-
sen, *hat* aber auch eine Seele
im Sinne eines unzerstörbaren Kerns seiner Personalität;

– geht beim irdischen Tod in
Gestalt seiner unzerstörbaren
Personalität in einen Zwischenzustand (Weiterexistenz
ohne irdischen Leib) über, in
welchem er die Auferste-
hung (Überkleidetwerden
mit einem ewigen Leib)
erwartet;

Wachtturm-Lehre	Christlicher Glaube

Wachtturm-Lehre

Der Mensch
– gelangt im Falle der
  Ablehnung Jehovas nicht in
  die ewige Verdammnis und
  Qual (»Hölle«), sondern
  wird einfach vernichtet;
  »Hölle« bedeutet »Grab«
  und ist ein Ort der Ruhe.

Erlösung
– geschieht, indem Michael-
  Christus als zweiter Adam
  am Marterpfahl seinen vollkommenen Leib opfert,
  um eine Grundlage für die
  Menschen zu schaffen, durch
  entsprechende Werke ebenfalls zur Vollkommenheit
  zu gelangen. Menschliche
  Werke sind also für die
  Erlösung notwendig.

Christlicher Glaube

Der Mensch
– gelangt im Falle der Ablehnung des dreieinigen Gottes
  in die Gehenna (»Feuer-
  hölle«, Gottesferne, ewige
  Verdammnis), die in der
  Bibel als Ort unaufhörlicher
  bewußter Qual gekennzeichnet wird.

Erlösung
– geschieht durch das voll-
  kommene Sühneopfer Jesu
  Christi am Kreuz, der dort
  alles für uns vollbracht und
  Sünde, Tod und Teufel
  besiegt hat. Menschliche
  Werke sind eine Folge und
  Frucht des Glaubens an
  Jesus als Erlöser, aber keine
  Voraussetzung der Erlösung.

Wachtturm-Lehre	Christlicher Glaube

Die Gemeinde
- existiert als endzeitliche Heilsgemeinde der Zeugen Jehovas, die als solche den Staaten und Religionsgemeinschaften (= Hure Babylon) gegenübertritt und sich so weit wie möglich von ihnen fernhält;

- gliedert sich auf in 144.000 Personen, die seit Pfingsten, insbesondere aber innerhalb der Wachtturm-Gesellschaft, gesammelt werden, um mit Christus als himmlische Klasse zu regieren, und in mehrere Millionen »andere Schafe« (= »große Volksmenge«), denen ein ewiges Leben auf der paradiesisch erneuerten Erde (und *nicht* im Himmel) bestimmt ist;
- besitzt in Gestalt der »Leitenden Körperschaft« innerhalb der Wachtturm-Gesellschaft eine »sichtbare Regierung Jehovas auf Erden«.

Die Gemeinde
- ist die unsichtbare Gemeinschaft aller durch das vollkommene Opfer Christi erlösten und durch den im Glauben empfangenen Geist Gottes wiedergeborenen Christen, die sich in verschiedenen sichtbaren Denominationen sammeln und dort mit Heuchlern und Ungläubigen vermischt leben;
- gliedert sich zwar heute in Denominationen sowie in Heidenchristen und messianische Juden, die aber spätestens in der Ewigkeit in der himmlischen Herrlichkeit vereint sind;

- untersteht allein Christus als ihrem Haupt ohne irdische Stellvertreter (zumindest im Protestantismus).

Wachtturm-Lehre	Christlicher Glaube
Die Endzeit	*Die Endzeit*
– hat 1914 begonnen, als Christus sein unsichtbares Königreich im Himmel errichtete und den Satan auf die Erde warf; Christus ist also seit 1914 unsichtbar gegenwärtig; es gibt keine sichtbare Wiederkunft Jesu Christi;	– hat mit der Erhöhung und Himmelfahrt Christi (ca. 33 n. Chr.) begonnen, wobei sich die Zeichen der Zeit (v. a. die Staatsgründung Israels 1948) vor der Wiederkunft Christi verdichten; Christus wird in der Zukunft sichtbar wiederkommen in Macht und Herrlichkeit;
– läuft auf die Schlacht von Harmagedon zu, in der weltweit die Feinde Jehovas und der Wachtturm-Gesellschaft vernichtet werden; anschließend wird die Erde durch die Überlebenden von den Auswirkungen der Zerstörung gereinigt und in ein ewig dauerndes Paradies umgewandelt, welches für die »große Volksmenge« bestimmt ist;	– läuft auf die Wiederkunft Christi, das Vergehen der jetzigen Welt und die Erschaffung eines neuen Himmels und einer neuen Erde zu (welcher möglicherweise ein – zeitlich begrenztes – »Tausendjähriges Reich« vorausgeht);
– enthält himmlische Hoffnung nur für die begrenzte Zahl der 144.000 besonders Erwählten der »Johannes-Klasse«.	– enthält himmlische Hoffnung für alle Menschen, die Jesus Christus lieben und zu ihm gehören.

Literaturverzeichnis

A. Wachtturm-Literatur

Erscheinungsort ist, soweit nicht anders angegeben, bei der amerikanischen Original-Literatur Brooklyn/New York und bei den deutschen Ausgaben seit 1984 Selters/Taunus, in früheren Jahren Magdeburg oder Wiesbaden. Nachfolgend wird, falls nichts Weiteres erwähnt ist, das Jahr der amerikanischen und/oder deutschen Erstveröffentlichung angegeben. Aus der Fülle der Bücher und Broschüren kann hier nur eine Auswahl genannt werden. Für die heutigen Zeugen Jehovas grundsätzlich verbindlich ist in der Regel die ab 1942 (Todesjahr J. F. Rutherfords, Beginn der Präsidentschaft N. H. Knorrs) herausgegebene Wachtturm-Literatur ohne Verfasser-Angabe; doch wurden die Lehren (insbesondere bezüglich der Datierungsfragen) inzwischen mehrmals geändert. Die Bücher C. T. Russells und J. F. Rutherfords sind zwar historisch bedeutsam, aber nicht mehr normativ.

Alle Schrift ist von Gott inspiriert und nützlich (1963)

Auch du kannst Harmagedon überleben und in Gottes neue Welt gelangen (1955; dt. 1958)

Babylon die Große ist gefallen! Gottes Königreich herrscht! (1963; dt. 1965)

Die Bibel – Gottes- oder Menschenwort? (1989)

Bibellexikon der Zeugen Jehovas: siehe: Hilfe zum Verständnis der Bibel...

Blut, Medizin und das Gesetz Gottes (1961)

Cole M., Jehovas Zeugen. Die Neue-Welt-Gesellschaft. Geschichte und Organisation einer Religionsbewegung, Frankfurt/M. 1956

Dann ist das Geheimnis Gottes vollendet (1969; dt. 1970)

Dein Name werde geheiligt (1963)

Dein Wille geschehe auf Erden (1958; dt. 1960)

Dinge, in denen es unmöglich ist, daß Gott lügt (1965)

Dreieinigkeit: siehe: Sollte man an die Dreieinigkeit glauben?...

Du kannst für immer im Paradies auf Erden leben (1982)

Edgar J., Wo sind die Toten? (1913)

Einsichten über die Heilige Schrift, 2 Bde. (1990)

Erkenntnis, die zu ewigem Leben führt (1995)

Erwachet! (Zeitschrift, seit 1947)

Ewiges Leben – in der Freiheit der Söhne Gottes (1966; dt. 1967)

Fragen junger Leute – praktische Antworten (1989)

Frieden und Sicherheit. Wie wirklich zu finden? (Rev. 1986)

Die ganze Schrift ist von Gott inspiriert und nützlich (1967)

Der göttliche Name, der für immer bleiben wird (1984)

Das Goldene Zeitalter (Zeitschrift, 1919-1937)

Gebt acht auf euch selbst und auf die ganze Herde! Lehrbuch für die Königreichsdienstschule (1977)

Gott bleibt wahrhaftig (1946; dt. 1948)

Der größte Mensch, der je lebte (1991)

Die gute Botschaft, die Menschen glücklich macht (1976)

Hat sich der Mensch entwickelt oder ist er erschaffen worden? (1967; dt. 1968)

Hilfe zum Verständnis der Bibel. Fakten über den historischen, geographischen, religiösen und kulturellen Hintergrund der Bibel und Einzelheiten über darin erwähnte Personen, Völker, Orte, Pflanzen, Tiere und Aktivitäten (1971, dt. 1980) (HVB; Bibellexikon)

In Einheit miteinander predigen (1955)

In Frieden und Einheit miteinander predigen und lehren (1960)

Ist die Bibel wirklich das Wort Gottes? (1969)

Ist die Religion der Weltkrise gewachsen? (1951)

Jahrbuch der Zeugen Jehovas (jährlich)

Jehovah's Witnesses in the Divine Purpose (1959)

Jehovas Zeugen in Gottes Vorhaben (1959; dt. 1960)

Jehovas Zeugen und die Blutfrage (1977)

Jehovas Zeugen und die Schule (1983)

Jehovas Zeugen. Verkündiger des Königreiches Gottes (1993) (JZ)

Kannst du ewig in Glück auf Erden leben? (1950)

Das Königreich ist herbeigekommen (1944)

Kommentar zum Jakobusbrief (1979)

Das Leben hat doch einen Sinn (1977)

Das Leben – wie ist es entstanden? Durch Evolution oder durch Schöpfung? (1985)

Macmillan A. H., Faith on the March, Englewood Cliffs (1957)

Die neue Welt (1942; dt. 1946)

Neue-Welt-Übersetzung der Heiligen Schrift (Rev. 1986)

Die Nationen sollen erkennen, daß ich Jehova bin (1972)

Die Offenbarung – ihr großartiger Höhepunkt ist nahe! (1988)

Organisation zum Predigen des Königreiches und zum Jüngermachen (1972)

Organisiert, unseren Dienst durchzuführen (1983)

Organisiert zum Predigen des Königreiches und zum Jüngermachen (1972)

Das Paradies für die Menschheit durch die Theokratie wiederhergestellt (1972; dt. 1973)

Pastor C. T. Russell. Sein Leben und sein Wirken (1917)

Qualified to Be Ministers (1955)

Rat über Theokratische Organisation für Zeugen Jehovas (1949)

Rettung aus der Weltbedrängnis steht bevor (1975)

Russell C. T., Schriftstudien: Bd. 1: Der (göttliche) Plan der Zeitalter (1886; dt. 1888, hier, 1912); Bd. 2: Die Zeit ist herbeigekommen (1889; dt. 1900); Bd. 3: Dein Königreich komme (1890; dt. 1898); Bd. 4: Der Krieg von Harmagedon (1889); Bd. 5: Die Versöhnung des Menschen mit Gott (1899; dt. 1903); Bd. 6: Die neue Schöpfung (1904; dt. 1920); Bd. 7: Das vollendete Geheimnis. Die Kelter des Zornes Gottes und der Fall Babylons (1917; unter Verwendung Russellscher Texte bearbeitet von C. J. Woodworth u. G. H. Fisher)

– A Conspiracy Exposed (Sonderdruck) (1894)

– Beröer-Handbuch zum Bibelunterricht (1908; dt. 1912)

– The Object and Manner of our Lord's Return (1874)

– Das Foto-Drama der Schöpfung in Wort und Bild (1914)

– Himmlisches Manna (o. J.)

– Die Stiftshütte – ein Schatten der wahren, »besseren« Opfer (1881)

Russell C. T./Barbour N. H., Three Worlds, and the Harvest of This World (1877)

Rutherford J. F., Befreiung (1926); Freiheit für die Völker (1927); Feinde (1937); Gericht über Richter, Prediger, Nationen, Geldmänner, Politiker, Satans Organisation und das Volk (1929); Die Harfe Gottes (1922); Leben (1929); Licht (2 Bde., 1930); Millionen jetzt lebender Menschen werden nie sterben! (1920); Das Panier für das Volk (1926); Rechtfertigung (3 Bde., 1932); Regierung (1928); Schöpfung (1928; dt. 1929); Versöhnung (1928); Was ist Wahrheit? (1932); Wer ist Gott? (1932); Wo sind die Toten? (1927); u. v. a.

Singt Jehova Loblieder! (1986)

Singt und spielt Jehova in euren Herzen (1969)

Sollte man an die Dreieinigkeit glauben? Ist Jesus Christus Gott, der Allmächtige? (1989) (Dreieinigkeit)

Die Suche der Menschheit nach Gott (1990)

Trost (Zeitschrift, 1938-1946)

Überleben – und dann eine neue Erde (1984)

Unterredungen anhand der Schriften (1985)

Vergewissert euch über alle Dinge! (1953; dt. Rev. 1957)

Der Wachtturm (Zeitschrift, seit 1879)

Die Wahrheit, die zu ewigem Leben führt (1968)

Die Wahrheit wird euch frei machen (1943; dt. 1946)

Was hat die Religion der Menschheit gebracht? (1951; dt. 1953)

Watchtower Publications Index of Subjects Discussed and Scriptures Explained (1930-1960, Brooklyn 1961)

Der Weg zu wahrem Glück (1980)

White T., A People for His Name (New York 1967)

Das Wort (1962)

Zum Predigtdienst befähigt (1957)

B. Weitere Literatur

Aland K., Synopsis Quattuor Evangeliorum, Stuttgart, 9. Aufl. 1976

– Vollständige Konkordanz zum Griechischen Neuen Testament, Berlin 1977 ff.

Die apostolischen Väter, hg. v. J. A. Fischer, Darmstadt, 6. Aufl. 1970

Des heiligen Athanasius vier Reden gegen die Arianer, BKV 13, Kempten o. J.

Aurelius Augustinus, Vier Bücher über die christliche Lehre (De doctr. chr.), BKV 49, München 1925

Aus christlicher Verantwortung, Hg. Christliche Dienste e.V., 1993 ff. (Zeitschrift)

Axup E. J., The Jehovah's Witnesses Unmasked, New York 1959

Bachmann P., Der erste Brief des Paulus an die Korinther, KNT, Leipzig/Erlangen 1921

Barth K., Die Kirchliche Dogmatik, Bd. I/1-IV/4, Zürich 1932-67 (KD)

Bauer W., Wörterbuch zu den Schriften des Neuen Testaments und der übrigen urchristlichen Literatur, Berlin/New York 1971

Baumgartner W., Hebräisches und aramäisches Lexikon zum Alten Testament, Leiden 1967 ff.

Bautz F. W., Die Zeugen Jehovas, Witten, 2. Aufl. 1955

Die Bekenntnisschriften der evangelisch-lutherischen Kirche..., Göttingen, 8. Aufl. 1979 (BSLK)

Bergman J. R., Jehovas Zeugen und das Problem der seelischen Gesundheit, München 1994

Biblia Hebraica Stuttgartensia: Editio funditus renovata, hg. v. K. Ellinger u. W. Rudolph, Stuttgart 1967/77 (BHS)

Bjornstad J., Counterfeits At Your Door, Ventura/California 1979

Blaising C. A./ Bock D. L. (Hg.), Dispensationalism, Israel and the Church. The Search for Definition, Grand Rapids/Michigan 1992

Blass F./Debrunner A. (Bearb. F. Rehkopf), Grammatik des neutestamentlichen Griechisch, Göttingen, 16. Aufl. 1984

Boor W. de, Das Evangelium des Johannes, WStB, Wuppertal 1968

– Der Brief des Paulus an die Römer, WStB, Wuppertal, 7. Aufl. 1979

– Die Briefe des Johannes, WStB, Wuppertal, 2. Aufl. 1977

Borst E.-M., Ein Wort an Jehovas Zeugen. Was ich Ihnen sagen möchte..., Lahr, 5. Aufl. 1992

Bowman R. M., Understanding Jehovah's Witnesses. Why They Read the Bible the Way They Do, Grand Rapids/Michigan, 3. Aufl. 1992

Bowser A., What Every Jehovah's Witness Should Know, Denver 1975

Brücke zum Menschen, hg. v. Bruderdienst-Missionsverlag, 1965 ff. (Zeitschrift)

Brüning E., Sind Zeugen Jehovas Christen? Ihr Leben, ihre Lehren und ihre Prophetie, Lahr, 3. Aufl. 1994 (a)

– Drei Systeme. Was verbindet Freimaurer, New Age und Jehovas Zeugen?, Lahr, 2. Aufl. 1994 (b)

BSLK: siehe: Bekenntnisschriften ...

Carson D. A./Moo D. J./Morris L., An Introduction to the New Testament, Grand Rapids/Michigan 1992

Chretien L. u. M., Witnesses of Jehovah. A Shocking Exposé of What Jehovah's Witnesses Really Believe, Eugene/Oregon 1988

Clark R. W., Charles Darwin, Frankfurt/M. 1984

Cline T., Questions for Jehovah's Witnesses, Ventura/California 1975

Clouse R. (Hg.), Das Tausendjährige Reich. Bedeutung und Wirklichkeit, Marburg 1983

Countess R. H., The Jehovah's Witnesses' New Testament, Phillipsburg N. J. 1982

Cullmann O., Unsterblichkeit der Seele oder Auferstehung der Toten? Antwort des Neuen Testaments, Stuttgart 1962

Czatt M., The International Bible Students. Jehovah's Witnesses, New Haven 1933

Daten zur antiken Chronologie und Geschichte, hg. v. M. Deißmann, Stuttgart 1990

Decker E./Matrisciana C., The God Makers II, Eugene/Oregon 1993

Dencher T., The Watch Tower Heresy Versus the Bible, Chicago 1961

– Why I Left Jehovah's Witnesses, Fort Washington 1966

Donner H., Geschichte des Volkes Israel und seiner Nachbarn in Grundzügen, Bd. 2, Göttingen 1986

Doyon J., Hirten ohne Erbarmen. Zehn Jahre Zeugin Jehovas. Der Bericht eines Irrweges, Zürich, 4. Aufl. 1990

Duncan H., Heart to Heart Talks with Jehovah's Witnesses, Lubbock/Texas, 2. Aufl. o. J.

Dyer C. H./ Hunt A., Der Golfkrieg und das neue Babylon, Asslar 1991

Eggenberger O., Die Kirchen, Sondergruppen und religiösen Vereinigungen, Zürich, 4. Aufl. 1986

Enroth R., Evangelizing the Cults, Ann Arbor/Michigan 1990

Eusebius von Caesarea, Kirchengeschichte, hg. u. eingeleitet v. H. Kraft, München, 2. Aufl. 1981

Evangelisches Lexikon für Theologie und Gemeinde, hg. v. H. Burkhardt u. a., 3 Bde., Wuppertal 1992 ff. (ELThG)

Ewald P., Der Brief an die Kolosser, KNT, Leipzig 1910

Exegetisches Wörterbuch zum Neuen Testament, hg. v. H. Balz u. G. Schneider, Stuttgart/Berlin/Köln/Mainz 1980 ff. (EWNT)

Exodus-Materialdienst, Meran 1980 ff.

Franz R., Der Gewissenskonflikt. Menschen gehorchen oder Gott treu bleiben? Ein Zeuge Jehovas berichtet, München, 2. Aufl. 1991

Fruchtenbaum A. G., Handbuch der biblischen Prophetie, 2 Bde., Asslar 1984/85

Fudge E. W., The Fire that Consumes. The Biblical Case for Conditional Immortality, Carlisle, 2. Aufl. 1994

Garbe D., Zwischen Widerstand und Martyrium. Die Zeugen Jehovas im »Dritten Reich«, SzZ, München 1993

Gassmann L., Das anthroposophische Bibelverständnis. Eine kritische Untersuchung unter besonderer Berücksichtigung der exegetischen Veröffentlichungen von Rudolf Steiner, Friedrich Rittelmeyer, Emil Bock und Rudolf Frieling, Wuppertal/Zürich 1993

– Evangelische Kirche – wohin? Ein Ruf zur Besinnung und Umkehr, Uhldingen 1995

– Okkultismus, östliche Religionen und die New-Age-Bewegung. Eine Orientierungshilfe, Lahr 1990

– Die Zukunft findet doch statt. Die Krisen der Welt und die Zeichen der Zeit, Lahr 1991

– Der Traum von der einen Welt. Neue Weltordnung, New Age und Konziliarer Prozeß, Bad Liebenzell/Lahr 1996

Gebhard M., Die Zeugen Jehovas. Eine Dokumentation über die Wachtturm-Gesellschaft, Leipzig/Jena/Berlin 1970

Geppert W., Die Zeugen Jehovas – »Ernste Bibelforscher« im Zeichen der Schlange, Neuffen 1952

Gerstner J. H., The Teachings of Jehovah's Witnesses. A Comparison..., Grand Rapids/Michigan, 12. Aufl. 1994

– The Theology of the Major Sects, Grand Rapids 1963

Gesenius W., Hebräisches und aramäisches Handwörterbuch über das Alte Testament. In Verbindung mit H. Zimmern... bearbeitet v. F. Buhl, Neudruck Berlin 1962 (= 17. Aufl. 1915)

Gnilka J., Der Kolosserbrief, HThK, Freiburg/Basel/Wien 1980

– Der Philipperbrief, HThK, Freiburg/Basel/Wien 1982

Goppelt L., Theologie des Neuen Testaments, Göttingen, 3. Aufl. 1978

– Typos. Die typologische Deutung des Alten Testaments im Neuen, Darmstadt 1973 (= Gütersloh 1939)

Greber J., Das Neue Testament. Erster Teil: Übersetzung, Teaneck N. J. 1936

Grigg D. H., Do Jehovah's Witnesses and the Bible Agree?, New York 1958

Gruss E. C., Apostles of Denial, Nutley/New Jersey 1970

– We Left Jehovah's Witnesses. Personal Testimonies, Grand Rapids/Michigan 1974

Guthrie D., New Testament Introduction, Downers Grove/Illinois 1970

– New Testament Theology, Downers Grove/Illinois 1981

Haack F.-W., Jehovas Zeugen, München, 15. Aufl. 1993

– Sekten, München, 6. Aufl. 1994

Haldeman I. M., The Millennial Dawnism. The Blasphemous Religion which teaches the Annihilation of Jesus Christ, New York o. J. (vor 1914)

Handbuch der Dogmen- und Theologiegeschichte, Bd. 1: Die Lehrentwicklung im Rahmen der Katholizität, hg. v. C. Andresen, Göttingen 1989 (HDT)

Handbuch Religiöse Gemeinschaften. Freikirchen. Sondergemeinschaften. Sekten. Weltanschauungen. Missionierende Religionen des Ostens. Neureligionen. Für den VELKD-Arbeitskreis Religiöse Gemeinschaften im Auftrage des Lutherischen Kirchenamtes hg. v. H. Reller u. M. Kießig, Gütersloh, 4. Aufl. 1993

Handbuch zu Freikirchen und Sekten. Eine Arbeitshilfe der Vereinigten Evangelisch-Lutherischen Kirche Deutschlands. Teil II: Sekten und Weltanschauungsgemeinschaften, hg. v. Lutherischen Kirchenamt Hannover, 1966

Hanhart R., »Textgeschichtliche Probleme der LXX von ihrer Entstehung bis Origenes«, in: Hengel/Schwemer 1994, S. 1-19

Harris M. J., Jesus as God. The New Testament Use of *Theos* in Reference to Jesus, Grand Rapids/Michigan 1992

Harris R. L., »The Meaning of the Word Sheol as Shown by Parallels in Poetic Texts«, in: Bulletin of the Evangelical Theological Society Nr. 4/1961

Harrison R. K., Introduction to the Old Testament, Grand Rapids/Michigan 1969

Hebert G., Les Témoins de Jehovah, Montreal 1960

Heide M., Warum noch warten … Das Reich Gottes im Wandel der Zeiten, Bielefeld 1992

Heidler F., Ganztod oder nachtodliche Existenz?, ThB 4/1985, S. 169-175

Hendriksen W., Das Jenseits. Grundriß der biblischen Lehre von den letzten Dingen, Marburg 1992

Hengel M., »Die Septuaginta als christliche Schriftensammlung, ihre Vorgeschichte und das Problem ihres Kanons«, in: Hengel/Schwemer 1994, S. 182-284

Hengel M./Schwemer A. M. (Hg.), Die Septuaginta zwischen Judentum und Christentum, WUNT 72, Tübingen 1994

Hennecke E./Schneemelcher W., Neutestamentliche Apokryphen in deutscher Übersetzung, Bd. 1: Evangelien, Tübingen, 5. Aufl. 1987

Hellmund D., Geschichte der Zeugen Jehovas (in der Zeit von 1870 bis 1920). Mit einem Anhang: Geschichte der Zeugen Jehovas in Deutschland (bis 1970), nichtpaginierte Xerographie, Hamburg 1971

Heussi K., Kompendium der Kirchengeschichte, Tübingen, 15. Aufl. 1979

Hieronymus, Liber de viris illustribus, Migne PL 23, 631-766 (De vir. ill.)

Hislop A., The Two Babylons, Neptune/New York 1959

Hoekema A. A., Jehovah's Witnesses, Grand Rapids/Michigan, 4. Aufl. 1972

– Der siebente Tag. Ellen G. White, die Adventisten und der Sabbat, Bielefeld 1995

– The Four Major Cults, Grand Rapids/Michigan 1963

Hoffmann G./v. Siebenthal H., Griechische Grammatik zum Neuen Testament, Riehen, 2. Aufl. 1990

Holthaus S., Fundamentalismus in Deutschland. Der Kampf um die Bibel im Protestantismus des 19. und 20. Jahrhunderts, BeS, Bonn 1993

Hubmer F., Endzeit-Prophetie. Die Aktualität der Zukunftsreden Jesu Christi, Neuhausen-Stuttgart, 2. Aufl. 1987

Hunt D., Globaler Friede und Aufstieg des Antichristen, Hamburg 1993

Hutten K., Seher, Grübler, Enthusiasten. Sekten und religiöse Sondergemeinschaften der Gegenwart, Stuttgart, 11. Aufl. 1968, 12. Aufl. 1982

Imago Hominis (Quartalsschrift des Instituts für medizinische Anthropologie und Bioethik, Wien)

Irenäus, Adversus haereses, hg. v. W. W. Harvey, I/II, Cambridge 1857

Jeremias J., Die Gleichnisse Jesu, Göttingen, 9. Aufl. 1977

Jonsson C. O., The Gentile Times Reconsidered, Atlanta, 2. Aufl. 1986

Kaiser F., Zions Wachtturm- oder Millennium-Tagesanbruchs-Lehren, Witten 1920

Keil C. F./Delitzsch F., Commentary on the Old Testament, Vol. I: The Pentateuch, Grand Rapids/Michigan 1986

Kern H., How to Respond to the Jehovah's Witnesses, St. Louis 1977

Kirban S., Jehovah's Witnesses. Doctrines of Devils, No. 3, Chicago 1973

Koch K. E., Israel in der Erfüllungszeit, Aglasterhausen, 2. Aufl. 1989

– Seelsorge und Okkultismus, Berghausen/Bd. o. J.

Köppel E., Die Zeugen Jehovas. Eine psychologische Analyse, München, 2. Aufl. 1990

Konkordanz zum hebräischen Alten Testament, hg. v. L. Rost u. G. Lisowsky, Stuttgart, 2. Aufl. 1966

Der Koran. Das heilige Buch des Islam. Nach der Übertragung v. L. Ullmann neu bearbeitet u. erläutert v. L. W. Winter, München, 13. Aufl. 1982

Kreeft P./Taelli R. K., Handbook of Christian Apologetics, Downers Grove/Illinois 1994

Külling S. R., Genesis, 44.-47. Teil: Gen. 5, 1 ff., in: Fundamentum 1-4/1992

Kümmel W. G., Einleitung in das Neue Testament, Heidelberg, 21. Aufl. 1983

Küng H., Christentum und Weltreligionen, München, 3. Aufl. 1982

Künneth W., Theologie der Auferstehung, Gießen/Basel, 6. Aufl. 1982

Kürzinger J., Papias von Hierapolis und die Evangelien des Neuen Testaments. Gesammelte Aufsätze., Regensburg 1983

Lamparter H., Das Buch der Weisheit. Prediger und Sprüche, BAT, Calw, 2. Aufl. 1959

– Die Hoffnung der Christen. Das biblische Wort vom Ziel aller Dinge, Wuppertal/Metzingen, 2. Aufl. 1977

Larkin C., The Greatest Book on »Dispensational Truth« in the World, Glenside/Pasadena, 2. Aufl. 1920

Laubach F., Der Brief an die Hebräer, WStB, Wuppertal, 5. Aufl. 1977

Lewis G. R., The Bible, the Christian and Jehovah's Witnesses, Philadelphia 1966

Lexikon zur Bibel, hg. v. F. Rienecker, Wuppertal, 10. Aufl. 1985

Lindsey H./ Carlson C. C., Alter Planet Erde wohin? Im Vorfeld des Dritten Weltkriegs, Asslar, 17. Aufl. 1989

Lipsius J., De cruce libri tres, Antwerpen 1629

Loofs F., Die »Internationale Vereinigung Ernster Bibelforscher«, Leipzig 1918

Lutherbibel erklärt..., Stuttgart 1974

Luz U., Das Evangelium nach Matthäus (Mt 8-17), EKK I/2, Zürich/Braunschweig 1990

Magnani D./Barrett A., The Watchtower Files. Dialogue With A Jehovah's Witness, Minneapolis/Minnesota 1985

Maier G., Johannes-Evangelium, 2 Bde., Neuhausen-Stuttgart 1984/86

– Lukas-Evangelium, 2 Bde., Neuhausen-Stuttgart 1991/92

– Matthäus-Evangelium, 2 Bde., Neuhausen-Stuttgart 1979/80

– Der Prophet Daniel, WStB, Wuppertal 1982

D. Martin Luthers Werke. Kritische Gesamtausgabe, Weimar 1883 ff. (WA)

Martin W. R., The Kingdom of the Cults, Minneapolis/Minnesota, 3. Aufl. 1985

Martin W. R./Klann N., Jehovah of the Watchtower, Minneapolis/Minnesota 1985

Materialdienst der Evangelischen Zentralstelle für Weltanschauungsfragen (EZW) (Zeitschrift)

McDowell J./Larson B., Jesus – eine biblische Verteidigung seiner Gottheit, Weichs 1985

McDowell J./Stewart D., The Deceivers. What Cults Believe. How They Lure Followers, Nashville/Atlanta/London/Vancouver 1994

McKinney G. D., The Theology of the Jehovah's Witnesses, Grand Rapids 1962

Metzger B. M., »The Jehovah's Witnesses and Jesus Christ«, Theology Today, April 1953, S. 65-85

Morey R. A., How to Answer a Jehovah's Witness, Minneapolis/Minnesota 1980

Neidhard L., Die Zeugen Jehovas, Altenberge 1986

Neuner J./Roos H., Der Glaube der Kirche in den Urkunden der Lehrverkündigung, neu bearb. v. K. Rahner u. K.-H. Weger, Regensburg, 10. Aufl. 1979

Nitschke K., Die Zeugen Jehovas. Eine kritische Betrachtung, Berlin 1949

Nobel R., Falschspieler Gottes. Die Wahrheit über Jehovas Zeugen, Hamburg 1985

Novum Testamentum Graece, post Eberhard Nestle et Erwin Nestle communiter ediderunt K. Aland et al., Stuttgart, 26. Aufl. 1979 (Nestle-Aland)

Obst H., Apostel und Propheten der Neuzeit, Berlin o. J.

Pache R., Das Jenseits, Wuppertal 1957

– Die Wiederkunft Jesu Christi, Wuppertal, 11. Aufl. 1987

Pape G., Die Wahrheit über Zeugen Jehovas, Rottweil 1970

– Ich war Zeuge Jehovas, Aschaffenburg, 19. Aufl. 1993

Pape K.-D., Brief an den Verfasser vom 15.2.1996

A. Patristic Greek Lexicon, ed. by G. W. H. Lampe, Oxford 1961

Pentecost J. D., Bibel und Zukunft. Untersuchung endzeitlicher Aussagen der Heiligen Schrift, Dillenburg 1993

Pesch R., Das Markusevangelium, 2 Bde., HThK, Freiburg/Basel/Wien 1976/77

Pietron J., Geistige Schriftauslegung und biblische Predigt. Überlegungen zu einer Neubestimmung geistiger Exegese im Blick auf heutige Verkündigung, TThTh, Düsseldorf 1979

Pike R., Jehovah's Witnesses. Who They Are, What They Teach, What They Do, New York 1954

Platon, Phaidon oder von der Unsterblichkeit der Seele, Stuttgart 1984

Rad G. von, Das erste Buch Mose. Genesis, ATD, Göttingen, 7. Aufl. 1964

Reallexikon für Antike und Christentum. Sachwörterbuch zur Auseinandersetzung des Christentums mit der antiken Welt, begr. v. F. J. Dölger u.a., hg. v. Th. Klausner, Stuttgart 1950 ff. (RAC)

Reed D. A., Jehovah's Witnesses. Answered Verse by Verse, Grand Rapids, 20. Aufl. 1994

Die Religion in Geschichte und Gegenwart..., 6 Bde. u. 1 Reg.-Bd., Tübingen, 3. Aufl. 1957 ff. (RGG)

Rienecker F., Lexikon zur Bibel, Wuppertal 1976

– Sprachlicher Schlüssel zum Griechischen Neuen Testament, Gießen/Basel, 15. Aufl. 1977

Rogerson A., Millions Now Living Will Never Die, London 1969

Rogerson A., Viele von uns werden niemals sterben. Geschichte und Geheimnis der Zeugen Jehovas, Hamburg/Zürich 1971

Ronsdorf H.-J., Und die Toten leben doch. Die Unsterblichkeit der Seele, Bielefeld 1992

Rosenthal M., Was glauben Sie über die Wiederkunft Christi? Ein neues Verständnis der Entrückung, der Trübsal und des zweiten Kommens Jesu, Solingen 1994

Ross J. J., Some Facts About the Self-styled »Pastor« Charles T. Russell, 1912

– Some Facts and More Facts About the Self-styled »Pastor« Charles T. Russell, 1914

Ruppert H.-J., Okkultismus – Geisterwelt oder neuer Weltgeist?, Wiesbaden/Wuppertal 1990

Sadlack E. u. O., Die Verwüstungen des Heiligtums. Mahnruf an alle Bibelforscher, Angerburg 1928

Schnackenburg R., Das Johannesevangelium, 4 Bde., HThK IV/1-4, Freiburg/Basel/Wien 1970 ff.

Schmoller A., Handkonkordanz zum griechischen Neuen Testament, Stuttgart 1982

Schnell W. J., Christians: Awake!, Grand Rapids 1962

– Thirty Years a Watchtower Slave, Grand Rapids 1956

– Falsche Zeugen stehen wider mich. 30 Jahre Sklave des Wachtturms, Konstanz 1959 (a)

– Into the Light of Christianity, Grand Rapids 1959 (b)

Schrupp E., Israel in der Endzeit. Heilsgeschichte und Zeitgeschehen, Wuppertal, 2. Aufl. 1992

Septuaginta. Id est Vetus Testamentum graeca iuxta LXX interpretes, ed. A. Rahlfs, Stuttgart 1935

Sieben Sekten. Eine Warnung für evangelische Christen, Wuppertal, 27. Aufl. 1977

Siedenschnur G., Kleiner Sekten-Katechismus, Gütersloh, 9. Aufl. 1966

– Wer sind die Zeugen Jehovas?, Gütersloh, 3. Aufl. 1966

Sierszyn A., 2.000 Jahre Kirchengeschichte, Bd. 1: Von den Anfängen bis zum Untergang des Weströmischen Reiches, Neuhausen-Stuttgart 1995

Spier H. J., De Jehovah's Getuigen en de Bijbel, Kampen, 2. Aufl. 1971

Sprachlicher Schlüssel zum Griechischen Neuen Testament. Nach der Ausgabe von E. Nestle, bearb. v. F. Rienecker, Gießen/Basel, 15. Aufl. 1977

Stadelmann H. (Hg.), Epochen der Heilsgeschichte. Beiträge zur Förderung heilsgeschichtlicher Theologie, Wuppertal 1984

– Grundlinien eines bibeltreuen Schriftverständnisses, Wuppertal 1985

Stadelmann H. (Hg.), Glaube und Geschichte. Heilsgeschichte als Thema der Theologie, Gießen/Basel/Wuppertal 1986

Stevenson W. C., The Inside Story of Jehovah's Witnesses, New York 1968

Stoll C.-D., Der Prediger, WStB, Wuppertal/Zürich 1993

– »Der Untergang Jerusalems – 587 oder 586 v. Chr.? Ein Beitrag zur alttestamentlichen Chronologie am Ende der judäischen Königszeit«, in: Jahrbuch für evangelikale Theologie 1987, S. 71-107

Strack H. L./Billerbeck P., Kommentar zum Neuen Testament aus Talmud und Midrasch, München 1924 ff.

Stroup H. H., The Jehovah's Witnesses, New York 1945

Stuhlhofer F., Charles T. Russell und die Zeugen Jehovas. Der unbelehrbare Prophet, Berneck, 3. Aufl. 1994

– »Das Ende naht!« Die Irrtümer der Endzeit-Spezialisten, Gießen/Basel 1992

Süsskind E. v., Zeugen Jehovas. Anspruch und Wirklichkeit der Wachtturm-Gesellschaft, Neuhausen-Stuttgart 1985

Theologisches Begriffslexikon zum Neuen Testament, 2 Bde., hg. v. L. Coenen, E. Beyreuther u. H. Bietenhardt, Wuppertal 1977 (TBLNT)

Theologisches Handwörterbuch zum Alten Testament, hg. v. E. Jenni u. C. Westermann, 2 Bde., Zürich/München 1976 (THAT)

Theologische Realenzyklopädie, hg. v. G. Krause u. G. Müller, Berlin/New York 1977 ff. (TRE)

Theologisches Wörterbuch zum Alten Testament, hg. v. G. J. Botterweck u. H. Ringgren, Stuttgart 1973 ff. (ThWAT)

Theologisches Wörterbuch zum Neuen Testament, begründet v. G. Kittel, hg. v. G. Friedrich, 9 Bde., Registerband u. 1 Bd. Literaturnachträge, Stuttgart 1933-79 (ThWNT)

Thomas F. W., Masters of Deception: An Exposé of the Jehovah's Witnesses, Grand Rapids 1970

Thompson R. C., The Epic of Gilgamish, Oxford 1930

Thompson-Studienbibel, Neuhausen-Stuttgart 1986

Tibusek J., Auf der Suche nach dem Heil. Religiöse Sondergemeinschaften. Wer sie sind und was sie wollen, Gießen, 2. Aufl. 1991

Trillhaas W., »Einige Bemerkungen zur Idee der Unsterblichkeit«, NZSTh 1965, S. 147 ff.

Twisselmann H.-J., Brief an den Verfasser vom 6. 2. 1996

– Jehovas Zeugen – die Wahrheit, die frei macht? Eine Orientierungs- und Entscheidungshilfe, Gießen/Basel, 2. Aufl. 1992

– Vom Zeugen Jehovas zum Zeugen Jesu Christi, Gießen/Basel, 7. Aufl. 1985

– Der Wachtturm-Konzern der Zeugen Jehovas. Anspruch und Wirklichkeit, Gießen/Basel 1995

– Die »Zeugen Jehovas« – Erwählte oder Verführte?, Wuppertal/Zürich, 8. Aufl. 1991

Vogel G. L., Was wissen wir von der Seele?, Aschaffenburg 1960

Walvoord J. F., Brennpunkte biblischer Prophetie. Was kommt auf uns zu?, Neuhausen-Stuttgart 1992

Wass B., Leben »in der Wahrheit«. 12 Jahre Zeugin Jehovas, Salzburg 1989

Watters R., Refuting Jehovah's Witnesses. An Exposé of Doctrinal Errors, Manhattan Beach 1987

Weis C., Zeugen Jehovas – Zeugen Gottes? Eine Hilfe zur kritischen Auseinandersetzung mit der Lehre der Wachtturm-Gesellschaft, Salzburg 1984

Westcott and Hort, The New Testament in the Original Greek, New York 1885

Westermann C., Genesis. Kapitel 1-11, BK I/1, Neukirchen-Vluyn, 2. Aufl. 1976

Whalen W. J., Armagedon Around the Corner, New York 1962

White E. G., Der große Konflikt, Zürich/Wien/München/Winterswijk o. J. (1888)

Wiskin R., Das biblische Alter der Erde, Neuhausen-Stuttgart 1994

Wohlenberg G., Das Evangelium des Markus, KNT, Leipzig/Erlangen 1930

Wunderlich G., Jehovas Zeugen, die Paradies-Verkäufer, München, 3. Aufl. 1992

Zahn T., Das Evangelium des Johannes, KNT, Leipzig/Erlangen, 5. + 6. Aufl. 1921

– Das Evangelium des Lukas, KNT, Leipzig/Erlangen, 3. + 4. Aufl. 1920

– Der Brief des Paulus an die Römer, KNT, Leipzig/Erlangen, 3. Aufl. 1925

– Die Apostelgeschichte des Lukas. Erste Hälfte, KNT, Leipzig, 1. + 2. Aufl. 1919

– Die Offenbarung des Johannes, Wuppertal 1986 (= Leipzig/Erlangen, 1.-3. Aufl. 1924/26)

– Einleitung in das Neue Testament. Zweiter Band, Leipzig, 3. Aufl. 1907

Bibelstellenregister

Gen (1. Mose)

1 f	35	6, 11-12	277
1, 1	124, 125, 135	7, 1	277
1, 2	96, 120	7, 6	246
1, 20	238	9, 3-6	236
1, 26	105, 112	9, 4	237, 238
1, 31	155	11, 10-26	247
2, 7	149, 152	11, 10-32	246
2, 8 ff	173	11, 12 f	248
3, 5	149	12, 1-7	246
5, 3-29	246	15, 7	124
5, 3-32	247	18, 25	125
6-9	111	37, 35	160

Ex (2. Mose)

2, 20 f	181	20, 2	105, 124
3, 14	126	21, 23	185
3, 15	125	24, 18	287
12, 40-43	246	34, 6 f	125
16, 10	287	40, 34	287
19, 9	286		

Lev (3. Mose)

3, 17	238	17, 11	238
7, 26	238	19, 26	238
7, 27	238	25, 8 ff	261
16, 2	286	25, 8-12	273
17, 10-14	238		

Hab

2, 1	27 f

Sach

7, 1-6	254	13, 9	141
8, 7 f	298	14, 2 ff	291
12, 2 f	291		

Mt

1, 1-17	249	12, 38 ff	269
1, 8	248	13, 17	216
1, 21	103, 125	13, 40	161
2, 1	127	13, 41 f	161
2, 2	125	13, 42.50	159, 161
2, 13	164	13, 50	161
3, 10	161	14, 33	125
3, 16 f	124	15, 24	164, 213, 269
5, 13-16	205	15, 30	108
5, 29 f	165	15, 35-38	108
5, 34	295	16, 4	269
6, 10	295, 296	16, 18	160
7, 13	164	16, 25	164
8, 2-4	108	17, 1-8	165
8, 12	160, 161	17, 17	269
9, 13	241	18, 8	161, 163
9, 17	164	18, 11.14	164
10, 5 f	213	18, 14	234
10, 6.39	164	18, 15-17	234
10, 19-20	122	19, 28	293
10, 28	153, 159, 164	20, 8	49
11	216	21, 19 f	269
11, 11	211, 215, 216	21, 41	164
11, 25	295	22, 13	161
12, 7	241	22, 30	145
12, 14	164	22, 31 f	125
12, 31 f	121	23, 15.33	159

Apk (Offb)

hänssler

Die Reihe: hänssler-Theologie

Thomas Schirrmacher

Ethik
Lektionen zum Selbststudium

2 Bände, Pb., 884 u. 892 S.

Band 1: Nr. 391.509, ISBN 3-7751-1509-9
Band 2: Nr. 392.094, ISBN 3-7751-2094-7

Wenn Christsein neues Leben in Christus bedeutet, so wirkt sich das im Leben – also in der Ethik aus. Wie sollen wir christliches Leben im persönlichen Bereich, in Familie, Wirtschaft und Staat gestalten?
In 50 Lektionen wird je eine ethische Frage behandelt, die für Christen allgemein wichtig ist, z. B. die Gültigkeit der Bergpredigt, die Zehn Gebote, Kindererziehung, Abtreibung, Ehe und Ehescheidung u. a.

Bitte fragen Sie in Ihrer Buchhandlung nach diesen Büchern!
Oder schreiben Sie an den Hänssler-Verlag, Postfach 12 20,
D-73762 Neuhausen.

hänssler

Die Reihe: hänssler-Theologie

Christine Schirrmacher

Der Islam
Geschichte – Lehre – Unterschiede zum Christentum

2 Bände, Pb., 352 u. 382 S.

Band 1: Nr. 392.132, ISBN 3-7751-2132-3
Band 2: Nr. 392.133, ISBN 3-7751-2133-1

Eine Einführung zu den wichtigsten geschichtlichen und theologisch-dogmatischen Themen, die für das Verständnis des Islam unbedingt erforderlich sind. Fachbegriffe werden erläutert – zahlreiche Literaturhinweise ermöglichen ein vertiefendes Eigenstudium.

Hans-Joachim Ramm

... stets einem Höheren verantwortlich
Christliche Grundüberzeugungen im innermilitärischen Widerstand gegen Hitler

Pb., 370 S., Nr. 392.635, ISBN 3-7751-2635-X

Welche Motive hatten diese Offiziere? Welche Rolle spielte der christliche Glaube?

Bitte fragen Sie in Ihrer Buchhandlung nach diesen Büchern!
Oder schreiben Sie an den Hänssler Verlag, D-71087 Holzgerlingen.

hänssler

Theo Lehmann

Negro Spirituals
Geschichte und Theologie
Pb., 420 S., Nr. 392.634, ISBN 3-7751-2634-1
Hintergrund und Entstehung der Negro Spirituals und deren Beziehungen
zu verwandten Stilarten.

Erich Mauerhofer

Einleitung in die Schriften des Neuen Testaments
2 Bände, Pb., 310 u. 320 S.

Band 1 (Matthäus-Apostelgeschichte): Nr. 392.218, ISBN 3-7751-2218-4
Band 2 (Römer-Offenbarung): Nr. 392.340, ISBN 3-7751-2340-7

Diese zweibändige Einleitung ins NT stellt ausführlich den bibeltreuen
Standpunkt dar. Mit einer Fülle von Material, übersichtlichen Darstellungen
verschiedener Positionen, ausführlichen Quellenhinweisen und sachlich
nachvollziehbaren Argumentationen.

Bitte fragen Sie in Ihrer Buchhandlung nach diesen Büchern!
Oder schreiben Sie an den Hänssler Verlag, D-71087 Holzgerlingen.

hänssler

Christine Schirrmacher

Der Islam
Geschichte – Lehre – Unterschiede zum Christentum

2 Bände, Pb., 352 u. 382 S.

Band 1: Nr. 392.132, ISBN 3-7751-2132-3
Band 2: Nr. 392.133, ISBN 3-7751-2133-1

Eine Einführung zu den wichtigsten geschichtlichen und theologisch-dogmatischen Themen, die für das Verständnis des Islam unbedingt erforderlich sind. Fachbegriffe werden erläutert – zahlreiche Literaturhinweise ermöglichen ein vertiefendes Eigenstudium.

Bitte fragen Sie in Ihrer Buchhandlung nach diesen Büchern!
Oder schreiben Sie an den Hänssler-Verlag, Postfach 12 20,
D-73762 Neuhausen.

hänssler

hänssler